오르비학원은

모든 시스템이 수험생 중심으로 더 강화됩니다.

모든 시설이 최고의 결과가 나올 수 있도록 설계됩니다.

집중을 위해 오르비학원이 수험생 옆으로 다가갑니다.

오르비학원과 시작하면

원하는 대학문이 가장 빠르게 열립니다.

전화 : 02-522-0207 문자 전용 : 010-9124-0207 주소 : 강남구 삼성로 61길 15 (은마사거리 도보 3분)

출발의 습관은 수능날까지 계속됩니다.
형식적인 상담이나
관리하고 있다는 모습만 보이거나
학습에 전혀 도움이 되지 않는
보여주기식의 모든 것을 배척합니다.

쓸모없는 강좌와 할 수 없는 계획을 강요하거나
무모한 혹은 무리한 스케줄로
1년의 출발을 무의미하게 하지 않습니다.
형식은 모방해도 내용은 모방할 수 없습니다.

smart is sexy
Orbi.kr

출발의 습관은 수능날까지 계속됩니다.

개인의 능력을 극대화 시킬 모든 계획이 오르비학원에 있습니다.

국어의 힘

책으로 들어가기 전 읽어봅시다.

님의 침묵

한용운

님은 갔습니다. 아아, 사랑하는 나의 님은 갔습니다.

푸른 산빛을 깨치고 단풍나무 숲을 향하여 난 작은 길을 걸어서, 차마 떨치고 갔습니다.
황금의 꽃같이 굳고 빛나던 옛 맹세는 차디찬 티끌이 되어서 한숨의 미풍에 날아갔습니다.
날카로운 첫 키스의 추억은 나의 운명의 지침을 돌려놓고, 뒷걸음쳐서 사라졌습니다.
나는 향기로운 님의 말소리에 귀먹고, 꽃다운 님의 얼굴에 눈멀었습니다.

사랑도 사람의 일이라, 만날 때에 미리 떠날 것을 염려하고 경계하지 아니한 것은 아니지만,
이별은 뜻밖의 일이 되고, 놀란 가슴은 새로운 슬픔에 터집니다.

그러나 이별을 쓸데없는 눈물의 원천을 만들고 마는 것은 스스로 사랑을 깨치는 것인 줄 아는 까닭에,
걷잡을 수 없는 슬픔의 힘을 옮겨서 새 희망의 정수박이에 들어부었습니다.

우리는 만날 때에 떠날 것을 염려하는 것과 떠날 때에 다시 만날 것을 믿습니다.

아아, 님은 갔지마는 나는 님을 보내지 아니하였습니다.

제 곡조를 못 이기는 사랑의 님의 침묵을 휩싸고 돕니다.

님의 침묵

님이 침묵하고 있는 상황이라네요..! 과연 님의 침묵 앞에서 나는 어떤 감정과 생각을 가질까요.

님은 갔습니다. 아아 사랑하는 나의 님은 갔습니다.

님과 이별한 상태라고 합니다. 그리고 님은 내가 사랑하는 존재에요. 상상해봐요. 사랑하는 사람과 이별했으면 나는 어떤 감정 상태일까요? 당연히 슬프겠죠. 그래요! 이렇게 앞으로 공감하면서 읽어줄 겁니다. 무리한 선이 아니라 합리적인 선에서요.

푸른 산빛을 깨치고 단풍나무 숲을 향하여 난 작은 길을 걸어서 차마 떨치고 갔습니다.

상상해봅시다! 이 장면을 그대로 머릿속에서 재현해보자고요. 푸른 산빛은 어떤 계절인 거 같나요? 봄이나 여름이겠죠...? 봄과 여름의 푸른 산빛을 깨친다고 (깨고) 나서 이번에는 단풍나무 숲을 향해 난 작은 길을 걷는대요. 여름에서 가을로 옮겨왔겠네요. 님이 여름의 푸른 길에서 단풍나무가 있는 작은 길을 걷고 있는 뒷모습을 계속 생각하세요. 그럼 이제 이 님은 어디로 걸어갈까요? 아마 겨울로 갈 거 같은데, 아직은 잘 모르겠습니다.. 어쨌든, '차마 떨치고 갔다'는 표현을 보면 지금 이 상황이 아주 썩 마음에 들지는 않은 거 같아요. 뒤를 읽어보면서 나중에 돌아와서 이 부분을 생각해봅시다.

황금의 꽃같이 굳고 빛나던 옛 맹세는 차디찬 티끌이 되어서 한숨의 미풍에 날아갔습니다.

음... 왜 하필 황금의 꽃일까요. 굳고 빛나는 거면 황금이라고 해도 됐을 텐데요. 이런 사소한 표현도 한 번 짚고 넘어가볼게요. 물론 수능에서 풀 때에는 시의 전체적인 분위기만 얻어가도 웬만큼은 맞출 수 있습니다. 다만, 가끔 나오는 문학 킬러에서는 세세히 물어보기도 하죠. 이를 대비해 '연습할 때는' 꼭꼭 씹어 읽는 습관을 길러야 독해력도 증진되고, 시간 단축도 성공적으로 할 수 있으실 겁니다. 다시 작품으로 돌아갈게요! 황금이라면 이 맹세는 영원할 것처럼 보였을 텐데 뒤를 읽어보면 결국 부서진 채 사라졌다고 합니다. 부서지고 사라졌다. 황금이 아닌 '황금의 꽃'이라고 표현한 이유를 이 '사라짐'과 연관지어 생각해봅시다.

꽃은 결국 언젠가는 집니다. 황금의 꽃은 빛나고 굳어 황금처럼 마치 영원할 것 같지만, 본질적으로는 질 수밖에 없는 것이죠. 그래서 황금이 아니라 황금의 꽃이라고 표현한 거 같네요.

날카로운 첫 키스의 추억은 나의 운명의 지침을 돌려 놓고 뒷걸음쳐서 사라졌습니다.

첫 키스의 추억이 엄청 강렬했나 봅니다..! 운명의 지침이 돌아갔을 정도니까요. 화자의 삶은 이 키스 전후로 나뉘겠네요. 이 추억은 운명의 지침을 돌려놓고 사라졌으니 현재는 당시의 상황이 자세히는 기억나지 않을 거 같아요.

나는 향기로운 님의 말소리에 귀먹고 꽃다운 님의 얼굴에 눈멀었습니다.

잉..? 향기로운 소리인데 왜 귀먹을까요. 꽃다운 모습을 봐놓고 왜 눈이 멀었을까요. 귀가 안 들리고 눈이 안 보이면 이전과 달리 제대로 된 판단이 힘들 거 같아요. 원래 있던 감각들이 지금 상실되었으니까요. 왜 화자는 감각을 상실했을까요. 그 답을 4번 구절에서 찾아보세요!

'운명의 지침'이 돌아가서.

아 뭔가 중요한 게 나온 거 같네요. 화자는 운명의 지침이 돌아갔어요. 이전과 달리 제대로 된 사고를 하지 못하고 있습니다. 그래서 눈 먹고 귀 멀었어요. 님이 너무 아름답고 키스가 강렬해서 운명의 지침이 돌아가 달라진 화자의 모습이 드러납니다. 그럼 정확히 어떤 모습이 달라졌을지 앞으로 얘기해줄 거 같아요.

사랑도 사람의 일이라 만날 때에 미리 떠날 것을 염려하고 경계하지 아니한 것은 아니지만, 이별은 뜻밖의 일이 되고 놀란 가슴은 새로운 슬픔에 터집니다.

제대로 된 사람이라면 언젠가는 이별할 줄 압니다. 그런데 현재 화자는 '만날 때'와 달리 이별을 '뜻밖의 일'로 생각하고, 가슴은 놀랐으며, 알고 있는 슬픔이 아니라 '새로운 슬픔'을 느끼고 있어요. 왜 그러겠어요. 임을 만나 운명의 지침이 완전히 돌아가 버렸으니까요.

이제 여태 읽어온 것을 통합적으로 볼 겁니다.

2번 구절 다시 봅시다.

푸른 산빛을 깨치고 단풍나무 숲을 향하여 난 작은 길을 걸어서 차마 떨치고 갔습니다.

겨울로 가고 있죠. 본인은 싫지만 겨울로 가요. 1번 구절에서 봤듯이 우리는 현재 '이별의 상황'을 다루고 있으니 겨울과 이별을 연관지어 생각하는 것은 해야 하는 합리적인 생각일 겁니다. 겨울(이별)은 반드시 오는 거예요. 그 길을 내가 걸어가고 있다고 표현한 것을 보면, 화자는 알았던 겁니다. 푸른 산빛(님과 잘 만나던 시절)이던 과거 시절에도 언젠가는 겨울이 올 것이라는 것을요.

여기서 질문을 하나 던져볼게요. 그러면, 화자는 과연 6번 구절의 상황에서도 언젠가 겨울(이별)이 올 것이라는 것을 아나요? 아니요. 운명의 지침이 돌아간 화자는 이제 제대로 된 사고를 하지 못해. 이별은 절대 올 수 없는 것이라고 생각했어요. 그러니까 이별이 뜻밖의 일로 다가왔겠죠.

'황금의 꽃'도 마찬가지예요. 언젠가는 질 줄 알고 있었을 겁니다. 하지만 화자는 님을 만나고 난 이후부터는 그걸 몰라요. 왜냐면 황금의 꽃은 빛나고 굳기에 순간적으로 꽃임을 더 이상 생각하지 못합니다. 꽃은 언젠가 지지만 꽃보다는 황금의 속성인 '영원함'에만 신경쓰게 된 거죠. 역시나 이 맹세는 결국 '지고' 말게 되죠. 화자는 현재 이별했으니까요.

사실 이건 2번 구절을 처음 읽을 때 이렇게 했어야 합니다. 어차피 1번 구절에서 이별의 상황이 이 시의 내용이라고 했으니 다른 구절들도 이별과 연관지어야 하니까요. 3번 구절에서 나온 '황금의 꽃'도 마찬가지입니다. 이 시가 이별에 관한 것이므로 꽃과 이별의 공통적 속성을 생각해보는 겁니다. 그러면 꽃이 지는 '소멸'의 속성이 '이별'과 비슷하다고 생각할 수 있었겠죠. 앞에서 봤을 때는 뜬금없이 저렇게 해석해버리면 어쩌나.. 싶으셨겠지만 이런 배경이 있던 것입니다. 무작정 생각하라는 게 아니에요. 필요한 주제에 맞춰 해석하시면 됩니다.

도대체 어떻게 이렇게까지 하나요. 수능에 필요한가요? 수능 때 이 정도 해석까지는 물어보지 않고, 심지어 <보기>까지 줍니다. 훨씬 쉬울 것이에요. 이렇게까지 한 이유는 시에는 생각보다 많은 의미가 들어있지만, 한편으로는 같은 내용을(여기서는 이별) 담고 있기에 핵심 하나만 파악하면 모든 줄이 해석이 된다는 것이에요. 독해력을 기르기 위해서 part 1에서는 누구나 들으면 '맞네..'하는 선에서 주관성을 빼고 문장의 의미에 근거해 깊게 읽을 것이에요. 명심하셔야 하는 딱 한 가지는 '나는 저렇게 못 해'라고 하면 안 된다는 것입니다. 왜냐면 여러분은 이미 영화나 드라마에서 이 정도의 해석을 해오셨거든요...

영화에서 남주가 여주에게 준 꽃이 여주의 집 화분에서 시드는 장면이 나오면 어떤 생각하시나요? 뭔가 안 좋은 일이 예감되지 않나요? 그거랑 뭐가 다를까요. 불안한 음악이 나오는 드라마처럼 시의 처음에 시적 상황이 제시되거나 <보기>와 제목에서 분위기가 나옵니다. 그 상황과 분위기에 맞춰 해석하는 경험과 능력은 이미 여러분들께 있어요.

우리 문학에서도 해낼 수 있도록 찬찬히 노력해봅시다.

이렇게 제가 읽은 것처럼 앞으로 여러분들이 할 수 있도록 하기 위한 걸음이 바로 Part 1입니다.

첫 번째 걸음. "상상하기"입니다.

두 번째 걸음, "현대시의 본질 '현실과 이상의 괴리'를 찾아내기"입니다.

세 번째 걸음, "자아와 세계"입니다.

네 번째 걸음, "대상 치환하기"입니다.

다섯 번째 걸음, "주제를 강조하는 표현법"입니다.

이후 Part2는 주제별 탐구 및 실전 문제를 통한 체화이며, 여기서도 많은 개념이 있으니 긴장의 끈을 놓지 않고 계속해서 학습해주시면 될 것 같습니다. 목차와 함께 살펴봅시다.

> **Comment.**
> 시는 언제나 문장 단위로 읽어야 하고, 해석도 그에 맞춰서 할 거에요...!
> 유의해주시고 평소에 읽으실 때도 한 행씩 보기보다는 문장 단위로 봐주세요.

CONTENTS

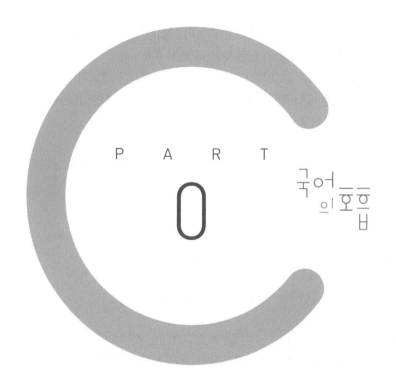

PART

0

국어의호흡

서론 : 수능 국어
문학에 대한 이해

PART 0. **서론 : 수능 국어 문학에 대한 이해**

단순히 여러 작품을 접하고 문제만 많이 푼다고 느는 과목이 아닙니다. 어떤 과목들 중에서도 가장 단순한 양치기가 되지 않는 것이 국어이며, 그중에서도 문학이 단연 더욱 그렇습니다.

문제를 정말 많이 풀어서 나오는 소위 '감'이라고 말하는 것은 수능에서 기대하기에는 어렵습니다. 감으로 인생이 걸린 선택을 하는 것은 너무 도박일 테니까요. 그러나 많은 학생들이 국어에서는 표준적이고 객관적인 기준이 없다고 생각해 그 기준에 대한 탐구를 하지 않습니다.

이에 이 책을 통해 표준적 기준을 제시할 것이며, 그 전에 문학 작품에 대한 이해를 높이기 위해 여러 독해 연습들을 해볼 겁니다.

경지에 오르게 되면 다음과 같은 일이 가능해집니다.

독해 속도가 비약적으로 증가하며, 문제 풀 때 정답 선지가 바로 보인다 → 문제 풀이 시간 ↓

현대 소설과 고전 소설의 경우 독해 시간이 주로 문제로 꼽히는데, 장면 별로 독해가 가능해지면 문단마다 핵심 키워드만을 추출해 문제를 풀 수 있습니다. → 소설류도 4-5분 내 풀이 가능

이 모든 방법의 근간은 "문학 작품을 읽고 '단 한 줄'로 요약해내는 것"이며, 그러한 요약이 가능해지기까지 필요한 단계를 모두 수록했습니다. Step 1, 4가 준비 단계, 나머지는 실전에서 적용하는 것이니 차근차근 따라오시길 바랍니다.

- 평가원의 정답 선지는 '반드시' 주제로부터 나온다

이는 독서와 문학 모두에 해당하는 얘기입니다. 따라서, 두 분야 모두 한 줄로 요약해내는 능력이 굉장히 중요합니다. 그 요약한 내용에 주제가 온전히 담기면 그 한 문장으로도 문제가 모두 풀릴 수 있다는 겁니다. 그 이유는 다음과 같습니다.

문학 작품의 출제 Point는 그 작품의 문학사적 의의입니다. 말 그대로 다른 작품과 차별화되어 이 작품이 수능에 나와야만 했던 그 이유를 말하는 겁니다. 그 작품의 고유성을 알려주는 문학사적 의의는 기본적으로 일반적인 통념과 달리 '시인이 찾아낸 독창적 생각'에 기반을 둡니다. 이는 의미상일 수도, 표현상일 수도 있습니다. 왜 하필 이 지문이 이번 시험에 나왔는가를 잊지 마시길 바랍니다. 그 지문의 Best 문제는 필연적으로 문학사적 의의일 수밖에 없는 이유를 아시겠죠 이제. 그래야 오류가 없기도 하고요... 그래서 평가원의 정답 선지는 굵직한 문학사적 의의에서 출제된다는 걸 독해 시에 사용하셔야 합니다.

그러면 과연 어떤 것들이 특이점, 문학사적 의의인지 앞으로 찬찬히 봐봅시다. 그 전에 추상적으로 들렸을 이러한 얘기를 비교적 최근인 23 수능을 통해서 확인해보겠습니다.

한 번 위력을 봐볼까요?

23 수능의 (나) 작품인 <음지의 꽃 _ 나희덕>입니다.

(나)

우리는 썩어 가는 참나무 떼, 벌목의 슬픔으로 서 있는 이 땅 … [A]

패역의 골짜기에서 서로에게 기댄 채 겨울을 난다

함께 썩어 갈수록 바람은 더 높은 곳에서 우리를 흔들고 … [B]

이윽고 잠자던 홀씨들 일어나 우리 몸에 뚫렸던 상처마다 버섯이 피어난다 … [C]

황홀한 음지의 꽃이여

우리는 서서히 썩어 가지만

너는 소나기처럼 후드득 피어나   … [D]

그 고통을 순간에 멈추게 하는구나

오, 버섯이여

산비탈에 구르는 낙엽으로도 골짜기를 떠도는 바람으로도 … [E]

덮을 길 없는 우리의 몸을 뿌리 없는 너의 독기로 채우는구나 … [F]

참나무는 썩지만, 그 참나무를 영양 삼아 새로운 생명인 버섯(음지의 꽃)이 피어나는, 자연이 보여주는 순환의 미덕을 보여주고 있습니다. 이 시에서만 볼 수 있는 특이한 해석은 무엇일까요?

참나무의 죽음이, 역설적으로 버섯의 생명을 이끌어오는 모순적인 순환이며 이것이 바로 문학사적 의의입니다. 그렇다면 문제는 어찌 나왔을까요.

31. (가)와 (나)의 공통점으로 가장 적절한 것은?

① 사물의 모습에 대한 긍정적 인식을 바탕으로 중심 제재에 대한
   예찬적 태도를 드러내고 있다.

② 주어진 현실에 순응하는 모습을 통해 중심 제재를 바라보는
   비관적 태도를 암시하고 있다.

③ 풍경을 관조적으로 응시하는 시선으로 중심 제재의 외적 아름다움을
   표현하고 있다.

④ 인간의 행위에 대한 우호적 관점을 토대로 중심 제재의 심미적 속성을
   강조하고 있다.

⑤ 장소에 대한 부정적 인식을 심화하여 중심 제재와의 정서적 거리를
   부각하고 있다.

주제가 뭐였죠? _ '참나무의 죽음으로 탄생한 버섯이 보여주는 자연의 순환적 아름다움'
→ ①이 손을 내밀고 있군요. 어렵지 않았던 문제 같습니다.

33. [A] ~ [F]에 대한 이해로 가장 적절한 것은?
① [A]에서 참나무가 벌목으로 썩어 가는 모습은, [B]에서 바람에
   흔들리는 나무의 모습과 순환적 관계를 형성한다.
② [B]에서 참나무의 상태에 변화를 가져온 움직임은, [C]에서
   버섯이 피어나는 상황과 순차적 관계를 형성한다.
③ [C]에서 참나무의 상처에 생명이 생성되는 순간은, [D]에서
   나무의 고통이 멈추는 과정과 대립적 관계를 형성한다.
④ [D]에서 참나무의 모습에 일어난 변화는, [E]에서 낙엽이나
   바람이 처한 상황과 인과적 관계를 형성한다.
⑤ [E]에서 참나무의 주변에 존재하는 사물들은, [F]에서 나무를
   채워 주는 존재로 제시된 대상과 동질적 관계를 형성한다.

다시 주제를 외쳐볼까요?

'참나무의 죽음으로 탄생한 버섯이 보여주는 자연의 순환적 아름다움'

→ 굵은 글씨로 표시한 부분이 완벽하게 ②번 선지 아닌가요? 이런 겁니다. 그냥 정답이 보여요.

34. <보기>를 바탕으로 (가)와 (나)를 감상한 내용으로 적절하지 않은 것은? [(나)만으로 편집함]

> ─────< 보   기 >─────
>
> 생명 현상을 제재로 삼은 시는 대체로, 생명체들의 풍요로움을
> 감각적으로 형상화하거나, 생명 파괴의 현실을 극복하는 모습을 형상
> 화한다. (나)는 인간의 욕망에 의한 상처와 고통으로 황폐화
> 된 현실을 강인한 생명력이 피어나는 공간으로 변화시키는
> 모습을 드러낸다.

① (나)의 '겨울'은 생명 파괴의 현실을 이겨 내는 시간적 배경으로 설정되어 있군.
② (나)의 '골짜기'는 인간의 욕망이 투영된 장소로 제시되어 있군.
③ (나)의 '홀씨'는 공존하던 생명체들이 흩어지게 되는 계기를 드러내고 있군.
④ (나)의 '음지'는 현실의 고통을 극복하는 장소로서의 의미를 함축하고 있군.
⑤ (나)의 '소나기'는 황폐화된 현실에 생명력을 환기하는 대상으로 표상되어 있군.

<보기>와 기존에 우리가 찾은 주제를 합쳐서 보완하면 다음과 같습니다.

'인간으로 인해 죽은 참나무로부터 새로 탄생한 버섯이 보여주는 강인한 생명력'
(인간에 대한 비판과 자연에 대한 예찬)

→ ③ : 생명체들이 흩어지게 되는 계기는 인간이고 '홀씨'는 자연이므로 비판과 예찬이 섞임 (X)

방금 보신 것처럼 잘 요약한 한 문장은 모든 문제의 정답 근거가 됩니다.
결국 정답 선지는 주제에서 나온다는 평가원의 출제 원리가 잘 반영되었습니다. 모든 평가원 지문과 수능 문제에서 이를 벗어났던 적은 없고, 수능 국어인 이상 이 원리가 배제되는 것은 불가능합니다. 특정 지문에서 최선의 문제를 내려면 저 원리를 지켜야 하니까요.

방금 제가 한 것처럼 한 줄로 잘 요약하기 위해서는 시 내용을 주제만 쏙쏙 알아내는 독해력이 필요합니다.

컴팩트하게 핵심만 챙기려면, 역설적으로도
세세하게 모든 것을 알아내려는 경험이 필요합니다.

처음부터 <COMPACT>는 안 된다는 겁니다. 세세히 해본 사람만이 저게 가능하며, 수능에서도 발휘할 수 있습니다. 따라서, Part 1을 통해 아주 세세히 하나하나 뜯어볼 겁니다. 혼자서 하기 어려우니 저랑 같이 해보시면 됩니다.

나는 이미 독해력이 좋아서 Part 2만 해야지~ 라고 생각하실 수도 있을 것 같은데, Part 1을 했다고 전제하고 서술했기도 하고, 절대적으로는 독해력이 좋은 편이지만 제가 원하는 독해력의 수준에는 못 미쳐 괴리가 생길 수도 있기 때문에 반드시 순서를 따라주시기를 부탁드립니다.

결국 Part 1은 혼자서 해야 하는 분석을 여러 질문들을 통해 저와 같이 할 수 있게끔 만들어준다고 생각하시면 됩니다. Part 1에서 하는 것들은 문학의 기본이자, 문학에 대한 안목을 높여줄 여러 장치들입니다. 따라서, 문제만 푸는 것보다는 제가 해설에서 제시해가는 내용들에 의문을 가지고, 남에게 설명을 할 수 있을 때까지 고민해보는 작업을 거쳐주시면 좋을 거에요!

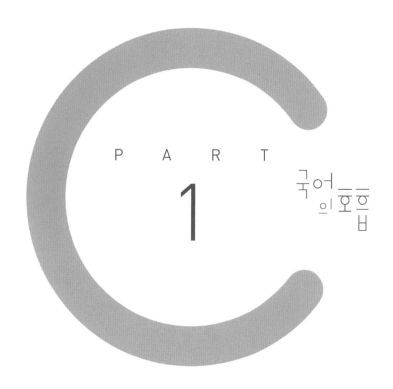

PART

1

국어의호흡

현대시의 원리

Part 1은 독해에 필요한 기본 태도와 개념을 알려드리는 파트입니다! 앞으로의 모든 내용의 기반이 될 테니 차근차근 숙지하면서 따라와주시기 바랍니다. :)

STEP

0

문학론

수능 문학에서 여러분들이 단순 풀이가 아닌 '공부'를 하려면, 무엇을 알아내기 위해 공부해야 하는지 목적을 알려주는 파트입니다. 어떤 것을 궁극적으로 출제자가 내려하는지를 여실히 알려드리겠습니다. :)

STEP 0. **문학론**

문학은 어떤 학문일까요?

막연하게 어려운 말을 써서 학생을 힘들게 하는 학문은 절대 아닐 겁니다. 문학이라는 학문은 뚜렷한 목표를 갖고 있습니다.

'세계와 인간에 대한 이해'

어려운 말, 현학적인 말을 쓰지 않을 수 있으면 안 쓰는 것이 오히려 문학의 모토에 가깝습니다. 표현하기 어려운 인간사, 세사의 진리를 언어로 표현해내는 것이 문학이며, 감상력이 좋은 사람은 글쓴이의 의도를 잘 알아낼 수 있는 것이죠. 그렇기 때문에 대부분의 문학은 뚜렷한 의미나 교훈을 내포하고 있습니다. 그래서 드라마, 책, 시 모두 같은 목표를 지향할 수밖에 없는 것이죠. 물론, 드라마나 영화는 문학에서 파생되었다고 해도 독자적인 변형이 많이 일어났지만, 시청자로 하여금 재미뿐만 아니라 특정 '메시지'를 전달하려한다는 측면에서 결을 같이 합니다.

어려운 깨달음을 누군가에게 전달하기 위해서 필요한 것들이 무엇일까요? 국어를 가르치다보면 반드시 직면하게 되는 물음이며, 국어를 잘하기 위해서 고민해본 사람들 역시 이미 답을 고민해봤을 내용입니다. 글쓴이와 읽는 이 모두 이런 고민을 해야 원활한 의사소통이 일어날 수 있겠죠. 그 답을 제가 알려드리겠습니다.

'같은 경험의 공유'가 바로 그 답입니다. 같은 경험이 없으면 말로 전달이 어렵습니다. 그래서 일반적으로 쓰이는 단어들은 우리가 보통 자주 경험한 일상의 경험들로부터 파생된 단어입니다. 겪지 못해본 것을 언어로 보고 이해하기 위해서는 상상력이 당연히 필요합니다. 그래서 영화와 달리 책을 읽는 독자들은 글자로부터 상상해낸 장면을 머릿속에 구현할 줄 알아야 하죠. 반대로, 이해가 쉽게 어떤 깨달음을 전달하려면 수용자와 발신자 모두 경험해본 공통의 경험을 사례로 들면 전달이 쉽습니다. 따라서 최대한 작가, 시인들은 이미 겪어본 경험을 전혀 새로운 깨달음의 사례로 차용하여 우리에게 설명하게 됩니다. 그게 바로 '비유'입니다.

즉, 원래 문학적 표현은 이해를 쉽게 하기 위해서 고안된 장치라는 의미입니다! 물론 동의하기 어렵겠지만요. 대신에 여러 사람이 각자의 장치를 만들었다고 해도 어느 정도 비슷한 구석이 있습니다. 따라서 수학에서 자주 쓰이는 공식이 있는 것처럼 국어에서도 최소한의 표현 공식들을 알게 되면 처음 보는 지문들에도 어렵지 않게 적용 가능할 겁니다. 그 최소한의 공식과 증명 과정 중 최소한 알아야 하는 것들을 이 책에서 다뤄보고자 합니다. 이를 위해서 이 책은 다른 책들과 다르게 꽤나 깊은 수준까지 문학 작품을 건드리기도 할 겁니다. 이 말을 듣고 한 작품 내에서의 깊이를 추구하다가 전체적인 문학에 대한 진전을 못하고 발목 잡힐까 걱정하실 분들도 있을 것 같습니다. 허나, 결국은 클리셰입니다. 당대에 유행하던 표현들, 현대에는 어떤 표현이 관용구처럼 쓰이는지에 대한 공감대를 여러분들이 형성하게 된다면, 지나치다고 생각되는 논리도 어느새 스스로 하게 될 겁니다. 마치 우리가 만화를 보다가 '해ᄎ..'만 보아도, 괜히 해치웠나 따위의 말을 해서 상대 악당이 되살아나겠네 하고 탄식을 하는 것처럼 말이에요. 이를 후대 사람들이 우리의 문화에 대한 이해없이 본다면 너무 과한 추론이 아닐까 하겠지만, 우리에게는 너무 익숙하죠. 그러한 익숙함을 여러분들이 문학에서도 쉬이 느끼도록 하는 것이 이 책의 목표이기도 합니다.

작가는 결국 여러분이 경험한 일상의 경험을 빌려서 자신의 깨달음을 전달하려고 합니다.

따라서 제일 중요한 것은 해당 작품을 우리의 경험과 연결 지을 줄 알아야 하는 것이겠죠. 그래서 현대시를 포함해 문학 작품을 읽을 때 여러분은 계속해서 '웹소설을 드라마로 각색하는 PD의 마음'을 간직해야 합니다. 글자로 쓰인 표현들을 '이미지'로 바꾸어내고 시인의 참신한 비유에 감탄할 줄 아는 것이 우리가 필요로 하는 감상력일 겁니다. 또한, 비슷한 깨달음들은 표현 방식도 비슷하므로 유형으로 묶어 같이 학습할 필요가 있습니다. 머리가 깨지는 것 같겠지만, 최대한 스스로 자신의 경험을 매개로 글쓴이와 소통하여 글쓴이의 깨달음을 알아가는 것이 제일 효과적으로 독해력 신장을 도와줄 것입니다.

이처럼 PD의 마음으로 시를 읽으려면 필요한 것들이 있습니다.
시간대, 장소, OST, 적절한 배우가(대본을 제외하고) 필요한 전부입니다. 그렇다면, 시의 초반에서 시공간적 정보를 알아내야, 장면을 상상할 세트장을 만들어낼 수 있을 겁니다. '적절한 배우' 역시 시인이 임의로 적절한 화자를 설정해놓았을 겁니다. 그렇다면 결국 우리가 우리 머리로 직접 알아내야 하는 것은 OST입니다. 이 OST는 문학에서 '어조'라고 설명됩니다.

똑같은 장면이어도 음악이 다르면 전혀 달라집니다. 예를 들어 남녀가 말없이 서 있고 웃음을 짓고 있습니다. 장소는 한적한 밤 시간의 놀이공원입니다. 사랑스럽고 발랄한 노래가 들린다면 서로의 마음을 말없이도 알 수 있는 예쁜 커플의 모습이 보입니다. 그러나 바이올린 현이 끊어지는 듯한 불쾌한 음악이 들려온다면, 갑자기 여주가 남주를 해코지할 것만 같은 무서운 느낌이 드는 것도 사실입니다. 이런 것처럼 '어조'는 시 전체를 좌지우지할 수 있기에 아주 강력합니다.

어조를 아는 가장 쉬운 방법은 '분위기'를 확인하는 겁니다. 예시를 같이 볼까요?

'너는 왜 그렇게 말해'를 소리 내어서 읽어보세요.

짜증 섞인 투로, 너는! 왜? 그렇게 말해?
사랑스럽게 바라보며, 너는~ 왜 그렇게 말해~? 으오글

분명 같은 문구이지만 발음, 표정, 분위기에 따라 전혀 다른 의미를 같게 되는 것입니다. 우리는 이미 수많은 인간관계를 겪으며 이 모든 걸 체험했습니다. 그렇기에 여러분들은 시에서도 이미 잘해온 것처럼 '어조'를 느껴야 합니다. 그게 문학 독해의 시작이어야 합니다. 따라서 한동안 시나 소설이나 그 어떤 문학 작품을 읽든 장면으로 상상해내시고, 혼자 계시다면 소리 내어서 읽어보는 게 좋습니다. 대본을 읽는 배우처럼, 과연 여러분이 생각한 어조가 실제로 읽어보아도 맞는지, 수차례 해보시면 금방 감을 잡으실 수밖에 없을 겁니다. 이미 우리는 지겹도록 현실에서 하고 있으니까요! 만에 하나 정 모르겠다면 '어미'를 확인해보는 것도 좋습니다.

이제 본문 시작해보도록 하겠습니다. :)

STEP

1

상상하기

독해를 할 때 가장 기본이 되는 태도입니다.
지나친 상상이 아닌, 작가가 독자에게 전달하고 싶은 딱 그만큼을 상상해낼 수 있는 능력을 이 파트에서
길러볼 것입니다. 가장 근원적이면서도, 문학을 20분 안에 풀기 위해서는 반드시 필요한 능력입니다.
방향 없는 상상이 아닌, 논리적인 상상이 뭔지 설명해보겠습니다.

STEP 1. 상상하기

말 그대로입니다. 시의 장면을 머리로 상상하면서 읽는 독해 태도입니다.
앞으로 모든 시를 이렇게 읽으려고 노력하셔야 합니다. 여러분이 영화 장면으로 꽃이 시드는 걸 보면, 왠지 주인공 커플에게 시련이 생길 것 같은 느낌을 받는 것과 같이, 시를 장면으로 보게 되면 의미해석이 쉽습니다. 얼마나 시의 텍스트를 사실처럼 잘 구현하는가. 웹소설을 드라마로 만드는 PD의 마음을 갖고 콘티를 쓰시는 겁니다.
다음의 문장들을 「님의 침묵」에서 한 것처럼 장면으로 구현하며 연습해봅시다.

Practice of Imagine _ (제목과 내용을 읽은 후, 화살표 옆에 자신의 상상과 해석을 써보세요)

1) 참 오래오래, 노인의 자리맡에 받은기침 소리도 없을 양이면
   벽 속에서 귀뚜라미는 울지요.
   떼를 지어 웁니다. 벽이 무너지라고 웁니다.   _ 2008.09. 박용래, 「월훈」

(첫 문제이니 풀고 해설 본 후, 어떤 식으로 답을 써야 하는지 확인하여 다음 문제 푸시길 바랍니다.)
→

2) 어린 딸은 도라지꽃이 좋아 돌무덤으로 갔다
   (진짜 돌무덤이라는 물리적 장소로 간 것이 아님을 전제하고 쓰시오) _ 2009.06 백석, 「여승」

→

3) 돌아오는 길 희미한 달빛은 그런대로 식구들의 손잡은 그림자를 만들어주기도 했지만
   그러기엔 골목이 너무 좁았고
   늘 한 걸음 늦게 따라오던 아버지의 그림자   _ 2009.06 나희덕, 「못 위의 잠」

→

4) 아직 서해엔 가보지 않았습니다
   어쩌면 당신이 거기 계실지 모르겠기에   _ 2011.06 이성복, 「서해」
   (화자는 '당신'을 보고 싶어 함을 전제하고 쓰시오)
→

5) 차례를 지내고 돌아온 구두 밑바닥에
    고향의 저문 강물 소리가 묻어 있다

_2012.수능 곽재구,「구두의 한 켤레의 시」

→

6) 동리의 밀고자인 강물조차 얼어붙는다

_2022. 수능 이육사,「초가」

→

7) 거리를 쫓아다녀도
    분수 있는 풍경 속에 동상답게 서 봐도 좋다

_2010. 09 이육사,「소년에게」

→

8) 먼 산정에 서 있는 마음으로 나의 자식과 나의 아내와
    그 주위에 놓인 잡스러운 물건들을 본다

_2017. 수능 김수영,「구름의 파수병」

→

9) 꿈을 아느냐 네게 물으면, 플라타너스,
    너의 머리는 어느덧 파아란 하늘에 젖어 있다.

_2018. 09 김현승,「플라타너스」

→

10) 고갯짓으로 그려지는 칼춤, 경쾌한 소리의 반주

_자작시 이선우,「사슴」

→

11) 그리고 서서 철제 대문 사이로 안을 기웃거리며 들여다보는
    우리들은 어쩐지 잘못 날아든 참새들 같기만 하였다.

_2023. 수능, 최명희「쓰러지는 빛」

→

1)

노인이 자는 곳에서 가벼운 기침 소리조차 안 난다고 하네요. 미동도 없는 상황입니다.

또한, 하고 많은 풍경 중에 하필 귀뚜라미가 '우는' 걸 강조하여 묘사하고 있는 걸 보니, 슬픈 상황임을 강조하고 싶은가 봅니다. 즉, 노인은 죽었거나 엄청 고독한 것이겠네요! 영화 장면에서 갑자기 조용해진 노인의 방, 귀뚜라미가 우는 소리가 들린다고 생각하면 간단한 추측이네요.

2)

도라지꽃을 보러 돌무덤으로 갔다고 하니, 돌무덤에 도라지꽃이 피어있나 봅니다. 근데 이 돌무덤이라 함은 말 그대로 무덤인데... 정말 딸아이가 물리적으로 돌무덤에 도라지꽃을 구경하러 갔다고 하는 건 아닐 것 같네요. 유난히 후광이 많이 비치고 하얗게 테두리가 나온 채로 딸이 도라지꽃이 핀 돌무덤으로 뛰어가는 모습이 영화에서 나오는 것을 생각해보면, 딸아이가 죽은 것을 은유적으로 표현했음을 알 수 있을 겁니다.

3)

식구들이 돌아오는 길을 상상해봅시다. 뒤에는 달빛이 비춰져서 식구들의 그림자가 생기는 거 같습니다. 다만, 좁은 골목이라 길에 식구들의 그림자가 다 비춰지지는 않는다고 하네요. 그래서 하필 아버지의 그림자만 뒤따라오는 것처럼 보인다고 하니, 골목이 너무 좁아서 아버지 그림자만 길이 아니라 벽에 비춰지는 것을 알 수 있습니다. 그러니 뒤따라오는 것처럼 보이나 보네요... 같이 걷는다고 해도 그림자로 보면 뒤쳐져서 걷는 것이 아버지라고 하니, 아버지의 책임감이 느껴지는 대목입니다. 가족 역을 맡은 배우들의 뒷모습과 그림자만 나오는 장면이 상상이 되네요.

4)

당신이 있을까봐 서해에 가지 않았다는 것을 보아, 당신과 화자는 이별 상황이겠네요. 나지막이 주인공 내레이션이 나오면서, 당신이 있을지 몰라서 서해에 가보지 못하겠다고 나오는 영화 장면을 상상해봅시다. 있을까봐 두려워하는 걸까요, 없을까봐 두려워하는 걸까요. 주로 열린 결말의 영화에서 많이 나올 것 같네요. 그 사람이 없는지 눈으로 확인하기 싫어 일부러 가지 않고 그곳에 당신이 있을 수도 있겠거니 상상에 맡기는 모습을 볼 수 있습니다. 애매한 해피엔딩이네요.

5)

구두가 직접 차례를 지냈을 리도, 고향의 강물 소리를 묻혀왔을 리도 없으니 장면을 상상한다면 차례를 지내러 고향을 갔던 화자가 구두를 신고 집으로 돌아오면서 고향 생각을 하고 있는 것을 알 수 있습니다. 구두부터 무릎까지만 나오게 주인공이 걸어다니는 모습을 클로즈업한 영화 장면이 그려지네요.

6)

동리(마을)에서 좋지 않은 일을 알리는 밀고자 역할을 강물이 하고 있다네요. 동네에 무슨 일이 생기면 강물이 쪼르르 다른 곳으로 흘러, 동네의 일을 고자질하는 일러스트가 그려집니다. 그런데 강물이 그대로 얼어붙었다니 더 이상 고자질을 하지 못하게 되는 억압적인 상황인 것 같습니다.

7)

제목을 보니 소년에게 하는 말인 것 같습니다. 소년이 거리를 막 뛰어다니는 장면과 분수 한가운데 동상처럼 위엄있게 서보는 모습을 떠올려 봅시다. 흔히 만화에서 철없는 소년이 막 뛰어다니면서 즐거운 표정을 짓고, 발랄한 음악과 함께 동상처럼 분수 한가운데서 서서 폼 잡는 우스꽝스러운 모습. 소년이 소년일 때만 만끽할 수 있는 자유로움이 느껴지지 않나요?

8)

자식과 아내, 그리고 그 주위의 물건이라 함은 집 안의 가구들을 말하는 것 같습니다. 분명히 집과 가족은 화자와 밀접하게 생활과 맞닿아있는 관계입니다. 근데 그러한 물건들을 잡스럽다고 표현하고, 하물며 아내와 자식까지도 '먼 산정에 있는 마음으로' 보고 있으니 무언가 이상합니다. 상상해봅시다. 먼 산정에 있는 마음을요... 굉장히 객관적인 시선으로 이들을 보고 있을 수 있을 것 같습니다. 물리적으로 거리를 벌릴 수 없으니, 마음으로 거리를 벌려 가족과 물건을 봄으로써 객관적으로 자신의 생활을 돌아보고 있습니다.

9)

화자가 플라타너스 나무에게 질문을 하고 있습니다. 꿈을 아느냐. 그에 대한 답을 플라타너스가 직접 할 수 있을까요? 우리 지금 영화 만들고 있습니다. 주인공이 플라타너스 앞에 기대앉아서 나지막이 말합니다. '꿈을 아느냐 너는...' 그러면 플라타너스는 할 수 있는 거라곤 바람에 잎 쏴아아 흔들리면서 서 있는 것뿐입니다. 그렇지만 주인공은 파란 하늘에서 이파리를 흔들고 있는 플라타너스를 보면서 다시 의지를 다집니다. 대충 웅장한 음악과 함께요. 이러니 대답이 되지 않나요? 장면 상상 잊지 맙시다!

10)

사슴이 진짜 칼춤을 출 수 있을까요...? 고갯짓을 하는 사슴을 생각해봅시다. 칼춤과 연관 있을 만한, 칼을 대신할 무언가가 사슴에게 있는지 떠올려보세요. 음... ㅃ...뿔! 고개를 힘차게 저으면 사슴의 머리 위에는 뿔이 현란하게 움직이며 칼춤처럼 보일 것 같네요. 그러면서 발을 구르면 경쾌한 반주가 그 위에 얹어지고요. 사슴이 힘차게 고개를 흔들며 발을 구르는 장면!

11)

철제 대문 사이로 안을 보고 있다고 합니다. 그런데 어떻게? 참새가 때때로 영문도 모르고 집 안에 들어와서 으잉? 여기가 어디지... 하는 것처럼 기웃거리고 있다고 하네요. 아주 낯선 곳에서 여기가 맞나 기웃거리고 있는 주인공이 떠오르면 됩니다. 소설의 일부인지라 그런지 확실히 시보다는 서술이 자세해 쉽네요. 이처럼, 현대시를 마스터하면 자연스레 소설은 되는지라 현대시를 탄탄히 하시는 것을 추천드리는 편입니다.

이렇게 시의 구절을 잘 읽고 장면으로 바꿔내야 합니다. 영화라 생각하면 훨씬 쉬웠습니다.

여러분은 이제 웹소설을 드라마로 바꾸려는 PD의 마음으로 시를 읽어주시면 됩니다!

<님의 침묵>에서 했던 거를 참고해서 바로 해봅시다. 이번엔 시 전체를 읽어볼 겁니다.

이전과 달리 제목도 신경 쓰고, 시 전체의 분위기를 보면서 어떤 분위기의 OST일지 상상하면서 읽으세요. OST가 정해지면 음악만으로도 내용이 훨씬 쉽게 파악이 되니까 말이죠.

⚬ 저자의 말 ⚬

어려울 수 있으나, 그럼에도 불구하고 맨 앞에 넣어 놓은 이유는 다음과 같습니다.

1. 우선, 시 독해의 근간이기에 이 없이 후속적인 설명을 하는 것은 어렵습니다.
2. 뒤에서의 **상상하기**는 이 정도로 어렵지 않으나, 설명을 위해 생각을 많이 할 수 있는 작품을 실어놓았습니다. 이 부분이 이해가 안 된다고 겁먹지 말아달라고 미리 부탁드리는 바입니다.
3. 최대한 머리 깨져가며 고민하시기를 추천드립니다. 'Step 1 상상하기'에 하루를 사용해도 절대 낭비가 안 되리라 말씀드리고 싶습니다. 그러니, 고민해내서 자신이 꼭 답을 한 번이라도 맞춰보기를 바랍니다.
4. 답을 직접 내기 전까지는 Quiz의 답을 보지 말라고 다시 한 번 부탁드립니다. :)

철로

이선우

세상 아름다운 모든 곳
푸른 하늘 아래 보여주고파

조우의 순간은 찰나더라도
열기와 매서운 바람 모두 견디고

자리를 지킨다

마침내 내게 온 널
놓치기 싫어

몰래 꼬리 물고 배웅한다

Quiz 1. 시의 전체적인 어조는 어떠한가?

Quiz 2. 마지막 행의 의미는 무엇인가?

철로

기찻길이 제목이니 시의 제재가 철로가 되리라 예상할 수 있겠죠? 이를 생각하며 읽어봅시다.

세상 아름다운 모든 곳 푸른 하늘 아래 보여주고파

누군지는 모르겠지만, 누군가를 무척이나 좋아한다는 느낌은 받을 수 있습니다. 눈 감고 떠올려보세요. 파란 하늘 아래 손잡고 있는 두 사람을 말이죠.

조우의 순간은 찰나더라도 열기와 매서운 바람을 모두 견디고 자리를 지킨다

이쯤 되면 주어가 누구인지를 생각해볼 만합니다. 가끔 만나고 대부분은 자리를 지키는 것에는 뭐가 있을까요? 아무리 못 떠올려도 우리는 하나만큼은 답으로 떠올릴 수 있습니다.
바로 '철로'죠. 제목에 나와 있으니까요. 그러면 철로는 누구를 기다릴까요. 아마 기차...?

마침내 내게 온 널 놓치기 싫어 몰래 꼬리 물고 배웅한다

자 이제 시의 모든 것이 집약되는 마지막 연까지 왔습니다. '나'는 앞서 우리가 추론한 대로 '철로', '너'는 '기차'일 것입니다. 그런데 철로가 기차를 안 놓치려고 꼬리를 물고 배웅한다고 합니다. 이게 도대체 무슨 뜻일까요? 장면을 상상합시다. 우린 웹소설을 영상으로 바꿔야 하는 PD임을 계속 기억합시다. 그러면 결국 우리 머리에는 이런 이미지가 떠올라야 합니다.

답 나왔죠. 결국 철로는 기차를 위해 인고의 시간을 버텼고, 마침내 기차가 온 순간 기차와 이별을 하지 않기 위해 자신의 최선을 다하는 모습까지 볼 수 있었습니다. 마지막 연의 의미를 방금 알아낸 것처럼 머릿속에서 이미지를 그리는 것이 시 독해의 첫 스텝이라고 할 수 있겠습니다.

항상 잊지 마세요. 시의 내용을 머릿속으로 상상하면서 읽는 태도를요...!
이게 Step 1의 **상상하기**입니다. 앞으로 두 세 작품 더 해보고, 다음 단원으로 갈 건데 항상 이 태도는 기본으로 깔고 읽어주시면 됩니다.

이번에는 정지용 시인의 <발열> 읽어봅시다...!

발열

정지용

처마 끝에 서린 연기 따라
포도순이 기어나가는 밤, 소리 없이,
가물음 땅에 쓰며든 더운 김이
등에 서리나니, 훈훈히,
아아, 이 애 몸이 또 달아오르노나,
가쁜 숨결을 드내쉬노니, *박나비처럼,
가녀린 머리, **주사 찍은 자리에, 입술을 붙이고
나는 중얼거리다, 나는 중얼거리다,
부끄러운 줄도 모르는 다신교도와도 같이.
아아, 이 애가 애자지게 보채노나!
불도 약도 달도 없는 밤, 아득한 하늘에는
별들이 참벌 날으듯 하여라.

*빨간 점이 있는 나비
**붉은 한약

Quiz 1. 현재 시적 상황은?

Quiz 2. '박나비처럼의' 의미는?

Quiz 3. '다신교도 와 같이'의 의미는?

Quiz 4. 마지막 행의 의미는?

발열

열이 난다고 합니다.

처마 끝에 서린 연기 따라
포도순이 기어나가는 밤, 소리 없이,
가물은 땅에 쓰며든 더운 김이
등에 서리나니, 훈훈히,
아아, 이 애 몸이 또 달아오르노나.

포도순이 기어나가봤자 하룻밤 사이 얼마나 기어가겠어요. 아주 고요한 밤인가 봐요.
가물은 땅이면 엄청 더운 기운이 있겠죠. 그 정도로 뜨겁고 더운 김이 등에 있다고 합니다.
상상해보면, 엄청 열이 많이 나는 거 같아요... '이 애 몸'이라고 하니 자기가 열나는 게 아니라 자식이 열이 나는 상황
인가 봅니다. → 시적 상황 Catch!

가쁜 숨결을 드내쉬노니, 박나비처럼,
가녀린 머리, 주사 찍은 자리에, 입술을 붙이고
나는 중얼거린다.

아이가 열이 너무 나서 숨결도 가빠졌나 봅니다. 박나비는 빨간 점이 있다고 하네요. 그러면 '박나비처럼'으로 이 애
를 비유하고 있는데 어떤 걸 말하고 싶은 걸까요?
애의 몸에도 빨간 점이 났나 봅니다... 계속 상상하자고요...! 멋대로 상상이 아니라 글자를 장면으로 바꾸는 상상이
요. 뒤를 읽어보면 주사가 빨간 약이니, 애의 몸에 난 빨간 점이 약을 찍은 자리를 말하는 것이거나 아니면 몸에 반점
이 났나 봅니다. 어쨌든 열이 계속 나므로, 한약도 써봤지만 잘 안 먹히나 봅니다...

나는 중얼거리다,
부끄러운 다신교도와 같이.

이 장면을 그대로 상상해봅시다. 아이가 열이 나고 그 옆에서 '부끄러운 다신교도'처럼 중얼거리는 화자를요.
"아이고, 하느님, 부처님, 천지신명님... 제발 저희 아이를 살려주세요!!!"
느낌이 오시죠. 왜 부끄러운지도 알겠죠. 신앙이 문제가 아니라 어느 신이든, 제발 아이를 살려줬으면 하는 간절한
마음이 보입니다.

아아, 이 애가 애자지게 보채노나!

애가 이제 자지러질 정도로 상태가 안 좋아졌군요. 슬슬 아이의 상태가 걱정될 정도이네요...
아이가 죽지 않기를 바라봅시다...!

불도 약도 달이 없는 밤, 아득한 하늘에는
별들이 참벌 날으듯 하여라.

약이 없는 게 우선 현 상황에 가장 큰 문제겠죠. 가뜩 어두운 밤에 불도 달도 없으면 어떨까요?

엄청 어둡겠죠... 그 정도로 아득한 상황을 말하는 겁니다. 별들이 참별 날으듯 하다...
과연 별이 정말 날라다닐까요...? 별똥별이 아니라면 불가능하겠죠.
1st. 별똥별이 맞다면... 별이 진다는 것이 상징하는 관용적 의미가 무엇이죠? 죽음입니다.
만약 이게 맞다면 아이가 죽었겠어요...
2nd. 별똥별이 아니라면... 가만히 있는 별이 날라다니는 것처럼 보이려면 어떠해야 할까요?
화자가 어지러운 상태거나, 눈물이 앞을 가려 초점이 안 맞아 별이 번져 보이는 것일 것이에요.

+ 눈물이 앞을 가려 사물이 번져 보이는 표현은 시에 자주 쓰이니 알아두세요.
ex) <해당화>, 한용운 _ 꽃은 말도 없이 나의 눈물에 비쳐서 둘도 되고 셋도 됩니다.
→ 눈물로 인해 꽃이 여러 개로 보임을 이용한 표현.

어쨌든, 마지막 행은 현재 화자가 아이로 인해 고뇌하고 있는 상황을 보여주네요. 화자에게는
정말 힘든 밤일 겁니다. 어떤가요, 상상하기.

최대한 글을 장면으로 바꾸자고요! 계속 강조하고 있습니다. ㅎㅎ

상상하기는 누차 말하지만, 이 part에서 연습 후 모든 시의 전제로 작용할 거에요.
풀 시간을 드릴 때 반드시 최대한 분석을 하고 제 해설을 들어야 의미가 있으며, 어떻게든 저와 비슷한 결과를 내시
려고 최선을 다해 노력하셔야 합니다.

머리가 깨져봐야 시험 날 안 깨져요! ㅎㅎ... 어쨌든 넘어갑시다.

이번에는 짧지만 어렵습니다. 유명한 시여서 모두가 알 테지만, 진짜 뜻을 아는 사람은 극히 드문 시입니다. 이육사 시인의 <절정>입니다.

절정

이육사

매운 계절의 채찍에 갈겨
마침내 북방으로 휩쓸려 오다.

하늘도 그만 지쳐 끝난 고원
서릿발 칼날진 그 위에 서다.

어데다 무릎을 꿇어야 하나
한 발 재겨 디딜 곳조차 없다.

이러매 눈 감아 생각해 볼밖에
겨울은 강철로 된 무지갠가 보다.

Quiz 1. 현재 화자가 처한 상황은?

Quiz 2. 현재 화자가 느끼고 있는 감정을 각 행마다 써보자.

Quiz 3. 마지막 연을 주로 '극한 상황을 초극한다'라고 해설하는데 이유를 생각해보라.
Hint for Quiz 3. '겨울은 강철로 된 무지갠가 보다.'의 의미를 찾는 것이 이 시의 핵심이다.

충분히 고민 많이 하셨나요? 해설을 보면 이 시를 생각해볼 기회를 박탈당하는 것입니다.
정말 이제 해설 봐도 될지 잘 생각해보고 뒤를 읽어주세요. 뭔가 약오르는 느낌 들면 다시 의미 생각해보러 가세요.
독해력을 기르기 위함이니, 열심히 고민하고 와주세요. 해설 시작합니다.

절정

어떤 상황이 극한으로 치달은 것을 '절정'이라고 하죠. 어떤 상황일까요.

매운 계절의 채찍에 갈겨
마침내 북방으로 휩쓸려 오다.

매운 계절, 봄 여름 가을 겨울 중 언제일까요? 아마 겨울일 겁니다. 겨울의 채찍이라고 하면,
추운 겨울날 채찍처럼 우리를 괴롭히는 걸 생각해봅시다. 매서운 바람에 살이 에는 고통을 표현한 것입니다. 그 와중에 '북방'으로 휩쓸려 왔으면, 추운 와중에 더 추운 곳인 북쪽으로 갔으니, 상황이 더 안 좋아지고 있네요. 제목의 '절정'이 가리키는 극한 상황은 아마 부정적 상황...?

하늘도 그만 지쳐 끝난 고원
서릿발 칼날진 그 위에 서다

고원을 생각해봅시다. 엄청 높은 고원이요. 그런 고원 위에서 하늘을 보면 마치 고원과 하늘이 맞닿아 보이죠...! 네네. 하늘과 맞닿아 보일 정도의 높은 고원을 '하늘도 그만 지쳐 끝난 고원'이라고 표현했네요. 하늘이 이어지다가 끝나서 생긴 고원이라고 하니, 고원은 하늘과는 뭔가 반대되는 시어 같네요. 어쨌든, 서릿발 칼날이 진 그 위에 섰다고 했으니, 고원 위에 선 것을 서릿발 칼날의 위에 선 것처럼 말을 했네요. '그 위'라고 했으니까요.

어데다 무릎을 꿇어야 하나
한 발 재겨 디딜 곳조차 없다.

무릎을 꿇을 만한 공간도, 한 발을 편히 딛을 공간도 없다고 하니 매우 좁은 고원에 서 있는 것 같습니다. 말 그대로 '칼날'같은 고원이네요. 춥고, 매섭고, 좁고, 도망갈 곳도 없고, 심지어 높은. 그런 곳에 있는 화자. 상상해보세요. 마치 고층빌딩들 사이에서 외줄타기를 하는 것과 같은 화자를요. 위태로운 상황일 것이고 물러설 곳도 없습니다. 잘 상상하고 있죠?

이러매 눈 감아 생각해 볼밖에
겨울은 강철로 된 무지갠가 보다.

말도 안 되는 한 줄이 나왔어요. '겨울은 강철로 된 무지개'많이 유명하지만, 이 뜻을 정말 아는 사람은 많이 없더라고요. 왜 이 문장의 뜻이 '극한 상황에 대한 초극'일까요. 상상합시다...! 우선 화자가 지금 뭐하고 있을까요?

눈 감고 생각하고 있어요. 왜? '이러매'라고 했으니, 상황이 너무 부정적이니까 눈 감고 생각했을 때 '겨울은 강철로 된 무지개'라는 생각을 할 수밖에 없다고 합니다. 여기서 집중합시다.

뒤에서 다시 자세히 다루겠지만, 문제 상황 시에 인간이 대처할 수 있는 방법은 두 가지입니다.

"체념", "극복"

그래서 이 두 가지 대처 방법인 체념과 극복 중 화자가 어느 태도를 취하는지 항상 확인해주셔야 합니다. 이 시는 당연히 극복입니다. 그리고 이 극복을 멋있게 표현한 것이 이 시의 마지막 연입니다. 어쨌든 저 두 단어는 아주 중요한 문학 개념이니 우선 암기해주시길 바랍니다...!

다시 시로 돌아가 봅시다. 지금 화자는 극한의 부정적 상황에 처해 있습니다. 상상합시다.
눈이 와요. 많이 와요. 고원입니다. 하늘에 맞닿아 있을 정도로요. 아주 얇은 칼날(실제로는 아니지만)에 서 있어요.
그런 상황에서 체념하고 죽어버리는 것이 아니라 극복의 태도를 가지려면,
어떻게 해야 할까요. 그 상황이 영원하다면 화자도 사람인데 버틸 수 있을까요?
화자는 결국은 좋은 상황이 올 것이라고 버티는 수밖에 없어요(이건 시에서 자주 등장하는 극복의 방법이니 알아둡시다.).

겨울은 강철로 된 무지개

여러분 한 번 떠올려 보세요. 강철로 된 무지개를 머릿속에서 떠올려 보세요. 눈 감고요 잠시...!

떠올리셨으면, 그대로 여러분 앞에 있다고 생각하세요...! 네, 저기 책상 위에 여러분이 만든
'강철로 된 무지개'가 있네요. 이제, 여기가 중요합니다. 아마 차갑고 딱딱하고 은백색을 띄고 있을 겁니다. 강철로 되어있으니까요. 그리고 아치형이겠네요. 무지개니까요!

여러분이 방금 저에게 뒤통수를 세게 가격당해서 방금의 기억을 잃었습니다.
저기 책상 위에 뭔지 모를 물체가 있어요(사실 아까 여러분이 만든 강철로 된 무지개죠.).
한 번 만져봅시다. 어떤가요?
한 번 두들겨 봅시다 어떤가요?

차갑고 딱딱하죠. 심지어 색은 회색이겠죠(강철이니까요). 여러분이 이걸 보고 '강철로 된 무지개'인 줄 알 수 있을까요? 그냥 아치형 강철 덩어리 아닐까요. 무지개라고 생각할 수 있는 요소가 하나도 없어요. 겨울이 바로 이렇습니다. 보는 사람은 무지개인 줄 모르지만 사실 무지개인...

겨울 어떤가요. 춥고, 바람이 세게 불면 아프고 그렇습니다. 지금 화자의 상황이 그래요. 도저히 도망갈 곳, 해결책 그런 게 보이지 않아요. 하지만 언젠가는 봄이 온다는 것은 본질적인 사실이에요. 겨울에 있는 사람은 상상하기 어렵지만요. 강철로 된 무지개는 보는 사람에게는 강철로 보여요. 하지만 본질적으로는 '무지개'(현대시에서 무지개는 이상을 뜻함)인 것이죠. 고통스러운 현재가 전부라고 생각하지 않고 '본질은 이상적이지만, 표면적으로만 고통스럽다'고 현재를 해석함으로써 현 부정적 상황을 극복한 것이에요. 어차피, 봄은 오니까요...! 이건 솔직히 상상하기 중에서도 최극단이며, 독해력이 많이 길러져야 가능해요. 수능에서는 <보기>가 많은 정보를 알려주어 실제로 수험생이 해야 하는 해석은 훨씬 적을 것이니 너무 걱정하지 않으셔도 됩니다.

'Step 1 상상하기'는 단원 초반에 밝혔던 것처럼, '여러분이 웹소설 원작으로 드라마를 만드는 PD임'을 잊지 말라는 것이었습니다. 최대한 장면을 상상해내세요. 누차 강조하지만, 여러분에게는 이미 감상 능력이 충분히 있습니다. 다만, 그걸 꺼내지 못하는 거라고요. 앞으로 뒷 단원들의 독해에 있어서 **상상하기**는 기본적으로 깔고 갈 것이기에 참고해서 책을 봐주시기 바랍니다. 너무나도 중요해 계속해서 강조하게 되었네요.

이제부터는 문제 푸는 데에 직접적으로 도움이 되며, 여러분이 **원활하게 '상상하기'**를 실천할 수 있는 개념과 도구들을 소개해보겠습니다. 잘 따라와 주세요.

당부의 말 _

혹시라도 앞부분이 잘 되지 않는 분은 될 때까지 다시 고민해보시길 추천하나, 과도하게 시간을 많이 썼는데도 안 된 사람이나 직관적으로 잘 와닿지 않아 더 이상 고민을 못 할 지경에 이른 사람의 경우에 한하여, 다음 Step으로 넘어가되, Part 1을 다한 후 다시 Step 1으로 돌아와 고민해보며 공부하시길 바랍니다.

STEP

2

현실과 이상의 괴리

이 단원에서는 현대 문학의 본질에 대해서 배울 것입니다.

이 본질을 비유와 상징으로 표현하느냐, 산문으로 표현하느냐가 결국 현대시와 현대소설로 나뉘는 것입니다. 그러므로 이 개념이 기본적으로 탑재되어 있어야 빠르고 정확한 풀이가 가능할 것입니다. 현대 문학은 무얼 지향하는가. 지금부터 알아봅시다.

'Step 2 현실과 이상의 괴리'로 들어가기 전에 독해에 대한 내용을 먼저 짚고 가겠습니다. 먼저 독해 순서에 관해서 밑의 순서가 아닌 사람들도 밑의 순서로 바꾸기를 추천합니다.

<보기> 독해 → 제목 독해 → 지문 독해

앞으로 문학 작품을 풀 때 분석 방법은 다음과 같습니다. (반드시 따라주시길 부탁드립니다.)

1. 한 줄 한 줄에 대해 이해가 안 되는 부분이 없도록 진득하게 해석해본다.
2. <보기>의 '모든' 내용을 지문에서 찾아서 매치시킨다.
3. 등장한 인물이나 대상, 상황, 정서를 기준으로 관계를 정리한다.
4. 현대 갈래는 현실과 이상의 괴리를 반드시 찾는다.
5. 모든 문제를 단 한 줄로 풀 수 있을 때까지 압축된 요약을 한다.
6. 문제마다 출제자의 의도를 적는다.

요즘음 어떤 과목이든 양치기가 모든 것을 해결해줄 것이라고 오해하는 경우가 많습니다.
하지만 정답은 '아니다'입니다. 특히 국어는 절대 아닙니다. 조금이라도 성적이 오르지 않을까요..? 그런 것도 없습니다. 국어는 정해진 공부법대로 하지 않으면 절대 안 오르는 무서운 과목입니다. 가장 효과적인 것은 책 읽고 독후감 쓰기이나, 지금 책을 읽을 수는 없습니다...

따라서 위와 같은 '분석'을 기출 작품들에서 하는 것이 최선인 것입니다.
국어 공부는 '분석'이지 풀이가 아닙니다. 푸는 것은 발전에는 도움 안 된다는 걸 명심해주세요.

문학에서 결국 궁극적으로 추구해야 할 분석은 그 작품이 갖는 '문학사적 의의'입니다.
왜 하필 올해 수능에 교수님이 이 작품을 출제했는가. 그 질문에 대한 근거를 말하는 겁니다..

다른 작품과 갖는 그 작품만의 차별성, 그 작품의 주제가 바로 문학사적 의의입니다.
정극인의 <상춘곡>처럼 특정 갈래를 처음 만들어낸 작품 같이 역사적 의미뿐만 아니라,
이전 작품들에서는 볼 수 없었던 주제라든지, 감각적인 표현이 쓰인 작품들이 출제됩니다.
그래서 충분히 논문이 작성되고 검증이 끝난 작품들이 출제되기에 주로 30년보다 전 작품들이 나옵니다. 따라서, 문제마다 출제자의 의도를 적음으로써 그 작품의 문학사적 의의를 찾는 연습이 될 겁니다.

자신의 분석이 맞는지 아닌지 확인하는 방법은 원래 <보기>와 비교하는 것입니다. <보기>가 교수님이 생각하는 문학사적 의의를 적어둔 것이기 때문입니다. 하지만 시험장에서는 거꾸로 <보기>를 읽고 신랄하게 문학사적 의의를 이용해 작품 독해를 하는 것이 더욱 유리할 것입니다. 그러므로 앞에서 제시한 순서에 맞추어, <보기>의 내용을 이용해 독해하는 연습을 앞으로 이 책과 함께 하게 될 겁니다. 또한 앞서 서술한 분석 방법으로 공부해주시면 이 책의 100%를 온전히 얻어갈 수 있을 것이니, 순서 잘 지켜주시기 바랍니다.

<보기> 독해 방법론

<보기>에는 해당 작품의 감상에 대한 Hint가 여실히 드러나 있습니다. <보기>로부터 알아내야 할 정보는 '주제'입니다. 주제가 대놓고 나오면 좋겠지만, 설령 그렇지 않다고 하더라도 주제와 관련한 작가의 정보, 주제를 표현하는 방법들을 찾아내야 합니다. 결국 <보기>를 통해 얻은 작품의 정보를 기반으로, 우리는 그 작품을 어떻게 읽을지 미리 작전을 세우고 들어가야 한다는 겁니다. 무엇에 초점을 맞추고, 무엇을 궁금해하며 읽을지에 대해 생각하는 것이 바로 작전입니다!

두 작품을 공통점과 차이점으로 엮어서 서술한 <보기>들이 많이 등장합니다. 이러한 <보기>들을 읽을 때는 'or 표현'을 찾아야 합니다. '-며, -나, -와, -고'같이 두 개를 연달아 서술하는 표현들을 or 표현이라고 부를 겁니다. 이 표현들이 나오면, or 표현 앞뒤의 설명이, <보기>에서 서술하는 작품들에 대응된다는 것입니다. 뒤에 있는 후자가 B작품에 대한 설명이므로 이를 구분 지어야 한다는 것입니다. 이는 문학뿐만 아니라 독서 파트의 도입부에서도 자주 쓰이니 저런 표현들이 나오면 즉각 '슬래시(/)'를 치는 습관을 만듭시다.

ex 1) (가)~(다)에 대한 <보기>
문학적 표현에는 표현 대상을 그와 연관된 다른 관념이나 사물로 대신하여 나타내는 방법이 있다.

→ -이나: /로 나누자. (가): 표현 대상을 그와 연관된 다른 관념으로 대신하여 표현하겠군.
　　그에 반해 나머지 두 작품 내지 (다)는 표현 대상을 다른 사물로 대신하여 나타내겠군.
[작전]: ∴ 우선 [표현 대상]을 각 작품에서 찾고, 그와 연관된 관념이나 사물을 찾으면서 읽자!

ex2) (가), (나)에 대한 <보기>
그러나 고향으로 돌아가더라도 고향이 변해 있거나 고향이 고향처럼 느껴지지 않을 때 귀향은 미완의 형태로 남게 된다.

→ -거나: /로 나누자. 귀향의 미완은 두 가지가 있겠군. 고향이라는 물리적 공간 자체의 상실,
　　아니면, 자신이 고향을 고향으로 더 이상 여기지 않는 정신적 상실이 있겠다.
[작전]: ∴ 두 작품이 각각 고향의 상실이 물리적/정신적 中 어느 유형인지에 유의하여 읽자!

ex 3) (가), (나)에 대한 <보기>
공기와 바람은 눈에 보이지 않지만 사물의 움직임을 통해 지각되고, 계속 움직이며 대상에 영향을 주는 힘으로 인식되기도 합니다.

→ -와: /로 나누자. 공기와 바람이 두 작품에 각각 등장할 것으로 보인다. 두 작품의 공통점은
　　보이지 않지만 계속 특정 대상에 영향을 주는 힘으로 공기나 바람이 등장할 것이라는 거다.
[작전]: ∴ 각 작품의 제재인 '특정 대상'과, 그에 공기나 바람이 '어떤 영향'을 주는지 찾으며 읽자!

이제 직접 해보는 연습을 할 겁니다. 각 <보기>만을 읽고, <보기>를 바탕으로 작전을 짜보세요.

Question of <보기> 독해

1. 서정적 자아는 세계를 내면화한다. 이런 작용으로 서정시에서 자아는 상상적으로 세계와 하나가 된다. 그렇지만 근대 이후의 문명사회에서 자아와 세계의 조화나 통일은 달성하기가 매우 어려운 일이다. 그래서 근대 이후의 서정시에서는 자아와 세계 사이의 분열에 대한 자아의 반응을 함축하고 있다.

→ [작전]:

2. (중략) 이 점에서 보면, 이 시에서 우물 속의 자상화는 자신의 존재에 대한 화자의 인식과 태도를 다층적으로 담아내고 있는 그림이다.

→ [작전]:

3. 김수영은 한때 자유를 이상으로 내세우면서 생활인으로서의 자신을 뛰어넘으려 했고, (중략) 이와 관련하여 김수영은 위대성에 주목하면서 대상의 숭고한 면이나 뛰어난 점을 발견하려 했다.

→ [작전]:

4. 우리가 삶에서 경험하는 구체적인 장소는 사람과 그가 처한 상황에 따라 다른 의미를 갖는다. (후략)

→ [작전]:

5. 사랑이 이루어진 상황을 사랑의 결실이라고 부르는 것은, 사랑을 이루기 위해 지극한 노력이 필요하기 때문이다. 사랑하기로 마음먹는 것만으로 사랑의 결실을 얻을 수는 없다. 사랑하는 대상에게 지속적으로 관심을 쏟아야 하고, 그 대상을 빼앗으려 하거나 위협하는 것들에 맞서야 한다. 이는 연인은 물론 다른 대상을 향한 사랑에서도 마찬가지이다.

(가)와 (나)에 대한 <보기>

→ [작전]:

1. <보기>는 세계의 **자아화**를 말하고 있군. 현대시의 배경이 되는 근대 이후의 사회에서는 자아와 세계가 분열된다고 말하고 있으므로, 이 작품에서 '어떤 괴리'가 일어나는지를 찾아야겠다! 또한, 분열에 대한 자아의 반응을 나타내는 시어들이 있다고 하니 주관적으로 감정이나 정서가 나타나는 시어 위주로 시를 독해해나가면 되겠네!

2. 우물 속의 자상화에 자신의 존재가 드러나고 있다고 하니 우물을 보면서 화자와 연관을 지어야겠군. 또한, '-과'에 /를 쳐서 읽어보면 **인식이 드러나고, 태도가 따라 드러나니**, 시의 전개가 화자가 스스로에 대해 객관적으로 인식한 후, 자신에 대해 주관적으로 태도를 제시하겠군. 따라서, 무엇이 인식이고 무엇이 태도인지를 **객관적/주관적 표현에 의해 찾아 나누면서 읽으면 되겠네!**

3. 우선 김수영의 시에서 이상은 '자유'라는 것을 알 수 있다. 생활인으로서의 자신을 뛰어넘으려 했다는 것에서 생활인이 아닌, 다른 자유로운 자신으로(아마 시인으로서의 자신이 아닐까) 거듭나려 했음을 알 수 있다. 김수영의 시에서 대상의 위대성을 주목하여 그 대상으로부터 본받을 만한 점을 찾는다고 했으니, 그 대상의 위대성은 분명히 '**자유로움**'일 테다. 그렇다면, 자유를 나타내는 시어를 시적 대상의 특징으로부터 찾아내면 되겠네!

4. 아마 시에서 특정 '장소'가 나올 것이 분명하다. 구체적으로 하나의 장소가 나올 것이며 거기에 여러 사람이 등장하면 여러 사람마다 그 공간을 다르게 생각할 수 있을 것으로 보인다. 만약에 한 사람만이 등장한다면, 그 사람의 **상황이 바뀌면서 특정 장소에 대한 의미가 달라지는 것**을 시에서 확인할 수 있을 것 같다. 따라서, 사람들과 상황에 따라 그 장소가 갖는 의미를 나누면서 읽으면 되겠네!

5. 두 작품 모두 '사랑'을 주제로 한 시인 것 같다. 공통적으로 **사랑의 결실을 맺기 위해 고단한 노력의 과정**이 시의 전반적인 내용이겠네. 또, 그 대상을 빼앗으려 하거나 위협하는 것들이 나온다고 하니 이도 찾으려 노력해야겠다. 누가 뺏으려 하는지. 아니면, 뺏으려 하는 대상을 발견하면 그걸 사랑의 대상이라고 볼 수도 있겠고... 여하튼 간에 '물론'에다가 /를 쳐보면, 한 시는 사랑하는 사람이, 다른 시는 사랑한다고 말할 정도로 강렬히 원하는 대상이 등장할 것임을 알 수 있다. 그러면 두 시에서 사랑의 대상이 되는 사람이나 물건을 찾고, 사랑의 과정과 사랑이 위협받는 상황에 유의하여 읽으면 되겠네!

이렇게 <보기>를 독해하는 것은 비단 비단 현대시에 한정되는 것이 아니며 모든 문학 작품에서 통용됩니다.
/ 를 쳐서 정확한 독해를 하는 것은 앞서 말했다시피 독서 파트에서도 매우 중요하니 반드시 연습해둡시다. 문학을 위해서 독서 파트 지문들의 도입부를 보며 연습하는 것 또한 괜찮습니다.

항상 <보기>로부터 주제나 주제를 알아내기 위한 작전을 얻어내야 합니다. 그래야 출제자의 의도에 맞는 독해를 할 수 있으며 이를 통해 정확하고도 빠른 문제 풀이가 가능해질 겁니다. :D

STEP 2. 현대시의 본질 '현실과 이상의 괴리' 찾아내기

현대시를 한 줄로 표현하자면 다음과 같습니다.

'비유와 상징을 통해 현실과 이상의 괴리를 표현하는 문학 갈래'

따라서, 현대시 중 '비유와 상징' 또는 '현실과 이상의 괴리'가 없는 시는 존재하지 않습니다.

 현실과 이상의 괴리란, 자신이 원하는 '있어야 할 현실'인 '이상'과 달리 자신이 현재 살고 있는 진짜 '현실'에 대한 거부감을 느끼는 상태를 이릅니다. 이런 현실과 이상의 괴리는 모두가 갖고 있습니다. 돈을 더 벌고 싶거나, 공부를 더 잘 하고 싶거나, 사람이 원하는 게 아무것도 없는 것이 아니라면 누구나 현실과 이상의 괴리가 일어난 상태라고 할 수 있습니다. 특히 이 책의 주요 독자층인 수험생의 경우 치명적인(?) 현실과 이상의 괴리 상태에 놓였다고 할 수 있습니다.

이상 (수능 전): 나는 XX대학교 XX과를 가고 싶지만, 아무리 못해도 OO대학교는 가겠지 ㅋㅋ
현실 (수능 후): OO대학교라도 가게 해주세요...

이상: 난 백점을 맞고 싶다.
현실: 근데 왜 백점이 안 나오지...

이런 식입니다. 따라서, 여러분은 여러분의 상황으로 시를 읽으면, 독해가 더 쉬워질 겁니다. 예를 들어 Step 1에 있었던 이육사 시인의 <절정>의 경우에도 다음처럼 바꿀 수 있을 겁니다.

절정

이선우

매운 평가원의 채찍에 갈겨
마침내 고3(n수)까지 휩쓸려오다.

선생님들도 그만 지쳐 끝난 학교 수업
3학년 2학기의 정시판에 홀로 서다.

어데다 답을 물어야 하나
내 점수를 올려줄 사람은 나밖에 없다.

이러매 눈감아 생각해볼 밖에
입시는 강철로 된 무지개이다.

장난 식으로 하긴 했지만, 진지하게 여러분의 수험생활을 넣어 시를 읽는 것이 도움될 겁니다. 앞으로 이해가 안 되면, 여러분의 상황에 맞추어 시를 읽어주시길 바랍니다.

 각설하고, 현실과 이상의 괴리는 인간이 느낄 수밖에 없는 감정이며, 시 창작의 동기입니다. 따라서, '모든' 현대시에는 현실과 이상의 괴리가 있다고 할 수 있습니다.

또한, 시 창작의 동기이기에 시의 존재 이유이며, 수능으로 국한하면 수능에 그 현대시가 출제된 이유이자, 출제자의 의도일 것입니다. 따라서 수많은 평가원 모의고사와 수능의 답이 '현실과 이상의 괴리'를 찾는 것에서 나왔다는 점 명심해주시고 집중해서 따라오시길 바랍니다.

만약 시에서 현실만 드러나거나 이상만 드러나는 것처럼 보일 경우에는 시 '외부'에 다른 하나가 있는 것입니다. 무슨 말이냐면, 시가 아주 발랄한 동요같은 시라고 합시다. 이것도 좋고~ 저것도 좋고~ 아아 행복해!!! ... 시는 저리 밝지만, 시 외부의 현실이 안 좋은 것이라고 생각하시면 됩니다. 고전시가의 경우 정말 좋아서 시 창작하는 경우도 많지만, 현대시의 경우에는 시 창작의 동기인 '현실과 이상의 괴리'에 따라서 자신의 힘든 현실을 시 내부에서만큼은 밝게 표현하여 마치 이상으로 보이는 듯하게 강조하기도 하고 아니면, 시에서 바람직한 이상을 제시함으로써 시를 읽은 독자가 '현실'을 '이상'적으로 전환하도록 하게끔 만드는 것이 현대시의 목표입니다. 그러니 현실과 이상의 괴리를 시 내부에서만 찾지 말고, 둘 중 하나만 내부에 있는 것 같으면 외부에 다른 하나가 있다고 생각해주시면 됩니다. 이는 이따가 Step 2의 후반에서 다시 확인해봅시다.

어쨌든, 현실과 이상의 괴리를 찾아내는 것이 Step 2의 내용이 될 것이며, 이는 평가원에서 제시해준 관련 <보기>나 제시문과 함께 보며 이해를 같이 해봅시다.

<2018학년도 수능 현대시 (다) 제시문>

시는 인간의 삶을 반영한다. 시에서 반영은 현실과 인생을 모방한다는 의미에서 외부 현실을 시 속에 담아내는 것으로, 역사와 현실의 상황을 시를 통해 어떻게 재현할 것인가에 초점을 둔다.

*여기서 반영은 **'있는 그대로의 현실'**로서의 반영과 **'있어야 하는 현실'**로서의 반영으로 구분할 수 있다.*

*전자는 역사와 현실의 모습을 **사실 그대로 보여주는 일상적 진실을 반영**하는 것을 말하고, 후자는 일상적 현실을 넘어 **화자가 지향하는 당위적 진실을 반영**하는 것을 말한다.*

우리 현대시의 본질을 다시 생각해봅시다.

'비유와 상징을 통해 현실과 이상의 괴리를 표현하는 문학 갈래'

시는 인간의 삶 즉, 현실과 이상의 괴리를 반영합니다. 내가 현재 어떤 삶을 살고 있는지에 대한 '현실 (있는 그대로의 현실)'과 내가 어떤 삶을 살지에 대한 '이상 (있어야 하는 현실)'을 각각 시에서 표현하려고 시인들은 노력합니다. 그러므로 우리는 현실과 이상에 초점을 맞추어 읽어주면 되는 것입니다. 그리고 특히, '괴리'가 시 창작의 동기이니 문제와 함께 추적해봅시다!.

(가)
설달에도 보름께 달 밝은 밤
㉠앞내강 쩽쩽 얼어 조이던 밤에
내가 부른 노래는 강 건너 갔소

㉡강 건너 하늘 끝에 사막도 닿은 곳
내 노래는 제비같이 날아서 갔소

못 잊을 계집애 집조차 없다기에
가기는 갔지만 어린 날개 지치면
㉢그만 어느 모래불에 떨어져 타서 죽겠죠.

사막은 끝없이 푸른 하늘이 덮여
㉣눈물 먹은 별들의 조상* 오는 밤

㉤밤은 옛일을 무지개보다 곱게 짜내나니
한 가락 여기 두고 또 한 가락 어디멘가
내가 부른 노래는 그 밤에 강 건너 갔소.
― 이육사, 「강 건너간 노래」 ―

*조상: 남의 죽음에 대하여 슬퍼하는 뜻을 드러내어 위문함.

(나)
한 줄의 시(詩)는커녕
단 한 권의 소설도 읽은 바 없이
그는 한평생을 행복하게 살며
많은 돈을 벌었고
높은 자리에 올라
이처럼 훌륭한 비석을 남겼다
그리고 어느 유명한 문인이
그를 기리는 묘비명을 여기에 썼다
비록 이 세상이 잿더미가 된다 해도
불의 뜨거움 꿋꿋이 견디며
이 묘비는 살아 남아
귀중한 사료(史料)가 될 것이니
역사는 도대체 무엇을 기록하며
시인(詩人)은 어디에 무덤을 남길 것이냐
― 김광규, 「묘비명(墓碑銘)」 ―

(다)
[A] 　시는 인간의 삶을 반영한다. 시에서 반영은 현실과 인생을 모방한다는 의미에서 외부 현실을 시 속에 담아내는 것으로, 역사와 현실의 상황을 시를 통해 어떻게 재현할 것인가에 초점을 둔다. 여기서 반영은 '있는 그대로의 현실'로서의 반영과 '있어야 하는 현실'로서의 반영으로 구분할 수 있다. 전자는 역사와 현실의 모습을 사실 그대로 보여주는 일상적 진실을 반영하는 것을 말하고, 후자는 일상적 현실을 넘어 화자가 지향하는 당위적 진실을 반영하는 것을 말한다.

　한편, '시에 대한 시 쓰기'라는 형식을 통해 시 그 자체를 반영하는 특수한 경우도 있다. 이때 반영의 대상은 외부 현실이 아니라 시 쓰기 상황이나 시를 쓰는 시인이 된다. 이 경우 시는 그 자체로 시론 혹은 시인론의 성격을 지닌다. 이러한 성격의 작품에서 시는 노래나 기타 여러 갈래의 글로 표상되기도 한다.

　이처럼 시인들은 시 속에 형상화된 세계를 통해 인간이 지향해야 할 바람직한 삶의 방향을 모색한다. 이를 통해 시는 무엇을 말해야 하고, 시인은 어떤 존재로 살아가야 하는가에 대한 자기 성찰의 태도를 드러내는 것이다.

● Check List ●

(가)
1. '강 건너'는 긍정적 공간이다. 　　(O/X)
2. '노래'는 무엇을 뜻하는가? 　　(　　)
3. '밤은 옛일을 무지개보다 곱게 짜내나니'라는 시구의 뜻을 쓰시오.

(나)
1. '묘비명'은 바람직하다. 　　(O/X)
2. 이 시에 드러난 '현실, 이상'을 각각 서술하시오.

1. (가)와 (나)의 공통점으로 가장 적절한 것은?

① 청자를 명시적으로 설정하여 풍자적으로 비판하고 있다.
② 유사한 시구를 반복함으로써 화자의 의지를 강조하고 있다.
③ 시적 대상에 생명력을 부여하여 의지를 지닌 존재로 나타내고 있다.
④ 다양한 이미지를 통해 자연의 모습을 감각적으로 드러내고 있다.
⑤ 반어적 어조를 활용하여 현실에 대한 비관적 태도를 드러내고 있다.

2. [A]의 관점에서 ㉠~㉤을 이해한 내용으로 적절하지 않은 것은?

① ㉠ : 극한의 추위를 드러내는 시간적 배경을 제시하여, 화자나 인물이 처한 상황을 드러내고 있다.
② ㉡: 현실의 모습을 사막으로 표상하여, 화자나 인물이 직면하게 될 공간적 배경을 드러내고 있다.
③ ㉢: 죽음의 상황을 가정하여, 화자에게 닥친 일상적 현실이 절망적인 상황임을 노래에 투영하여 드러내고 있다.
④ ㉣ : 자연물에 대한 화자의 태도 변화를 통해, 일상적 현실이 희망적으로 바뀌었음을 보여 주고 있다.
⑤ ㉤ : 밤과 무지개의 이미지를 대응시켜, 화자가 추구하는 당위적 진실에 대한 소망을 담아내고 있다.

3. (다)를 참고하여, (가)의 노래 와 (나)의 묘비명 을 이해한 것으로 적절하지 않은 것은?

① '노래'가 시를 표상한다면, 이 '노래'는 (가)를 쓴 시인 자신이 추구하는 바람직한 삶의 방향을 반영하고 있다고 할 수 있겠군.
② '노래'가 시를 표상한다면, 이 '노래'는 시가 '집조차 없'는 처지에 있는 이의 삶에 다가서야 한다는, (가)를 쓴 시인의 관점을 드러내고 있겠군.
③ '묘비명'이 시를 표상한다면, 이 '묘비명'은 (나)를 쓴 시인 자신이 추구하는 삶과는 거리가 있는 사람의 인생을 반영하고 있겠군.
④ '묘비명'이 시를 표상한다면, 이 '묘비명'은 (나)를 쓴 시인이 시 쓰기를 통해 '무엇을 기록'해야 하는지에 대해 자기 성찰을 하게 되는 계기라 할 수 있겠군.
⑤ '묘비명'이 시를 표상한다면, 이 '묘비명'은 한 줄의 시조차 읽지 않아도 '행복하게 살' 수 있다는, (나)를 쓴 시인의 관점을 드러내는 소재라 할 수 있겠군.

이 세트는 (다)가 사실상의 <보기> 역할을 하므로 (다)부터 읽어보도록 합시다.

우선, 첫 문단의 현실과 이상에 대한 내용은 앞서 설명했기에 생략하도록 하겠습니다.

한편, '시에 대한 시 쓰기'라는 형식을 통해 시 그 자체를 반영하는 특수한 경우도 있다. 이때 반영의 대상은 외부 현실이 아니라 시 쓰기 상황이나 시를 쓰는 시인이 된다. 이 경우 시는 그 자체로 시론 혹은 시인론의 성격을 지닌다. 이러한 성격의 작품에서 시는 노래나 기타 여러 갈래의 글로 표상되기도 한다.

이러한 성격의 작품 즉, 시론적 성격의 작품에서 시는 노래나 기타 여러 갈래의 글로 표상된다고 합니다. 따라서, 각 작품에서 어떻게 시가 표상되었는지 찾으라고 (다)는 주문하고 있습니다. 두 작품 모두 이는 제목에 있습니다. (가)는 강 건너간 노래, (나)는 묘비명이라는 갈래의 글이 바로 '시'라는 것을 알 수 있는 것입니다. 또한, 여기서 나오는 '시에 대한 시 쓰기' 즉, 시론 성격의 시는 주목할 만합니다. 시론적 성격의 시란, 시인으로서 앞으로 시를 어떻게 써야 할지에 대한 자기 성찰적 시를 말합니다. 따라서 무조건적인 것은 아니나, 시인을 화자로 넣어서 읽으면 독해가 쉬워진다는 특성이 있습니다. 그럴 수밖에 없는 이유는 본인이 하는 활동인 시 쓰기에 대한 반성이므로 당연히 본인에 대한 성찰이라는 논리입니다. 실제로 시인 자신의 삶이나 가치관이 이러한 시론적 성격의 시에 반영되기에 유명한 시인들에 대해서 정리가 잘 된 사람들은 그 시인의 시론적 성격의 시는 매우 독해를 쉬이 할 수 있으니 참고 바랍니다. 대표적으로 간단히 세 명을 살펴봅시다.

시론적 성격의 시로 유명한 대표적 시인들과 그 특성 _
1) 이육사: 결연한 의지를 지녀 반드시 문제 상황을 타개하겠다는 성찰이 자주 드러남.
　　　　　따라서, 어느 부분에서 문제 상황이 있고, 그 문제 상황에 대한 의지가 어딘지 찾자.
2) 윤동주: 단순한 무관심이나 알면서도 실천하지 못한 방관에 대한 성찰이 자주 드러남.
　　　　　따라서, 무엇에 대한 무관심이고, 방관으로 인한 부끄러움이 어딘지 찾자.
3) 김수영: 자신의 삶에 대한 안정과 만족으로 인한 나태에 대한 성찰이 자주 드러남.
　　　　　따라서, 소시민으로서의 안정과 만족을 뒤엎는 인식이 드러난 부분이 어딘지 찾자.

다시 (다)로 돌아가자면, 결국, (다)가 얘기하고 싶은 얘기는 간단합니다.

현실과 이상을 시에서 얘기함으로써 사람들에게 인간이 지향해야 할 바람직한 모습을 제시하는 것이 시인의 소명임을 이 두 시에서 얘기했다는 것입니다. 다른 현대시들과는 '현실과 이상의 괴리를 제시한다는 것'에서는 유사하지만, 시론적 성격의 시인 이 두 시는 특히 '무엇이 바람직하고 무엇이 경계 대상인지를 시인이 시로써 노래해야 한다는 것'을 말한다고 차별화하고 있습니다. 따라서, 이 두 시의 문학사적 의의 즉, 왜 출제했는지 그 이유에 대한 답이 바로 (다)이며 우리는 이 (다)를 출제자의 의도로 삼아 문제를 바라봐야 하는 것입니다. 문제 풀이는 part 2에서 자세히 다룰 것이긴 하지만, 제 문제 풀이의 모든 근원은 여기서 밝히도록 하겠습니다.

'출제자의 의도는 문학에서는 '**문학사적 의의**'이며, 모든 문제는 이에 근거한다.'

이게 무슨 말인지는 차차 알아가 봅시다! 일단 Part 1에서는 시 독해만 제시하겠습니다.

<시 독해>

선달에도 보름께 달 밝은 밤
앞내강 쨍쨍 얼어 조이던 밤에
내가 부른 노래는 강 건너 갔소

항상 시 초반에서는 시적 상황을 구체화해야 한다.
시간: 밤 / 공간: 앞내강
→ 내가 부른 노래가 강 건넘
+ 이 대목에서 눈치 빠른 사람은 '내가 부른 노래'
에 시인을 대입해 '이육사가 쓴 시'로 해석 可

다시 한 번 메모합시다. '시론적 성격의 시의 화자에는 '시인'을 대입해보자!'

강 건너 하늘 끝에 사막도 닿은 곳
내 노래는 제비같이 날아서 갔소

잠깐 여기서 '현실'과 '이상'을 찾는 법에 대해 알아보겠습니다.

현실과 이상 찾기

'현실'을 찾는 방법은 '화자와 동질적이고, 화자가 차별성을 추구하는 시어'를 찾는 겁니다.
시에서 화자는 자신이 처한 현실에 대한 문제인식을 우리와 공유하게 됩니다. 자신의 상황인데 (화자와 동질적이고,) 마음이 들지 않아서 달라지고 싶은 것(차별성을 추구하는)을 말합니다.

'이상'을 찾는 방법은 '화자와 차별적이고, 화자가 동질성을 추구하는 시어'를 찾는 겁니다.
시에서 화자는 자신이 처한 현실과는 다른 '이상'을 선망하고 추구합니다. 따라서 화자와 다르면서 (화자와 차별적이고) 똑같아지기를 바라는 (동질성을 추구하는) 것이 바로 '이상'입니다.

한 번 밑의 시에서 연습해봅시다. ('동질성'과 '동질성 추구'는 전혀 다르니 유의 바랍니다.)

ex 22 06 김기림, 「연륜」
무너지는 꽃 이파리처럼
휘날려 발 아래 깔리는   자신의 서른 살 = 무너지는 꽃 이파리 _ 화자와 동질 ∴ '현실'
서른 나문 해야
구름같이 피려던 뜻은 날로 굳어
한 금 두 금 곱다랗게 감기는 연륜(年輪)
갈매기처럼 꼬리 떨며
산호 핀 바다 바다에 나려앉은 섬으로 가자 → '가자' _ 화자가 동질성을 추구함 ∴ '이상'
비취빛 하늘 아래 피는 꽃은 맑기도 하리라
무너질 적에는 눈빛 파도에 적시우리
초라한 경력을 육지에 막은 다음
주름 잡히는 연륜마저 끊어버리고
나도 또한 불꽃처럼 열렬히 살리라 → '불꽃처럼 살리라' _화자가 동질성을 추구함 ∴ '이상'

위에서 연습한 것처럼 다시 원래 (가)의 구절을 읽어봅시다.

강 건너 하늘 끝에 사막도 닿은 곳
내 노래는 제비같이 날아서 갔소

강 건너 하늘 끝에 사막도 닿은 곳이라는 곳으로 이육사의 노래(시)는 제비처럼 날아갔다고 합니다. 여기서 내 노래는 제목의 '강 건너간 노래'이자, 이육사가 추구하는 '시'이므로 '이상'이라고 보는 것이 맞을 것으로 추측되나 아직은 확신할 수 없습니다.

> ┌─── 이상을 나타내는 대표적 시어 ───
>
> 주로 자연과 관련된 시어들입니다. 이 시어들이 나오면 우선 이상으로 해석하면 됩니다. 만약 이 시어들이 이상으로 쓰이지 않으려면, 일반적인 통념을 뒤집어야 하기에 명확히 부정적 표현과 결합되어 나올 것입니다. 그러면 그때 가서 시어의 의미를 문맥에 맞게 살피면 됩니다.
>
> → 하늘 / 산 / 해 / 달 / 별 / 바다 / 강 / 섬 / 무지개
>
> 이 내용을 알았더라면 앞서 예시로 나온 김기림의 <연륜>에서 섬이라는 시어가 '이상'이라는 것과 지금 읽고 있는 이육사의 <강 건너간 노래>에서 '하늘'이라는 시어나 '별'이라는 시어가 '이상'이라고 판단할 수 있어 독해가 쉬워집니다.

못 잊을 계집애 집조차 없다기에
가기는 갔지만 어린 날개 지치면
그만 어느 모래불에 떨어져 타서 죽겠죠.

강 건너의 사막은 '계집애'가 집 없이 살고 있는 곳입니다. 따라서, '노래'가 가기는 갔다고 합니다. 그러면, 노래는 왜 계집애가 집 없는 사막에 간 것일까요? 여기서 우리는 시인의 생각을 읽어야 합니다. '시인의 시란 모름지기 안타까운 상황에 처한 사람들을 위로할 수 있어야 한다.'
이 시에서 노래는 계집애를 위해 강을 건너는 존재니까요.

그런데 이 사막이라는 곳은 단순히 계집애가 집이 없기만 한 곳이 아니라, 강력한(?) 모래불이 있는 공간인가 봅니다. 이육사가 부른 노래라고 하더라도 제비처럼 날아갔다가 날개가 지치면 떨어져서 타버리는 무시무시한 공간이네요.

아아... 도대체 어떻게 저 구절을 보고 '시인의 시란 모름지기 안타까운 상황에 처한 사람들을 위로할 수 있어야 한다.'를 알 수 있나요?

<보기> 역할을 하는 (다)에서 알려줬습니다. 이 시는 어차피 '시인이 시란 모름지기 어떠해야 하는가'에 대해 쓴 시라고요. 그러니 시의 모든 구절을 그에 맞게 독해해야 합니다. 아예 맨바닥에서 이렇게 해석하는 것은 어렵지만, <보기>의 내용에 근거해서는 이렇게 읽을 수 있어야 합니다.

사막은 끝없이 푸른 하늘이 덮여
눈물 먹은 별들이 조상* 오는 밤

사막이라는 공간은 '눈물 먹은 별'들이 조상 오는 밤의 시간을 보내고 있습니다.
'별'은 앞서 서술했던 대표적인 이상을 나타내는 시어들 중 하나입니다. 그런 '별' 즉, 이상이 눈물을 흘린다는 것은 좋은 상황일까요 아니면 슬픈 상황일까요... 당연히 이상이 현실과 괴리가 일어난 상황임을 바로 알 수 있습니다. 별들이 '노래'의 죽음에 눈물 흘리며 슬퍼한다고 했으므로, 여기서 '노래'가 이상적인 시어임을 확신할 수 있습니다. 노래가 이상적이지 않았다면, 즉, 별과 배치되는 시어였다면 노래가 죽으면 별은 신나했겠죠? (너무 인성 파탄인가요...)

밤은 옛일을 무지개보다 곱게 짜내나니
한 가락 여기 두고 또 한 가락 어디멘가
내가 부른 노래는 그 밤에 강 건너 갔소.

'밤은 옛일을 무지개보다 곱게 짜내나니' 이 구절에 대한 해석을 물었다면, 이 현대시 세트의 난도는 극악을 달렸을 겁니다. 하지만 우리에게는 '상상하기'가 있습니다. 과감히 상상의 나래를 펼쳐주세요!

상상 모드 ON

'밤'이라는 친구와 '무지개'라는 친구가 있습니다. (대충 사람 상상하고 머리띠에 밤과 무지개라고 적어줍시다.) 그런데 이 두 친구가 뜨개질 얘기를 하다가 서로 잘한다고 경쟁심에 불이 붙었습니다. 이때 '밤' 친구가 '무지개' 친구한테 '쫄?'을 외칩니다. 그래서 둘의 뜨개질 배틀이 성사되었습니다. 근데 이 뜨개질은 평범한 뜨개질이 아닌가봅니다. 실을 짜내는 것이 아니라 '옛일'을 짜낸다고 하네요. 어쨌든 둘의 대결 결과, 누가 이겼나요? '밤이 무지개보다 곱게 짜냈답니다.' 아아, 밤이 이겼네요.

상상 모드 OFF

이제 시어에 적절한 의미를 넣어봅시다. 옛일 (추억)을 밤(부정적 시간)이 무지개(이상을 나타내는 시어)보다 더 잘 짜낸다고 합니다. 추억을 밤이 무지개보다 잘 미화한다고 합니다. 아...?

추억은 좋을 때보다 힘들 때 더 예쁘게 그려진다.

이 뜻이었네요. 연습이 잘 되지 않은 사람은 단기에 이런 생각을 하기 어렵습니다. 그러니, 앞으로도 시를 충분히 독해하시고 이 해설을 봐주시기 부탁드리며 방금 제가 한 사고의 흐름을 챙겨가시기 바랍니다.

우선 독해를 제대로 한다 (밤이 무지개보다 옛일을 더 잘 짜냄). 그 후, 시어에 의미를 대입한다 (밤에 부정적 시간, 무지개에 이상, 옛일에 추억). 그리고 문장을 정제한다.

어쨌든, 밤이라는 부정적 상황이 오히려 옛일을 잘 짜낸다는 얘기와 함께 노래가 나옵니다.
한 가락은 여기 두고 한 가락은 또 어디다가 둘지 고민된다 하네요. 그리고 분명히 죽었던 노래가 다시 강을 건넙니다. 이육사가 또 노래를 불렀나봐요. 그러면 크게 시의 전개를 다시 봅시다.

노래가 강 건너감 for '계집애를 달래주러' → 사막에 도착했는데 너무 뜨거워서 노래 타 죽음 → 별들이 울어줌 → 그렇지만 밤은 무지개보다 오히려 옛일을 잘 짜내줌 → 이에 이육사는 다시 노래를 부름.

우리 아까 정리했던 이육사의 시론적 성격에 대한 태도를 가져와 봅시다.

1) 이육사: 결연한 의지를 지녀 반드시 문제 상황을 타개하겠다는 성찰이 자주 드러남.
　　　　　따라서, 어느 부분에서 문제 상황이 있고, 그 문제 상황에 대한 의지가 어딘지 찾자.

우선 문제 상황은 찾기 쉬운 것 같습니다. 노래가 타 죽을 정도로 뜨거운 모래불의 사막.
그렇다면, 이 시에서 이육사의 결연한 의지는 도대체 어떻게 나타났나요.

'밤'이라고 좌절하지 않고 오히려 밤이 옛일을 떠올리기 더 좋다고 말함으로써 포기하지 않음.
부정적 시간에서 오히려 더 힘을 내 다시 노래를 부름.
→ 시인은 부정적 상황에서도 '이상'을 노래해야 한다는 이육사의 소명이 드러남.

이게 바로 이 시의 '문학사적 의의'입니다. 그렇다면, 이 내용을 반드시 문제에서 물을 겁니다.
이렇게 시를 보고 왜 이 시가 출제되었는지 그 이유를 찾아주시기 바랍니다. 이렇게 되면 문학에서 가공할 만한 속도가 나오게 되는데 이는 문제 풀이에 대한 해설에서 다시 말해보겠습니다.

정말 이 정도로 분석해야 하나요? 네. 수능 당일에 이 정도의 분석을 즉석에서 해내어 문제를 풀 수는 없다고 하더라도, 연습할 때는 이 정도 분석을 해주셔야지 근본적인 문학 독해력이 증진됩니다. 처음에는 힘들더라도 계속하다 보면, 어느새 한두 개씩 제 해설과 본인의 분석이 비슷해질 겁니다. 조금만 힘냅시다.

(가) 시는 결국 '힘든 시기에도 사람들을 달랠 수 있는 시를 계속 쓰는 것이 시인의 소명이다'라는 이육사의 시에 대한 견해로 정리되네요.

(나)의 시는 간단하기에 컴팩트하게 독해해볼 겁니다. 해봅시다.

한 줄의 시(詩)는커녕
단 한 권의 소설도 읽은 바 없이
그는 한평생을 행복하게 살며
많은 돈을 벌었고
높은 자리에 올라
이처럼 훌륭한 비석을 남겼다

시는 언제나 '문장 단위'로 읽어주시는 것이 가장 자연스럽습니다. 따라서 여기에서 끊었습니다.
역시나 시의 도입부에서는 시적 상황을 파악하는 것이 가장 중요합니다.

그: 문학에 대해 완전히 문외한, 부자, 높은 자리까지 오름
   그리고 그가 남긴 '훌륭한 비석'

이 시는 (다)에 따르면, 분명히 시인이 시란 어떠해야 하는지에 대한 시였습니다.
그런데 시를 읽어보지 않은 어떤 사람이 부자이고, 높은 자리까지 올랐다는 이유로 그가 남긴 비석이 훌륭하다고 하
는 것은 무언가 이상합니다. 이 기이함을 이 지점에서 느끼셨어야 했습니다. 다음으로 넘어갑시다.

그리고 어느 유명한 문인이
그를 기리는 묘비명을 여기에 썼다
비록 이 세상이 잿더미가 된다 해도
불의 뜨거움 꿋꿋이 견디며
이 묘비는 살아 남아
귀중한 사료(史料)가 될 것이니
역사는 도대체 무엇을 기록하며
시인(詩人)은 어디에 무덤을 남길 것이냐

비석은 결국 묘비였군요. 묘비명이 제목인만큼 묘비명의 내용이 이 시에서 아주 중요할 것 같습니다. 이 묘비명의 내
용은 유명한 문인이 적은 '그'를 기리는 내용이라고 합니다.

이 묘비는 세상이 잘못되더라도(잿더미가 된다 해도) 꿋꿋이 남아 후세의 사람들에게 사료로 여겨질 것이라고 합니
다. 그러면 후세 사람들은 '아, 당시에는 문학에 대해 문외한이여도 돈 많고, 높은 자리에 오르면 최고구나'라고 생각
할 겁니다. 그러면 과연 문학은 쓸모없는 걸까요?
이 질문이 구체화되어 시구로 나옵니다. '역사는 도대체 무엇을 기록하며 시인은 어디에 무덤을 남길 것이냐'라고요.
시인은 어떤 시를 써서 역사에 남아야 할지에 대한 고찰이 드러난 시입니다. 시론 입장에서는 이 유명한 문인이나,
'그'나, 훌륭한 비석이나 모두 달가운 존재는 아닐 것입니다. 완전히 시가 쓸모없다고 말하는 시어들이므로 '이상'보
다는 '현실'에 가깝다고 볼 수 있을 겁니다.

정리해서 (나)는 과연 '시가 왜 쓸모 있는가'에 대한 물음을 제시하는 시라고 볼 수 있습니다.

현실과 이상의 괴리가 드러난 부분들도 각 시에서 체크해봅시다.
우선, (가)의 경우 '이상'인 '노래'가 죽는 부분이 **현실과 이상의 괴리**일 겁니다. ... ⓒ, ⓡ
(나)의 경우에는 '현실'인 묘비명과 그와 문인이 마치 '이상'인 양 훌륭하게 평가받는 상황이
현실과 이상의 괴리일 겁니다. ... 시 전반

이 **현실과 이상의 괴리** 지점과 각 시의 주제를 기억하고, 문제를 살펴봅시다.

(가): '힘든 시기에도 사람들을 달랠 수 있는 시를 계속 쓰는 것이 시인의 소명이다'
(나): '시가 왜 쓸모 있는가'에 대한 물음

1번 (가)와 (나)의 공통점을 묻고 있습니다. # 공통된 주제, 혹은 주제를 나타내는 방식을 묻는 문항

이는 (다)에 이미 있었습니다. '다른 갈래의 글로 표상된 '시'의 바람직한 모습이 제시됨'이라는 것입니다.
따라서 선지 중에 이와 관련된 것을 찾아보면, ③ 시적 대상에 생명력을 부여하여 의지를 지닌 존재로 나타내고 있다.
시적 대상 → 강 건너간 노래와 묘비명 / 의지를 지닌 존재 → 시란 어떠해야 하는가의 모습 ((가)의 경우 끊임없이 다른 사람을 도우러 강을 건너는 노래, (나)의 경우 바람직하지 않은 묘비명이 후세에 전달되는 모습을 보여줌으로써 우리에게 시란 어떠해야 하는지를 반성하게 만드는 꿋꿋한 비석)

2번 **현실과 이상의 괴리**에 대한 [A]의 관점으로 해석하랍니다. # **현실과 이상의 괴리**를 묻는 문항

아까 미리 골랐던 **현실과 이상의 괴리**에 관한 부분은 바로 ⓒ, ⓡ이었습니다. 특히, ⓡ은 이상적 존재인 별이 눈물 흘리는 완벽한 '괴리' 상황입니다. 이에 대해 서술한 4번 선지를 확인해봅시다.
ⓡ : 자연물에 대한 화자의 태도 변화를 통해, 일상적 현실이 희망적으로 바뀌었음을 보여 주고 있다.
절망적인 괴리 부분인데 이를 희망적으로 표현한 4번 선지는 명백히 잘못됨을 바로 확인할 수 있습니다.
후에 기회가 되면 다시 서술하겠지만, 현실과 이상의 괴리가 나오는 부분에 밑줄이 쳐져있을 경우, 대부분의 답은 **현실과 이상의 괴리** 지점입니다. (ex 22수능 현대시 이육사 <초가>)

또한 한 가지 더 살펴볼 만한 개념어는 '태도 변화'입니다. 문학에서 '태도 변화'가 답이 되기는 매우 힘듭니다. 이에 대한 이유는 Step 3. **자아와 세계**에서 서술해보도록 하겠습니다. 이는 현대시뿐만 아니라 소설에서도 관통하는 개념이므로 후에 꼭 확인 부탁드립니다.

3번 각 작품의 주요 제재인 노래와 묘비명에 대해 묻고 있습니다. # 주제를 직접 묻는 문항

이미 우리는 (가)와 (나)의 주제를 알고 있기에 너무 쉬이 풀리는 문항입니다. 실제로, (나)의 주제는 묘비명의 모습을 시의 바람직한 모습인양 제시함으로써 우리에게 괴리감을 부여하는 것이었습니다. 그 과정에서 우리가 직접 시란 어떠해야 하는지 성찰하게 하는 시였으니까요. 이러한 시인의 의도를 이 선지는 무시합니다.

⑤ '묘비명'이 시를 표상한다면, 이 '묘비명'은 한 줄의 시조차 읽지 않아도 '행복하게 살' 수 있다는,
(나)를 쓴 시인의 관점을 드러내는 소재라 할 수 있겠군.

묘비명은 시인이 생각하는 바람직한 모습이 아니라 오히려 반어적으로 '이게 맞는 거 같아?'라고 우리에게 묻는 시였으니 바로 정답을 고를 수 있었습니다..

무엇보다도 모든 문제가 현재 주제와 관련되어 나오고 있는데 이러한 사실을 체감할 수준으로 직접 분석하고, 제 해설을 읽어주시며 따라오시기를 바랍니다.

무엇보다도 모든 문제가 현재 주제와 관련되어 나오고 있는데 이러한 사실을 체감할 수준으로 직접 분석하고, 제 해설을 읽어주시며 따라오시기를 바랍니다.

(가)

푸른 하늘에 닿을 듯이
세월에 불타고 우뚝 남아 서서
차라리 봄도 꽃피진 말아라

낡은 거미집 휘두르고
끝없는 꿈길에 혼자 설레이는
마음은 아예 뉘우침 아니라

검은 그림자 쓸쓸하면
마침내 호수(湖水) 속 깊이 거꾸러져
차마 바람도 흔들진 못해라

　　　　　　　　　　　-이육사, 「교목(喬木)」-

(나)

푸른 산이 흰 구름을 지니고 살 듯
내 머리 위에는 항상 푸른 하늘이 있다

하늘을 향하고 산림처럼 두 팔을 드러낼 수 있는 것
이 얼마나 숭고한 일이냐

두 다리는 비록 연약하지만 젊은 산맥으로 삼고
부절히 움직인다는 둥근 지구를 밟았거니......

푸른 산처럼 든든하게 지구를 디디고 사는 것은 얼마
나 기쁜 일이냐

뼈에 저리도록 '생활'은 슬퍼도 좋다
저문 들길에 서서 푸른 별을 바라보자......

푸른 별을 바라보는 것은 하늘 아래 사는 거룩한 나
의 일과이거니......

　　　　　　　　　　　-신경림, 「들길에 서서」-

(다)

북한산(北漢山)이
다시 그 높이를 회복하려면
다음 겨울까지는 기다려야만 한다.

밤사이 눈이 내린,
그것도 백운대(白雲臺)나 인수봉(仁壽峰)같은
높은 봉우리만이 옅은 화장을 하듯
가볍게 눈을 쓰고

왼 산은 차가운 수묵으로 젖어 있는,
어느 겨울날 이른 아침까지는 기다려야만 한다.

신록이나 단풍,
골짜기를 피어오르는 안개로는,
눈이라도 왼 산을 뒤덮는 적설(積雪)로는 드러나지
않는,

심지어는 장밋빛 햇살이 와 닿기만 해도 변질하는,
그 고고(孤高)한 높이를 회복하려면

백운대와 인수봉만이 가볍게 눈을 쓰는
어느 겨울날 아침까지는
기다려야만 한다.

　　　　　　　　　　　-김종길, 「고고(孤高)」-

1. (가)~(다)에 대한 설명으로 가장 적절한 것은?

① (가)와 (나)에는 현재 처한 상황을 긍정적으로 인식하는 화
　자의 태도가 드러나 있다.
② (가)와 (다)에는 이상과 현실의 괴리가 해소된 조화로 상태
　가 구현되어 있다.
③ (나)와 (다)에는 일상생활의 소중함에 대한 자각이 나타나
　있다.
④ (가), (나), (다)에는 자연의 섭리에 대한 깨달음이 바탕에
　깔려 있다.
⑤ (가), (나), (다)에는 화자가 바람직하게 생각하는 삶의 자세
　가 담겨 있다.

2. (가)와 (나)에 공통적으로 드러나는 표현상의 특징으로 가장 적절한 것은?

① 비유와 상징을 통해 시상을 구체화하고 있다.
② 어조의 변화를 통해 시적 긴장을 높이고 있다.
③ 동일한 색채어를 반복하여 정서를 고조시키고 있다.
④ 공감각적 표현으로 이미지를 선명하게 드러내고 있다.
⑤ 화자의 시선이 가까운 곳에서 먼 곳으로 이동하고 있다.

3. <보기>는 (가)에 대한 심화 학습을 위하여 수집한 자료이다. 이를 참고하여 토의한 내용으로 적절하지 않은 것은?

> ─────── <보 기> ───────
>
> 【백과사전】
> - 이육사: 시인. 1904년 경상북도 안동 출생. 항일 독립 투쟁으로 20여 차례의 투옥 끝에 베이징 감옥에서 옥사함.
> - 작품 경향: 저항 의식, 실향 의식과 비애, 초인 의지와 조국 광복에 대한 열망 등을 주제로 삼고 있음.
> - 정제된 형식미와 안정된 운율감을 보임.
> - 교목 : 1940년 인문평론 7월호에 발표.
>
> 【국어사전】
> 교목: 줄기가 곧고 굵으며 높게 자라는 큰 나무.
>
> 【인터넷 자료】
> - 맹자에 따르면, '교목'은 오랜 세월 덕을 닦아 임금을 도(道)로써 보필하여 나라를 떠받치는 신하를 의미한다.
> - 시인은 빈궁과 투옥과 유랑의 사십 평생에 거의 하루도 평온한 날이 없었다. 문학청년은 아니었으나 삼십 고개를 넘어 시를 쓰기 시작했고, 혁명적 열정과 의욕을 시에 의탁해 꿈도 그려 보고 불평도 터뜨렸던 것이다.
> (육사 시집 발문)

① 이 시의 제목은 나라를 위한 시인의 절개와 기상을 표상한 것이다.
② 이 시의 행 배열과 연 구성에서도 이육사 시의 형식적 특성을 찾을 수 있다.
③ '낡은 거미집'은 시인의 고난에 찬 삶의 모습을 형상화한 것이다.
④ '끝없는 꿈길'은 시인의 혁명적 열정과 의욕을 함축하고 있다.
⑤ '바람'은 이국을 떠돌던 시인의 실향 의식과 저항 의지를 표현한 것이다.

4. <보기>는 (나)와 (다)를 자료로 한 수업의 일부이다. 학생들의 의견 가운데 적절하지 않은 것은?

> ─────── <보 기> ───────
>
> 선생님: (나)와 (다)의 기본적인 짜임새는 다음과 같이 나타낼 수 있어요.
>
> | (나) | | | (다) | | |
> |---|---|---|---|---|---|
> | 1~2연 | 3~4연 | 5~6연 | 1연 | 2~3연 | 4~6연 |
> | A | B | C | A | B | C |
>
> 이제 두 시를 자세히 읽고, 시상의 전개에 대한 의견을 말해볼까요?

① (나)에서 A의 두 연은 '하늘', B의 두 연은 '지구', C의 두 연은 '푸른 별'이라는 시어를 통해 각각 결합되고 있어요.
② (나)는 A에서 '하늘로 팔을 드러내는' 숭고함을, B에서 '땅을 디디고 선' 기쁨을 그리는데, 이것들이 C의 '저문들길에 서서 푸른 별을 보는' 거룩함으로 연결되고 있어요.
③ (나)는 (다)와 달리 A의 내용이 B에서 응축되고, B의 내용이 C에서 더 응축되고 있어요. A에서 C로 갈수록 묘사의 범위가 좁아지면서 의미가 심화되는 것이 특징이에요.
④ (다)의 A, B, C는 모두 '기다려야만 한다'는 말로 끝나고, '겨울'이라는 말도 공통적으로 나타나지요. 반복이 이 시의 특징이에요.
⑤ (다)는 (나)와 달리 A는 한 연, B는 두 연, C는 세 연으로 늘어나요. 그러면서 B와 C는 A의 시상을 상세화하고 있어요.

5. (다)에 대한 감상으로 적절하지 않은 것은?

① '엷은 화장'은 산봉우리에 눈이 살짝 쌓인 모습을 나타낸 것이야. 산의 미묘한 변화에 주목한 표현이라고 할 수 있어.
② '차가운 수묵'은 겨울 산의 모습을 그림에 비유한 거야. 대상의 속성이 드러날 수 있는 정황을 묘사하고 있어.
③ '신록', '단풍', '안개'는 겨울이 아닐 때의 산의 모습을 나타내. 이들과의 대비를 통해 겨울 산의 의미를 부각하고 있어.
④ '왼 산을 뒤덮는 적설'은 가볍게 눈에 덮여 있는 상태와 호응하지. 세속적인 것에서 벗어나 홀로 존재하는 산봉우리의 모습을 형상화하고 있어.
⑤ '장밋빛 햇살'은 가볍게 눈 덮인 산봉우리의 속성을 '변질' 시키지. 그럼으로써 화자가 형상화한 산봉우리의 의미를 생각해 보게 해.

우선, 3번 문제의 <보기>부터 확인해봅시다. 이육사 시인에 대한 기본적인 정보를 제공하고 있습니다.
'작품 경향: 저항 의식, 실향 의식과 비애, 초인 의지와 조국 광복에 대한 열망을 주제로 삼음'
으로부터 알아낼 수 있는 것은 이육사는 결국 시를 통해서 조국의 광복 의지를 초인적으로 표현해낸다는 것입니다.
이는 실제로 수능에 출제된 이육사 시인의 시들의 공통점이므로 공부해두기를 추천합니다!
'교목'이라는 단어는 시의 제목이기에 반드시 이해를 하고 지나가야 합니다. 단순히 높고 큰 나무가 아니라, '도'로써
임금을 떠받치는 신하 즉, 유교 이념 중 忠(충)의 구체화라고 할 수 있습니다. <보기>를 정리하면, 이육사는 혁명적
열정이자 조국 광복의 열망을 시에 그려내어 초극한 것입니다. 이를 작전으로 구체화합시다.

1) 조국 광복을 상징하는 시어를 찾겠다.
2) 광복에 대한 초인 의지를 시에서 찾겠다.
3) 그래서 제목인 교목의 의미는 정확히 무엇인가?

이 정도가 시를 읽기 전 수립해야 했던 작전이었을 것입니다.

<보기>를 봤으니 이제 제목을 살펴봅시다.

| (가): 교목 | | (나): 들길에 서서 | | (다): 고고 |

(가)는 <보기>에서 언급한 대로 조국의 광복을 위해 끊임없이 노력하는 충신으로서의 정체성을,
(나)는 들길이라는 장소에서 화자가 생각해낸 깨달음을,
(다)는 고고함이란 무엇인가에 대한 시인의 생각을, 주제로 할 것이라고 생각할 수 있습니다.

그러면 이제 상상하기를 기본으로 현실과 이상의 괴리를 이용하여 시를 독해해봅시다!

<시 독해>

(가)

푸른 하늘에 닿을 듯이
세월에 불타고 우뚝 남아 서서
차라리 봄도 꽃피진 말아라

푸른 하늘에 닿을 것처럼 우뚝 남아서겠다고 합니다. _ 동질성 추구 ∴ 푸른 하늘은 '이상'
세월에 불탄다는 것은 세월이 흐른다는 것이겠고, '차라리 봄도 꽃피진 말아라' 이 구절이 해석이 조금 어렵네요,, 문제 푸는 데에는 지장이 없지만 이따가 시 전체를 살펴본 후 시의 주제에 맞춰 이 구절을 해석해보겠습니다.

낡은 거미집 휘두르고
끝없는 꿈길에 혼자 설레이는
마음은 아예 뉘우침 아니라

낡은 거미집은 언제 휘두를 수 있을까요? 무관심하게 방치된 채 세월이 흐르면 될 것 같습니다.
'끝없는 꿈길'에 대해 화자는 '마음이 아예 뉘우침 아니다'라고 하고 있네요. 쉽게 말하면 뉘우치지 못 했다는 것이니 부정적으로 말하고 있음을 알 수 있습니다. 그렇다면 이번엔 끝없는 꿈길은 무엇인지 상상해봅시다.

'꿈' 자체로는 문제가 되지 않습니다. 화자가 설레하는 것을 보면 꿈 자체는 좋은 시어입니다. 여기서 '꿈'은 잠자며 꾸는 꿈보다는 자신이 원하는 목표를 말하는 꿈에 더 가까울 것 같습니다. 화자가 간절히 원하는 대상(독립)이 명확히 있으니 말이에요. 그러면 이에 맞춰 번역하자면,

계속해서 목표를 꿈꾸기만 하고 설레이는 것은 뉘우치지 못한 것과 다름없다
→ 목표를 세우기만 하고 좋아하는 것은 뉘우침이 아니다. (실천을 해야 한다!)

이렇게 읽을 수 있을 것 같습니다. <보기>가 없었으면 이 정도 해석이 과하다고 할 수도 있겠으나 <보기>에서 독립 운동가로서의 이육사의 정체성을 시에 투영하여 읽으라고 유도했으므로 이 정도까지는 독해할 수 있는 것이 바람직해 보입니다.

검은 그림자 쓸쓸하면
마침내 호수 속 깊이 거꾸러져
차마 바람도 흔들진 못해라

교목이 호수 옆에 우뚝 혼자 서 있으면 그림자가 호수에 비치겠네요. 아무도 같이 서있어 주지 않아 쓸쓸한 상황은 외로이 싸우고 있을 독립 운동가가 생각납니다. 바람이 불어도 외로이 서있어야 할 것 같은데 이를 넘어서서 바람에 흔들리지 않도록 차라리 호수 속 깊이 거꾸러지기까지 하겠다는 이육사의 결연한 의지가 보입니다. 비겁하게 바람 맞으며 구차한 삶을 연명할 바에는 차라리 호수 속으로 거꾸러져 바람에 맞지 않겠다고 하네요. 바람에 대한 차별성을 추구하니 바람은 '현실'일 겁니다.

그러면 이제 '차라리 봄도 꽃피진 말아라'를 생각해봅시다. (조금 빡셉니다)
봄에 꽃이 피는 상황은 화자의 상황과 비교하면 어떤가요? 이 시는 이육사의 소감을 서술하고 있습니다. 그러니 이

육사의 입장에서 우리가 생각한다면 시에 대한 독해가 매우 쉬울 겁니다.

가뜩이나 일본한테 나라가 넘어갔고, 제대로 힘도 못 쓴 채 계속 지고 있는 상황인데 봄에 꽃이 피면 꽃구경을 가거나 들뜬 마음으로 꽃을 감상할 수 있을까요? 오히려 사람들 마음도 모르고 봄이 왔다고 꽃 피우는 꽃나무들이 미워 보일 지경일 것 같습니다. 사람들의 마음에는 봄(이상)이 오지 못하고 오히려 겨울(현실)에 가까운데, 계절만 봄이 되니 현실과 이상의 괴리가 명확히 나타난 것입니다. 따라서, 차라리 계절적 봄에도 사람들 마음의 봄이 오지 않는다면 오지 않는 것이 더 나을 것 같다고 해석이 됩니다. 이같은 표현은 관습적인 표현이니 숙지해두는 것이 좋습니다. 봄(이상) - 겨울(현실)의 관점은 2022학년도 수능의 <초가>라는 작품에도 나왔으며 실제로 문제의 답 역시 현실과 이상의 괴리에서 나왔다는 점에서 반드시 학습해둡시다. 여하튼 (가)를 한 줄로 정리하자면,

(가) _

'현실과 이상의 괴리 속에서도 이상 추구를 포기하지 않는 교목의 모습'

으로 요약이 가능할 것 같습니다.

(나)

푸른 산이 흰 구름을 지니고 살 듯
내 머리 위에는 항상 푸른 하늘이 있다

앞서 말한 것처럼 하늘과 산은 이상으로 대부분 해석이 됩니다. 그리고, 제목처럼 들길에 서서 화자는 하늘과 구름을 보고 있음을 알 수 있습니다. [푸른 산 - 흰 구름]의 관계와 [나 - 푸른 하늘]의 관계가 동일하다는 것까지 읽으면 됩니다.

하늘을 향하고 산림처럼 두 팔을 드러낼 수 있는 것이 얼마나 숭고한 일이냐

하늘을 향하고 산림처럼 _ 동질성 추구
숭고하다고 직접 워딩을 하였으니 하늘과 산을 이상 삼고 있는 것을 확실히 알 수 있습니다.
1연에서 말한 것처럼 계속해서 자신과 자연물의 공통점을 찾고 있고 이를 숭고한 일이라고 말함으로써 이상 추구임을 직접적으로 드러내고 있습니다.

두 다리는 비록 연약하지만 젊은 산맥으로 삼고
부절히 움직인다는 둥근 지구를 밟았거니......

자신의 몸(두 다리)은 연약하지만, 이를 젊은 산맥과 동일하게 보고 있고, 둥근 지구를 밟은 숭고한 존재로 환원시키고 있습니다. 말이 어렵죠. 쉽게 말하자면, '저 숭고한 산처럼 나도 서있고, 저 하늘처럼 지구를 밟고 서 있는 '나'는 산과 하늘처럼 대단한(숭고한) 존재야!' 정도일 겁니다.

푸른 산처럼 든든하게 지구를 디디고 사는 것은 얼마나 기쁜 일이냐

이 역시 방금 나온 연처럼 대단한 존재인 자연과 자신의 공통점을 통해 자신의 삶의 정당성도 숭고하고 대단하다고 말하고 있습니다.

뼈에 저리도록 '생활'은 슬퍼도 좋다
저문 들길에 서서 푸른 별을 바라보자......

'생활'은 말 그대로 시인이 사는 그런 일상들을 말하는 것이겠죠. 그런 생활은 슬퍼도 좋답니다. 흠... 일반적인 견해는 아니네요. 뒤에도 살펴봐야 할 것 같습니다.

푸른 별을 바라보는 것은 하늘 아래 사는 거룩한 나의 일과이거니......

'푸른'이라는 색채가 계속해서 이상과 같이 나왔기에 푸른 별 역시 이상을 나타낸다고 할 수 있습니다. 그러니 조금만 해석해서 말하자면,

(나) _

'이상을 추구하는 것은 하늘 아래 사는 내가 당연히 해야 하는 일이거늘...'

결국 (가)와 말하는 것이 거의 비슷하네요.

(다)

북한산이
다시 그 높이를 회복하려면
다음 겨울까지는 기다려야만 한다.

북한산의 '그 높이'의 조건이 나왔습니다. 일단 겨울이어야 하네요.

밤사이 눈이 내린,
그것도 백운대나 인수봉 같은
높은 봉우리만이 옅은 화장을 하듯
가볍게 눈을 쓰고

밤새 눈이 내려 높은 봉우리에 가볍게 눈이 내린 상태 역시 '그 높이'의 조건인 듯합니다.

왼 산은 차가운 수묵으로 젖어 있는,
어느 겨울날 이른 아침까지는 기다려야만 한다.

왼 산은 눈이 살짝 녹아 젖어있어야 하고, 이른 아침이어야 한다는 것까지가 조건이네요.

신록이나 단풍,
골짜기를 피어오르는 안개로는,
눈이라도 왼 산을 뒤덮는 적설로는 드러나지 않는,

신록(여름), 단풍(가을)뿐만 아니라 '안개', '너무 과한 눈'은 조건 위배라고 하고 있습니다.

심지어는 장밋빛 햇살이 와 닿기만 해도 변질하는,
그 고고한 높이를 회복하려면

'그 높이'가 '그 고고한 높이'로 구체화되고 있습니다. 그러면 이제 단순히 높이의 조건을 계속 말한 것이 아니라 '고고함'의 높이였다는 것을 알 수 있습니다. 햇살이 살짝이라도 눈을 녹이며, 조건을 훼손하면 바로 고고함에서 박탈되는 것으로 보아, 고고함이란 매우 까다로운 속성을 갖고 있음을 알 수 있습니다.

백운대와 인수봉만이 가볍게 눈을 쓰는
어느 겨울날 아침까지는
기다려야만 한다.

결국 마지막까지 고고함이란 어떠한 조건 위반도 수용하지 않는, 고결하고 순결한 의미를 가지고 있다는 것을 말하며 시가 끝내네요.
어렵지 않습니다...!

한 줄로 요약하자면,

(다) _

'북한산으로 표현한, 티끌 하나 묻지 않은 완벽한 고고함이 무엇인가'

에 대한 시라고 할 수 있겠습니다.

이제 문제와 함께 봅시다.

(가): 현실과 이상의 괴리 속에서도 이상 추구를 포기하지 않는 교목의 모습
(나): 이상을 추구하는 것은 하늘 아래 사는 내가 당연히 해야 하는 일이거늘...
(다): 북한산으로 표현한, 티끌 하나 묻지 않은 완벽한 고고함(이상)이 무엇인가

1.
첫 문제는 (가)~(다)의 공통점을 묻고 있습니다.
세 지문의 공통점은 모두 이상 추구의 필연성을 말하고 있네요. 제일 비슷한 선지 고르면 돼요.

⑤ (가), (나), (다)에는 화자가 바람직하게 생각하는 삶의 자세가 담겨 있다.

요렇게 말이죠. '바람직하게 생각하는 삶의 자세'='이상'인 것이 보이시면 됩니다.

2.
두 번째 문제는 (가), (나)의 표현상의 공통점을 묻고 있습니다. 그런데 이상한 선지 하나가 너무 눈에 들어오지 않나요. 현대시의 본질이 그대로 나와 있습니다.

'비유와 상징을 통해 현실과 이상의 괴리를 표현하는 문학 갈래'
① 비유와 상징을 통해 시상을 구체화하고 있다.

이 선지는 어떤 시에다가 가져다 놔도 틀릴 수가 없는 선지입니다. 비유와 상징 없이 시를 쓰는 것은 불가능하니까요. 따라서, 저러한 선지들은 보면 바로바로 적절하다고 판단해주시면 됩니다.

3.
<보기>가 긴데 이는 이미 독해를 끝냈습니다. 간단하게 당시 시대상과 이육사의 시를 연관지어 읽으라는 얘기입니다. 이 역시 어차피 정답 선지는 주제에서 나옵니다. 적절하지 않은 것을 고르는 문제이므로 주제와 어긋나는 문장을 찾으면 됩니다. 형식상의 내용 다 패스하고 주제를 벗어나는 선지로 가면 됩니다.
+ 이게 어색하면 주제와 관련된 선지와 형식과 관련된 선지를 구분하는 것부터 해보세요.
주제와 관련된 선지는 우선 다음과 같습니다.
① 이 시의 제목은 나라를 위한 시인의 절개와 기상을 표상한 것이다.
③ '낡은 거미집'은 시인의 고난에 찬 삶의 모습을 형상화한 것이다.
④ '끝없는 꿈길'은 시인의 혁명적 열정과 의욕을 함축하고 있다.
⑤ '바람'은 이국을 떠돌던 시인의 실향 의식과 저항 의지를 표현한 것이다.

5번 선지의 경우 교목을 흔드는 시어이므로 쉽게 고를 수 있을 것 같습니다. 4번을 고른 사람들도 꽤 있을 것으로 예상되는데, '끝없는 꿈길'과 '끝없는 꿈길을 뉘우치는 것'을 구분하지 못한 게 틀린 이유입니다. 따라서 4번 고르고 틀리셨으면 평소에 [목적어]와 [목적어+서술어]를 혼용하고 있을 확률이 매우 크니, 좀 더 미시적이고 세세하게 읽으려고 노력하셔야 할 겁니다.

4.
두 시의 형식을 비교하는 문제입니다. 그러면 <보기>에서 나누어준 구조를 우리가 알아내야 할 것 같습니다. 두 시모두 구조가 유사하다는 것에 초점을 둡시다. 일단 초반에 대뜸 주제를 말합니다. (나)는 푸른 하늘의 숭고함을, (다)는 북한산의 높이를요. 그리고나서 점점 시인은 우리를 설득합니다. 사례를 하나씩 들어줘요. 푸른 산맥이 지구를 디디고 선 것처럼, 왼 산은 차가운 수목으로 젖고 높은 봉우리만 옅은 눈을 쓴 것처럼 말이에요. 그리고 종반에는 다시주제로 돌아가서 역시 내 말이 맞아...하면서 끝나네요.

A - 주제 표현 / B - 사례 들기 / C - 주제 강조

그러므로 이와 어긋나는 선지는 3번입니다.
③ (나)는 (다)와 달리 A의 내용이 B에서 응축되고, B의 내용이 C에서 더 응축되고 있어요.
　A에서 C로 갈수록 묘사의 범위가 좁아지면서 의미가 심화되는 것이 특징이에요.

둘의 구조는 기본적으로 유사하며, 주제 표현 - 사례 - 주제 강조로 넘어가고 있습니다.
세 단계 모두 결국 하는 말은 주제를 표현하는 겁니다. 따라서 묘사의 범위가 좁아지는 응축이 일어났다고 보기 어려우며, 의미 심화 여부도 애매합니다. 사례인 B가 A보다 의미가 심화되었다고 볼 수는 없으니까요. A와 C 역시 똑같은 말을 하는 것이므로 마찬가지입니다. 그렇다면 응축되었거나 심화되었다고 보려면 어느 정도 수준의 변화가 있어야 할까요?
+ 시가 진행됨에 따라 점차 화자도 깨달음을 얻어야 합니다. 그래야 인식이 '심화'되었다고 말할 수 있습니다. 평가원 선지에서 심화가 답이 된 적이 한번 있는데 바로 장석남 시인의 「 배를 매며 」입니다.

사랑은, 호젓한 부둣가에 우연히
별 그럴 일도 없으면서 넋 놓고 앉았다가
배가 들어와 던져지는 밧줄을 받는 것
그래서 어쩔 수 없이 배를 매게 되는 것

(중략)

배를 매면 구름과 빛과 시간이 함께 ┐
매어진다는 것도 처음 알았다   [A]
사랑이란 그런 것을 처음 아는 것   ┘

16. [A]에 대한 감상으로 가장 적절한 것은?
정답 선지: ⑤ 사랑의 속성에 대한 화자의 심화된 인식이 나타나고 있다.

역시나 처음 부분에 사랑에 대한 인식이 나왔다가, 후에 더 자세하게 사랑의 정의가 나오고 있습니다. 이전의 정의와 결은 같지만 사례 제시도, 강조도 아닌, '구름과 빛과 시간이 함께 매이는 것'을 '처음' 알게 되었으니까요. 처음 알게 되었다는 것은 시가 진행됨에 따라 화자의 인식이 발전해나가고 있다는 것을 말합니다. 따라서, 이 문제에서는 심화된 인식이 맞다고 할 수 있는 겁니다.

5.
혼자 오바(?)하는 선지가 있습니다. 주로 주제를 너무 과하게 제시하는 선지들은 적절하지 않은 것을 고르는 문제에서의 단골 정답 선지입니다.
④ '왼 산을 뒤덮는 적설'은 가볍게 눈에 덮여 있는 상태와 호응하지. 세속적인 것에서 벗어나 홀로 존재하는
   산봉우리의 모습을 형상화하고 있어. → 주제에 세속이니, 인간 세계니 그런 게 있었나...
이에 더해, '왼 산을 뒤덮는 적설'이라고 했으니, 가볍게 눈에 덮여 있는 상태와 호응하지도 않아 완전히 틀린 선지네요. 어쨌든 큰 틀에서 주제를 활용하여 푸는 것은 역시나 가능합니다.

(가)

…… **활자(活字)**는 반짝거리면서 **하늘 아래**에서
간간이
자유를 말하는데
나의 영(靈)은 죽어 있는 것이 아니냐

벗이여
그대의 말을 고개 숙이고 듣는 것이
그대는 마음에 들지 않겠지
마음에 들지 않아라

모두 다 **마음에 들지 않**아라
이 황혼도 저 돌벽 아래 잡초도
담장의 푸른 페인트빛도
저 고요함도 이 **고요함도**

그대의 정의도 우리들의 섬세도
행동이 죽음에서 나오는
이 욕된 교외에서는
어제도 오늘도 내일도 마음에 들지 않아라

그대는 반짝거리면서 하늘 아래에서
간간이
자유를 말하는데
우스워라 나의 영(靈)은 죽어 있는 것이 아니냐
　　　　　　　　　-김수영, 「사령(死靈)」-

(나)

한강물 얼고, 눈이 내린 날
㉠강물에 붙들린 배들을 구경하러 나갔다.
㉡훈련받나봐, 아니야 발등까지 딱딱하게 얼었대.
우리는 강물 위에 서서 일렬로 늘어선 배들을
㉢비웃느라 시시덕거렸다.

㉣한강물 흐르지 못해 눈이 덮은 날
강물 위로 빙그르르, 빙그르르.
웃음을 참지 못해 나뒹굴며, 우리는
보았다. 얼어붙은 하늘 사이로 붙박힌 말들을.

언 강물과 언 하늘이 **맞붙은 사이**로
저어가지 못하는 배들이 나란히

날아가지 못하는 **말들이 나란히**
숨죽이고 있는 것을 비웃으며, **우리는**

빙그르르. ㉤올 겨울 몹시 춥고 얼음이 꽝꽝꽝 얼고
　　　　　　　-김혜순, 「한강물 얼고, 눈이 내린 날」-

Quiz

1. 활자는 화자가 이상으로 여기는 존재인가?

1. (가)에 대한 이해로 가장 적절한 것은?

① 시간적 표현을 열거하여, 시대에 대한 화자의 인식 변화를 드러낸다.

② 대상에 대한 호칭을 전환하여, 시적 대상에 대한 화자의 경외감을 표현한다.

③ 원근을 나타내는 지시어를 사용하여, 화자의 시선에 포착된 대상의 움직임을 표현한다.

④ 물음의 형식으로 종결하여, 시적 대상에 대한 화자의 깨달음이 부정되고 있음을 나타낸다.

⑤ 동일한 구절을 반복하여, 시적 상황에 대한 화자의 부정적 정서가 심화되는 과정을 드러낸다.

2. ㉠~㉤에 대한 이해로 적절하지 <u>않은</u> 것은?

① ㉠의 '붙들린 배'는 강이 얼었을 때 볼 수 있는 구경거리를 관심의 대상으로 표현한 것으로, 이를 통해 시상 전개의 계기가 형성된다.

② ㉡의 '아니야'는 배가 훈련을 받고 있다는 추측을 부정하는 표현으로, 배가 움직일 수 없는 상황이 배의 내부적 원인에서 기인하고 있음이 이를 통해 드러난다.

③ ㉢의 '시시덕거렸다'는 서로 모여 실없이 떠드는 모습을 표현한 것으로, 배가 질서정연하게 정렬된 모습에 대한 '우리'의 냉소가 이를 통해 드러난다.

④ ㉣의 '흐르지 못해'는 강이 언 상황이 강물의 흐름을 막고 있다고 여기는 것으로, 강물의 자연스러운 흐름을 방해하는 외부의 힘이 이를 통해 강조된다.

⑤ ㉤의 '꽝꽝꽝'은 강추위가 지속되는 현재의 상황을 감각적으로 표현한 것으로, 모든 것을 얼어붙게 하는 현실의 상황이 견고하다는 점이 이를 통해 강조된다.

3. <보기>를 참고하여 (가), (나)를 감상한 내용으로 적절하지 <u>않은</u> 것은?

< 보 기 >

자유로운 의사소통이 제한되는 사회에서 개인은 자신의 의사를 온전히 표현할 수 없어서 자유가 억압되고, 그 사회 또한 경직된다. 이런 맥락에서 (가)와 (나)를 해석할 수 있다. (가)는 활발한 의사소통의 수단이어야 할 언어가 '활자'의 상태로만 존재한다고 표현함으로써 언어가 제 기능을 제대로 하지 못하는 상황에 주목한다. 이러한 상황에서 화자는 위축된 의사소통의 장에 적극적으로 참여하지 못하여, 경직된 사회에 대응하지 못하는 자신을 성찰한다. (나)는 자유롭게 쓰여야 할 언어를 '붙박힌 말'로 표현함으로써 개인의 언어 사용이 제한된 상황을 비판한다. 이러한 상황에서 말을 대체할 수 있는 웃음이나 몸짓과 같은 또 다른 의사소통의 방법을 보여준다.

---

① (가)에서 '나의 영'에 대해 '우스워라'라고 자조한 것은 의사소통의 여지가 축소된 상황에서 자신의 참여만으로는 의사소통의 장을 활성화할 수 없다는 성찰을 드러낸다고 볼 수 있군.

② (나)에서 '우리'가 '언 강물' 위에서 비웃는 모습이나 '빙그르르' 뒹구는 장면은 언어 사용이 제한된 상황에서 또 다른 의사소통의 방법을 모색함을 드러낸다고 볼 수 있군.

③ (가)의 '하늘 아래'는 '고요함'이 있는 공간이라는 점에서, (나)의 '맞붙은 사이'는 '배'와 '말'이 '숨죽이고 있는' 공간이라는 점에서, 의사소통이 자유롭지 못한 경직된 사회를 엿볼 수 있군.

④ (가)에서 '자유를 말하'는 것이 '활자'로 한정된 것은 의사소통의 장이 위축된 상황을 나타내고, (나)에서 '말'이 '날아가지 못'한다는 것은 자유로워야 하는 언어 사용이 제한되어 있는 상황을 나타낸다고 볼 수 있군.

⑤ (가)에서 주변 세계를 '마음에 들지 않'아 하는 것은 의사소통이 활발하지 못한 상황에 대한 생각을 드러낸 것이고, (나)에서 강물이 얼어 '배'를 '저어가지 못'하는 상황은 의사소통을 방해하는 환경을 표현한 것이라고 볼 수 있군.

<보기>를 읽어 봅시다.

두 시 모두 자유로운 의사소통이 제한되는 사회가 배경이라고 합니다. 이처럼 창작 배경이 제시될 경우, 이를 적극적으로 시 해석에 사용해야 합니다. 시의 배경 역시 사회의 배경처럼 자유를 억압하는 배경일 것인데, 이를 적용하면 다음과 같습니다.

이상: 자유가 자유로운 사회 / 이상과 현실의 괴리: 자유가 억압받는 사회

(가): 언어는 활발한 의사소통이어야 하는데 [활자]의 형태로만 존재하여 문제라고 합니다. 말을 하지 못하고 오직 검열을 통해 출판되는 활자로만 소통이 가능하니, 억압이네요.

(나): 언어가 한 곳에 붙박혔다고 합니다. 언어 사용이 제한된 걸 비유한 것 같아요. 이를 대체할 수 있는 웃음이나 몸짓을 잠깐 시에서 찾아보면, 시시덕거리고, 나뒹굴며, 빙그르르하네요.
말을 못하니 저런 식으로 비웃고 있으며, 이는 현대 사회에 대한 비웃음으로도 보입니다.

이런 식으로 자유가 억압받는 **현실과 이상**의 괴리에서 어떻게 시인들이 이상을 추구하고 현실을 비판하는지에 주목하여 해석해봅시다.

<시 독해>

(가)

…… **활자**(活字)는 반짝거리면서 **하늘 아래**에서
간간이
자유를 말하는데
나의 영(靈)은 죽어 있는 것이 아니냐

활자와 나를 비교하고 있습니다. 상상해볼까요? 활자는 아마 우리가 흔히 보는 인쇄물의 글자인데, 활자가 어떻게 간간이 자유를 말하나요...? 실제로 말을 할 수가 없을 텐데 말입니다. 상상하기이긴 한데 조금 논리적으로 저 말이 맞을 수 있는 가능성을 생각해봅시다.
수많은 책과 잡지들 중에서 아주 가끔 '자유'라는 글자가 있으니 활자는 간간이라도, 우연이긴 하지만 자유를 말합니다. 심지어 조금의 주관을 더하면, 당대에는 출판물에도 상당한 검열이 되었으니, 하필 활자를 통해 소통하면 아주 가끔만 자유를 뜻하는 내용이 있었을 것 같습니다... 하지만, 화자는 그마저도 안 하나 봅니다. 이에 제목 그대로, 자신의 영이 죽어있는 것은 아닌지 자기비판을 시작합니다.

벗이여
그대의 말을 고개 숙이고 듣는 것이
그대는 마음에 들지 않겠지
마음에 들지 않아라

대뜸 벗을 부르는데, 위에서 등장한 거라고는 활자밖에 없으니 일단 활자로 보는 것이 맞는 것 같습니다. 또한, 활자와 자신을 비교해서 성찰을 시작했었으니 여기에서도 그렇게 이어지는 것이 자연스럽습니다. 활자를 벗으로 부르며, 활자의 말을 떳떳치 못하게 고개 숙이고 듣는 자신을 활자의 입장에서 서술하고 있습니다. 근데 활자가 직접 자기 생각을 할 수 있을까요? 결국, 자기가 자기 자신이 마음에 들지 않는 것을 활자를 빌려 설명한 것입니다. … 다음 단원 [자아와 세계]

모두 다 **마음에 들지 않**아라
이 황혼도 저 돌벽 아래 잡초도
담장의 푸른 페인트빛도
저 고요함도 이 **고요함**도

이런 식으로 뜬금없는 사물이 나오거나, 나열된다면 집합으로 만들어 스케일을 키우는 것이 좋습니다. 별의별 것들을 다 나열한 것으로 보아 화자가 살고 있는 [사회]로 스케일을 키웁시다. 화자는 지금 주변의 사회가 마음에 들지 않아야 한다고 말하고 있습니다. 않단 게 아니라 <않아라>이니까요. 이에 더해서, 고요함도 화자의 배척 대상에 들어갑니다. 결국 문제가 있는 사회에 대해 비판의 목소리 없는 고요함을 화자는 마음에 들지 않아 하고 있습니다. 비판 대상에는 1연과 2연으로 보아 자기 자신도 포함되고요. <보기>에서 시대상까지 제시해주었기에 이 정도 해석까지 해주셔야 합니다. 자주 나오는 주제이니 기억해둡시다. … [괴리를 눈감아주는 세태]

그대의 정의도 우리들의 섬세도
행동이 죽음에서 나오는
이 욕된 교외에서는
어제도 오늘도 내일도 마음에 들지 않아라

활자가 화자가 추구하는 완벽한 이상이었나요?
아닙니다. 활자 역시 부분적으로 화자보다 낫다 뿐이지, 결국 현실을 바꾸지 못하고 글로만 써진 불완전한 존재입니다. 활자가 외치는 정의 → 글로만 써진 정의
'우리들의 섬세' 역시, 겉으로는 섬세하게 준비하느라 아직 결과를 못 만든 것 같지만 결국 나약하게 실천하지 못하는 태도를 말하는 거겠네요.
'이 욕된 교외'는 화자가 있는 곳을 말하는 것이니 비판 대상인 '현실'을 말합니다. ... 공간
어제도, 오늘도, 내일도 마음에 들지 않아하며 능동적이고 비판적으로 살고 싶다네요. ... 시간
'행동이 죽음에서 나오는' : 말 그대로 죽어야만 행동이 가능하답니다. ↔ 살아서는 행동 불가능
　　　　　　　　　　따라서, 행동하지 못하고 억압하는 이 사회가 문제인 겁니다.

그대는 반짝거리면서 하늘 아래에서
간간이
자유를 말하는데
우스워라 나의 영(靈)은 죽어 있는 것이 아니냐

1연과 수미상관인 것으로 보아 강조하고 있습니다. 아예 똑같지는 않네요.
'우스워라' → 자신에 대한 자조적인 말을 추가한 것으로 보아 더욱 심화된 자기 성찰을 보이며 시를 마무리하고 있습니다. 시가 전체적으로 계속해서 똑같은 것을 말하고 있으며 <보기>와 일맥상통하므로 주제를 찾기에는 쉬웠을 것 같습니다.

　　　　(가): '자유를 억압하는 현실과, 그에 동조하는 세태와 자신'에 대한 성찰과 비판

현실과 이상의 괴리가 명백히 드러나니 이가 문제에 나오기를 기대해 봅시다.

(나)

한강물 얼고, 눈이 내린 날
㉠강물에 붙들린 배들을 구경하러 나갔다.
㉡훈련받나봐, 아니야 발등까지 딱딱하게 얼었대.
우리는 강물 위에 서서 일렬로 늘어선 배들을
㉢비웃느라 시시덕거렸다.

시적 상황이 제시되고 있습니다. 1연에서는 언제나 그 시의 세계관, 상황, 컨셉을 잡아내려 노력해야 합니다. 여기서는 배가 강물과 함께 꽁꽁 얼어버렸고, '우리'가 이를 비웃고 있습니다. 화자와 꽁꽁 언 배는 반대 관계임을 알 수 있네요. <보기>를 동원해봅시다. <보기> 덕에 이렇게 꽁꽁 배까지 얼려버린 한강물은 화자의 비판 대상인 억압적 현실임을 알 수 있으며, '우리'로 등장한 시인은 이를 비웃고 있으니 신랄하게 비판하고 있네요!

㉣한강물 흐르지 못해 눈이 덮은 날
강물 위로 빙그르르, 빙그르르.
웃음을 참지 못해 나뒹굴며, 우리는
보았다. 얼어붙은 하늘 사이로 붙박힌 말들을.

얼어붙은 강물과 눈과 하늘이 정말 추운 겨울날을 말하는 것이 아니라는 힌트가 드러나고 있습니다. '얼어붙은 하늘 사이'로 '붙박힌 말'이 있다는 것으로 보아 <보기>대로 추운 겨울날은 억압적인 현실을, 그 중에서도 말을 자유로이 할 수 조차 없는 사회를 말하고 있음을 알 수 있네요. 또한, 빙그르르와 같이 말을 할 수 없기에 행동으로 현실에 대한 비판을 우회적으로 보여주고 있습니다. 말을 하지 못하는 상황에 포기하지 않고 행동으로 보여주는 것으로 보아 '우리'는 (가) 시의 화자가 본받아야 할 존재로 보입니다.

언 강물과 언 하늘이 **맞붙은 사이**로
저어가지 못하는 배들이 나란히
날아가지 못하는 말들이 나란히
숨죽이고 있는 것을 비웃으며, **우리는**

　　　　　　강물이 얼어 움직이지 못하는 배 ↔ 하늘이 얼어 날아가지 못하는 말
대놓고 이 시가 현실 비판임을 보여주고 있습니다. 사실 <보기>가 없었어도 이 대목에서는 눈치챘어야 합니다. 이러한 상황을 비웃는다고 했으므로 현실은 화자의 비판 대상...!

빙그르르. ㉤올 겨울 몹시 춥고 얼음이 꽝꽝꽝 얼고

빙그르르... 말을 못하는 시적 상황에서 우회적으로 현실을 비판하는 행동이었죠. 끝까지 현실에 비판을 던지며 현 사회의 문제점을 제시하며 시가 마무리됩니다.
　　　　　　　(나) : '자유를 억압하는 현실 (특히 말)'에 대한 비판

이제 문제 해설 또 들어가 보자구요!

1. (가)에 대한 이해를 묻고 있으니, (가) 지문에 대한 주제를 요구하고 있네요.

(가) : 자유를 억압하는 현실과, 그에 동조하는 세태와 자신]에 대한 성찰과 비판

⑤ 동일한 구절을 반복하여, 시적 상황에 대한 화자의 부정적 정서가 심화되는 과정을 드러낸다.

주제와 일치하는 선지가 이거 밖에 없네요.

2. (나)에서 밑줄 친 부분들에 대해 묻고 있습니다.

이런 밑줄 문제에서는 밑줄 쳐진 것들의 공통점과 차이점을 찾는 것이 매우 중요합니다.

㉠강물에 붙들린 배들을 구경하러 나갔다.
㉡훈련받나봐, 아니야 발등까지 딱딱하게 얼었대.
㉢비웃느라 시시덕거렸다.
㉣한강물 흐르지 못해 눈이 덮은 날
㉤올 겨울 몹시 춥고 얼음이 꽝꽝꽝 얼고

ㄱ: 시적 상황 제시
ㄴ: 억압받는 현실 우회적으로 제시
ㄷ: 대놓고 풍자
ㄹ: 억압받는 현실 표현
ㄹ: 억압받는 현실 표현

세세하게는 이렇게 되겠지만, 밑줄들의 공통점은 무엇일까요? 바로 이상과 괴리된 현실을 표현하고 있다는 겁니다. 이 시에서는 어떤 괴리가 있냐면, 자유가 억압된 외부 환경이겠죠. 너와 나, 우리라고 표현되는 화자는 그러한 상황에서도 다양한 행동과 몸짓으로 자유를 추구하고 있습니다. (가) 시와의 차이점입니다.

두 시를 묶어 놓은 이유는 자유가 억압되는 현실에서의 다른 대응을 말하기 위함입니다.
(가)와 (나) 모두 현실은 억압인데, 그 속에 사는 개인의 대처가 다르죠.
(가)에서는 무기력한 자신에 대한 비판, (나)에서는 외부 상황에 대한 신랄한 비판이었습니다.
두 작품의 문학사적 의의가 잡히시나요?

그래서 이 문항의 2번 선지는 말이 안 됩니다. (나) 시인데 마치 (가) 시처럼 내부 비판이니까요.

② ㉡의 '아니야'는 배가 훈련을 받고 있다는 추측을 부정하는 표현으로, 배가 움직일 수 없는 상황이 배의 내부적 원인에서 기인하고 있음이 이를 통해 드러난다.

3. <보기>는 해석했으니 결국 (가)와 (나) 주제 찾기로 또 풀어봅시다.

(가) : '자유를 억압하는 현실과, 그에 동조하는 세태와 자신'에 대한 성찰과 비판
(나) : '자유를 억압하는 현실 (특히 말)'에 대한 비판

또 주제 찾기네요. 어차피 두 작품 모두 억압적인 현실은 맞으니, 두 작품의 차이인 개인의 태도에 초점을 두어 보는 것이 맞을 것 같습니다. (가) 작품에 대한 선지는 개인이 잘 했다는 내용, (나) 작품에서는 개인이 현실을 인식하고 해결방안도 제시하고 있으니, 개인도 못했다는 내용이 나오면 적절하지 않은 선지가 되겠네요.

① (가)에서 '나의 영'에 대해 '우스워라'라고 자조한 것은 의사소통의 여지가 축소된 상황에서 자신의 참여만으로는 의사소통의 장을 활성화할 수 없다는 성찰을 드러낸다고 볼 수 있군.

자신의 참여만으로는 되지 않는다 → 자신은 참여했지만, 상황이 안 좋아서 안 된다.
많은 해설이 이를 이렇게 설명합니다. 그러나, 자신의 참여 여부는 사실 문장의 중의적 의미 때문에 판단은 되지 않긴 합니다. 위의 저 해석이 아니더라도 '내가 참여해도 어차피 안돼' 이런 뜻으로도 읽히기 때문입니다. 따라서 이 문제를 가장 확실히 풀 수 있으며, 주제로 푸는 방법은 다음과 같을 것 같습니다.

자조한 것은 ~ 자신의 참여만으로는 의사소통의 장을 활성화할 수 없다
→ 자조의 이유가 자신이 현실을 바꿀 수 없다는 것에 있다고 선지가 말하고 있다.

그러나, (가) 시의 자조, 자아 성찰의 근거는 '자신이라도 말을 해야 하는데 그러지 못하고 있는 욕된 교외 속에 동조해버린 자신'이었습니다. 자신이 현실을 바꿀 수 있느냐 없느냐의 가능성은 전혀 내포되어 있지 않고, 나라도 해야 한다는 것이 이 시의 내용이었기에 이 선지는 완전히 주제에 전복된 선지였던 것입니다.

이 지문을 정리하면, 첫 문제는 [(가)의 주제 _ 자아 성찰] 찾기, 두 번째 문제는 두 시를 구별하기, 세 번째 문제도 [(가)의 주제 _ 자아 성찰] 찾기였습니다. 계속해서 주제를 묻는다는 것을 느껴내셔야 합니다.

> Comment.

앞서서 제시했던 내용이지만 다시 한 번 반복하겠습니다.
개인이 부정적 상황과 마주하여 나타내는 태도는 '체념'과 '극복'입니다.
이 시에 적용을 하자면, (가)는 부정적 상황에 체념해버린 자신에 대한 비판을,
(나)는 부정적 상황을 극복하고자 부정적 상황에 대한 비판을 주제로 하는 시네요.

(가)

[A]
구겨진 하늘은 묵은 애기책을 편 듯
돌담 울이 고성같이 둘러싼 산기슭
박쥐 나래 밑에 황혼이 묻혀 오면
초가 집집마다 **호롱불**이 켜지고
고향을 그린 묵화(墨畫) 한 폭 좀이 쳐.

[B]
띄엄 띄엄 보이는 그림 조각은
앞밭에 보리밭에 말매나물 캐러 간
가시내는 가시내와 종달새 소리에 반해

빈 바구니 차고 오긴 너무도 부끄러워
술레짠 두 빰 위에 모매꽃이 피었고.

[C]
그넷줄에 비가 오면 풍년이 든다더니
앞내강에 씨레나무 밀려 나리면
젊은이는 젊은이와 **뗏목**을 타고
돈 벌러 항구로 흘러간 몇 달에
서릿발 잎 져도 못 오면 바람이 분다.

[D]
피로 가꾼 이삭이 참새로 날아가고
곰처럼 어린 놈이 북극을 꿈꾸는데
늙은이는 늙은이와 싸우는 입김도

[E]
벽에 서려 성에 끼는 한겨울 밤은
동리(洞里)의 밀고자인 강물조차 얼붙는다

– 이육사, 「초가」 –

(나)

오늘, 북창을 열어,
장거릴 등지고 산을 향하여 앉은 뜻은
사람은 맨날 변해 쌓지만
태고로부터 푸르러 온 산이 아니냐.
고요하고 너그러워 수(壽)하는 데다가
보옥을 갖고도 자랑 않는 겸허한 산.
마음이 본시 산을 사랑해
평생 산을 보고 산을 배우네.
그 품 안에서 자라나 거기에 가 또 묻히리니
내 이승의 낮과 저승의 밤에
아아라히 뻗쳐 있어 다리 놓는 산.
네 품이 내 고향인 그리운 산아
미역취 한 이파리 상긋한 산 내음새
산에서도 오히려 산을 그리며

꿈같은 산 정기(精氣)를 그리며 산다.

– 김관식, 「거산호2」 –

(다)

온갖 꽃들이 요란스럽게 일제히 터트려져 광채가 찬란하다. 이때에 바람이 살짝 불어오면 향기가 코를 스친다. 때마침 꼴 베는 자가 낫을 가지고 와서 손 가는 대로 베어 내는데, 아쉬워 돌아보거나 거리끼는 마음도 없다. 나는 이에 한숨을 쉬며 탄식하여 말하였다.

"땅이 낳고 하늘이 기르는바, 만물이 무성히 자라며 모두가 광대한 은택을 입는구나. 이에 따스한 바람이 불어 갖가지 형상을 아로새기고 단비를 내려 온 둘레를 물들이니, 천기(天機)를 함께 타고나 형체를 부여받음에 각기 그 자질에 따라 고운 자태를 드러낸다. 모란의 진귀하고 귀중함을 해당화의 곱고 아름다움에 견주어 보면, 비록 크고 작은 차이는 있겠으나, 어찌 **공교함과 졸렬함**에 다른 헤아림이 있었겠는가?

(중략)

그런데도 **귀함**이 저와 같고 **천함**이 이와 같아, 어떤 것은 **부호가의 깊은 장막 안**에서 눈앞의 봄바람을 지키고, 어떤 것은 짧은 낮을 든 어리석은 종의 손아귀에서 가을 서리처럼 변한다. 이 어찌 된 일인가? 뜨락은 사람 가까이에 있고 교외의 땅은 멀리 막혀 있어 가까운 것은 친하기 쉽고 멀리 있는 것은 저어하기 때문이 아니겠는가? 아니면 요황과 위자*는 성씨가 존엄한데 범상한 화초는 이름이 없으며, 성씨가 존엄한 것은 곱게 빛나는데 이름 없는 것들은 먼 데서 이주해 온 백성 같은 존재이기 때문인가? 그도 아니면 뿌리가 깊은 것은 종족이 번성한데 빽빽이 늘어선 것들은 가늘고 작으며, 높고 큰 것은 높은 자리에 있고 가늘고 작은 것들은 들판에 있기 때문인가?

아! 낳는 것은 하늘에 달려 있으나 **영화롭게** 하는 것은 인간에 달려 있다. 하늘은 사사로움이 없기에 그 **조화(造化)가 균일**하지만, 인간은 널리 베풀지 못하므로 **소원함**도 있고 **친함**도 있는 것이다. 하늘이 이미 낳아 주었는데 또 어찌 사람이 영화롭게 하고 영화롭지 못하게 한다고 원망하겠는가? 나에게는 비록 감정이 있지만 풀에는 감정이 없으니, 그것이 **소**의 목구멍을 채우는 것과 **나비**로 하여금 다투어 찾도록 하는 것을 어찌 달리 보겠는가?"

– 이옥, 「담초(談艸)」 –

*요황과 위자: 모란의 진귀한 품종을 일컫는 말.

1. (가)~(다)에 대한 설명으로 가장 적절한 것은?

① (가)에서는 현실적인 문제 해결의 실마리로 조화로운 공동체의 모습을 제시하고 있다.
② (나)에서는 현실에 대한 부정적 인식을 바탕으로 앞날에 대한 회의를 드러내고 있다.
③ (다)에서는 자연과 인간의 관계를 살펴 자연을 바라보는 인간의 태도에 대한 성찰을 드러내고 있다.
④ (가), (다)에서는 모두 자연물이 쇠락하는 과정을 제시하여 인생에 대한 무상감을 드러내고 있다.
⑤ (가), (나), (다)에서는 모두 자연과의 교감을 통해 장소에 대한 낙관적 전망을 이끌어 내고 있다.

2. <보기>를 참고할 때, [A]~[E]에 대한 이해로 적절하지 않은 것은?

―――――――― <보 기> ――――――――

이육사는 「초가」를 발표하면서 '유폐된 지역에서'라고 창작 장소를 밝혔다. 이곳에서 그는 오래전 떠나온 고향을 떠올려 시로 형상화했다. 계절의 흐름에 따라 낭만적인 봄에서 비극적인 겨울로 시상을 전개하여 악화되어 가는 일제 강점기의 현실을 묘사했다.

① [A] : 돌담 울에 둘러싸인 산기슭을 묘사하여 화자가 고향을 회상하는 장소의 분위기를 나타내고 있다.
② [B] : 봄날의 보리밭 풍경을 제시하여 화자가 떠올리는 고향의 모습을 형상화하고 있다.
③ [C] : 고향 사람들이 기대하던 앞내강 정경을 묘사하여 화자의 소망이 이루어진 상황을 나타내고 있다.
④ [D] : 풍족한 결실을 거두지 못한 상황에서 자신이 처한 현실 너머의 세계를 꿈꾸는 소년의 모습을 보여 주고 있다.
⑤ [E] : 강물이 얼어붙는 삭막한 겨울의 이미지로 일제 강점기의 가혹한 현실 상황을 드러내고 있다.

3. '산'에 대한 화자의 태도를 중심으로 (나)를 감상한 내용으로 적절하지 않은 것은?

① '산'을 수시로 변하는 인간과 달리 태고로부터 본질을 잃지 않는 불변성을 지닌 것으로 인식하는군.
② '산'을 인간의 덕성을 표면화하는 데 집중하는 적극적 의지를 지닌 존재로 여기는군.
③ '산'을 삶과 죽음을 이어 줌으로써 죽음 이후에도 함께할 대상으로 여기는군.
④ '산'을 근원적 고향으로 인식함으로써 그리움의 대상으로 바라보는군.
⑤ '산'을 현재 함께하는 존재로 여기면서도 지속적으로 지향해야 할 궁극적인 존재로 인식하는군.

4. (다)의 '나'에 대한 이해로 가장 적절한 것은?

① 꽃의 '공교함과 졸렬함'을 판단할 때는 꽃의 형체보다는 쓰임새에 기준을 두어야 함을 강조한다.
② 화초의 '귀함'과 '천함'에 대한 평가는 그 본성에 맞게 이름이 부여되었느냐에 달려 있다고 믿는다.
③ 풀을 '영화롭게' 만드는 주체는 인간이 아니라 하늘이어야 한다는 깨달음을 드러낸다.
④ 하늘의 입장에서 보면 모든 풀은 '조화가 균일'한 존재로서 가치의 우열을 가지지 않는다고 생각한다.
⑤ 인간의 감정에는 '소원함'과 '친함'이 모두 있으므로 사사로움을 넘어 균형을 도모할 수 있다고 본다.

5. 묵화와 북창을 중심으로 (가)와 (나)를 비교한 내용으로 가장 적절한 것은?

① (가)에서는 '묵화'와 '박쥐 나래'의 이미지를 연결하여 고향의 어두운 분위기를, (나)에서는 '북창'에서 바라본 산의 '품'에 주목하여 산이 주는 아늑한 분위기를 드러낸다.
② (가)에서 '묵화'는 '황혼'이 상징하는 현실적 상황에, (나)에서 '북창'은 '저승의 밤'이 의미하는 절망적 상황에 대응된다.
③ (가)에서 '묵화'에 '좀이 쳐'라고 한 것은 화자가 고향에 대해 느끼는 세월의 깊이를, (나)에서 '북창'을 '오늘' 열었다고 한 것은 산을 대하는 화자의 인식이 변화된 시점을 드러낸다.
④ (가)에서 '묵화'를 '그림 조각'이라고 한 것은 고향의 분절된 이미지를, (나)에서 '북창'을 '열어' 산을 보고 있다는 것은 선망하는 세계와 분리된 이미지를 나타낸다.
⑤ (가)에서는 '묵화'에 그려진 '모매꽃'에 부끄러움의 정서를, (나)에서는 '북창'을 통해 본 '보옥'에 안타까움의 정서를 담아낸다.

6. <보기>를 참고하여 (가)~(다)를 감상한 내용으로 적절하지 <u>않은</u> 것은?

<보   기>

문학적 표현에는 표현 대상을 그와 연관된 다른 관념이나 사물로 대신하여 나타내는 방법이 있다. 여기에는 사물의 속성으로 실체를 대신하거나 대상의 한 부분으로 전체를 대신하는 것 등이 포함된다. 이러한 방법들은 서로 혼재되기도 하면서 구체적이고 생생한 이미지와 분위기를 환기한다.

---

① (가)에서 저녁이 오는 시간을 그와 연관된 사물인 '호롱불'이 켜진다는 것으로 나타냄으로써, 산골 마을의 저녁 풍경을 시각적 이미지로 보여 주는군.

② (가)에서 고향에 머무르지 못하고 객지로 떠나는 현실을 '뗏목'을 타고 흘러가는 것과 연관 지어 나타냄으로써, 삶의 불안정함을 구체적 이미지로 보여 주는군.

③ (나)에서 세속적인 삶의 공간 전체를 이해관계가 얽혀 있는 '장거리'의 속성을 활용하여 나타냄으로써, 인심이 쉽게 변하는 세속 공간의 분위기를 환기하는군.

④ (다)에서 귀한 대우를 받는 삶을 그러한 속성을 가진 '부호가의 깊은 장막 안'으로 나타냄으로써, 인간과 가까운 공간의 적막한 분위기를 환기하는군.

⑤ (다)에서 풀의 가치를 '소'와 '나비'의 행위와 연관 지어 나타냄으로써, 하찮게 취급되는 풀과 귀하게 여겨지는 풀의 차이를 구체적 이미지로 보여 주는군.

2번 문제의 <보기>입니다.

우선 <초가>라는 (가) 작품 제목의 의미가 나왔습니다. 시상이 전개되는 주요 장소는 '고향'이라고 합니다. <보기>를 통해 알 수 있었던 이 시만이 갖는 특징이 있다면 알아채야 합니다. 그 부분이 바로 문학사적 의의가 될 것이기 때문이죠. 이 <보기>에서는 '계절의 흐름에 따라 시의 분위기가 바뀌는 것'이 시의 문학사적 의의로 보입니다. 낭만적인 봄에서는 오래 전 화자가 떠나기 전의 아름다운 고향이, 비극적 겨울에서는 일제강점기로 인해 악화되는 현실이 표현되어 있다고 하네요.

<보기>에서 이 시는 완벽한 현실과 이상의 괴리임을 알 수 있습니다.

봄 (이상) → 겨울 (이상과 괴리된 현실)

따라서, 이에 맞추어서 (가) 시를 독해해야 할 것 같습니다.

제목 독해
(가)「초가」: <보기>에서 나온 대로 고향을 의미함.
(나)「거산호」: 산을 좋아하는 건가? 라는 생각이 들으므로 '산'에 초점 맞춰서 독해해야 함.
(다)「담초」: 일단 풀에 관한 수필 같으므로, 왜 풀 얘기를 하는지 생각해 봐야 함.

이제 독해 들어갑시다.

<시 독해>

(가)

구겨진 하늘은 묵은 애기책을 편 듯
돌담 울이 고성같이 둘러싼 산기슭
박쥐 나래 밑에 황혼이 묻혀 오면
초가 집집마다 **호롱불**이 켜지고
고향을 그린 묵화(墨畫) 한 폭 좀이 쳐.

구겨진 하늘을, 이야기책이라고 말하고 있고, 고향을, 묵화 한 편이라고 말하고 있으므로, 이 시의 컨셉이 나오고 있습니다. 마치 고향의 모습을 책이나 그림 한 폭처럼 묘사하겠다는 것 같네요. 앞으로 장면이 서술되면 이는 모두 이야기책 혹은 묵화라는 그림의 한 장면으로써, 고향을 뜻할 겁니다. … <보기>

돌담이 산에 쫙 쌓여 있고, 황혼과 함께 박쥐가 날라다니는 모습. 아주 조용해진 채 초가 집집이 호롱불이 켜지는 고향의 모습을 상상해내시면 됩니다. 다큐멘터리 보는 것처럼 말이죠.

띄엄 띄엄 보이는 그림 조각은
앞밭에 보리밭에 말매나물 캐러 간
가시내는 가시내와 종달새 소리에 반해

앞서 말했던 묵화의 그림 조각인가 봅니다. 고향이 그려진 묵화를 찬찬히 보겠다는 거네요. 그러면 결국 그림의 모습으로 나오는 모든 모습은 화자가 형상화한 고향일 겁니다! … <보기>
나물이 있고, 종달새 소리가 울려퍼지는 걸 보면, 봄이 배경인 거 같네요. 낭만적인 모습이 그려지고 있습니다. 이때까지만 해도 좋았던 고향이 어떻게 변할지 걱정이 되네요…

빈 바구니 차고 오긴 너무도 부끄러워
술레짠 두 빰 위에 모매꽃이 피었고.

이 역시 봄의 정경을 묘사하고 있습니다. 나물 캐러갔다가 다른 가시내와 종달새 소리 들으며 수다 떠느라고 바구니가 비어있나 봅니다. 그래서 부끄럽다고 볼이 빨개진 모습이네요.

그넷줄에 비가 오면 풍년이 든다더니
앞내강에 씨레나무 밀려 나리면
젊은이는 젊은이와 **뗏목**을 타고
돈 벌러 항구로 흘러간 몇 달에
서릿발 잎 져도 못 오면 바람이 분다.

풍년이 들 줄 알았는데 아닌가 봅니다. 젊은이들은 돈을 벌려고 항구에 가서 다른 곳으로 갔는데, 서리가 내리는 가을이 되어서도 못 오고 있다네요. 뭔가 상황이 부정적으로 흘러갑니다.

피로 가꾼 이삭이 참새로 날아가고
곰처럼 어린 놈이 북극을 꿈꾸는데

늙은이는 늙은이와 싸우는 입김도

애써 가꿔놓은 이삭은 참새가 다 먹었다네요. 어린 아이가 꿈꾼다고 했으니 '북극'은 어린아이의 장래희망이나 소망 정도로 보입니다. 그런데, 아이가 꿈꾸고 있으면 그 꿈을 키워줘야 하는 어른들이 서로 자기네들끼리 싸우고 있다고 하니, 세상이 요지경이네요. 입김이 나올 정도면, 비극적 겨울로 시가 넘어왔으며 완전히 이상과 괴리된 현실 그 자체입니다.

벽에 서려 성에 끼는 한겨울 밤은
동리(洞里)의 밀고자인 강물조차 얼붙는다

성에가 낄 정도로 아주 추운 한겨울 밤, 즉 너무 비극적인 현실입니다. 마을의 밀고자인 강물은 앞에서 해석했었습니다. Step 1에서 했었네요. 마을의 이러한 상황을 알릴 유일한 통로인 강물마저 얼어붙으니, 이 마을은 고립되어 비극적 현실을 벗어나기 매우 어려울 것 같습니다.

전체적으로 시가 봄에서 겨울로 가면서 점차 악화되고 있습니다. 이처럼 거시적으로만 현실과 이상의 괴리가 드러나는 것이 아니라 미시적으로도 드러났죠.

[C] : 그넷줄에 비가 오면 풍년이 든다더니 ↔ 젊은이들이 못 돌아옴
[D] : 곰처럼 어린 놈이 북극을 꿈꾸는데 ↔ 늙은이는 늙은이와 싸우는 입김도 서려

왼쪽이 이상, 오른쪽이 현실이죠. 따라서 이 시는 완전히 현실과 이상의 괴리가 지배하고 있는 시라는 것을 알 수 있습니다.

내신 때처럼 무슨 표현법 이런 관점에서 탈피하고, 시인이 무얼 말하고 싶었는지 시로부터 장면을 상상해내시는 게 중요합니다. 시인이 독자에게 말하고 싶은 것이 무엇이었는지, 그걸 잡아내셔야 온전한 주제 파악이 가능해집니다. 우리가 Step1에서 배웠던 상상하기를 기본으로 하여 독해해주셔야 합니다. 어차피 현대시는 현대시의 본질인 '현실과 이상의 괴리'를 벗어날 수 없습니다. 그러므로, 시 독해 시에 항상 염두에 두고 문제 풀이에 들어갑시다!

주제
(가): 그림으로 표현한, 낭만적인 봄에서부터 점차 악화되어 비극적 겨울에 이르른 고향의 모습

한 번 지금껏 해둔 장면 상상하기를 한 번 실전에서는 어떻게 사용되는지 (나)로 확인해봅시다.

(나)

오늘, 북창을 열어,	창문 열어서 산 봐야지
장거릴 등지고 산을 향하여 앉은 뜻은	장거리는 싫어, 산이 좋아
사람은 맨날 변해 쌓지만	사람은 간사하게도 계속 변하네. 별로다..
태고로부터 푸르러 온 산이 아니냐.	근데 산은 안 변하네? 역시 좋아!
고요하고 너그러워 수(壽)하는 데다가	우리 산은 말이죠, 고요하고 너그러워.
보옥을 갖고도 자랑 않는 겸허한 산.	근데 겸손하기까지 해. 캬~
마음이 본시 산을 사랑해	내가 산을 사랑하는 건 운명이야 타고났어
평생 산을 보고 산을 배우네.	평생 사랑할거야 ㅜㅜ
그 품 안에서 자라나 거기에 가 또 묻히리니	산이 날 낳아줬고, 거기에 묻힐 거야
내 이승의 낮과 저승의 밤에	
아아라히 뻗쳐 있어 다리 놓는 산.	내 삶과 그 이후 모두 산과 함께할 거야
네 품이 내 고향인 그리운 산아	산은 나의 고향과도 같아
미역취 한 이파리 상긋한 산 내음새	
산에서도 오히려 산을 그리며	산에서 살아도 계속 산에서 살고 싶어
꿈같은 산 정기(精氣)를 그리며 산다.	산 최고!!!

간단하죠...? 나중에 Part 2 가서는 이리 컴팩트하고 실전적으로 해설할 겁니다. 다만, Part 1은 근본적인 독해력을 올려줘야 하므로 세세한 해설을 포기하지 않고 유지할 겁니다. 그래야 실력이 늘 테니까요...!

(나) : 사람과 장거리처럼 살지 않고, 산을 배우면서 산처럼 살고 싶다.
　　　[산 = 이상], [사람, 장거리 = 현실]

이제 처음으로 산문을 읽어볼 겁니다. 산문 중에서도 이번 (다)는 수필이라는 갈래입니다.

　　　　　　수필 _ 자신이 경험을 통해 얻은 깨달음을, 그 경험과 함께 서술하는 문학 산문의 한 갈래

즉, 이 갈래에서의 핵심은 '1) 무슨 깨달음이며', '2) 그 깨달음을 얻은 경험이 무엇인지'입니다.
그래서 작품을 읽을 때에도, 이 수필이 어떤 깨달음을 내포하고 있으며, 그것을 직접적으로 표현한 경험이 무엇인지 확인을 하며 읽으셔야 문제가 술술 풀릴 겁니다. 또한 이렇게 읽으면, 사족을 다 쳐내고 아주 빠르게 읽어낼 수 있을 겁니다.

<수필 독해>

(다)

온갖 꽃들이 요란스럽게 일제히 터트려져 광채가 찬란하다. 이때에 바람이 살짝 불어오면 향기가 코를 스친다. 때마침 꼴 베는 자가 낫을 가지고 와서 손 가는 대로 베어 내는데, 아쉬워 돌아보거나 거리끼는 마음도 없다. 나는 이에 한숨을 쉬며 탄식하여 말하였다.

"땅이 낳고 하늘이 기르는바, 만물이 무성히 자라며 모두가 광대한 은택을 입는구나. 이에 따스한 바람이 불어 갖가지 형상을 아로새기고 단비를 내려 온 둘레를 물들이니, 천기(天機)를 함께 타고나 형체를 부여받음에 각기 그 자질에 따라 고운 자태를 드러낸다. 모란의 진귀하고 귀중함을 해당화의 곱고 아름다움에 견주어 보면, 비록 크고 작은 차이는 있겠으나, 어찌 **공교함과 졸렬함**에 다른 헤아림이 있었겠는가?   (중략)

일일이 하나하나 읽고 있을 필요가 없습니다. 굵직하게 분류만 하면 됩니다.

상황: 꼴 베는 자가 낫으로 막 베어 버림

수필은 어떤 갈래라고 했죠?

수필 _ 자신이 경험을 통해 얻은 깨달음을, 그 경험과 함께 서술하는 문학 산문의 한 갈래

따라서, 경험은 방금 상황이라고 언급한 '낫으로 인간이 마음대로 꽃을 베는 상황'일 겁니다.
그런데 이런 경험은 누구나 할 수 있습니다. 이 수필이 이 작품을 특별하게 만들어준, 그러니까 '문학사적 의의'를 갖기 위해서는 결국 이 경험을 통해 얻은 깨달음이 중요한 겁니다. 그러므로 이제 뒤에 나오는 화자의 말을 통해서 의식적으로 깨달음을 찾아내야 합니다.

'땅과 하늘이 낳고 기른다는 점에서 모든 자연이 같다. 천기를 모두 타고났다. 다만, 형체만이 다르다. 이 형태에서 크고 작은 차이는 있겠으나, 공교함과 졸렬함에 다름이 있었겠는가? (천기가 동일하니 근본은 동일하지 않는가?)' → 여기가 중요합니다. 아직 정확히 무슨 말을 하는지는 모르겠으나 중요한 것은 1문단을 통해 화자의 경험을 찾고, 그로 인해 얻어낸 깨달음이 시작됐다는 게 중요하죠. 대충 근본은 같은데 조금씩 다른 것이 깨달음의 시작인 거 같은데, 뒤를 더 봐야 할 것 같네요.

목적을 가지고 깨달음을 찾을 생각을 하시는 게 가장 중요하며, 추가적으로 깨달음을 얻은 경험들 중 정확한 구절이 어딘지 찾는 것도 중요합니다. 같이 해보도록 합시다.

그런데도 **귀함**이 저와 같고 **천함**이 이와 같아, 어떤 것은 **부호가의 깊은 장막 안**에서 눈앞의 봄바람을 지키고, 어떤 것은 짧은 낫을 든 어리석은 종의 손아귀에서 가을 서리처럼 변한다. 이 어찌 된 일인가?

수필을 쓰게 만들어준 경험인, 종의 낫질과 연결되며 의문이 시작됐습니다. 분명히 근본적으로 땅과 하늘이 낳고 길렀다는 점에서 같은 꽃들이 종의 선택으로 인해 귀하게 다뤄지거나, 아예 베어지는지에 대한 의문이 드러나고 있네요! 아주 눈여겨봐야 할 대목입니다. 깨달음의 시작!

뜨락은 사람 가까이에 있고 교외의 땅은 멀리 막혀 있어 가까운 것은 친하기 쉽고 멀리 있는 것은 저어하기 때문이 아니겠는가? 아니면 요황과 위자*는 성씨가 존엄한데 범상한 화초는 이름이 없으며, 성씨가 존엄한 것은 곱게

빛나는데 이름 없는 것들은 먼 데서 이주해 온 백성 같은 존재이기 때문인가? 그도 아니면 뿌리가 깊은 것은 종족이 번성한데 **빽빽**이 늘어선 것들은 가늘고 작으며, 높고 큰 것은 높은 자리에 있고 가늘고 작은 것들은 들판에 있기 때문인가?

깨달음의 과정이 제시되고 있네요. 자신이 위에서 갖게 된 의문에 대한 답을 찾기 위한 고민의 과정입니다. 사실 스포를 하자면, 이 부분은 출제 포인트로 매력이 없습니다. 의문을 갖는 지점과 해결되어서 온전한 깨달음이 출제되기 때문입니다. 그래서 실전에서도 슥슥 읽어주면 됩니다.

 아! 낳는 것은 하늘에 달려 있으나 **영화롭게** 하는 것은 인간에 달려 있다. 하늘은 사사로움이 없기에 그 **조화(造化)가 균일**하지만, 인간은 널리 베풀지 못하므로 **소원함**도 있고 **친함**도 있는 것이다. 하늘이 이미 낳아 주었는데 또 어찌 사람이 영화롭게 하고 영화롭지 못하게 한다고 원망하겠는가? 나에게는 비록 감정이 있지만 풀에는 감정이 없으니, 그것이 **소**의 목구멍을 채우는 것과 **나비**로 하여금 다투어 찾도록 하는 것을 어찌 달리 보겠는가?"

고민 끝에 완성한 온전한 깨달음입니다. 제일 중요한 부분입니다. 하늘 아래 모두가 평등했지만, 영화로움만큼은 인간의 불완전한 판단과 행위에 의해 결정된다고 합니다. 인간이 하늘처럼 완전했으면 이런 일은 없었을 텐데 말이죠... 그렇지만, 하늘이 이미 낳아주었으니 그 이후는 어쩔 수 없다고 말하고 있네요. 또한 사람과 달리 다른 동식물들에게는 감정이 없다고 말하며, 인간이 볼 때는 감정 때문에 억울하게 보이지만, 막상 당사자인 동식물 입장에서는 사람에게 잘못 걸려서 죽거나 베이더라도 이를 알지 못할 것이라 말하고 있습니다. 결국 하늘의 균일한 조화를 유지하려면 감정이 있는 인간이 잘못된 상황들을 잘 조정해야 할 것입니다. 정리해봅시다.

깨달음: 하늘 아래 모든 것은 공평히 태어났지만,
　　　　그 이후는 인간의 사사로움에 달려있으니 인간이 잘해야 한다.

깨달음을 얻은 경험: 같은 식물이라 하더라도 부호가의 장막에 있을 수도,
　　　　　　　　　　어리석은 종의 낫에 베일 수도 있을 정도로 다른 상황

이제 이를 통해서 문제를 모두 풀어볼 겁니다. 기억합시다. 수필 갈래는 경험과 깨달음만 찾으면 된다는 것을, 그 이상은 필요가 없습니다.

당연하다고 받아들이지 말고 의식적으로 경험과 깨달음을 빈칸으로 머릿속에 그려놓고, 이 빈칸을 채우는 독해를 하시면 훨씬 빠르고 정확하게 볼 수 있을 겁니다.

1. 각 지문의 주제를 물어보고 있습니다.

① (가)에서는 현실적인 문제 해결의 실마리로 조화로운 공동체의 모습을 제시하고 있다.
   (가)는 계절의 흐름에 따른 현실과 이상의 괴리가 주제였습니다. 조화로운 공동체...?! (X)
② (나)에서는 현실에 대한 부정적 인식을 바탕으로 앞날에 대한 회의를 드러내고 있다.
   (나)는 인간과 달리 너그럽게 모두를 품을 줄 아는 산에 대한 존경이 주제였습니다. 앞날에 대한 회의...?! (X)
③ (다)에서는 자연과 인간의 관계를 살펴 자연을 바라보는 인간의 태도에 대한 성찰을 드러내고 있다.
   (다)는 하늘의 공정을 유지하려면 인간의 사사로움이 해결되어야 함이 주제였습니다.
      (자연과)   +   (인간의 관계) → 인간의 태도에 대한 성찰 ∴ (O)
④ (가), (다)에서는 모두 자연물이 쇠락하는 과정을 제시하여 인생에 대한 무상감을 드러내고 있다.
   자연물 쇠락이나 인생에 대한 무상감 모두 없습니다.
⑤ (가), (나), (다)에서는 모두 자연과의 교감을 통해 장소에 대한 낙관적 전망을 이끌어 내고 있다.
   낙관적 전망은 어차피 (가) 선에서 Cut이네요.

2. (가) 지문의 주제를 물어보고 있습니다.

① [A] : 돌담 울에 둘러싸인 산기슭을 묘사하여 화자가 고향을 회상하는 장소의 분위기를 나타내고 있다.
② [B] : 봄날의 보리밭 풍경을 제시하여 화자가 떠올리는 고향의 모습을 형상화하고 있다.
③ [C] : 고향 사람들이 기대하던 앞내강 정경을 묘사하여 화자의 소망이 이루어진 상황을 나타내고 있다.
④ [D] : 풍족한 결실을 거두지 못한 상황에서 자신이 처한 현실 너머의 세계를 꿈꾸는 소년의 모습을 보여 주고 있다.
⑤ [E] : 강물이 얼어붙는 삭막한 겨울의 이미지로 일제 강점기의 가혹한 현실 상황을 드러내고 있다.

러프하게 풀어봅시다. 이전에 풀었던 18수능 이육사 <강 건너간 노래>를 기억하시나요? 그 문제에서는 ㄱ~ㅁ을 주고 문제가 출제되었었습니다. 현실과 이상의 괴리가 주제였으며 ㄱ~ㅁ 중 중요한 것은 괴리가 일어나는 지점이었습니다. 이번 이육사 <초가> 역시 현실과 이상의 괴리가 주제입니다. 봄이 이상이고, 겨울이 현실입니다. 그렇다면, 괴리는 언제부터일까요? ... ... 네, 맞아요.
바로 가을입니다. 서릿날이라고 언급했던 가을은 저 중 [C]였습니다. 3번 선지를 봅시다.
'화자의 소망이 이루어진 상황', '고향 사람들이 기대하던 정경' → 이상 ∴ (X)

역시나 이런 형식의 문제도 결국 주제 찾기이니, 현실과 이상의 괴리가 주제인 지문들에서는 괴리가 시작되는 부분부터 확인해주시길 바랍니다. 어차피 주제와 관련해서 문제를 내려면 그게 최선이니까요.

3. (나)의 주제를 물어보고 있습니다. _ 인간과 다른 산이 너무 좋다.

① '산'을 수시로 변하는 인간과 달리 태고로부터 본질을 잃지 않는 불변성을 지닌 것으로 인식하는군.
② '산'을 인간의 덕성을 표면화하는 데 집중하는 적극적 의지를 지닌 존재로 여기는군.
③ '산'을 삶과 죽음을 이어 줌으로써 죽음 이후에도 함께할 대상으로 여기는군.
④ '산'을 근원적 고향으로 인식함으로써 그리움의 대상으로 바라보는군.
⑤ '산'을 현재 함께하는 존재로 여기면서도 지속적으로 지향해야 할 궁극적인 존재로 인식하는군.

② : 산으로 인간을 표현 → 산 = 인간 ?! 잘못된 것이 바로 보이네요. 나머지 선지는 모두 산을 예찬하는 내용이니
     틀릴 수 없습니다.

4. (다)의 '나'에 대한 이해로 적절한 것은? → 이 문제만 화자를 끌어오고 있습니다. 수필이라서 그렇습니다. 화자의
   깨달음을 출제해야 하니 발문에서도 이리 표현하고 있는 것입니다.

① 꽃의 '공교함과 졸렬함'을 판단할 때는 꽃의 형체보다는 쓰임새에 기준을 두어야 함을 강조한다.
   인간의 사사로운 기준에 대한 언급은 없습니다. (X)

② 화초의 '귀함'과 '천함'에 대한 평가는 그 본성에 맞게 이름이 부여되었느냐에 달려 있다고 믿는다.
   하늘이 부여한 본성을 인간이 사사롭게 감히 이름을 짓는다...? (X)

③ 풀을 '영화롭게' 만드는 주체는 인간이 아니라 하늘이어야 한다는 깨달음을 드러낸다.
   영화로움은 인간의 사사로움에 의해 결정된다고 했으니 틀리네요. (X)

④ 하늘의 입장에서 보면 모든 풀은 '조화가 균일'한 존재로서 가치의 우열을 가지지 않는다고 생각한다.
   하늘은 인간과 달리 공평하게 모두를 낳았다는 내용이니 맞습니다. (O) 역시 주제가 나왔습니다.

⑤ 인간의 감정에는 '소원함'과 '친함'이 모두 있으므로 사사로움을 넘어 균형을 도모할 수 있다고 본다.
   인간은 하늘과 달리 사사로워서 누군가는 불리할 (소원함) 수 있음을 말하고 있습니다. 균형과 거리가 멀죠. (X)

5. [묵화]와 [북창]을 각 지문과 연관지어서 물어보는 문항입니다. 이런 식으로 특정 부분에 대한 박스가 문제로 나
   오면, 박스가 쳐진 이유를 고민해봐야 합니다. 공통점과 차이점을 찾읍시다. 묵화는 (가) 글이 무대로 삼고 있는
   배경입니다. 북창은 (나) 글의 예찬 대상인 '산'을 볼 수 있게 해주는 매개체입니다. 둘 다 화자가 주제를 바라보기
   위한 통로로 보이네요!

① (가)에서는 '묵화'와 '박쥐 나래'의 이미지를 연결하여 고향의 어두운 분위기를, (나)에서는 '북창'에서 바라본 산의 '품'에 주목하
   여 산이 주는 아늑한 분위기를 드러낸다.
   각 작품의 주제를 말하고 있습니다. 현실과 이상의 괴리로 인한 어두운 분위기, 산의 아늑한 분위기 (O)
   Question. 박쥐 나래(날개)와 어두운 분위기가 무슨 상관인가요?
   Answer. 이 시 자체가 어두운 분위기 때문에 이에 쓰인 시어들은 모두 연결될 수 있습니다. 단, 이상을 표현한 부분만 제외하고요.

② (가)에서 '묵화'는 '황혼'이 상징하는 현실적 상황에, (나)에서 '북창'은 '저승의 밤'이 의미하는 절망적 상황에 대응된다.
   (나)의 경우, 북창은 산을 보게 해주는 매개체이니 오히려 긍정적 상황과 연결됩니다. (가)는 맞네요. (X)

③ (가)에서 '묵화'에 '좀이 쳐'라고 한 것은 화자가 고향에 대해 느끼는 세월의 깊이를, (나)에서 '북창'을 '오늘' 열었다고 한 것은 산
   을 대하는 화자의 인식이 변화된 시점을 드러낸다.
   인식 변화는 없었으니 틀렸네요. (가)는 주관적인 부분이고 주제이니 판단할 필요가 없지만 따지자면 맞네요. (X)

④ (가)에서 '묵화'를 '그림 조각'이라고 한 것은 고향의 분절된 이미지를, (나)에서 '북창'을 '열어' 산을 보고 있다는 것은 선망하는
   세계와 분리된 이미지를 나타낸다.
   매우 문제가 됐던 선지입니다. 수험생이 판단하기에 너무 어려운 선지이기 때문입니다. 사실 답은 이미 명확한 1번이 있지만, 우리는
   공부하는 입장이니 분석을 해봅시다. 묵화와 북창은 모두 시를 시작하기 위해 설정된 '컨셉'에 해당합니다. (가)의 경우 계절에 따라
   전혀 다른 고향이 그려지고 있습니다. 고향의 한 순간이 그려진 그림이 아니라 조각들마다 낭만적인 그림도, 혹독한 그림도 있는 것이
   죠. 따라서 분절된 이미지를 보여줍니다. (나)의 경우 북창을 통해 산을 바라보니, 선망 대상인 산과 연결된다고 하는 것이 분리보다
   적절해 보입니다. 따라서 앞부분은 맞지만, 뒷부분은 틀린 선지라 할 수 있습니다.

⑤ (가)에서는 '묵화'에 그려진 '모매꽃'에 부끄러움의 정서를, (나)에서는 '북창'을 통해 본 '보옥'에 안타까움의 정서를 담아낸다.
   소녀가 부끄러워하는 모습을 모매꽃이랑 연결지었으니 맞겠고, (나)의 겨우 보옥이라는 단어는 산을 예찬하면서 쓰였으므로 안타까
   움의 정서와 상관이 없겠습니다. (X)

주제로 풀어야 답을 바로바로 나옵니다. 그게 아니었더라면, 4번 문항에서 고생 좀 했을 겁니다.
박쥐 날개와 분위기가 뭔 상관이야? 싶었을 테니까요.

6. <보기>를 읽어봅시다.

> ─────── <보 기> ───────
>
> 문학적 표현에는 표현 대상을 그와 연관된 다른 관념이나 사물로 대신하여 나타내는 방법이 있다. 여기에는 사물의 속성으로 실체를 대신하거나 대상의 한 부분으로 전체를 대신하는 것 등이 포함된다. 이러한 방법들은 서로 혼재되기도 하면서 구체적이고 생생한 이미지와 분위기를 환기한다.

속성과 부분으로 전체를 대신하는 것을 말하고 있네요. 이러한 기법으로 생생한 이미지와 분위기를 환기한다 했는데, 결국 말을 바꿔보면 주제를 잘 표현한다는 겁니다. 주제랑 연관지어서 또 풉시다.

① (가)에서 저녁이 오는 시간을 그와 연관된 사물인 '호롱불'이 켜진다는 것으로 나타냄으로써, 산골 마을의 저녁 풍경을 시각적 이미지로 보여 주는군.
② (가)에서 고향에 머무르지 못하고 객지로 떠나는 현실을 '뗏목'을 타고 흘러가는 것과 연관 지어 나타냄으로써, 삶의 불안정함을 구체적 이미지로 보여 주는군.
③ (나)에서 세속적인 삶의 공간 전체를 이해관계가 얽혀 있는 '장거리'의 속성을 활용하여 나타냄으로써, 인심이 쉽게 변하는 세속 공간의 분위기를 환기하는군.
④ (다)에서 귀한 대우를 받는 삶을 그러한 속성을 가진 '부호가의 깊은 장막 안'으로 나타냄으로써, 인간과 가까운 공간의 적막한 분위기를 환기하는군.
⑤ (다)에서 풀의 가치를 '소'와 '나비'의 행위와 연관 지어 나타냄으로써, 하찮게 취급되는 풀과 귀하게 여겨지는 풀의 차이를 구체적 이미지로 보여 주는군.

우선 주제와의 적절성으로 재낍시다. 이하의 세 선지는 모두 주제와 명확히 적절하게 부합하고 있습니다.
② : 현실과 이상의 괴리에 대한 선지
③ : 산과 달리 영구적이지 않은 인간에 대한 선지
⑤ : 인간의 사사로움으로 영화로움의 여부가 결정되는 것에 대한 선지

나머지 두 선지는 주제와 일단은 관련 없어 보입니다. 확인해 봅시다.
① : 시의 컨셉인 '묵화에 고향의 풍경이 그려진다는 것'을 알리는 내용이며 시각적 이미지인 것도 맞으므로 적절합니다.
④ : 앞부분에 인용된 '부호가의 깊은 장막'은 인간의 사사로움으로 인해 영화로운 혜택을 받은 예시였습니다. 그런데 이를 '적막한 분위기'와 연관 짓고 있으니 틀렸네요.
　　오히려 非(비)영화롭다고 하는 게 적막이랑 더 맞아 보입니다. (X) 답

이번에도 역시나 주제로 풀어봤습니다. 풀이 시에는 정답만을 골라내는 연습을 하고, 채점을 하기 전에 고른 답 이외의 선지들은 왜 틀렸는지 이유를 찾아보며 연습합시다.

앞으로도 모든 시에서 **현실과 이상의 괴리**는 계속해서 등장할 테니 항상 주제를 찾을 때 전제로써 사용하도록 합시다. 큰 틀에서는 주제로 우리는 계속해서 문제를 풀고 있으나, 그 주제를 찾는 가장 강력한 방법이 현실과 이상의 괴리이므로 이는 우리의 주 무기가 될 거예요!

자아와 세계

문학 작품을 이해하는 것은 결국 작가와 작품 속의 주인공들의 삶에 공감하는 것입니다.
독해할 때 어느 표현에 밑줄을 쳐야 할지, 주제와 직결되는 표현이 무엇인지를 이번 파트에서 확인해
볼 겁니다. 주관적인 표현은 결국 그 작품이 다른 작품들과 갖는 차별성을 알려줄 것입니다.
그게 일전에 말씀드린 '문학사적 의의'로 어떻게 연결되는지를 알아봅시다!

STEP 3. **자아와 세계**

Step 1 상상하기에서는 기본적으로 시를 어떻게 읽어야 하는지에 대해서 배웠고, Step 2 현실과 이상의 괴리에서는 시에 기본적으로 내재된 틀에 대해서 배웠습니다. 이제 Step 2에서 조금 더 나아가서 현실과 이상의 괴리를 시인이 어떻게 시 속에 녹여내는지에 대한 이야기를 해보겠습니다. 들어가기 이전에 기출에 있는 자아와 세계와 관련된 글을 하나 보겠습니다!

(가)
문학 작품의 의미가 생성되는 양상은 세 가지로 나누어 볼 수 있다. 첫째는 자기의 경험은 물론 자기 내면의 정서나 의식 등을 대상에 투영하여 외부 세계에 새로운 의미를 부여하는 경우이다. 둘째는 외부 세계의 일반적 삶의 방식이나 가치관, 이념 등을 자기 내면으로 수용하여, 자신을 새롭게 해석함으로써 의미를 만들어 내는 경우이다. 셋째는 자기와 외부 세계를 상호적으로 대비하여 양자에 대한 새로운 해석을 통해 의미를 생성하는 경우이다.
 (이하 생략)

(가) 지문에는 문학 작품의 의미가 생성되는 양상을 세 가지로 나누어서 설명하고 있습니다.
우선, 자기 내면의 정서나 의식을 대상에 투영해서 외부 세계에 새로운 의미를 부여하는 경우입니다. 예시를 들면, 대표적으로 감정 이입이 있을 수 있겠네요. 지저귀고 있는 접동새를 보고 자신의 슬픈 감정 울고 있는 감정을 대입하여 새가 울고 있다고 표현하죠. 자기 내면의 정서를 대상에 투영했다고 볼 수 있겠습니다. 그렇다면 화자가 자신의 의식을 '어떻게 대상에 투영'해서 새로운 의미를 부여하고 있는지에 집중해서 아래의 시를 읽어봅시다. 화자의 입장에 집중하는 겁니다!

ex1 13 09

전신이 검은 까마귀,
까마귀는 까치와 다르다.
마른 가지 끝에 높이 앉아
먼 설원을 굽어보는 저
형형한 눈,
고독한 이마 그리고 날카로운 부리.
얼어붙은 지상에는
그 어디에도 낟알 한 톨 보이지 않지만
그대 차라리 눈발을 뒤지다 굶어 죽을지언정
결코 까치처럼
인가의 안마당을 넘보진 않는다.

검을 테면
철저하게 검어라. 단 한 개의 깃털도
남기지 말고……
겨울이 되자 온 세상 수북이 눈을 내려
저마다 하얗게 하얗게 분장하지만
나는
빈 가지 끝에 홀로 앉아
말없이
먼 지평선을 응시하는 한 마리
검은 까마귀가 되리라.
- 오세영, 「자화상 2」 -

*형형한 : 광채가 반짝반짝 빛나며 밝은

자화상 2

자화상은 자신의 모습을 그린 그림이라는 뜻입니다. 마치 거울과 비슷하죠. 시에서 거울, 우물, 자화상 등 자신의 모습을 비춰볼 수 있는 것들은 성찰의 계기나 도구가 됩니다. 외모에 관심이 많은 학생들은 거울을 보면서 자신의 모습을 관찰하고 또 가꿉니다. 비슷하게 시인들은 자신의 외적인 모습으로부터 시작해 내적인 모습 역시 비추는 거울을 통해 자신을 관찰하고 자신의 일생을 되돌아보며 자아 성찰을 하게 됩니다. 따라서, 이 시에서는 앞으로 시인의 자아 성찰과 관련된 이야기 혹은 자신의 모습을 드러내는 이야기가 나올 것임을 예상할 수 있겠습니다.

+ [성찰]은 빈출 소재여서 Part 2에서 다룰 것이니 기억해 두시기 바랍니다!

전신이 검은 까마귀,
까마귀는 까치와 다르다.
마른 가지 끝에 높이 앉아
먼 설원을 굽어보는 저
형형한 눈,
고독한 이마 그리고 날카로운 부리.

화자는 까마귀를 관찰하고 있습니다. 여기서 중요한 것은 화자가 까마귀를 관찰하고 화자가 그 까마귀에 대한 생각을 시에서 말하고 있다는 것입니다. 우리의 시선으로 바라보려고 하면 안 되고 '화자의 입장'을 이해해줘야 합니다. 화자는 까마귀는 까치와 다르며, 고독하고 날카롭고 형형하다고 평가하면서 예찬하고 있습니다. 적어도 긍정적으로 보고 있다는 것이죠.

얼어붙은 지상에는
그 어디에도 낱알 한 톨 보이지 않지만
그대 차라리 눈발을 뒤지다 굶어 죽을지언정
결코 까치처럼
인가의 안마당을 넘보진 않는다.

여기서 까치와의 차이점이 나옵니다. 까치는 배가 고프면 안가의 안마당을 넘보고 먹을 것을 구하려 합니다. 하지만, 까마귀는 이와 다르죠. 화자가 바라보는 까마귀(그대)는 차라리 굶어 죽는다고 합니다. 이것이 화자가 까마귀를 예찬하고 있는 이유가 될 것입니다. 왜냐하면, 예찬하는 대상(까마귀) 그와 대조되는 대상(까치)의 차이점이기 때문이죠. 그런데 실제 까마귀가 안마당의 먹이를 두고 굶어 죽을까요? 당연히 아닙니다. 그러니까 이 까마귀는 우리가 상식적으로 생각하는 까마귀가 아니라 '화자의 의식이 투영된 까마귀'인 것이죠.

검을 테면
철저하게 검어라. 단 한 개의 깃털도
남기지 말고……
겨울이 되자 온 세상 수북이 눈을 내려
저마다 하얗게 하얗게 분장하지만

눈이 오면 도로, 길, 지붕 등 모든 사물들에 눈이 쌓입니다. 많은 사람들은 이것을 보고 '우와 예쁘네~ 눈이 오니까 세상이 예쁘게 단장했어!'라고 말할 수도 있겠지만 화자는 그렇게 생각하지 않습니다. 화자는 세상의 본질을 가리고 분장하게 만드는 눈의 모습에서 거짓과 위선을 느끼고 있습니다. 그래서 흰색(부정적) 깃털을 단 하나도 가지고 있지 않는 까마귀에게서 '진실됨'을 느끼고 있는 것입니다.

나는
빈 가지 끝에 홀로 앉아
말없이
먼 지평선을 응시하는 한 마리
검은 까마귀가 되리라.

먼 지평선은 전에 배웠듯이 이상을 상징하는 시어입니다. 이를 대입해서 생각하면 까마귀는 형형한 눈으로 말없이 (묵묵히) 자신의 이상을 바라보고(쫓고) 있는 것입니다. 화자는 이런 까마귀를 닮고 싶어 하는 것이죠!

갑자기 대뜸 왜 (가) 제시문을 읽히고, 이 시를 읽힌 걸까요?
우리가 문학 작품을 풀 때 항상 기억해야 할 사실, 전제는 바로 작품의 출제 이유인 문학사적 의의를 생각하라는 것이었습니다. 이 작품이 가지고 있는 고유성, 이 작품이 나오기 전후에 문학사에 어떤 차이가 있었는지 말입니다. 이 때의 기준을 말씀드리겠습니다.

'독창적인 표현'으로, '보편적으로 공감 가능한 내용'을 담아내는 시

이때 독창적인 표현이 바로 자아와 세계와 아주 밀접한 연관을 갖고 있습니다. 자아는 모두 세계를 각자의 시선으로 바라본다고 했습니다. 따라서, 그 시선의 독창성이 그 시의 문학사적 의의가 될 수 있다는 것입니다. 방금 읽었던 오세영, 「자화상 2」를 생각해봅시다.

우리는 까마귀를 보고 어떤 생각을 하나요? 겨울에 눈 내리는 까마귀를 보고 '추워 보인다,,,', '먹을 건 있나' 이런 생각만 합니다. 그러나 이 시인은 어떠했나요? 까마귀를 보통 부정적으로 여기는 풍조를 뛰어넘어 자신의 가치관을 투영했습니다. 온 세상이 하얘지는 눈 내리는 겨울날 홀로 검은 빛을 유지하는 까마귀에게서 지조와 절개를 느낀 겁니다. 모두가 까마귀를 본 적은 있으나 이런 생각을 모두가 하지는 못합니다. 이에 세계를 바라보는 자아의 프레임인 '가치관'이 나타난 부분을 시에서 확인해주는 것이 매우 중요한 것입니다. 잠시 (가) 제시문으로 돌아가 봅시다.

이렇게 시적 대상을 그 자체로만 바라보는 것이 아니라 화자의 입장에서 해석하려고 하는 것이 중요합니다. 특히 시에서 이런 경향이 두드러지는데 이러한 서정 갈래를 두고 '세계의 자아화'라고 하기도 합니다. 화자는 세계를 자신의 틀에 맞추어 해석하는 것이죠. ... 프레임 (a.k.a. 가치관)

(가) 지문에 나왔던 두 번째 방식은 외부 세계의 일반적 삶의 방식이나 가치관, 이념 등을 자기 내면으로 수용하여, 새롭게 해석함으로써 의미를 만들어 내는 경우입니다. 이는 첫 번째와 반대로 '자아의 세계화' (a.k.a. 일종의 사회화) 로 볼 수 있을 것입니다. 우리는 일반적으로 삶을 살아가면서 외부 세계의 영향을 받을 수밖에 없습니다. 우리도 모르는 사이 그 시대의 시대상, 이데올로기 등에 영향을 크게 받죠. 현재 당연하다고 여기는 자본주의, 민주주의와 같은 사상들 작게는 메디컬을 선호하는 기조와 같은 것들입니다. 시인들도 이런 시대상에서 벗어나기는 쉽지 않을 것입니다. 따라서 시대상이 제시된 <보기>가 제시되면 그에 맞추어 읽어야 합니다. 일제강점기라든지, 독재 정권 시대

때들이 대표적이네요.

세 번째로는 자기와 외부 세계를 상호적으로 대비하여 양자에 대한 새로운 해석을 통해 의미를 생성하는 경우입니다. 자신과 다른 사람들이 생각하는 게 다르면 보통 어떻게 하죠? 누구의 생각이 옳은지 확인하며 상호를 대비해 봅니다. 그러면서 양자에 대한 새로운 해석이 생기는 것은 당연한 것이고요. 이는 사실 문제를 풀고 있는 우리가 사용할 일은 거의 없을 겁니다. 우리는 답이 정해진 문학 작품의 문제를 푸니까요... 그래서 결국 우리가 사용해야 할 것은 1번과 2번!!!

이러한 프레임 즉, 가치관은 그 사람이 살면서 축적된 모든 경험과 현재 상황이 반영된 것입니다. 따라서 한 시나 소설 내에서 '성격 변화, 태도 변화'가 나타난다는 것은 프레임이 바뀔 정도로 엄청나게 충격적인 일이 인물에게 있지 않는 한, 불가능하다고 생각해야 합니다. 따라서 지문 독해 시에 명확한 프레임 전반이 없다면 '성격 변화, 태도 변화'가 나온 선지가 선제적으로 판단할 수 있습니다.

결국 화자나 시인의 자아의 프레임이 두드러지는 지점들을 잡아주셔야 합니다. 그 지점들은 다음과 같습니다.

┌─── **자아와 세계의 단서** ───
│
│ 1) 감정이 드러난 시구 _ 감정은 동일한 상황에 대해 느낄 수 있는 지극히 주관적인 해석
│ 2) 통념이 깨지는 시구 _ 말 그대로 특이한 표현을 말함
│ 3) 자신에 대한 시구 _ 화자나 시인이 성찰을 하거나 반성할 경우 자신에 대한 내용이 중요
└─────────────────────────

따라서 이번 단원에서는 이 세 가지 유형의 시구에 특히 초점을 맞추어 '읽는 연습'을 해볼 겁니다.

결국 (가) 제시문의 2번은 우리가 <보기>에서 읽고 사용하면 되기에 별로 할 얘기가 없지만, 독창적 시선이 드러나 문학사적 의의가 나오는 1번이 이번 Step 3의 주인공 자아와 세계입니다!
자아와 세계 개념은 다음과 같습니다.

'자아는 자신의 가치관대로 세계를 바라보며 서술한다.'

이제 한 번 자아와 세계 개념에 초점을 맞추어 읽어보도록 합시다!

대표 문항들을 살펴보기에 앞서서 적용하는 연습을 몇 번 해보겠습니다.

자아와 세계 연습
(제목과 내용을 읽은 후, 화자의 어떤 정서나 의식이 대상에 어떻게 투영되었는지를 읽어내고 화자가 하고 싶은 말을 생각해보세요. 오른쪽의 여백에 '꼭' 써보세요!)

1)
번개와 같이 떨어지는 물방울은
취할 순간조차 마음에 주지 않고
나타와 안정을 뒤집어 놓은 듯이
높이도 폭도 없이
떨어진다
-13수능 김수영 「폭포」

2)
철책 안에 갇힌 것은 나였다.
문득 돌아보면
사방에서 창살 틈으로
이방의 짐승들이 들여다본다.

'여기 나라없는 시인이 있다'고
속삭이는 소리....
-조지훈 「동물원의 오후」

3)
비료 값도 안 나오는 농사 따위야
아예 여편네에게나 맡겨 두고
쇠전을 거쳐 도수장 앞에 와 돌 때
우리는 점점 신명이 난다
한 다리를 들고 날나리를 불꺼나
고갯짓을 하고 어깨를 흔들거나
-신경림 「농무」

4)
흐르는 것이 물뿐이랴
우리가 저와 같아서
일이 끝나 저물어
강변에 나가 삽을 씻으며
거기 슬픔도 퍼다 버린다
-정희성 「저문 강에 삽을 씻고」

5)
이것은 소리 없는 아우성
저 푸른 해원을 향하여 흔드는
영원한 노스탤지어의 손수건
순정은 물결같이 바람에 나부끼고
오로지 맑고 곧은 이념의 푯대 끝에
애수는 백로처럼 날개를 펴다.
아아 누구던가.
이렇게 슬프고도 애달픈 마음을
맨 처음 공중에 달 줄을 안 그는.
-유치환 「깃발」

1)

화자는 폭포가 떨어지는 모습을 보면서 나타와 안정을 뒤집어 놓는 듯한 느낌을 받습니다. 화자가 폭포를 보면서 이런 생각을 하게 된 이유가 무엇일까요? 분명 본인이 현실 안주의 태도(나태와 안정)에 있기 때문일 것입니다. 본인이 이미 자유로운 삶을 얻어서 살고 있다면, 화자는 나타와 안정을 극복할 필요성을 느끼지 못하고 그런 생각을 폭포에 투영할 리도 없습니다. 높이도 폭도 없이 떨어지는 것은 이것저것 현실적인 고려를 하지 않는다는 것입니다. 이 역시 화자의 생각이 투영된 것입니다. 이미 본인의 삶이 안정적이라고 생각하는 사람들은 변화를 이득과 손실 등 이것저것 따지며 주저하겠지만, 자유롭게 사는 사람이라면 이런 계산조차 필요 없겠죠. 추가로 김수영 시인에 대한 배경을 공부했다면, 생활인으로서의 자신을 성찰하는 시라는 것을 쉽게 알 수 있었을 것입니다.

2)

제목을 봅시다. 화자는 오후에 동물원을 방문했나 봅니다. 이때, 철책 안으로 동물들이 보여야 하는데 오히려 동물들이 철책 밖에 있고, 화자가 철책 안에 있는 듯한 느낌을 받습니다. 그러니까 일반적으로 동물원은 관람의 공간이나 화자는 여기서 망국인으로서의 고독, 슬픔을 느끼는 공간이 되겠습니다. 화자의 감정과 의식이 공간에 투영된 것이죠.

3)

화자는 아마도 농부인 것 같습니다. 농사를 아내에게 맡겨둔다고 말하고 있으니까요. 하지만, 이 농사는 비료 값도 나오지 않는 상황이라고 합니다. 농부로서의 삶이 아주 열악한 상황이겠죠. 화자는 아마도 무력감, 좌절, 슬픔을 느낄 것 같습니다. 그런데 그 뒤 행에서 화자는 신명이 난다고 합니다. 화자가 정말로 신이 난 것일까요? 아닙니다. 화자의 정서와 의식이 투영되어 있다는 사실을 인지하면 저 춤은 오히려 슬픔의 춤이자 슬픔을 극복하기 위한 몸부림으로 해석할 수 있을 것 같습니다. 시인은 농무(농부들의 춤) 속에서 역설적이게도 슬픔을 읽어냈고, 농촌 생활의 비애에 대해 말하고 싶었던 것 같습니다.

4)

일이 끝났다는 점과 삽을 통해 추측해보면 화자는 아마도 노동자인 것 같습니다. 그리고 일이 끝나고 해질 무렵 강에 삽을 씻으면서 슬픔을 퍼다 버린다고 말하고 있습니다. 이 슬픔은 아마도 노동자의 육체적인 고통 그리고 정신적인 고통에서 오는 슬픔일 것이죠. 또한, 흐르는 물을 보면서 동질감을 느끼고 있습니다. 이 동질감은 어떤 동질감일까요? 화자의 입장에서 생각해봅시다. 매일 매일이 똑같이 흘러가는 노동자의 삶이 강물과 비슷하다고 느꼈을 것 같습니다. 그리고 자신과 비슷한 처지인 강물에게서 슬픔을 위로받고 싶어하는 화자의 모습이 떠오르네요... 그저 흐르는 강물이었을 뿐인데 화자의 감정과 의식을 투영하니 어느새 화자를 위로할 수 있는 존재로 느껴집니다.

5)

화자는 깃발이 펄럭이는 모습을 보고 있습니다. 현상만을 보는 것은 아무 의미가 없습니다. 거기에 추가된 독창적인 해석 그러니까 세계를 어떻게 자아화하고 있는지를 읽어내는 것이 중요하죠. 화자는 깃발에서 이상세계에 도달하려고 애쓰는 인간의 모습을 읽어냅니다. 깃발은 펄럭이면서 당장이라도 하늘로 푸른 해원으로 날아갈 것 같습니다. 하지만, 깃대에 매달려있죠. 이것이 이상을 추구하려 하지만 현실에 묶인 인간의 모습과 비슷하다고 생각한 것입니다. 그렇기 때문에 화자는 깃발을 보면서 애달픈 감정을 느끼죠. 본인도 인간이기 때문에 깃발에 공감할 수 있었던 것입니다.

어떤가요? 원래 저희가 가지고 있던 상식적인 시선이 아닌 화자가 가진 독창적인 시선을 느꼈나요? 그것이 시가 가지는 문학사적 의의가 되는 것입니다. 이 문학사적 의의는 결국 그 작품의 주제와 밀접하게 연관이 있으니, 문제 풀이 시에 매우 강력하게 작용하게 될 것입니다. 이제 지금 배운 Step 3. 자아와 세계 개념을 살뜰히 이용해서 문제를 풀어봅시다!

(가)
낙엽은 폴 - 란드 망명정부의 지폐
포화(砲火)에 이즈러진
도룬 시(市)의 가을 하늘을 생각케 한다
길은 한 줄기 구겨진 넥타이처럼 풀어져
일광(日光)의 폭포 속으로 사라지고
조그만 담배 연기를 내어 뿜으며
새로 두 시의 급행차가 들을 달린다
포플라 나무의 근골(筋骨) 사이로
공장의 지붕은 흰 이빨을 드러내인 채
한 가닥 구부러진 철책이 바람에 나부끼고
그 위에 세로팡지(紙)로 만든 구름이 하나
자욱 - 한 풀벌레 소리 발길로 차며
호올로 황량한 생각 버릴 곳 없어
허공에 띄우는 돌팔매 하나
기울어진 풍경의 장막 저쪽에
고독한 반원을 긋고 잠기어 간다

-김광균, 「추일서정」-

(나)
담쟁이덩굴이 가벼운 공기에 **업혀** 허공에서
허공으로 이동하고 있다

새가 푸른 하늘에 **눌려** 납작하게 날고 있다

들찔레가 길 밖에서 하얀 꽃을 **버리며**
빈자리를 만들고

사방이 몸을 비워놓은 마른 길에
하늘이 내려와 누런 돌멩이 위에 **얹힌다**

길 한켠 모래가 바위를 **들어올려**
자기 몸 위에 놓아두고 있다

-오규원, 「하늘과 돌멩이」-

1. (가)에 대한 설명으로 가장 적절한 것은?

① 수미상관의 기법을 활용하여 구조적 안정감을 얻고 있다.
② 유사한 문장 형태를 변주하여 시간의 흐름을 드러내고 있다.
③ 의도적으로 변형한 시어를 통해 현실 극복 의지를 드러내고 있다.
④ 추측을 나타내는 표현을 통해 대상에 대한 회의감을 드러내고 있다.
⑤ 자연물을 인공물에 빗대어 풍경에 대한 화자의 인상을 드러내고 있다

2. 다음은 (나)에 대한 <학습 활동> 과제이다. 이를 수행한 결과로 적절하지 <u>않은</u> 것은?

〈학습 활동〉

「하늘과 돌멩이」는 사물에 대한 우리의 고정관념을 버리고 새로운 시각으로 사물들을 바라보려고 시도한다. 각 연의 서술어에 주목하여, 이 시에 나타난 새로운 관점을 사물에 대한 고정관념과 비교하여 탐구해 보자.

	사물	사물에 대한 고정관념	서술어	새로운 관점
1연	담쟁이덩굴	담쟁이덩굴은 벽에 붙어 자란다.	업혀	㉠
2연	새	새는 자유롭게 하늘을 난다.	눌려	㉡
3연	들찔레	들찔레의 꽃이 떨어진다.	버리며	㉢
4연	하늘	하늘은 땅에서 멀리 떨어져 있다.	얹힌다	㉣
5연	모래	모래가 바위 밑에 깔려 있다.	들어올려	㉤

① ㉠ : '업혀'에 주목하면, 담쟁이덩굴은 벽에 붙어 자라는 것이 아니라 공기를 누르며 수직 상승하는 강인한 존재로 볼 수 있다.
② ㉡ : '눌려'에 주목하면, 새가 아무 제약 없이 하늘을 나는 것이 아니라 하늘의 무게를 견디며 나는 것으로 볼 수 있다.
③ ㉢ : '버리며'에 주목하면, 꽃이 저절로 떨어지는 것이 아니라 들찔레가 스스로 꽃을 떨어뜨리는 것으로 볼 수 있다.
④ ㉣ : '얹힌다'에 주목하면, 하늘은 땅과 멀리 떨어져 있지 않고 길에 가깝게 내려와 돌멩이 위에 닿는 존재로 볼 수 있다.
⑤ ㉤ : '들어올려'에 주목하면, 모래는 바위 밑에 깔려 있지 않고 자신의 힘으로 거대한 바위를 지탱할 수 있는 존재로 볼 수 있다.

3. 이미지의 활용을 중심으로 (가)와 (나)를 감상한 내용으로 적절하지 <u>않은</u> 것은?

① (가)는 '낙엽'을 '망명정부의 지폐'에 연결하여 낙엽의 이미지에서 연상되는 무상감을 드러내고 있군.

② (가)는 '돌팔매'가 땅으로 떨어지는 이미지를 '고독한 반원'으로 표현하여 외로움의 정서를 부각하고 있군.

③ (나)는 '빈자리'를 '들찔레'가 의도적으로 만들어 낸 대상인 것처럼 표현하여 비어 있는 공간의 이미지를 떠올릴 수 있도록 의미를 부여하고 있군.

④ (가)는 '길'을 '구겨진 넥타이'의 이미지와 연결하여 도시에서 느껴지는 소외감을 표현하고, (나)는 '길 밖'과 '길 한켠'처럼 중심에서 벗어난 공간의 이미지를 활용하여 대상들 간의 거리감을 드러내고 있군.

⑤ (가)는 '허공'을 '황량한 생각'이 드러나는 공허한 이미지로 활용하고, (나)는 '담쟁이덩굴'의 움직임을 활용하여 '허공'을 감각적으로 경험할 수 있는 대상으로 묘사하고 있군.

\<시 독해\>

(가)

추일서정

제목부터 보면, 가을날의 감정에 관한 시인 것 같습니다.
훈련을 위해서 아까 언급했던 자아와 세계의 단서 세 가지를 찾아봅시다! 우선 감정에 관한 부분을 시에서 찾아볼까요?

'호올로', '황량한', '고독한' 정도가 보입니다. 이번에는 특이한 표현이나 자아에 대한 표현을 찾아봅시다. ... ... '생각 버릴 곳 없어'라는 표현이 보입니다. 그렇다면 이 시의 전체적인 분위기가 '외롭고 쓸쓸하고 생각이 너무 많아 힘든' 정도로 파악이 됩니다. Step 1 상상하기를 다시 떠올려보면, 우리는 웹소설을 드라마로 바꾸는 PD의 마음을 가져야 한다고 했습니다. 방금 한 것처럼 주관적인 정서를 체크해둠으로써 OST가 쓸쓸한 느낌으로 미리 깔리게 됩니다. 그러면 이후 해석은 훨씬 쉬워지는 것입니다. 배경음악은 생각보다 강력합니다 :)

정리하면, 화자는 지금 고독하며 생각을 버릴 곳이 없다고 합니다. 고독하다는 것은 확실히 부정적인 감정입니다. 자신과 공감해줄 사람이 없다는 뜻이니까요. 화자는 현실 속에서 외로움을 느끼고 있습니다. 또, 화자는 생각이 많습니다. 아무 생각이 없는데 생각을 버릴 곳이 없다고 표현할 리는 없으니까요! 이것을 바탕으로 풍경 묘사 부분을 읽어보겠습니다!

낙엽은 폴-란드 망명 정부의 지폐
포화(砲火)에 이즈러진
도룬 시의 하늘을 생각게 한다.

'낙엽이 폴란드 망명 정부의 지폐'라는 표현을 처음보고 바로 해석하기란 쉽지 않습니다. 뿐만 아니라 다양한 화자가 느끼는 현실의 모습을 비유적으로 표현하고 있는데 이 비유가 좋은 비유인지 나쁜 비유인지를 파악하기가 어렵습니다. 하지만 우리는 이미 OST가 있습니다. 아주 쓸쓸한 OST가요. 감정에 대한 부분을 체크해서 화자가 지금 이 풍경을 보면서 어떤 감정을 느끼는지를 잡고 간다면 그것이 해석의 실마리가 될 것입니다.

폴란드 망명 정부의 지폐는 값어치가 없습니다. 이것과 화자가 느끼는 고독함을 연관지어서 1행을 해석해주면 낙엽이 주는 쓸쓸한 느낌을 폴란드 망명 정부의 지폐에 빗대어서 표현해주고 있다고 할 수 있겠습니다. '포화에 이즈러진 도룬 시의 하늘' 역시 전쟁으로 폐허가 된 도시의 쓸쓸한 하늘을 생각하게 한다고 합니다. 그러니까 요약하면 화자는 낙엽과 가을 하늘을 보면서 쓸쓸하고, 고독하다고 느끼는 중인 것입니다. ... 해석은 아주 간단한데 표현이 어렵네요.

길은 한 줄기 구겨진 넥타이처럼 풀어져
일광(日光)의 폭포 속으로 사라지고

길은 구불구불하게 이어져 가을날의 햇살 사이로 사라지고 있습니다. 여기서 화자가 느끼는 고독감을 더해준다면 소멸의 슬픔과 허무감까지도 읽어낼 수 있겠습니다.

조그만 담배 연기를 내어뿜으며
새로 두 시의 급행열차가 들을 달린다.

급행열차의 연기를 담배 연기라고 표현하고 있습니다. 그냥 연기보다는 담배 연기가 주는 허무함과 고독함이 더 크게 느껴지기 때문이겠죠. 정서는 시를 지배합니다. OST 하나로도, 드라마의 같은 장면이 보는 사람에게 전혀 다를 수 있음을 잊지 맙시다.

포플라 나무의 근골(筋骨) 사이로
공장의 지붕은 흰 이빨을 드러내인 채
한 가닥 꾸부러진 철책(鐵柵)이 바람에 나부끼고
그 위에 셀로팡지로 만든 구름이 하나

낙엽이 져서 앙상해 보이는 나뭇가지 사이로 보이는 공장지대의 풍경을 묘사하고 있습니다. 이때 공장의 모습을 짐승의 흰 이빨과 철책에 비유했는데, 둘 다 폭력적인 이미지를 가지고 있습니다. 물질화된 현대 문명 개념은 추후 주제 파트에서 자세히 배우겠지만 간단히 설명하자면, 도시화와 산업화로 인해서 현대 사회는 폭력적으로 획일화되고 있습니다. 그 획일화되는 대상의 의지와는 상관없이 모두 같게 변하게 된다는 것이 이런 폭력성을 잘 보여주죠. 이런 부분을 비판하고 여기서 무력감을 느끼는 지식인의 감정을 표현한 시가 현대시에 굉장히 많습니다. Step 2에서 배운 내용에 따르면, 현실과 이상의 괴리가 시 창작의 계기인데 그런 괴리를 직접적으로 느낄 수 있을 테니까요. 사실, 김광균의 「추일서정」도 이러한 부분에서 보면 현대 물질문명에 대한 비판을 담고 있는 것입니다. 공장의 모습을 비유한 대상이 폭력적인 흰 이빨, 철책 등이니까요.
그러나, <보기>에 시대상이 나오거나 이런 내용은 드러나지 않았기에 '자아의 세계화'는 사용하지 않고 '세계의 자아화'만 사용하여 마저 독해할게요!

자아는 세계를 내면화하는데 이때 내면화 과정에서 자아의 감정, 가치관이 개입된다고 했습니다. 공장 지대를 분명 활기차게 움직이는 역동적인 생산 시설로 볼 수도 있었겠지만, 화자는 잔인하고 폭력적인 짐승의 흰 이빨, 철책으로 비유한 것을 보면 화자의 감정을 읽을 수 있겠죠?

자욱-한 풀벌레 소리 발길로 차며
호올로 황량(荒凉)한 생각 버릴 곳 없어
허공에 띄우는 돌팔매 하나.
기울어진 풍경의 장막(帳幕) 저쪽에
고독한 반원(半圓)을 긋고 잠기어 간다.

풀밭을 걸으며 화자는 생각이 많아집니다. 그러나 이 생각을 표출하고 대화를 나눌 대상이 없어 외로움과 고독함을 느낍니다. 이 감정의 집약이 바로 허공에 띄우는 돌팔매입니다. 적막감을 깨 보려 돌 하나를 던지지만, 돌팔매는 의미 없이 고독한 반원을 그린 채 잠기어 갑니다.

정리하면, 주제는

"쓸쓸하고 황량한 화자가 보는 어느 가을날"

로 요약됩니다.

(나)

───── <보 기> ─────

사물에 대한 우리의 고정관념을 버리고 새로운 시각으로 사물들을 바라
보려고 시도한다. 각 연의 서술어에 주목하여, 이 시에 나타난 새로운
관점을 사물에 대한 고정관념과 비교하여 탐구해보자.

→ 사물에 대한 새로운 시각이 나오면 체크해야겠습니다. 이 작품의 '문학사적 의의'이니까요!

담쟁이덩굴이 가벼운 공기에 **업혀** 허공에서
허공으로 이동하고 있다

담쟁이덩굴이 허공에서도 탄력을 유지한 채 자라는 것을 '공기에 업혀'라고 말하며 새로운 시선을 보여주고 있습니
다. 참신한 표현이니 집중해야겠죠?

새가 푸른 하늘에 **눌려** 납작하게 날고 있다

새가 푸른 하늘에서 나는 것을 '하늘에 눌린' 것으로 말하고 있네요.

들찔레가 길 밖에서 하얀 꽃을 **버리며**
빈자리를 만들고

하얀 꽃이 지는 모습을 빈자리를 내주는 것으로

사방이 몸을 비워놓은 마른 길에
하늘이 내려와 누런 돌멩이 위에 **업힌다**

길이 비어 있는 것을 사방이 비워 놓은 것으로, 돌멩이 위의 하늘을 돌멩이가 하늘을 업는 것으로

길 한켠 모래가 바위를 **들어올려**
자기 몸 위에 놓아두고 있다

바위가 모래 위에 놓인 것을, 모래가 바위를 들어올리는 것으로 표현하며 우리가 보고 있는 풍경을 독창적인 시선으
로 보고 있습니다. 말장난하려고 이 시를 쓴 것은 아니지 않을까요?

"당연하게 바라보는 풍경도 사실 내 프레임에 의해 지배받는다 (고정관념)"

이제 문제 풀어보겠습니다. 두 작품을 **자아와 세계**로 읽어보았어요.

1. (가)의 주제를 물어보고 있는 문항입니다.

(가) : "쓸쓸하고 황량한 화자가 보는 어느 가을날" _ 똑같은 풍경이지만 화자가 슬퍼서 풍경이
그리 보이는 거였습니다.

→ ⑤ : 풍경에 대한 화자의 인상 ... [Frame]을 말하고 있으니 영락없는 답입니다.

2. (나)의 주제인 독창적 시선을 물어보는 문항입니다.

모든 선지가 새로운 시선을 말하고 있습니다. 주제는 시 자체를 읽으면서 당연시 했던 풍경에서조차 고정관념이 있었음을 깨달으라는 것이었습니다.
① ㉠ : '업혀'에 주목하면, 담쟁이덩굴은 벽에 붙어 자라는 것이 아니라 공기를 누르며 수직 상승하는 강인한 존재로 볼 수 있다.

담쟁이덩굴에 관한 시였나요...? 다른 선지들은 모두 객관적인 내용을 말하고 있으나 이 선지는 '강인한 존재'라며 주관적으로 담쟁이덩굴에 대해 과한 시선을 요구하고 있네요. 세부적으로 보자면, '공기에 업혀'라는 서술로 보아 덩굴과 공기가 서로 도와주는 관계이지 한쪽이 다른 쪽을 강제로 눌러서 올라서는 강약의 우열이 있는 관계가 아니니 역시 틀리다고 판단 가능합니다. 중요한 것은 주제로 푸는 것이겠죠!

3. (가)와 (나)의 공통점을 찾으라고 말하고 있습니다. '이미지의 활용을 중심으로'라고 발문에서 말하고 있는데 이미지 즉, 시상은 결국 주제를 나타내기 위해 쓰인 '상상하기'의 대상 아닌가요? 따라서, 우리가 원래 하던 대로 장면을 떠올려 풀면 됩니다.

+ 이미지즘 시와 **자아와 세계**
김광균, 박두진, 정지용 시인의 많은 시들은 **이미지즘**이라는 사조를 띕니다. 이러한 시들은 수험생이 볼 때 '이 시는 도대체 뭘 말하는 거지?'라는 생각이 듭니다. 추일서정도 처음 보면 당황스럽죠. 이미지즘 시는 사회적 현실의 일을 객관화하여 묘사한 시들을 말합니다. 감정 표현이 절제되어 있고, 현실 재현에 치중한 시가 있다면 그것은 이미지즘 시라고 볼 수 있습니다. 이미지즘 시는 현실을 모방하고 감정을 절제하고 있기 때문에 다른 시들과는 조금 다르게 읽어줍니다. 그 '제한된 감정'에서 힌트를 찾아 다른 부분들을 그 감정을 바탕으로 읽어냅니다.

쉽게 말하자면, 풍경이 묘사되어 있는데 주관적인 자아의 프레임이 반영되어 있기에 그 시에 쓰인 주관적 표현과 감정 표현들이 매우 강력하게 작용합니다. 어느 정도냐면, 이 시에 쓰인 그 어느 시어라도 '소외감을 나타낸다'라는 내용과 연결되면 모두 참입니다. 왜냐고요? 모두가 똑같이 볼 수 있는 가을 하늘을 하필 왜 이 화자는 추일서정의 내용대로 묘사하고 있을까요? 풍경이 우리랑 다른 걸까요? 아닙니다. 자신의 마음이 황량하고 쓸쓸하니 풍경도 그리 보이는 겁니다.

④ (가)는 '길'을 '구겨진 넥타이'의 이미지와 연결하여 도시에서 느껴지는 소외감을 표현하고, (나)는 '길 밖'과 '길 한 켠'처럼 중심에서 벗어난 공간의 이미지를 활용하여 대상들 간의 거리감을 드러내고 있군.

(가)에 대한 서술에 ~의 이미지가 소외감을 표현한다는 내용이 있는데, 이는 실제로 강사들 사이에서도 의견이 많이 갈렸던 내용입니다. 결론은 맞습니다. '구겨진 넥타이'로 '길'을 묘사한 주체가 누구죠? 화자입니다. 화자의 마음 상태는 소외감이 맞나요? Yes. 그렇다면, 소외감을 느끼는 화자가 바라보는 풍경이 이 시인데, 이 시의 어떤 내용과 소외감을 연결해도 맞을 수밖에 없는 것입니다. '길'을 '구겨진 넥타이'라고 말하는 것에 대해 '구겨진'이라는 이미지가 어쩌구 저쩌구 할 필요 없이, 이 시는 자아와 세계 관점에 의해 한 번에 저 내용이 참이라는 것이 증명됩니다. 이 선지가 답인 이유는 뒷부분 (나) 설명 때문입니다. 이 시가 [거리감]과 상관이 있었나요? 아니요... 주제만 생각해보면 주제와 어긋나는 선지이기에 바로 틀리다고 할 수 있을 것입니다. 물론 표현을 뜯어보자면, 넥타이는 원래 빳빳하게 펴져 있어야 하는데 구겨져 있다고 하니 오래 방치된 느낌을 받을 수 있습니다. 따라서 하필 '길'을 '구겨진 넥타이'로 표현한 것은 화자의 소외감이 반영된 결과라고 할 수 있겠죠!

앞으로 자아와 세계 관점을 이용해 세세한 표현에 골머리를 앓지 말고, 크게, 크게 풀어보도록 합시다!

가야 할 때가 언제인가를
㉠분명히 알고 가는 이의
뒷모습은 얼마나 아름다운가.

봄 한철
㉡격정을 인내한
나의 사랑은 지고 있다.

분분한 낙화……
결별이 이룩하는 축복에 싸여
지금은 가야 할 때,

㉢무성한 녹음과 그리고
㉣머지않아 열매 맺는
가을을 향하여

나의 청춘은 꽃답게 죽는다.

헤어지자
섬세한 손길을 흔들며
하롱하롱 꽃잎이 지는 어느 날

나의 사랑, 나의 결별,
㉤샘터에 물 고이듯 성숙하는
내 영혼의 슬픈 눈.

- 이형기, 「낙화」 -

Quiz (3번 문항 <보기> 참조)

1. <보기>를 바탕으로 할 때 이 시에서 화자는 어떤 상황에 놓여 있나요?

2. <보기>에서 말하는 자아는 누구이며 어떤 깨달음을 얻은 것인가요?

1. 윗글의 표현상 특징으로 가장 적절한 것은?

① 자조적 표현을 통해 삶의 모순을 드러내고 있다.
② 의성어를 활용하여 경쾌한 분위기를 자아내고 있다.
③ 영탄과 독백의 어조를 통해 화자의 심정을 드러내고 있다.
④ 감각적 이미지를 활용하여 대상의 불변성을 부각하고 있다.
⑤ 동일한 문장 형태를 반복하여 순환의 의미를 강조하고 있다.

2. ㉠ ~ ㉤에 대한 이해로 가장 적절한 것은?

① ㉠은 이별에 직면한 화자 겪고 있는 내적인 방황을 드러내고 있다.
② ㉡은 이별을 감내하면서도 지나간 사랑에 연연해 하고 있는 화자의 회한을 드러내고 있다.
③ ㉢은 이별의 고통으로 인하여 삶의 목표를 상실하고 번민에 가득 차 있는 화자의 상황을 표현하고 있다.
④ ㉣은 이별의 경험이 내적 충만으로 이어지리라는 화자의 기대감을 계절의 의미에 빗대어 표현하고 있다.
⑤ ㉤은 이별로 인한 상실감을 잊고 과거의 삶으로 회귀하는 화자의 태도를 표현하고 있다.

3. <보기>를 참고하여 윗글을 감상한 내용으로 적절하지 않은 것은?

┌─────────<보   기>─────────┐

「낙화」는 인간사의 이별을 꽃의 떨어짐에 비유함으로써 청춘기 자아의 성장 과정을 상징적으로 보여 준다. 자아는 세계와의 관계 속에서 성장의 가능성을 발견한다. 이 과정에서 자아는 시련에 부딪혀 자신이 갖고 있던 정체성의 변화를 겪게 되고, 그러한 변화를 인정하고 수용하면서 새로운 자아상을 확립해 나가게 된다.

└──────────────────────────┘

① 제1연과 제3연의 '가야 할 때'는 이전과는 달라진 상황을 인식한 때라는 점에서, 새로운 자아의 모습을 찾게 되는 계기라고 할 수 있군.
② 제2연의 '봄 한철'과 제5연의 '꽃답게 죽는다'는 청춘기의 열정을 비유하고 있다는 점에서, 시련에 부딪혀 열정을 잃어 가는 자아의 모습을 보여 준다고 할 수 있군.
③ 제3연의 '결별이 이룩하는 축복에 싸여'는 이별의 결과에 대한 긍정적인 의미를 담고 있다는 점에서, 변화의 수용이 자아 성장의 과정으로 이어질 수 있음을 알 수 있군.
④ 제6연의 '헤어지자/섬세한 손길을 흔들며'는 이별을 수용하는 모습을 표현하고 있다는 점에서, 세계와의 관계가 변화되었음을 인정하려는 자아의 태도를 보여준다고 할 수 있군.
⑤ 제7연의 '내 영혼의 슬픈 눈'은 화자가 자신을 성찰하고 있음을 보여 준다는 점에서, 시련을 통해 새로워지는 자아상을 확립해 나가는 것임을 알 수 있겠군.

분분한 낙화......
결별이 이룩하는 축복에 싸여
지금은 가야 할 때,

결별이 이룩하는 축복에 싸여 있다고 합니다. 이별을 축복에 싸여 있다고 말하고 있습니다. 지금까지 해석해왔던 내용을 집약하고 있어요.

ⓒ무성한 녹음과 그리고
ⓔ머지않아 열매 맺는
가을을 향하여

나의 청춘은 꽃답게 죽는다

봄이 지나고 꽃이 지면 여름이 오고 가을이 와 열매를 맺습니다. 이별의 경험이 내적 충만으로 이어지리라는 화자의 기대감을 계절의 의미에 빗대어 표현하고 있습니다. 그리고 나의 청춘은 꽃답게 죽는다고 하며 청춘기 자아의 성장 과정을 꽃에 빗대어 표현하고 있다는 <보기>의 내용이 그대로 드러납니다.

헤어지자
섬세한 손길을 흔들며
하롱하롱 꽃잎이 지는 어느 날

나의 사랑, 나의 결별
ⓜ샘터에 물 고이듯 성숙하는
내 영혼의 슬픈 눈.

헤어지자고 말하는 화자는 가야할 때를 분명히 알고 가는 이라고 할 수 있겠습니다. 화자는 이렇게 시련을 통해서 자아를 확립하고 있습니다. 그리고 '샘터에 물이 고이듯 성숙하는 내 영혼의 슬픈 눈'에서 변화의 수용을 통해서 화자는 성숙하고 있음을 역시나 확인할 수 있습니다.

'변화를 수용하면서 성숙하는 자아'

우리는 살면서 이별을 반드시 겪게 되죠. 그런데 이 시에서는 그런 이별을 슬퍼하지 않아도 될 이유를 말하고 있습니다. 꽃이 지고 나서 열매가 맺히는 것처럼 그 이별을 수용하고 받아들이고 나면 또 다른 결실을 맺게 된다는 이야기를 하고 있습니다.

중요한 것은 누구나 보는 '낙화'라는 현상을 보고 이런 깨달음을 독창적으로 얻었단 겁니다. 낙화가 화자에게 직접 말을 해서 가르쳐줬나요? 아니요! 화자가 자신의 가치관을 통해서 낙화를 보았기에 저런 해석이 나온 겁니다. 이 개념이 이번 Step 3의 내용이므로 잊지 말고 계속 이에 맞춰서 읽어봅시다.

1. 표현상의 특징을 물어보고 있습니다. 주제를 봅시다.

변화를 수용해야 합니다. 그러니까 문제 상황에 따른 화자의 심정이 드러나지 않을 수가 없죠! 나머지 선지는 주제와 너무 떨어진 선지들입니다. 자조적인 어조? 경쾌한 분위기? 불변성? 순환의 의미? 모두 아니라는 것을 알 수 있죠.

2. (가)의 주제를 물어보고 있습니다. 변화를 수용하면서 성숙하는 자아. 정답은 ④이죠?
　　나머지 선지도 확인해보겠습니다. 우리는 1연을 읽으면서 화자가 이미 깨달음을 얻었다는
　　것을 확인했습니다. 그러니까 ①, ②의 내적인 방황, 지나간 사랑에 연연은 아니겠죠.
　　3번은 주제랑 정 반대로 가고 있습니다. ⑤은 깨달음을 다르게 바꿔놓았습니다. 이별 경험을
　　잊는 것과 이별을 수용하는 것은 명백히 다릅니다. 과거로 회귀하지도 않고요.

3. 지겹지만 역시나 주제를 물어보는 문항입니다.

"변화를 수용하면서 성숙하는 자아"

②를 봅시다. 제5연의 '꽃답게 죽는다'가 시련에 부딪혀 열정을 잃어가는 모습인가요? 아니죠. 시련, 이별 상황을 수용하면서 '성숙'해가는 모습이죠. 이별상황을 꽃답게라고 긍정적으로 인식하고 있으니까요. 답은 ②이겠습니다. 나머지 선지는 모두 주제와 같은 말임을 알 수 있겠습니다.

(가)

1

㉠하늘에 깔아 논
바람의 여울터에서나
속삭이듯 서걱이는
나무의 그늘에서나, 새는
노래한다. 그것이 노래인 줄도 모르면서
새는 그것이 사랑인 줄도 모르면서
두 놈이 부리를
서로의 쭉지에 파묻고
다스한 체온을 나누어 가진다.

2

새는 울어
뜻을 만들지 않고,
지어서 교태로
사랑을 가식하지 않는다.

3

— 포수는 한 덩이 납으로
그 순수를 겨냥하지만,
매양 쏘는 것은
피에 젖은 한 마리 상한 새에 지나지 않는다.

- 박남수, 「새 1」 -

(나)

어머니는 그륵이라 쓰고 읽으신다
그륵이 아니라 그릇이 바른 말이지만
어머니에게 그릇은 그륵이다
물을 담아 오신 ㉡어머니의 그륵을 앞에 두고
그륵, 그륵 중얼거려 보면
그륵에 담긴 물이 편안한 수평을 찾고
어머니의 그륵에 담겨졌던 모든 것들이
사람의 체온처럼 따뜻했다는 것을 깨닫는다
나는 학교에서 그릇이라 배웠지만
어머니는 인생을 통해 그륵이라 배웠다
그래서 내가 담는 한 그릇의 물과
어머니가 담는 한 그륵의 물은 다르다
말 하나가 살아남아 빛나기 위해서는
말과 하나가 되는 사랑이 있어야 하는데
어머니는 어머니의 삶을 통해 말을 만드셨고
나는 사전을 통해 쉽게 말을 찾았다
무릇 시인이라면 하찮은 것들의 이름이라도
뜨겁게 살아 있도록 불러 주어야 하는데
두툼한 개정판 ㉢국어사전을 자랑처럼 옆에 두고
서정시를 쓰는 내가 부끄러워진다

- 정일근, 「어머니의 그륵」 -

(다)

노래는 심장에, 이야기는 뇌수에 박힌다
처용이 밤늦게 돌아와, 노래로써
아내를 범한 귀신을 꿇어 엎드리게 했다지만
막상 목청을 떼어 내고 ㉣남은 가사는
베개에 떨어뜨린 머리카락 하나 건드리지 못한다
하지만 처용의 이야기는 살아남아
㉤새로운 노래와 풍속을 짓고 유전해 가리라
정간보가 오선지로 바뀌고
이제 아무도 시집에 악보를 그리지 않는다
노래하고 싶은 시인은 말 속에
은밀히 심장의 박동을 골라 넣는다
그러나 내 격정의 상처는 노래에 쉬이 덧나
다스리는 처방은 이야기일 뿐
이야기로 하필 시를 쓰며
뇌수와 심장이 가장 긴밀히 결합되길 바란다.

- 최두석, 「노래와 이야기」 -

Quiz 1. (가)화자는 새가 노래인 줄도 모르면서
노래한다고 말한다. 이것은 새의 어떤 속성을 강조하기
위한 표현일까?

Quiz 2. (가)포수는 목표한 대상을 맞혔다고 할 수
있을까?

Quiz 3. (나)어머니의 그륵과 내 그릇의 차이는 무엇일까?

Quiz 4. (나)화자가 어머니의 그륵을 두고 이 시를 쓰게 된
이유는 무엇일까?

Quiz 5. (다)시에 필요한 두 요소를 본문에서 찾자면
무엇일까?

1. (가)~(다)의 공통점으로 가장 적절한 것은?
① 시간의 경과에 따라 시상을 전개하고 있다.
② 동일한 구절의 반복을 통해 리듬감을 주고 있다.
③ 역설적 표현을 통해 시적 의미를 강조하고 있다.
④ 영탄적 어조를 통해 고조된 감정을 표현하고 있다.
⑤ 시적 대상의 의미를 대비하여 주제를 드러내고 있다.

2. (가)와 (나)에 대한 설명으로 적절하지 <u>않은</u> 것은?
① (가)는 인위적이고 가식적인 것에 대한 비판 의식을 담고 있다.
② (나)는 일상생활에서 시의 발상을 얻고 있다.
③ (가)는 (나)와 달리 연을 구분하여 시상의 흐름을 조절하고 있다.
④ (나)는 (가)와 달리 시적 화자가 표면에 드러나 있다.
⑤ (가)와 (나) 모두 환상의 세계에 대한 동경 의식이 나타나 있다.

3. [A]~[E]에 대한 감상으로 가장 적절한 것은?
① [A] : '그륵'보다는 '그릇'이 훨씬 풍부하고 다채로운 의미를 담고 있다는 뜻이군.
② [B] : '그릇'이라는 말은 창조된 것이고 '그륵'이라는 말은 발견된 것이라는 뜻이군.
③ [C] : 시와 음악의 분리를 비판하는 것으로 보아 자유시보다 정형시를 선호하는군.
④ [D] : 말에 생명을 불어넣어 감동을 주는 시를 쓰고자 하는 바람을 표현하고 있군.
⑤ [E] : 덧난 상처를 '이야기'로 치유한다면 상처의 원인은 '노래'에 있다는 뜻이군.

<시 독해>

(가) 새 1
우선 제목부터 확인합니다. 새 1이라는 시네요. 시적 대상이 새라는 정도만 확인하고 자세한 내용은 시 안에서 찾아야 할 것 같습니다. 본문으로 갑시다.

하늘에 깔아 논
바람의 여울터에서나
속삭이듯 서걱이는
나무의 그늘에서나, 새는
노래한다. 그것이 노래인 줄도 모르면서
새는 그것이 사랑인 줄도 모르면서
두 놈이 부리를
서로의 쭉지에 파묻고
다스한 체온을 나누어 가진다.

바람의 여울터에서나 나무의 그늘에서나 새는 노래하고 서로 사랑하고 있다고 합니다. 바람의 여울터와 나무의 그늘이 나오는데, 1연의 분위기를 보았을 때 이 배경은 낭만적이고 평화로운 자연의 모습을 말하고 있는 것 같습니다. 그 평화로운 순수한 자연 속에서 새는 그것이 노래인줄도 모르면서 노래하고 있습니다.

우리는 어떤 행동을 할 때 의도와 목적을 가지고 행동합니다. 또, 사회 속에서 적응하기 위해서 어떤 필터를 거쳐서 행동하죠. 새들은 그런 의도와 목적이 없는 것을 넘어서 그 행동이 무슨 행동인지 조차 모를 정도로 마음이 시키는 대로의 순수한 모습으로 행동하고 있습니다. 그리고 그것은 노래에서 그치지 않고 사랑으로 이어집니다.

그런데 여기서 그치지 않고 화자의 입장에서 한번 생각해 봅시다. 화자는 새들이 노래인 줄 모르고 노래한다는 것을 어떻게 알 수 있었을까요? 정말 그렇다고 확신해서 이렇게 시를 쓴 것일까요? 자아와 세계를 제대로 이해했다면 화자가 새들이 노래를 알고 노래했건 아니건 그것은 중요하지 않습니다. 그저 화자의 눈에는 그렇게 보였고, 화자의 입장에서 재해석된 세계를 우리는 시를 통해서 읽고 있을 뿐입니다. 그러니까 시를 해석하는 입장에서는 '진짜로 새가 노래를 모르고 노래했을까?'라는 질문이 아니라 '화자는 왜 새가 노래를 모르고 노래한다고 표현했을까'에 주목해서 새의 순수성을 강조하고 싶었던 화자의 생각을 이해하는 것이 더 중요한 것입니다.

새는 울어
뜻을 만들지 않고,
지어서 교태로
사랑을 가식하지 않는다.

저희가 1연에서 해석한 새에 대한 화자의 생각이 더욱 직접적으로 드러나고 있습니다. 울음을 통해 뜻을 만들려고 하지 않고, 지어서 교태로 사랑을 가식하지 않습니다. 인위적인 방식으로 자신의 모습을 드러내는(흔히 일상생활에서 말하는 가면을 쓰고 살아가는) 행위를 하지 않습니다. 새의 순수한 모습, 가식 없는 사랑을 다시 말하고 있습니다.

— 포수는 한 덩이 납으로
그 순수를 겨냥하지만,
매양 쏘는 것은

피에 젖은 한 마리 상한 새에 지나지 않는다.

새로운 대상이 나왔습니다. 포수는 총(인간 문명, 인위적인 것)으로 새가 가진 순수를 겨냥하고 쏩니다. 하지만, 결국 새가 가지고 있는 순수를 맞출 순 없다고 합니다. 자아와 세계의 관점을 이해하지 못한 독자들이라면 이 부분의 해석을 단편적으로 할 것입니다. 아마도 포수가 새를 쏴서 맞추고 그 새는 죽었다 정도의 해석일 것이고, QUIZ의 답으로 포수는 목표한 대상을 맞췄다고 말할 것입니다. 하지만, 화자의 관점에서 볼 줄 안다면 이 사건을 다르게 해석할 것입니다. 포수는 새가 아니라 새의 순수를 겨냥하고 있습니다. 그리고 새를 쏴서 죽이게 되죠. 그런데 새의 순수는 어디에서 나올까요? … …

새의 순수는 새가 하는 순수한 행동들에서 비롯된 것입니다. 가식 없는, 의도가 없는 그대로의 모습들, 표현들에서 새의 순수가 담겨있는 것입니다. 새를 쏴서 죽이게 되면 새의 순수는 그대로 사라져버리죠. 피에 젖은 한 마리 상한 새는 포수가 얻고 싶어 하던 것이 아닙니다. 이게 이 시에서 화자가 하고 싶은 말이자 시인이 전하고 싶은 주제입니다. '폭력적이고 인위적인 방법으로 순수를 겨냥해도 그 순수는 얻을 수 없다'라는 것이죠.

시는 이렇게 읽어야 합니다. 평가원에서 말하고 싶은 바도 이것이죠. 시인이 대체 왜 포수를 등장시켜서 새를 죽여야 했는지 그 의미에 대해서 생각해보지 않으면 내용 일치 문제는 맞출 수 있을지 몰라도 어려운 해석을 요하는 <보기> 문제나 고난도 문제에는 대응할 수 없을 것입니다.

"폭력적이고 인위적인 방법으로는 얻을 수 없는 순수함"

(나)
제목부터 보고 갑시다. 어머니의 그륵이 시적 대상인 것 같습니다. 그리고 그릇이 아니라 '그륵'이라고 썼다는 점에 주목하고, 이것을 중심으로 시를 읽어봅시다.

어머니는 그륵이라 쓰고 읽으신다
그륵이 아니라 그릇이 바른 말이지만
어머니에게 그릇은 그륵이다
물을 담아 오신 어머니의 그륵을 앞에 두고
그륵, 그륵 중얼거려 보면
그륵에 담긴 물이 편안한 수평을 찾고
어머니의 그륵에 담겨졌던 모든 것들이
사람의 체온처럼 따뜻했다는 것을 깨닫는다

어머니는 그릇을 '그륵'이라고 쓰고 읽으신다고 합니다. 어머니의 그륵에 담긴 것들은 체온(사람의 온기만큼 따뜻한 것이 없죠)처럼 따뜻해진다고 합니다. 아마도 어머니의 사랑, 정성이 담겨있기 때문이겠죠.

나는 학교에서 그릇이라 배웠지만
어머니는 인생을 통해 그륵이라 배웠다
그래서 내가 담는 한 그릇의 물과
어머니가 담는 한 그륵의 물은 다르다

어머니의 그륵과는 다르게 내 그릇은 학교에서 배운 말입니다. 인생의 경험 없이 배운 말이기 때문에 어머니의 그륵 만큼의 진정성과 의미를 담지 못한다고 말하고 있습니다.

> 말 하나가 살아남아 빛나기 위해서는
> 말과 하나가 되는 사랑이 있어야 하는데
> 어머니는 어머니의 삶을 통해 말을 만드셨고
> 나는 사전을 통해 쉽게 말을 찾았다

여기서 화자의 생각이 직접적으로 자세히 드러나고 있습니다. 화자는 사전을 통해서 쉽게 말을 찾았지만 어머니는 삶을 통해서 말을 만들었다고 합니다. Quiz3 의 답을 여기서 찾을 수 있을 것 같습니다. 언어는 어떻게 만들어질까 요?
바로 필요성에 의해서 만들어집니다. 실제 그릇을 그릇으로, 그릇을 부르는 말인 '그릇'은 볼드체가 아닌 그릇이라고 말하겠습니다. 원래 그릇을 어떻게 부를까 고민한 결과 그릇이라는 단어가 만들어졌습니다. 그런데 우리는 그 결과 로 만들어진 그릇이라는 말을 직접 알아내는 게 아니라 외부로부터 배웁니다. 그러다보면 그릇에 매몰된 나머지 그 릇의 숨겨진 본질을 고민하지 않을 것입니다. 즉, 이 시의 어머니와 달리 정말 문자적으로만 그릇을 안 거지, 그릇의 본질은 고민하지 않은 것이죠. 또 다른 예를 들자면 **사랑**을 겪어보기 전까지 **사랑**을 사랑만으로 즉, 언어만으로 알 수 있을까요?

사랑의 사전적 정의를 찾아보면 "이성(異性)의 상대에게 성적(性的)으로 이끌려 열렬히 좋아하는 마음의 상태. 드물 게, 좋아하는 상대를 가리키기도 함. 애정"라고 나옵니다. 이걸 보고 사랑을 진정으로 이해할 수 있을까요? 무엇을 사전적으로 이해하고 쓰는 것(말을 찾아 쓰는 것)과 인생에서 배워서 쓰는 것(말을 만드는 것)은 다릅니다. 화자는 이것을 어머니가 말씀하시는 그륵을 예시로 들어서 설명하고 싶은 것입니다. 어머니는 항상 그릇에 물건을 담을 때 정성과 사랑을 담습니다. 그래서 어머니가 삶에서 발견한 모든 그릇들은 거기에 따뜻한 온기가 녹아있죠. 이것이 어 머니의 그륵에 사랑이 담겨있는 이유입니다. 화자는 그러나 사전을 통해 쉽게 말을 배우고 쓰고, 그렇기에 화자의 인 생 경험이 말에 담기지 못하고 있는 것입니다.

> 무릇 시인이라면 하찮은 것들의 이름이라도
> 뜨겁게 살아 있도록 불러 주어야 하는데
> 두툼한 개정판 국어사전을 자랑처럼 옆에 두고
> 서정시를 쓰는 내가 부끄러워진다

화자는 시인 바로 자신이었습니다. 시인은 어머니처럼 단어 안에 사랑과 생명력을 담고 싶은데 그러지 못하는 자신 을 부끄러워하고 있습니다. 그리고 QUIZ 4의 답도 얻을 수 있습니다. 화자는 시인이었기 때문에 특히 어머니가 하 는 말에 담긴 깊은 뜻에 주목할 수 있었던 것입니다. 시인은 항상 어떻게 시를 써야할까 무슨 시를 써야할까에 대해 서 고민하는 사람입니다. 하필 화자가 시인이었기에 다른 사람이었다면 그냥 그릇으로 이해하고 넘어갔을 부분을 어머니의 그륵에 담긴 정성과 사랑으로 이해할 수 있었던 것입니다.

"삶 속에서 배운 언어가 가진 생명력"

이렇게 화자의 관점에서 시를 이해할 수 있는 것이 **자아와 세계**에서 바라는 바입니다. 시를 이런 식으로 읽어준다면 문제 3번에서 ①, ② 선지는 답이 아니라는 것을 확신할 수 있을 겁니다. 그리고 환상 세계에 대한 동경 의식은 (가), (나) 시 모두 관련이 없으니 2번의 답은 ⑤가 되겠습니다.

(다)
제목을 먼저 봅시다. 음... '노래'와 '이야기'가 본문에서 중요하게 다뤄질 것이라는 정도만 생각하고 자세한 내용은 밑에서 파악해야겠습니다. 본문으로 바로 갑시다.

노래는 심장에, 이야기는 뇌수에 박힌다

'노래'가 '심장'에 박히고, '이야기'는 '뇌수'에 박힌다?? 이게 무슨 말인지 생각해봅시다. '심장'과 '뇌수'에 주목해봅시다. 일반적으로 우리는 일상생활에서 심장은 감성, 머리는 이성을 담당하고 있다고 하죠. 대표적인 말로 '머리는 차갑게, 가슴은 뜨겁게'라는 말을 자주 쓰곤 합니다. 그러니까 노래는 감성을 자극하고 이야기는 이성을 자극한다는 것이라는 추측을 할 수 있습니다. 여기까지만 읽고 확신하는 것은 사실상 무리고 이 정도 추측이면 충분합니다. (요즘 평가원 시험 '트렌드'를 생각하면 이정도 해석을 요할 땐 <보기>를 참조하도록 만들 것입니다. 실제로 노래와 이야기가 출제된 최근 기출에서는 <보기>에 대부분의 해석을 주고 있습니다.)
이제 밑에서 그 추측이 맞는지 확인하면서 가봅시다.

처용이 밤늦게 돌아와, 노래로써
아내를 범한 귀신을 꿇어 엎드리게 했다지만
막상 목청을 떼어 내고 남은 가사는
베개에 떨어뜨린 머리카락 하나 건드리지 못한다

위에서의 추측이 맞다면, '목청'은 '노래'에, '가사'는 '이야기'에 대응할 수 있습니다. 그러니까, 노래 없이 가사만으로는 감성을 자극하지 못하므로 아무런 힘이 없다고 생각할 수 있겠습니다.

하지만 처용의 이야기는 살아남아
새로운 노래와 풍속을 짓고 유전해 가리라

하지만 그래도 이야기는 뇌수에 박히기 때문에 후세로 이어지게(유전) 됩니다.

정간보가 오선지로 바뀌고
이제 아무도 시집에 악보를 그리지 않는다
노래하고 싶은 시인은 말 속에
은밀히 심장의 박동을 골라 넣는다

정간보는 과거의 악보이고 오선지는 현대의 악보이죠. 긴 시간의 흐름을 시적 상황에 맞춰 표현했습니다. 이제 아무도 시 속에 음악적인 속성(노래)를 넣지 않는다고 합니다. 그 와중에도 시 속에 음악적인 속성(노래)를 넣고 싶은 시인은 은밀히 심장의 박동을 골라 넣는다고 합니다.

그러나 내 격정의 상처는 노래에 쉬이 덧나
다스리는 처방은 이야기일 뿐
이야기로 하필 시를 쓰며
뇌수와 심장이 가장 긴밀히 결합되길 바란다.

하지만, 이렇게 담긴 노래는 감정을 너무나도 자극해서 상처를 오히려 덧나게 만들지도 모릅니다. 이것을 해결하는 방법은 이야기를 적절히 조합해서 노래와 이야기가 긴밀히 결합되는 것입니다. 여기서 제목과 연결지어서 화자가 전하고 싶었던 메시지가 나옵니다. 화자는 시를 쓸 때 노래와 이야기를 적절히 섞어 감정과 이성을 모두 자극하는 시를 쓰고 싶다는 것입니다. 주제는

'감성과 이성이 적절히 조화된 시를 쓰고 싶은 소망'

이 되겠습니다.

3번 문제에서 ④ 선지에서 노래하고 싶은 시인은 말 속에 은밀히 심장의 박동을 골라 넣는다고 합니다. 이것은 '말에 생명을 불어 넣어('노래' ⊇ '심장의 박동') 감동을 주는 시를 쓰고자 하는 바람'을 표현한 것이라고 볼 수 있습니다. ⑤ 선지는 상처가 덧난다고 했지, 생긴다고 하지는 않았습니다. 상처의 근본적인 원인이 무엇인지는 모르는 것이죠.

1번 문제에서 세 편의 시는 모두 대비를 통해서 주제를 드러내고 있다고 볼 수 있습니다. (가)에서는 순수의 새와 인위성과 폭력성의 포수를 대비하고 있으며,
(나)에서는 어머니의 그륵과 나의 그릇을 대비하고 있고,
(다)에서는 노래(감성)와 이야기(이성)을 대비하고 있습니다. ∴ ⑤ (답)

계속해서, 감정이 드러난 시구, 통념이 깨지는 시구, 지극히 개인적인 시구들 즉, 주관적인 요소가 드러나는 데에 초점을 맞추고 있어야 합니다. 객관과 구별되는 주관이 이 시의 주제 그 자체가 되며 문학사적 의의로 이어질 확률이 높으니까요! 왜 하필 이 시가 이번 수능에 나왔어야 했을까, 어떤 의의가 있는지 꼭 문제 풀고 나서도 자신 나름의 답을 내리고 넘어가시기 바랍니다.

(가)
외로움의 방언이 기다림인 곳에서 태어나
양팔 벌린 채 무엇을 기다렸을까.

짧디 짧은 팔로
나무에게 푸르른 목도리를 떠주려는 것이었나
아니면 꽃 하나 머리에 이고
한번쯤은 미친 척 해보고 싶었던 것이었나

그에게는 아는 서울 사람 하나 없었기에
계속 기다렸던 걸까

최후의 최후까지도
사람이 붙여준
미소만
남도록
그는 외롭지 못했다.

광대로서 순교하라 -
적힌 묘비명을 보고
웃을 수 있는 사랑은 없을 게다.

- 이선우, 「눈사람」 -

1. (가)에 대한 설명으로 적절한 것은?
① 외양에 대한 묘사로 대상에 대한 비판적인 시선을 드러
   내고 있다.
② 화자는 관조적인 시선으로 대상을 표현하고 있다.
③ 시적 대상에 생명력을 불어넣어 화자의 의지를 강조하
   고 있다.
④ 동일한 어미의 반복을 통해 대상에 대한 화자의 탐구를
   제시하고 있다.
⑤ 단정적 어조로 대상에 대한 예찬을 드러내고 있다.

2. <보기>를 바탕으로 (가)를 감상한 내용으로 적절하지
<u>않은</u> 것은?

> <보 기>
>
> 시인은 화자를 통해 이별이 예정된 관계임에도 쉬이
> 끝내지 못했던 경험을 「눈사람」에서 그려내고, 연인
> 관계를 눈사람의 수명에 빗대어 자신의 경험이 필연
> 적이었음이 드러난다. 이 과정에서 화자는 눈사람으
> 로 전이된 경험을 보다 담백하고 객관적으로 해체할
> 수 있게 된다. 당시에 했던 생각과 현재로부터의 회상
> 을 혼합하여 연속적인 성찰의 결과물을 제시하고, 이
> 는 눈사람에 대한 공감을 통해 '관계를 자신의 감정보
> 다 우선시하는' 사랑의 고달픈 면으로 구체화된다.

① '방언'을 통해 '눈사람'은 '외로움'을 '기다림'으로 착각
   한다고 말하며 과거의 정서를 현재 시점에서 회상하고
   있군.
② '푸르른' 잎이나 '꽃'으로 보아 화자가 과거에 허황된
   기대를 하고 있었군.
③ '서울 사람'은 '방언'과 다른 객관적인 시선을 제시해줄
   조력자를 뜻하겠군.
④ 눈사람이 녹아 '미소만 남'은 것은, 이별할 당시에는 마
   침내 솔직한 정서를 드러냈음을 알 수 있군.
⑤ '광대'는 관계에 의해 억압돼 스스로의 감정을 파악하
   지 못하며 사랑으로 인한 고달픔을 겪는 사람을 뜻하겠
   군.

<보   기>

시인은 화자를 통해 이별이 예정된 관계임에도 쉬이 끝내지 못했던 경험을 「눈사람」에서 그려내고, 연인 관계를 눈사람의 수명에 빗대어 자신의 경험이 필연적이었음이 드러난다. 이 과정에서 화자는 눈사람으로 전이된 경험을 보다 담백하고 객관적으로 해체할 수 있게 된다. 당시에 했던 생각과 현재로부터의 회상을 혼합하여 연속적인 성찰의 결과물을 제시하고, 이는 눈사람에 대한 공감을 통해 '관계를 자신의 감정보다 우선시하는' 사랑의 고달픈 면으로 구체화된다.

<보기>에 드러난 주제를 우선 요약해봅시다. 이별이 예정된 연인 관계는 이미 죽어가는 관계일겁니다. 좋아하는 감정이 예전만 못해도 감정보다는 관계 자체에 휩쓸려 이별을 선택지에 두지 못하는 상황이 시에서 드러나고 있습니다. 이를 묘사하기 위해 이별이 예정된 관계를 언젠가 반드시 녹아 없어지는 눈사람으로 나타내고 있음을 <보기>에서 알 수 있었습니다. 또한 자신의 경험을 눈사람의 특징인 양 보다 객관화된 시선으로 돌아봅니다. 이를 통해 당시의 생각을 현재의 시점에서 비판적으로 검토하고 지나간 일로부터 깨달음을 얻고 있다고 하니 이에 주목해 시를 읽어봅시다!

<시 독해>
외로움의 방언이 기다림인 곳에서 태어나
양팔 벌린 채 무엇을 기다렸을까

눈사람의 출생으로 속성을 묘사하고 있습니다. 외로움의 방언이 기다림이라고 하니 눈사람은 외로울 때 기다림이라고 생각할 겁니다(by 상상하기). 따라서 이 시에서 기다림이 나오면 실은 외로움이지 않을까 생각해야 할 것입니다. 눈사람의 양 팔이 나뭇가지가 꽂혀있는 모습을 기다림과 연관 짓는 걸 보고 눈사람의 외로움이 이제 묘사되지 않을까 추측할 수 있을 겁니다!

짧디 짧은 팔로
나무에게 푸르른 목도리를 떠주려는 것이었나
아니면 꽃 하나 머리에 이고
한번쯤은 미친 척 해보고 싶었던 것이었나

팔에 대한 묘사가 추가됐습니다. 짧은 팔로 눈사람이 할 수 있는 게 없다고 강조하고 있기도 하지만 <보기>에 나온 대로 눈사람은 겨울이 수명인 존재입니다. 그런 눈사람에게 나무가 푸르른 잎으로 뒤덮여 있거나 꽃이 피어있는 모습들은 영영 볼 수 없는 풍경일 것입니다. 그러나 눈사람은 자신의 죽음을 모르고 그런 광경들을 꿈꿉니다. 이는 <보기>대로라면 이별이 예정된 관계임에도 여전히 관계 발전에 집착하는 모습으로 연관 지을 수 있겠네요. 슬프게도 절대 이루어질 수 없는 일일 테지만 말입니다...

그에게는 아는 서울 사람 하나 없었기에
계속 기다렸던 걸까

갑자기 '서울 사람'이 나올 리는 없으니 앞의 맥락을 생각해보아야 합니다. '방언'과 반대되는 이 시어는 어떤 의미를 갖는 것일까요? 앞에서 '방언'은 눈사람이 자신이 외로운 지도 모르고, 자신이 행복한 미래(나무나 꽃을 볼 수 있는 여름의 광경)를 기다리고 있다고 생각하는 상황을 뜻했습니다. 그러니 '서울 사람'은 눈사람의 착각을 고쳐줄 수 있는 존재를 말하는 것이겠죠. 그러나 눈사람에게는 그런 존재가 없었는지 눈사람은 계속 기다림(사실은 외로움)을 유지합니다.

최후의 최후까지도
사람이 붙여준
미소만
남도록
그는 외롭지 못했다.

결국 눈사람은 죽을 때까지 자신의 감정을 몰랐습니다. 행복한 미래를 기다리며 미소를 짓는 것은 눈사람의 자의가 아니었습니다. 그저 사람이 눈사람을 만들어줄 때 붙여주었던 미소가 눈사람의 녹은 물 위에 동동 떠 있을 뿐이죠. 마치 이별하는 순간까지도 자신이 여전히 상대를 좋아한다고 생각해 슬퍼하는 사람처럼 말이에요. 눈사람과 실제 사람의 관계가 <보기>에서 나왔으니 계속해서 치열하게 대응시키며 비교해야 합니다.

광대로서 순교하라 -
적힌 묘비명을 보고
웃을 수 있는 사랑은 없을 게다.

광대는 자신의 감정과 별개로 사람들 앞에서는 웃어야 하는 존재입니다. 눈사람은 외로워도 사람이 붙여준 미소에 의해 자신의 행복이 곧 올 거라 기다리다 죽었으니 눈사람의 묘비명이 '광대로서 순교하라'라는 말이 이해가 됩니다. 그러나 그 묘비명을 보고 웃을 수 있는 사람은 없답니다. 누가 눈사람의 삶을 비웃을 수 있을까요? 한번이라도 비슷한 경험 즉, 사랑을 해보았다면 눈사람에 대한 공감을 바탕으로 사랑의 쓰라림을 떠올릴 것이라 말하며 시가 마무리되고 있네요.

'감정이 무시될 정도로 관계가 우선적이었던 잘못된 사랑'

<보기>에서 주제와 비유의 원관념, 보조관념이 모두 나오고 있기에 이를 악착같이 찾아야 함을 보여주었습니다. 또한, 자아와 세계 관점에 따라 화자의 시선에서 눈사람을 보았습니다. 눈사람의 모습을 여러 방면으로 해석할 수 있지만, 사랑의 쓰라림에 고통스러운 화자의 시선으로 '자아와 세계' 관점을 적용하니 눈사람의 삶을 자연스레 연결할 수 있었습니다. 결국 문학 작품 속으로 얼마나 공감할 수 있는 지가 시 해석 능력을 올려주고, 이에 대해 말하는 단원이 이번 단원이었던 '자아와 세계'였습니다! 이제 문제 봐보겠습니다.

1. (가)의 표현방식을 물어보고 있습니다.

주제가 구체화되었던 방식은 눈사람을 빌려 화자가 과거를 성찰하면서였습니다. ④에서 동일한 어미 '-일까, -였나'로 성찰이 드러나고 있다는 점에서 적절한 선지임을 알 수 있습니다.

① : 대상인 '눈사람'에 대한 비판적인 모습은 시에서 찾을 수 없습니다. (X)

② : 관조적인 시선이라기에는 상당히 주관이 많이 개입되어 있음을 '그는 외롭지 못했다'라는 시구나 <보기>에서 확인할 수 있습니다. 관조적인 시선이 맞으려면 주관적인 표현 없이 오로지 외양과 상황에 대한 묘사만 있어야 합니다. 즉, '자아와 세계'가 적용되는 상황에서는 절대 '관조'라는 표현이 적절할 수 없습니다! (X)

③ : 눈사람이 의인화된 것은 맞으나 이에 화자의 의지가 있지는 않습니다. 자신을 성찰하는 상황에서는 자신의 모습을 변화시키겠다는 욕구 외에 의지가 나오기 힘듭니다. (X)

⑤ : 역시나 눈사람은 예찬의 대상이 아닙니다. (X)

2. (가)의 주제로 이 문제를 풀어야겠죠.

'감정이 무시될 정도로 관계가 우선적이었던 잘못된 사랑'

...과 어긋난 선지가 있다면 바로 고를 수 있어야 되겠죠. 주제를 반대로 하면 '올바른 사랑' 혹은 '감정이 무시되지 않거나 관계가 우선적이지 않았음'이 될 겁니다. 이렇게 하니 하나의 선지가 눈에 바로 들어옴을 알 수 있습니다. 보이시나요?

① : '방언'은 눈사람이 감정을 오해하고 있음을 나타내는 시어였습니다. (O)

② : 여름의 모습은 눈사람이 경험할 수 없는 허황된 기대이나 눈사람은 그 사실을 모르고 죽었죠. (O)

③ : 방언과 반대되는 '서울 사람'은 눈사람의 오해를 바로 잡아줄 존재였습니다. (O)

④ : 눈사람의 죽음까지 남은 '미소'는 눈사람 본연의 감정이 아닌 강제된 감정이었습니다. 따라서 이는 '감정이 무시'라는 주제의 일부를 역행하는 선지입니다. (X)

⑤ : '광대'는 주제를 함축한 시어였습니다. 선지에서 주제와 연결되고 있으니 문제 없네요. (O)

이렇게 자아와 세계에 대해서 공부해보았습니다. 스쳐 지나갈 정도로 평범한 대상에서 시인이나 화자는 자신의 경험을 바탕으로 형성된 가치관에 따라 세계를 독창적으로 바라봅니다. 그 독창적인 시선을 읽어내야 작가와 비로소 소통할 수 있게 되며 이 단계에 오르면 더 이상 문제에 구애받지 않게 됩니다. 화자에게 완전히 몰입함으로써 화자의 가치관으로 세상을 같이 바라보면서, 시를 이해해보았습니다. T냐, F냐의 문제가 아닙니다. 구축된 세계관을 이해하고 그에 맞는 행동이 무엇일지 예상하는 공감적이면서도 논리적인 작업이었단 겁니다. 이를 위해 우리는 앞으로 시를 읽을 때에 화자의 가치관 파악을 우선적으로 할 것이며 이는 <보기>에서 도와줄 겁니다. 파악한 가치관을 바탕으로 일상적인 통념과 다른 독창적인 시선을 포착한다면, 그것이 바로 시의 주제로 이어지겠죠!

결국 먼저 배운 **상상하기**에서와 마찬가지로 우리는 시 안으로 들어가야 합니다!
이제 또 다음 스텝으로 넘어가 봅시다. :D

대상 치환하기

앞에서 본 것들을 혼자 연습할 때는 자신의 해석이 맞는지 틀렸는지 알려줄 사람이 없습니다.
그러나 혼자서 하더라도 판단할 기준이 있다면 공부에 도움이 되지 않을까요? 그 기준을 알려드리는
파트입니다.
어떻게 자신의 해석이 맞는지 외부의 도움 없이도 알 수 있으면서, 그 자체로 해석 능력을 길러 줄 수
있는 일거양득의 방법을 알려드리겠습니다.

STEP 4. 대상 치환하기

사실 이는 엄연히 따지자면, 문제를 잘 풀기 위한 방법보다는 국어 실력을 상승시켜주는 공부법에 가깝습니다. 이번 단원에서 다룰 시들은 기출 중에서도 매우, 매우, 매우 어려운 지문들이며, 지금 해볼 대상 치환하기가 없으면, 해석과 설명이 어려워 이처럼 하나의 단원으로 따로 꾸리게 되었습니다.
또한, 하나의 단원으로 만든 김에 여러 공부법, 해석법들을 소개하고자 하니 참고 부탁드립니다!

앞서서 문학에 대한 얘기를 할 때, 일정 능력 이상의 비평가들이 시를 해석하면 동일하게 해석된다는 얘기를 했었습니다. 이에 대해서 조금 더 자세히 얘기해봅시다. '동일하게'라는 말에 대해서 기준이 조금 다릅니다. 시 자체에 매몰되어서 시의 내용에 대한 상상하기가 동일하게 이뤄진다는 것입니다. 하지만, 그 시에서 얻은 주제가 적용되는 상황에 대해서는 사람들마다 의견이 갈릴 수 있습니다.
예를 들어서, 한용운 시인의 「님의 침묵」 시에서의 '님'에 대해서는 전문가고, 일반인이고 모두 의견이 갈립니다. 불교에서 말하는 절대자인지, 사랑하는 연인인지, 조국의 독립인지 말이죠.

하지만,

중요한 것은 저 세 가지 '님' 모두 말이 되는, '님과 이별하는 상황에서 보여주는 화자의 태도'에 대해서는 해석이 동일했다는 것입니다. 따라서, 담백한 상상하기를 앞서서 계속했던 대로 유지하면서, 보다 주관적인 '의미부여'를 이번 단원에서는 해보자는 겁니다. 한 번 예시로 앞에서 다뤄본 작품을 해봅시다. 우선 이육사 시인의 「절정」입니다.

절정

이육사

매운 계절의 채찍에 갈겨
마침내 북방으로 휩쓸려 오다.

하늘도 그만 지쳐 끝난 고원
서릿발 칼날진 그 위에 서다.

어데다 무릎을 꿇어야 하나
한 발 재겨 디딜 곳조차 없다.

이러매 눈 감아 생각해 볼밖에
겨울은 강철로 된 무지갠가 보다.

이 시의 주제는 '비극적인 상황에서도 현실과 이상의 괴리를 극복해내는 것'이었습니다.

이 주제는 모두에게 변함이 없습니다. 그러면 여기서 한 발짝 더 나아가 봅시다. 일반적으로 사람들은 이육사의 창작 환경을 고려하여 '비극적인 환경 → 일제 강점기, 강철로 된 무지개 → 조국의 독립'이라고 생각합니다. 그러나, 이 부분은 답이 없습니다. 앞서서 말했던 주제에 포함이 되면 그 어떤 것도 답이 될 수 있습니다. 자기만의 답을 찾아보세요.

Question _ 이 시에서 '겨울'이 상징하는 바와 '강철로 된 무지개'가 상징하는 바를 써보시오.

(최대한 많이 써보세요.)

겨울

강철로 된 무지개

예시 답안

저 시에서 강철로 된 무지개의 의미는 '결국 봄은 언젠가 올 것이라는 강한 믿음'으로, 비극적 현실을 강력한 희망적인 사고로 극복해내는 것이었습니다. (기억이 안 나면 Step 1. 상상하기 마지막 문제를 확인하세요!)

1) 겨울 - 수험생활 / 강철로 된 무지개 - 유X브 고연전 영상보면서 극복
2) 겨울 - 군대 / 강철로 된 무지개 - 남은 날짜 며칠인지 보면서 극복
3) 겨울 - Le고를 밟은 상황 / 강철로 된 무지개 - 곧 고통이 사그라들 것이라 생각하며 극복
4) 겨울 - 이성 친구와 이별 / 강철로 된 무지개 - 다른 좋은 사람으로 잊으며 극복

무작정 안 좋은 상황과 극복만 쓴 것이 아닙니다. 위의 네 가지 상황에 대한 극복은 모두 어떤 공통점을 갖고 있죠? '현 상황이 나아진다면 어떨지에 대한 상상'으로 극복하고 있습니다. 이런 종류의 극복이라면 모두 답입니다. 그것이 주제였으니까요. 하지만, 이를 벗어나는 예시는 틀린 해석입니다. 이런 해석은 지나친 주관적인 의견으로 수능에서 발생하면 안 됩니다.

이 정도가 수능에서 요구하는 객관과 주관의 경계입니다. 우리가 **상상하기**로 해온 주제 찾기를 하는 것이 수능에서 제일 필요한 것입니다. 그러나, 단순히 문제를 풀어서는 자신의 해석이 옳은지 확인하기 애매할 때가 많습니다. 그럴 때 이 **대상 치환하기**를 통해 자기가 찾은 예시를 시에 대입해보는 것입니다. 그럴 때, 이상한 부분이 있거나 원래의 시와 다른 부분이 발생하면 자기가 찾은 주제와 예시가 잘못됐다는 것을 알 수 있습니다.

또한, 이런 대입을 해보는 것이 그 작품에 대한 이해도를 상당히 높여주면서, 시를 단순화시키기 때문에 훨씬 선지 판단이 쉬워집니다. 공부할 때 많이 해보아야 이를 실전에서도 쓸 수 있으니 특정 작품의 해석과 분석이 끝난 후에 한 번씩 해보면서 자신의 이해도를 체크해보세요.

지금부터 어려운 작품들을 볼 겁니다. 그러나, 이 **대상 치환하기**로 격을 낮추어 이해하기 쉽게 만들어볼 거니, 잘 따라오시길 바랍니다.

(가)
모란이 피기까지는
나는 아직 ㉠나의 봄을 기다리고 있을 테요
모란이 뚝뚝 떨어져 버린 날
나는 비로소 봄을 여읜 **설움**에 잠길 테요
오월 어느 날 그 하루 무덥던 날
떨어져 누운 꽃잎마저 시들어 버리고는
천지에 모란은 자취도 없어지고
뻗쳐오르던 내 보람 서운케 무너졌느니
모란이 지고 말면 그뿐 **내 한 해는 다 가고 말아**
삼백예순 날 하냥 섭섭해 우옵네다
모란이 피기까지는
나는 아직 기다리고 있을 테요 **찬란한 슬픔**의 봄을
　　　　　　　　　　- 김영랑, 「모란이 피기까지는」 -

(나)
북한산이
다시 그 높이를 회복하려면
다음 겨울까지는 기다려야만 한다.

밤사이 눈이 내린,
그것도 백운대나 인수봉 같은
높은 봉우리만이 옅은 화장을 하듯
가볍게 눈을 쓰고

왼 산은 차가운 수묵(水墨)으로 젖어 있는,
어느 겨울날 이른 아침까지는 기다려야만 한다.

신록이나 단풍,
골짜기를 피어오르는 안개로는,
눈이래도 왼 산을 뒤덮는 적설(積雪)로는 드러나지 않는,

심지어는 장밋빛 햇살이 와 닿기만 해도 변질하는,
그 ㉡고고(孤高)한 높이를 회복하려면

백운대와 인수봉만이 가볍게 눈을 쓰는
어느 겨울날 이른 아침까지는
기다려야만 한다
　　　　　　　　　　- 김종길, 「고고(孤高)」 -

1. (가), (나)의 공통점으로 가장 적절한 것은?

① 공간의 이동을 통해 시상을 전개하고 있다.
② 수미상관의 구조를 통해 주제를 강조하고 있다.
③ 어순의 도치를 통해 상황의 긴박감을 표현하고 있다.
④ 흑백의 대비를 통해 회화적 이미지를 강화하고 있다.
⑤ 가상의 상황을 통해 자기반성의 태도를 보여 주고 있다.

2. <보기>를 참고하여 (가), (나)를 감상한 내용으로 적절하지 **않은** 것은?

>　　　　　　　　< 보　　　기 >
>
>　김영랑의 「모란이 피기까지는」과 김종길의 「고고」는 대상이 지닌 특정 속성을 통해 화자가 경험한 아름다움을 드러낸다. 「모란이 피기까지는」에서는 봄이라는 계절에 소멸을 앞둔 대상을 통해, 「고고」에서는 겨울날 대상의 고고함이 드러나는 순간을 통해 대상의 아름다움이 경험되고 있다. 한편, 전자는 대상 자체보다는 대상에서 촉발된 주관적 정서의 표현에, 후자는 정서의 직접적 표현보다는 대상 자체의 묘사에 중점을 두고 있다.

① (가)에서는 아름다움을 경험하는 주체를 직접 노출하여 정서를 표현하고 있군.
② (가)에서는 한정된 시간 동안 존속하는 속성이 대상의 아름다움을 강화하고 있군.
③ (나)에서는 대상의 높이가 고고한 아름다움을 결정하는 유일한 조건이군.
④ (나)는 대상의 고고한 아름다움이 드러나는 순간과 그렇지 않은 때의 모습을 대비하고 있군.
⑤ (가)와 (나)는 각각 특정한 계절적 배경을 통해 대상의 아름다움을 표현하고 있군.

3. ㉠, ㉡과 관련지어 (가), (나)를 이해한 내용으로 적절하지 않은 것은?

① (가)의 '설움'은 ㉠을 경험하지 못하게 방해하는 요인을 나타낸다.

② (가)의 '내 한 해는 다 가고 말아'는 ㉠의 경험이 화자의 삶에서 차지하는 비중이 큼을 나타낸다.

③ (가)의 '찬란한 슬픔'은 ㉠에서 경험할 수 있는 강렬한 정서를 나타낸다.

④ (나)의 '어느 겨울날 이른 아침'은 ㉡을 경험할 수 있는 특정 시간을 나타낸다.

⑤ (나)의 '가볍게 눈을 쓰는'은 ㉡을 경험하기 위한 대상의 요건을 나타낸다.

2번 문제의 <보기>입니다.

<보   기>

김영랑의 「모란이 피기까지는」과 김종길의 「고고」는 대상이 지닌 특정속성을 통해 화자가 경험한 아름다움을 드러낸다. 「모란이 피기까지는」에서는 봄이라는 계절에 소멸을 앞둔 대상을 통해, 「고고」에서는 겨울날 대상의 고고함이 드러나는 순간을 통해 대상의 아름다움이 경험되고 있다. 한편, 전자는 대상 자체보다는 대상에서 촉발된 주관적 정서의 표현에, 후자는 정서의 직접적 표현보다는 대상 자체의 묘사에 중점을 두고 있다.

두 작품의 공통점은 '대상이 지닌 특정 속성'을 통해 화자가 '경험한 아름다움'을 드러낸다는 것입니다. 그러면 어떤 대상인지, 어떤 속성인지, 그리고 그 대상의 속성이 어떻게 아름다움을 드러낸다는 것인지를 찾아야 할 것입니다.

(가) : '모란'이라는 대상이 지닌 '소멸'의 속성을 통해, 경험한 아름다움을 드러냄
(나) : '북한산'이라는 대상이 지닌 '고고함'의 속성을 통해, 경험한 아름다움을 드러냄

그렇다면, 각각의 작품이 어떤 '경험한 아름다움'을 드러낸 것인지는 우리가 찾아야 하며, 그것이 바로 주제임을 알 수 있습니다. 또한, (가)는 화자의 주관적인 정서에, (나)는 담백한 묘사에 초점을 맞춰 생각해야 한다는 것까지 알 수 있네요.

이처럼 <보기>를 통해 작품에서 평가원이 요구하는 해석 대상이 무엇인지 찾는 것이 제일 중요합니다. 이번 작품에서는 경험한 아름다움을 밝혀내는 것이 매우 중요해보이네요. 주제를 찾음으로써, 이 작품이 왜 이번 시험에 출제됐는지를 설명해줄 문학사적 의의를 반드시 찾아냅시다. 계속해서 똑같은 것 하고 있습니다!

제목으로부터 (가) 작품에서는 [모란]이 키워드임을, (나)에서는 [고고함]이 키워드임을 알 수 있을 것이니 그에 맞춰 읽읍시다.

<시 독해>

(가)

모란이 피기까지는
나는 아직 ㉠나의 봄을 기다리고 있을 테요

모란이 피는 시점 = 나의 봄 → 화자에게 모란이 엄청 소중한 존재임을 추측할 수 있습니다.
그 이유는 <보기>와 연관짓자면, 모란에서 경험했던 화자가 느낀 아름다움 때문일 것 같습니다. 어떤 아름다움인지
는 차차 알아봅시다.

모란이 뚝뚝 떨어져 버린 날
나는 비로소 봄을 여읜 **설움**에 잠길 테요

모란이 지는 시점 = 봄이 지남 → 역시나 화자에게는 모란 피는 때에만이 봄이라는 것을 알 수 있습니다. 왜 이리
화자는 모란중심적(?) 인생을 살고 있는 것일지 궁금해집니다.

오월 어느 날 그 하루 무덥던 날
떨어져 누운 꽃잎마저 시들어 버리고는
천지에 모란은 자취도 없어지고
뻗쳐오르던 내 보람 서운케 무너졌느니

오월의 한 더운 날, 땅에 떨어져 있던 마지막 모란 잎 하나마저 시들어 버리자 (세상 어느 곳에서도 모란의 자취를
찾을 수 없게 되자), 모란이 피어 느꼈던 화자의 보람 역시 서운하게 무너졌답니다. 화자는 모란에 진심입니다... 그
런 모란이 져버렸으니 얼마나 상심이 클까요.

모란이 지고 말면 그뿐 **내 한 해는 다 가고 말아**
삼백예순 날 하냥 섭섭해 우웁네다

화자는 이제 한술 더 떠서, 모란이 펴 있을 때만이 '내 한 해'라고 말하고 있습니다. 1년 중에서 모란이 피어있는 때만
이 진짜라고 생각합니다. 360일을 서운하고 있다고 말하고 있습니다. 따라서, 모란은 5일 정도 피어있나 보네요.
아직까지는 <보기>에서 말했던 아름다움이 뭔지는 모르겠습니다. 모란을 이렇게 광적으로 좋아하는 이유를 찾아야
할 것 같습니다.

모란이 피기까지는
나는 아직 기다리고 있을 테요 **찬란한 슬픔의 봄을**

정말 유명한 표현이 나와버렸네요. 찬란한 슬픔의 봄. 드디어 <보기>에서 말한 아름다움입니다. 모란의 '소멸'이라
는 속성이 주는 아름다움이라는 <보기>의 Hint가 풀린 것이죠. 봄은 찬란하면서도 슬프다고 합니다. 찬란한 이유는
뭘까요? ... ... 모란이 펴서. 슬픈 이유는 뭘까요?

모란이 져서. 봄은 모란이 피기에 기다려지는 시간이고, 화자로 하여금 찬란하게 느껴지기까지 하지만, 결국 피었으니 곧 질까봐 슬픈 계절이기도 한 겁니다. 그렇다면 한 발짝 더 나아갑시다. 왜 화자는 모란을 이리도 애타게 기다릴까요. 왜 아름다워 할까요? <보기>에서 말한 바에 의하면, 모란의 '소멸'이라는 속성이 아름다움을 가져온다고 했습니다.

→ 모란이 만약 계속 피어있다면, 화자는 모란을 기다리고 좋아했을까요? 아닙니다.

화자에게 모란은 곧 져서 피기까지 1년을 기다려야 하므로, 그 순간이 더욱 아름다워지는 거죠. 그렇게 해석하라고 <보기>는 우리에게 '소멸'의 속성이 주는 아름다움을 생각해보라고 한 겁니다. 이래서 <보기>에서 미리 최대한 Hint를 뽑아내는 것이 중요합니다. 이정도면 이번 문제를 푸는 데에는 전혀 지장이 없습니다. 하지만, 공부하는 입장이니 더 깊게 들어가 봅시다.

왜 하필 '경험한 아름다움'인가에 대해서도 얘기가 필요합니다. 화자는 모란이 소멸하는 속성을 이미 경험해보았다는 겁니다. 당연한 소리로 받아들일 수도 있지만, 질문을 하나 던져보겠습니다. 모란을 처음 본 사람은 화자와 같은 이유로 모란을 아름답게 생각할 수 있을까요?

한 번 모란이 지는 것을 경험해서 한동안 못 보다가 이를 다시 보게 된 사람만이 모란의 '소멸'이 주는 아름다움을 알 수 있을 겁니다. 따라서, <보기>에서 '경험한 아름다움'이라고 말한 것입니다. 여기까지 문제에서 물어보지는 않았으나 비평가의 생각을 따라가보고자 했습니다. (나)로 가봅시다.

(나)

북한산이
다시 그 높이를 회복하려면
다음 겨울까지는 기다려야만 한다.

북한산이 '그 높이'가 되기 위해서는 겨울이어야 한다고 합니다. '다음 겨울'까지라고 했으니 지금은 겨울이 끝나가고 있는 시점으로 추측됩니다. '그 높이'가 무엇인지 궁금하니 이를 생각해봐야 할 것 같네요.

밤사이 눈이 내린,
그것도 백운대나 인수봉 같은
높은 봉우리만이 엷은 화장을 하듯
가볍게 눈을 쓰고

왼 산은 차가운 수묵(水墨)으로 젖어 있는,
어느 겨울날 이른 아침까지는 기다려야만 한다.

그 높이: 높은 봉우리에 살짝 눈이 내리고, 왼 산은 차갑게 젖어있는 겨울 이른 아침
조건이 제시되고 있습니다. 당연히 [고고함]의 조건이겠죠?

신록이나 단풍,
골짜기를 피어오르는 안개로는,
눈이래도 왼 산을 뒤덮는 적설(積雪)로는 드러나지 않는,

심지어는 장밋빛 햇살이 와 닿기만 해도 변질하는,
그 ⓒ고고(孤高)한 높이를 회복하려면

백운대와 인수봉만이 가볍게 눈을 쓰는
어느 겨울날 이른 아침까지는
기다려야만 한다

조건이 마저 제시되고 있네요. 여름, 가을로는 안 되고, 겨울 중에서도 너무 많은 눈이 내리지 않으며, 아침이 지나 해가 뜨면 녹을 테지만, 겨울 아침이어서 유지되는 옅은 눈의 쌓임으로 만들어진 높이라고 합니다. 왜 겨울 이른 아침인지 알게 해주는 대목이네요. 조금만 지나도 더 이상 볼 수 없게 될 것이기에 (가)의 모란처럼 소멸의 속성도 있어 보입니다.

이 모든 까다로운 조건을 충족한 '그 높이'를 화자는 [고고함]이라고 말하고 있습니다.
(가) 글과 마찬가지로, 경험한 아름다움인 이유를 알겠네요. 경험해보지 않았더라면 이토록 까다롭게 그 높이를 제시할 수 있을 리가 없으니까요.

이제 우리가 해볼 연습은 대상 치환하기 즉 Step 4입니다.
과연 시인은 정말로 [모란] 그 자체와 [북한산] 그 자체를 찬양하기 위해 이런 시들을 쓴 걸까요?
그보다는 모란과 북한산을 빌어 각각 소멸이 오히려 아름다움을 더해주는 [고고함]을 설명했다고 보는 것이 맞을 겁니다. 그러면, 이럴 경우 우리는 문학 실력을 올리기 위해, 모란과 북한산 자리에 치환할 대상을 찾아볼 겁니다. 과연 어떤 단어, 대상을 넣어야 말이 될지 고민해 봅시다.

(가) : 모란 → ??? & 나의 봄 → ???   (나) : 북한산 → ???   (자유로이 밑의 여백에 써봅시다.)

우선 두 작품 모두 경험한 아름다움을 다루지만 (가)의 경우에 '찬란한 슬픔의 봄'이라는 가장 강력한 표현으로 보아, 다시 나타날 때까지 기다리는 기대감과 곧 없어질 거라는 상실감이 동시에 나타나야 하는 대상으로 보입니다. 또한, 그 상실감 덕분에 기대감의 아름다움이 더 부각되어야 할 것 같습니다. 즉, [모란]은 소멸의 속성을 가져 기대감과 상실감을 모두 불러일으킬 수 있을 대상, [봄]은 [모란]으로 인해 기대감과 상실감이 공존하는 순간들을 찾으면 될 것입니다.

예시 답안 _ 순서대로 [모란] / [봄]

→ 1) 주말 / 기대만이 있었던 금요일과 달리 상실감도 생기는 토요일
   2) 여행 / 같은 맥락으로 2박 3일 여행에서의 둘째 날
   3) 식사 / 정말 맛있는 식사에서의 마지막 한 입
   4) 대관람차 / 꼭대기를 지나면 더 이상 풍경이 눈에 들어오지 않고 내려오는 것만 생각남

(나)의 경우에 고고함의 까다로운 조건을 말하던 시입니다. 조금의 변화라도 허용하면 손상되어 버리는 특성이 고고함이라는 것 또한 알 수 있었죠. 그렇다면, [북한산]이 높은 봉우리들만이 옅은 눈을 쓰고, 왼 산은 수묵으로 젖어 있으며 겨울 이른 아침에만 볼 수 있는 '그 높이'를 통해 고고함을 보여주는 것처럼! 무결(결함이 없이)할 때만 가치를 갖는 것을 찾으면 [북한산]과 치환될 대상을 찾을 수 있을 것입니다.

예시 답안 _ [북한산]

→ 1) 순수한 동심 / 사실을 깨달으면 그 전으로 돌아갈 수 없어, 어릴 때만 간직 가능한 고고함
   2) 제주도의 푸른 바다 / 바닥이 보일 정도로 투명함으로써 다른 바다에서 볼 수 없는 고고함
   3) 연예인에 대한 동경 / 사생활에 대한 문제가 없을 때, 신비감으로 인해 느껴지는 고고함
   4) 첫사랑 / 오직 첫 번에만 느낄 수 있으며 추억이 훼손되지 않는 한 유지되는 고고함

이렇게 그 어떤 시들도 대상 치환하기가 가능하니, 열심히 치환할 대상을 찾아보면서 시에 대한 이해도를 계속해서 높여가야 합니다. 언뜻 보기에는 쉽지만, 사실 시를 완전히 이해해야만 온전한 치환이 가능하다는 것 잊지 말아주세요.

1. 두 작품의 공통점을 묻는 문제입니다. 어렵지는 않네요.

수미상관이 쓰였으니 바로 체크해주시면 됩니다. 완전히 똑같아야만 수미상관인 것은 아닙니다. 유사해도 수미상관이니 기억해둡시다. 또한, 수미상관은 시에 나오면 답으로 출제될 확률이 매우 높습니다. 그 이유는 특이성뿐만 아니라, 수미상관은 주제를 강조하는 표현법이기 때문입니다. Step 5에서 제대로 다룰 내용이지만, 예시로는 수미상관, 반어, 역설 등이 있습니다. 기억합시다!

2. <보기>를 바탕으로 주제를 물어보는 문제입니다.

① (가)에서는 아름다움을 경험하는 주체를 직접 노출하여 정서를 표현하고 있군.
　　<보기>에서 (가)는 주관적 정서로 서술된다고 했으니 '나'라는 주체를 물어보는 선지가 나왔네요. (O)
② (가)에서는 한정된 시간 동안 존속하는 속성이 대상의 아름다움을 강화하고 있군.
　　역설적이게도 소멸이 아름다움을 강화한 주제를 말하고 있습니다. (O)
③ (나)에서는 대상의 높이가 고고한 아름다움을 결정하는 유일한 조건이군.
　　조건들이 너무 많아 까다로울 지경인데 유일하다뇨. '이른 아침'같은 조건이 반영 안 됐습니다. (X)
④ (나)는 대상의 고고한 아름다움이 드러나는 순간과 그렇지 않은 때의 모습을 대비하고 있군.
　　신록, 단풍 즉 겨울이 아닌 다른 계절의 순간과 대비를 했었습니다. (O)
⑤ (가)와 (나)는 각각 특정한 계절적 배경을 통해 대상의 아름다움을 표현하고 있군.
　　각각 봄과 겨울이라는 배경을 통해 아름다움을 표현했습니다.

이번에도 주제와 관련된 것들이 답으로 나오고 있네요.

3. ㉠: 나의 봄 ㉡: 고고한 높이 → 이를 바탕으로 주제를 물어보는 문항입니다.
　　밑줄이 나오면 두 밑줄 간의 공통점을 찾아야 한다는 것 기억하시죠?

㉠은 (가) 작품에서 화자가 고고하다고 생각하는 존재의 시간적 배경입니다. 계절적 봄이 아니라 모란이 피어있는 그 기간만을 말하는 시구이니까요.

㉡은 (나) 작품에서 북한산이 특정 조건을 만족할 때만 발현되는 '그 높이'를 말합니다.
결국 두 밑줄은 모두 화자가 말하는 주제라고 볼 수 있을 것 같습니다.

① (가)의 '설움'은 ㉠을 경험하지 못하게 방해하는 요인을 나타낸다.

'설움'은 [㉠: 나의 봄]이 끝나서 즉, 모란이 져서 발생하는 화자의 감정입니다. 이미 경험한 것을 더 이상 경험하지 못할 때 일어나는 감정인 것이죠. 우리가 심화 탐구에서 해보았다시피 경험한 아름다움이기에, 그 소멸을 걱정하며 봄이 찬란하기만 한 것이 아니라 '찬란하면서 슬픈 봄'이 될 테니까 말입니다. 따라서, '경험하지 못하게 방해하는'이라는 워딩도 잘못되었고, 요인보다는 경험이 끝남으로 인해 발생한 '결과'이기에 역시 틀렸습니다. 작품의 가장 중요했던 부분인 '경험'을 문제로 구체화했네요.

<보기>의 강력함을 보여주는 대표적 문항이었습니다.

(가)

여러 산봉우리에 여러 마리의 뻐꾸기가
울음 울어
떼로 울음 울어
석 석 삼년도 봄을 더 넘겨서야
나는 길뜬 *설움에 맞이 들고
그것이 실상은 한 마리의 뻐꾹새임을
알아냈다.

지리산 하 한 봉우리에 숨은 **실제의 뻐꾹새**가
한 울음을 토해 내면
뒷산 봉우리 받아넘기고
또 뒷산 봉우리 받아넘기고
그래서 **여러 마리의 뻐꾹새**로 울음 우는 것을
알았다.

지리산 중
저 연연한 **산봉우리**들이 다 울고 나서
오래 남은 추스름 끝에
비로소 한 소리 없는 **강**이 열리는 것을 보았다.

섬진강 섬진강
그 힘센 물줄기가
하동 쪽 **남해**로 흘러들어
남해 군도의 여러 작은 **섬**을 밀어 올리는 것을 보았다.

봄 하룻날 그 눈물 다 슬리어서
지리산 하에서 울던 한 마리 뻐꾹새 울음이
이승의 서러운 맨 마지막 빛깔로 남아
이 세석(細石) * **철쭉꽃**밭을 다 태우는 것을 보았다.

- 송수권, 「지리산 뻐꾹새」 -

* 길뜬 : 길이 덜든.
* 세석 : 지리산 정상 아래 부근의 지명

1. (가)의 '설움'에 대한 설명으로 가장 적절한 것은?

① (가)의 설움은 자연물의 주술적 속성을 통해 구체적으로 표출된다.
② (가)의 설움은 화자가 처음 느낀 감정으로 화자로부터 뻐꾸기에게 전달된다.
③ (가)의 설움에는 부정적 현실에 대한 비판 의식이 담겨 있다.
④ (가)의 설움은 외부 대상과는 무관하게 화자의 내면에서 생성되는 정서이다.
⑤ (가)는 '철쭉꽃'의 색채를 통해 설움을 환기하며 시상을 마무리하고 있다.

2. (가)에 대한 설명으로 적절하지 <u>않은</u> 것은?

① 1연에는 화자가 깨달음에 도달하기까지 걸린 시간과 노력이 나타난다.
② 2연의 '실제의 뻐꾹새'는 '여러 마리의 뻐꾹새'와 상반되는 의미를 형성한다.
③ 2연~4연의 첫 행들은 각 연의 시적 공간에 대해 주의를 환기하는 방식으로 시상 전개에 통일성을 부여한다.
④ 3연~4연에서 '산봉우리', '강', '남해', '섬'이 잇달아 연결되면서 변화와 생성의 세계를 보여준다.
⑤ 3연~5연은 연의 끝 부분에 '보았다'를 반복적으로 사용하여 깨달음의 의미를 강조한다.

3. <보기>를 참고하여 (가)를 감상한 내용으로 적절하지 <u>않</u>은 것은?

<보 기>

「지리산 뻐꾹새」는 지리산의 정상에 가까워지면서 점차 먼 시야에 보이는 풍경에 따라 시상이 전개된다. 뻐꾹새의 울음은 설움 즉, 한(恨)의 정서를 상징하며, 그 울음이 퍼진 공간인 지리산은 이 정서로 인해 여러 영향을 받는 공간이다. 작가는 이러한 비유와 상징을 통해 인간 세계의 이치를 읽어 냄으로써 자신의 깨달음으로 형성한 세계관을 표출한다.

① '여러 마리의 뻐꾸기'가 한의 정서라는 동질성을 띠고 있음을 화자가 '알아냈'군.
② 지리산의 정상에 가까워질수록 넓어지는 시야와 함께 화자의 깨달음은 심화되는군.
③ '설움'은 오랜 시간 익어 세계를 변화시키는 원동력이며, 화자 역시 한의 정서가 만연한 인간 세계의 구성원이겠군.
④ '봄'은 깨달음을 얻는 과정의 시간으로, '철쭉꽃밭'이 타버려 '설움'이 존재하는 '마지막' 계절로 남겠군.
⑤ '마지막 빛깔'은 한이 세상에 드러난 결과물로 화자가 형성한 세계관의 이상으로 볼 수 있겠군.

Hint

3번 문항 Hint !!!
(너무 어렵게 느껴지는 사람만 보고 푸세요!)

작가가 읽어낸 인간 세계의 이치란, 한의 정서로 뭉쳐 연대하는 우리나라의 민중들을 말한다. 중요한 것은 서로 힘을 합칠 줄 알고, 작은 것부터 모여 끝내는 세상을 바꾸는 힘을 만들어내는 민초들의 힘이다. 이를 작가는 뻐꾹새의 울음이 울려 퍼지는 지리산의 산수를 보고 깨달은 내용을 시로 써낸 것이다.

독해를 해봅시다.

1. 지리산의 정상으로 점점 가면서 시상이 전개된다고 하니, 풍경에 따라 내용을 읽어야 할 것 같습니다.

2. 또한, 추상적으로 보일 뻐꾹새의 울음이 '한의 정서'를 뜻한다고 하니 둘을 치환하며 읽어야 할 것입니다. 이러한
    한의 정서가 지리산에 '어떤 영향'을 끼칠 지가 시의 관건일 것으로 보이네요.

3. 결국 지리산과 울음이 그 자체로 의미있다고 보기보다는, 지리산과 울음에 담긴 '비유와 상징'이 중요하다고 합
    니다. 숨은 의미를 찾아내는 것이 핵심일 것 같습니다. 힌트로는 인간 세계의 이치를 지리산과 울음에 비유했
    고 하니, 시라는 작가의 세계관 속에서 이를 찾아야겠네요.

→ 계속 이런 식으로 <보기>를 통해 작전을 짜야 합니다. 의식적으로 짜보는 경험이 궁극적으로
   엄청나게 긴장되는 수능에서도 안정적인 점수를 불러올 것입니다.

이제 시를 읽읍시다. 잊지 말고 '한의 정서'가 결국 인간 세계와 무슨 상관일지 생각해야 합니다.

<시 독해>

(가) 지리산 뻐꾹새 _ 후에 산이 나온다면 지리산일 겁니다.

여러 산봉우리에 여러 마리의 뻐꾸기가
울음 울어
떼로 울음 울어
석 석 삼년도 봄을 더 넘겨서야
나는 길든 설움 에 맞이 들고
그것이 실상은 한 마리의 뻐꾹새임을
알아냈다.

이팔청춘이라는 말을 들어본 적이 있으시죠? 이팔청춘은 몇 세를 가리키는 말일까요?
$2 \times 8 = 16$, 그래서 16세를 말합니다. 마찬가지로 석 석 삼년 → $3 \times 3 \times 3 = 27$, 27살이 화자의 나이를 말하는 것 같습니다. 담백하게 상상하면, 여러 산봉우리가 있는 산속에서 화자는 뻐꾸기 울음을 들어왔습니다. 여러 소리인 줄 알았는데 알고 보니 '한 마리'였다고 하네요...! 어떻게 된 일인 줄은 모르겠지만 중요한 것은 '알아냈다'는 것입니다. 왜냐하면, 시에서 화자가 깨달은 바는 궁극적으로 작가가 시를 쓰게 된 계기이며, 시를 통해 작가가 우리에게 말하고자 하는 바이기 때문입니다. 따라서, 화자가 무엇을 알아낸 것인지, 그리고 그 무엇이 길이 덜 든 설움과는 무슨 상관인지를 알아내야 될 거라고 작전을 짜고 나머지를 독해해야 합니다.

지리산 하 한 봉우리에 숨은 **실제의 뻐꾹새**가
한 울음을 토해 내면
뒷산 봉우리 받아넘기고
또 뒷산 봉우리 받아넘기고
그래서 **여러 마리의 뻐꾹새**로 울음 우는 것을
알았다.

맥락상 '실제의 뻐꾹새 = 하나의 뻐꾹새'로 보입니다. 여러 마리가 내는 소리인 줄 알았는데 알고 보니 한 마리로부터 퍼져나가서 여러 마리의 울음처럼 들렸다고 하네요. 마치 메아리처럼요!
화자의 깨달음이 나오고 있으니 매우 중요한 대목입니다. 이를 <보기>에서 나온 한(恨)의 정서와 이제 연관지어야 합니다. 실제의 뻐꾹새가 만든 '한'이 여러 마리의 뻐꾹새로 울음 우는 것처럼 된다는 것은 무슨 의미일지 독해를 하며 찾아봐야 할 것 같습니다.

지리산 중
저 연연한 **산봉우리**들이 다 울고 나서
오래 남은 추스름 끝에
비로소 한 소리 없는 **강**이 열리는 것을 보았다.

지리산 하 → 지리산 중턱이 됐으니 더 멀리까지 보일 겁니다. 멀리 보이는 강이 산 너머로 슬쩍 보인다고 하네요 이 또한 깨달음의 일부일 겁니다. 계속해서 '보았다'고 하니까요.

+ 깨달았다 / 알았다 / 보았다 : 화자의 깨달음이 나오는 것이므로 시의 주제와 직결되니
반드시 확인해야 하는 용언들입니다. 기억해둡시다!

섬진강 섬진강
그 힘센 물줄기가
하동 쪽 **남해**로 흘러들어
남해 군도의 여러 작은 **섬**을 밀어 올리는 것을 보았다.

섬들을 아마 본 것일 테지만, 묘사하기로는 강이 바다로 흘러들고, 그 물이 그대로 섬을 밀어 올린 것처럼 말하고 있습니다. 중요한 것은 뻐꾹새의 울음으로부터 이 엄청난 일들이 모두 진행되고 있다는 것이겠죠...!

봄 하룻날 그 눈물 다 슬리어서
지리산 하에서 울던 한 마리 **뻐꾹새** 울음이
이승의 서러운 맨 마지막 빛깔로 남아
이 세석(細石) * **철쭉꽃**밭을 다 태우는 것을 보았다.

봄 하룻날 눈물을 흘리며 내던 울음소리가 이 엄청난 일들을 모두 했습니다. 그리고 끝내 지리산 정상(세석)에 울음이 울려 퍼졌습니다. 물론 실제로 철쭉꽃을 태운 것은 아니고 울음이 울려 퍼지는 모습을 그려낸 것일 겁니다. 상상하기를 해보세요!

지리산 하에서부터 퍼진 뻐꾹새 울음이 정상까지 도달하여 산, 강, 바다, 섬을 모두 바꾼 모습이 시의 내용이었습니다. 그럼 이제 여기에 의미를 입혀 봅시다. <보기>의 내용을 반영해서요.

뻐꾹새 울음 → '한의 정서' ... <보기>에서 알려줌
지리산 → '한의 정서'가 만연한 세계 ... <보기>에서 알려줌
뻐꾹새의 울음이 지리산에 끼친 영향 → 강산이 변하는 모습 → 세상이 변할 정도의 힘

∴ '한의 정서'는 세상을 바꿀 수 있는 힘을 가진 인간 세계의 이치

여기서 그치면 안 됩니다. 결국 우리는 1연에서 제시된 화자의 깨달음인 '여러 마리의 뻐꾹새가 실상은 하나였음'의 의미를 해석해내야 합니다. 결국, 한반도에서 벌어진 여러 한스러운 상황이 동질적으로 '한'이라는 정서였음을 깨닫고 이를 민족적 차원으로 승화시킨 것이 이 시였네요.

방금 한 것처럼 <보기>의 추상적인 단어와 대응되는 구체적인 시어들을 찾으면, 시가 해석되는 것을 볼 수 있습니다. 읽는 입장에서 이번 (가) 시는 읽고 나서 남는 게 없는 듯 보이는 매우 추상적인 시의 일종이었을 겁니다. 이러한 시들은 대체로 <보기>가 주어지나, 사실 기출에서 출제되었을 때는 <보기>가 없었습니다. 옛 기출이긴 하지만 수능에서 문학이 어려워지는 추세인만큼 이 정도까지에 대한 대비를 하는 것을 저는 추천 드립니다. (06학년도부터 학습하시면 됩니다!)

이제 문제 풀어 봅시다!

1. (가)의 주제와 밀접한 연관이 있는 시어 '설움'에 대해 물어보고 있습니다.

① (가)의 설움은 자연물의 주술적 속성을 통해 구체적으로 표출된다.
　　설움이 표출되는 자연물은 뻐꾹새인데, 딱히 주술적 속성은 보이진 않습니다. 주술적 속성 ex) 구지가
② (가)의 설움은 화자가 처음 느낀 감정으로 화자로부터 뻐꾸기에게 전달된다.
　　설움은 뻐꾹새의 울음으로부터 화자가 깨달음을 얻게 된 감정입니다.
　　엄밀히 말해 처음 느낀 감정도 아닐뿐더러 전달의 방향도 잘못됐다고 볼 수 있습니다.
③ (가)의 설움에는 부정적 현실에 대한 비판 의식이 담겨있다
　　이 시는 인간 세계를 묘사한 것이지 비판이 담겨 있지는 않았습니다. 주제와 어긋났네요.
④ (가)의 설움은 외부 대상과는 무관하게 화자의 내면에서 생성되는 정서이다.
　　2번 선지와 결이 비슷한 선지입니다. 뻐꾹새로부터 느낀 것이므로 무관하지 않습니다.
　　다만 정서가 내면에서 생성되는지는 우리가 판단할 수 없는 영역입니다. (주관적이니까요)
⑤ (가)는 '철쭉꽃'의 색채를 통해 설움을 환기하며 시상을 마무리하고 있다.
　　지리산 정상은 한의 정서가 절정을 이루며 세상을 휩싸고 도는 곳입니다. 철쭉꽃의 색채를 한의 정서가
　　불태워진 색으로 묘사를 하면서, 멋지게 시상을 마무리했었으니 정답이네요! (O)

'설움'이라는 시어는 '한의 정서'를 말한다는 것에 유의해서 답을 고르면 됩니다.
또한, 이 시의 하이라이트는 단연 마지막 연이었습니다. 지리산 하에서부터 정상까지 올라오게 되면서 활짝 핀 철쭉꽃의 색채 역시 한의 정서와 연관 지음으로써 세상을 바꿀 수 있는 힘의 면모를 시각적으로 보여주었었기 때문입니다.

2번 선지와 4번 선지의 경우, 이 시의 시상 전개 방식과 연관지어 출제됐습니다. 화자의 깨달음이 시로 형상화되었는데 이러한 깨닫는 과정을 무시한 선지들이기에 정오 판단이 가능했습니다. 이렇게 큰 생각으로 풀지 않고 세부적으로 '처음'이나 '내면에서 생성' 등에 눈이 가게 됐다면, 아마 시간 소요가 컸을 것으로 보입니다.

역시나 정답은 주제가 명확히 드러나는 부분에서 나오는 것을 또 확인할 수 있었네요!

2. (가)의 주제를 물어보는 문항입니다.

② 2연의 '실제의 뻐꾹새'는 '여러 마리의 뻐꾹새'와 상반되는 의미를 형성한다.

화자의 깨달음이 주제였습니다.

깨달음 : 여러 마리의 새가 낸 줄 알았는데 알고 보니 한 마리(실제의 뻐꾹새)였다.
→ 시의 대목에 '실제의 뻐꾹새'가 낸 울음이 여러 산봉우리를 거쳐 '여러 마리의 새'로 운다고
　　말했으니 둘은 인과관계를 맺고 있으며 '한의 정서'라는 동일한 의미를 가집니다.
　　결국 개인의 '한'은 민족의 '한'과 동질적인 것이니까요.

상반되는 의미라는 것은 주제인 화자의 깨달음을 완전히 부숴버리는 표현이었습니다.

3. 역시나 (가)의 주제를 묻는 문항입니다.

① '여러 마리의 뻐꾸기'가 한의 정서라는 동질성을 띠고 있음을 화자가 '알아냈'군.
　　화자의 깨달음이 이 시의 주제였죠. 다른 상황으로 보였던 것들이 사실은 모두 한의 정서였습니다. (O)
② 지리산의 정상에 가까워질수록 넓어지는 시야와 함께 화자의 깨달음은 심화되는군.
　　지리산 하에서 시작해 세석에 거쳐서 시상이 전개됐었으며 깨달음이 심화되는 게 이 시였죠? (O)
③ '설움'은 오랜 시간 익어 세계를 변화시키는 원동력이며, 화자 역시 한의 정서가 만연한 인간 세계의 구성원이겠군.
　　설움으로 인해 강이 변하고 하기까지는 매우 오랜 시간이 걸렸을 겁니다.
　　오죽하면 27년이 걸려서 화자가 깨달았을까요! 화자도 역시 이러한 인간 세계의 이치가 작용하는
　　한 명의 사회 구성원이니 옳은 선지입니다. (O)
④ '봄'은 깨달음을 얻는 과정의 시간으로, '철쭉꽃밭'이 타버려 '설움'이 존재하는 '마지막' 계절로 남겠군.
　　'봄'은 한의 정서가 철쭉꽃으로 전이되어 피는 계절입니다. 철쭉꽃이 타버렸다는 것 또한 '승화'를 나타
　　내는 것이지 소진을 뜻하는 게 아니죠. 그러므로 한의 정서인 설움은 앞으로도 계속 존재할 겁니다. (X)
⑤ '마지막 빛깔'은 한이 세상에 드러난 결과물로 화자가 형성한 세계관의 이상으로 볼 수 있겠군.
　　한의 정서가 절정에 이르러 색채로 나타난 것이 '마지막 빛깔'이며 이는 작가가 형성한 세계관인 시의
　　주제이자 추구해야할 바람직한 가치이므로 이상으로 볼 수 있을 겁니다. (O)

굉장히 추상적이지만 매우 깊은 곳까지 물어 난도가 어려웠던 문항이나, 역시 화자가 얻은 깨달음에 대한 문제였습니다.

이제 문제와 별개로 우리의 이번 파트 학습법인 '대상 치환하기'를 해봅시다.
우리는 <보기>를 통해 한의 정서가 이 시의 주제임은 알았습니다. 이러한 이유는 예로부터 뻐꾹새의 울음은 설화를 통해 한의 정서를 상징한다는 전통이 있었기 때문인데 이를 몰랐던 우리가 예까지 <보기> 없이 해석하리란 불가능과도 가까운 일일 텝니다. 그렇다면, 시의 내용과는 배치되지 않는 대상을 뻐꾹새에 대입해보는 연습을 해봅시다.

Step 4. 대상 치환하기 START!

여러 마리인 줄 알았는데 사실은 동질적이었던 것. 뿐만 아니라 매우 놀라운 파급력을 가지고 있던 것. 그 둘을 찾아보아야겠죠.

실제의 뻐꾹새 → ??? / 여러 마리의 뻐꾹새 → ???

(자유로이 밑의 여백에 써봅시다.)

1) 실제의 뻐꾹새: 스티브 Jobs
   여러 마리의 뻐꾹새: 애플의 모든 제품들

2) 실제의 뻐꾹새: 종유석에서 나오는 석회수
   여러 마리의 뻐꾹새: 거대한 석회 동굴

3) 실제의 뻐꾹새: 낙뢰로 인해 생긴 들불
   여러 마리의 뻐꾹새: 불의 발견 이후 발전한 인간 문명

4) 실제의 뻐꾹새: 1990s 금 모으기 운동
   여러 마리의 뻐꾹새: 최단기간 IMF 사태 극복

다시 한 번 말씀드리지만 이는 문제를 풀기 위한 쉬운 방법보다는 자신의 해석이 제대로 되었는지 확인하는 용도라는 것을 기억해주세요! 이 지문을 풀다가 많이 질문 들어오는 것들 중 하나가 바로 그래서 뻐꾹새 울음이 어쨌냐는 거였는데, 강산이 열리는 것을 간단하게 세상이 바뀐다고 해석할 수 있었는지가 관건이었던 것 같습니다. 이를 살려서 그대로 추가 개념을 서술하도록 하겠습니다.

+ 추상적인 문구는 일반적인 서술로 바꾸자! - 일반화

방금 본 지문에서 강산이 바뀌는 것을 세상이 바뀐다고 바꾸는 것은 생각보다 어렵습니다.
그러나, 맨날 같은 패턴으로 시에서 약속하듯이 이루어지는 것이기 때문에 한 번 체득하면 결국 여러분들이 계속해서 할 수 있다는 것이 핵심입니다. 따라서, 지금부터 어떤 같은 패턴인지 확인하시면서 따라와 주시길 부탁드립니다.

[일반화]는 주로 시인의 개인적이고 세부적인 해설을, 읽는 모두가 공감할 수 있는 일반적인 내용으로 바꾸어서 읽는 것을 말합니다. 위의 시의 경우 [지리산 뻐꾹새]라는 시 안에서 이루어진 화자의 세부적인 '지리산과 남해의 변화'라는 것이 서술되고 있었습니다. 이를 읽는 모두가 공감할 수 있는 일반적인 내용으로 바꾸기 위해 [세상]이라고 바꾸어서 해석하는 것입니다. 그러면 읽는 사람이 자기가 속한 세상을 대입해서 읽으면 서로 다른 대상들을 각각 떠올리되, 모두가 이 시에서 올바른 독해를 할 수 있을 것입니다.

일반화 : Personal, Specific → Public, General

왼편의 차원과 오른편의 차원을 생각해보면, 일반화가 이루어진 후가 훨씬 차원이 크다는 것을 알 수 있습니다. 단순한 지리산이 세상으로 엄청나게 커진 것처럼요. 따라서, 이러한 [일반화]를 할 때에는 차원을 키운다고 생각하면 쉽게 할 수 있습니다. 한 번 여러 시들과 함께 해봅시다.

바람이 어디로부터 불어와
어디로 불려 가는 것일까,

바람이 부는데
내 괴로움에는 이유가 없다.

내 괴로움에는 이유가 없을까,

단 한 여자를 사랑한 일도 없다.
시대를 슬퍼한 일도 없다.

바람이 자꾸 부는데
내 발이 반석 위에 섰다.

강물이 자꾸 흐르는데
내 발이 언덕 위에 섰다.

- 윤동주, 「바람이 불어」 -

―――――――― <보　　기> ――――――――

「바람이 불어」에서 '바람'은 화자가 성찰을 하도록 영향을 주는 힘으로 인식된
다. 이처럼 성찰을 하는 현대시에서는 자신과 다른 대상을 보며, 오히려 현재 자
신의 상태를 더 잘 알게 되는 경우가 많다.

Level 1. 다음 시에서 화자의 개인적이고 세부적인 서술을 찾아 쓰시오.

Level 2. [일반화]를 하여 모두가 공감할 수 있는 일반적인 내용으로 전환해 쓰시오.

Level 3. 이 시의 화자는 어떤 [**현실과 이상의 괴리**]를 겪고 있는지 자세히 쓰시오.

바람이 어디로부터 불어와
어디로 불려 가는 것일까,

바람에 대해 사색을 시작합니다. 아직 의미는 모르겠지만, 일단 시를 시작하게 된 계기가 [바람]이 부는 상황을 화자가 목격한 것이라고 알 수 있습니다.

바람이 부는데
내 괴로움에는 이유가 없다.

그런데, 이제 단순히 사색이 아니라는 것을 알 수 있습니다. 화자의 괴로움이 제시되고 있기 때문입니다. 이때 바람이 부는'데'라고 말하는 것으로 보아 [바람]과 화자의 상황은 대비되고 있음을 시에서도 알 수 있고, <보기>에서도 또한 알 수 있을 것입니다.

내 괴로움에는 이유가 없을까,

어조의 변화는 항상 집중해야 합니다. 어조란, 말의 어투를 말하는 것으로 일반적으로 '어미'를 보거나 문맥상으로 판단이 가능합니다. 간단히 말해 웹소설을 드라마로 바꾸는 PD에게는 어조란, 배우들이 같은 대본을 읽더라도 얼마나 원작에서 요구하는 느낌을 잘 살리느냐를 결정짓는 요인일 것입니다.

이 대목에서 어조가 바뀌었습니다. 괴로움에는 이유가 없다고 단정적으로 말하던 화자가 의문을 던지기 시작했기 때문입니다. 앞서 말씀드렸던 것처럼 깨달음은 시에서 매우 중요한 포인트입니다. 깨달음을 얻기 위해서는 특정 문제 상황을 인식하고 그에 대한 해결책을 자신이 떠올려야 합니다. 즉, 의문을 던지는 것은 깨달음을 얻기 위한 가장 기본적인 단계라고 말할 수 있는 겁니다. 이에, 화자가 괴로움의 이유를 찾으면 그것이 시의 주제와 직결될 것이라고 생각하며 독해를 했어야 합니다.

단 한 여자를 사랑한 일도 없다.
시대를 슬퍼한 일도 없다.

Level 1의 답이 나왔습니다. 화자에게 적용되는 한정적인 문구입니다. 화자는 단 한 여자를 사랑한 일도 없고, 시대를 슬퍼한 일도 없다고 합니다. 그나마 시대를 슬퍼한 일도 없다는 건 세상에 여태 관심이 없었다는 것 같지만, 전자의 경우에 정말 여자와 사귄 적도, 심지어 짝사랑조차 하지 않은 진성 모태 솔로였다는 것을 밝히고 싶었던 것일까요?
아닐 겁니다. [일반화]를 해봅시다. 현재는 단 한 여자라는 아주 작은 차원입니다. 키워볼까요?

[일반화] : 단 한 여자 → 여자 → 모든 사람

따라서, 화자는 인류애의 결핍을 말했던 것입니다. 다른 사람에게 무관심했고, 자신만을 신경쓰는 그런 삶을 살았다고 고백한 셈입니다. Level 2 답까지 나왔네요!

바람이 자꾸 부는데
내 발이 반석 위에 섰다.

시의 초반에 나온 대로 다시 화자는 자신의 모습을 바람과 대비시키고 있습니다. 바람이 부는 것과 달리 화자는 반석 위에 멈춰있네요. 발전하지 못한 채 정체된 느낌이 듭니다.

강물이 자꾸 흐르는데
내 발이 언덕 위에 섰다.

한술 더 떠서 바람뿐만 아니라 강물도 흐르는데, 자신은 정체해 있다고 말하며 시를 마무리했습니다. 그렇다면, 결국 이 시의 주제는 무엇일까요? 사람과 시대(세상)에 무관심했던 화자는 자신이 정체되어 있다는 것을 깨닫고 반성 중이라는 것입니다.

'화자의 자기 인식을 바탕으로 한 성찰'

이 바로 시의 주제겠네요!

Level 3의 답은 자신의 이기적인 모습으로 인해 생긴 자아에 대한 괴리가 답입니다. 성찰에 관한 시이니 자신에 대한 괴리가 있다는 것은 알기 쉬웠을 테고, 그 괴리의 원인이 이기적인 모습이라는 것만 연결시켰으면 됐었습니다. 어쨌든 이런 식으로 [일반화]를 해야 된다는 것입니다.

잠시 샜지만, 우리의 본분인 대상 치환하기도 마저 해봅시다! 이 시의 작가는 윤동주이기에 화자의 이기적이고 무관심한 모습은 결국 일제강점기 시대에 독립을 위한 노력을 하지 못하는 소극적인 자신에 대한 비판으로써 이 시가 읽힐 겁니다. 하지만, 우리는 일제강점기 시대의 사람은 아니니까요. 한 번 대상을 치환해보도록 하겠습니다. 화자는 무엇을 반성하고 있을까요?

…
…
…

예시 답안 _

1) 투표를 잘 못해서 자신의 처지와 맞지 않는 대통령을 뽑아 생활고에 빠진 화자
2) 가족에게 무관심했다가 사별한 후 후회하는 화자
3) 자신의 성공만을 바라보고 살다가 다른 인간적 가치에 대해 고민하기 시작한 화자

다시 돌아와서 대상 치환하기 마지막으로 해봅시다.
대상 치환하기 예제 2 (오른쪽의 여백에 본인의 해석을 각 연마다 써보세요.)

아무도 그에게 수심(水深)을 일러준 일이 없기에
흰나비는 도무지 바다가 무섭지 않다.

청(靑)무우밭인가 해서 내려갔다가는
어린 날개가 물결에 절어서
공주(公主)처럼 지쳐서 돌아온다.

삼월(三月)달 바다가 꽃이 피지 않아서 서글픈
나비 허리에 새파란 초생달이 시리다.

- 김기림, 「바다와 나비」 -

1. 시인이 시를 창작하면서 시상을 떠올린 과정을 중심으로 (가)를 감상한다고
할 때, 감상한 내용으로 적절한 것을 <보기>에서 두 개 골라 묶으시오.

<보   기>

ㄱ. '청무우밭'은 '바다'의 색채와 형태에서 연상된 걸 거야.
ㄴ. '물결'과 맞서고 있는 '나비'의 모습에서 '공주'의 속성을 떠올
    렸을 거야.
ㄷ. '꽃이 피지 않아서'는 '물결'이 일지 않는 '바다'의 모습에서 연
    상되었을 거야.
ㄹ. '새파란 초생달이 시리다'는 '나비 허리'와 '물결'을 연관지어
    연상한 공감각적 심상일 거야.

Level 1. 시적 상황 '상상'해보기 (Hint. 바다-나비-청무우밭-초생달 시어들 위주로 생각해보기)

Level 2. '바다'와 '나비'에 해당하는 대상 치환해보기
[바다]:
[나비]:

Level 3. 주제 정리해서 쓰기

주제:

바다와 나비

제목으로 보아 가장 중요한 시어가 바다와 나비인가 봅니다. 각각의 시어를 집중하는 것뿐만 아니라 둘의 관계가 어떤 관계일지도 생각해야 할 것 같습니다. 제목은 바다, 나비가 아니라 '바다와 나비'이니까요. 따라서, 두 시어의 의미와 관계를 알아내기 위해 독해를 해봅시다.

아무도 그에게 수심(水深)을 일러준 일이 없기에
흰나비는 도무지 바다가 무섭지 않다.

흰나비는 수심을 모르는 상황인가 봅니다. 바다 위를 날고 있고, 물의 깊이를 몰라 자신이 죽을 수도 있다는 상황을 모른 채 여유롭게 날아 다니는 나비의 모습이 상상되네요.

청(靑)무우밭인가 해서 내려갔다가는
어린 날개가 물결에 절어서
공주(公主)처럼 지쳐서 돌아온다.

바다가 바다인줄 모르고 파란 무밭인줄 알고 바다 위로 내려갔다고 합니다. 흰나비가 바다 위에 내려앉으면 사실 죽을 위기 아닐까요? 날개가 젖어버려 무거워지면 그대로 빠져 죽는 거니까요.
그래서 지쳐서 돌아온다고 합니다. 근데 이게 왜 '공주'처럼 일까요? 공주라는 단어와 나비의 이러한 시적 상황 간의 공통점을 찾아야 합니다. 아직은 잘 모르겠네요. 시를 읽다가 주제를 알아야 이를 알 수 있을 것 같습니다.

삼월(三月)달 바다가 꽃이 피지 않아서 서글픈
나비 허리에 새파란 초생달이 시리다.

나비가 꽃밭인줄 알고 바다에 갔던 위의 상황을 다시 표현하고 있습니다. 삼월달이면 당연히 꽃이 있어야 하는데 하필 바다여서 나비가 생각지도 못한 상황이 벌어졌습니다. 새파란 초승달이 나비 허리에 진짜 시릴 수 있을까요? 아닙니다. 나비는 지금 물에 젖었는데 이를 초승달이 시리다고 하고 있으니 상상하기로 상상해봅시다.

초승달이 뜬 어느 날에 나비가 신나게 바다 위를 날고 있습니다(지구과학을 했다면, 초승달이 보이는 시간은 초저녁이라는 것을 알 수 있습니다.). 그러다가 푸른 바다가 청무우밭인줄 알고 신나서 내려갔습니다. 초승달이 바다에 비치나 봅니다. 나비가 바다를 보면서 동시에 고개를 들어 달을 보는 것은 불가능하니까요. 그리고 나비는 초승달이 비친 흰 부분을 보고 꽃인가 싶어서 그 위에 앉았다가 물에 젖어 화들짝 놀랐나보네요. 이게 나비 허리에 새파란 초승달이 시릴 수 있는 유일한 방법 같습니다.

그럼 간략히 주제를 정리해볼까요?

'생각과 다른 현실에 부딪힌 나비'

그럼 대상을 생각해봅시다. [바다]는 나비가 마주한 예상치 못한 현실일 겁니다. [나비]는 생각과 다른 현실로 인해 고통 받는 존재일 겁니다. 그러면 이제 대상 치환하기를 해봅시다.

1) [바다]: 왕국의 저잣거리 / [나비]: 처음 궁을 나선 공주
2) [바다]: 나라 최고의 학교 / [나비]: 시골에서 전교 1등이었으나 대학 진학 후 고생하는 학생
3) [바다]: 수험 서적을 사는 수험생들 / [나비]: 당연 완판할 줄 알았으나 재고가 남아도는 저자
4) [바다]: 넓은 세상 / [나비]: 우물 안 개구리

한 번 감을 잡았으면 수없이 대상을 찾을 수 있었던 시입니다. 왜 공주처럼 지쳐서 돌아온 건지 이제 이해가 가시나요? 이 시 자체에서 [나비→공주]라는 대상 치환하기가 일어났던 것입니다.

이제 문제를 볼까요?

ㄱ. '청무우밭'은 '바다'의 색채와 형태에서 연상된 걸 거야.
바다가 청무우밭이라 생각해서 나비가 들어갔다가 젖는 것이 이 시의 시적 상황이었죠. (O)

ㄴ. '물결'과 맞서고 있는 '나비'의 모습에서 '공주'의 속성을 떠올렸을 거야.
물결이 나비의 날개를 적셔서 나비를 힘들게 한 건 맞지만, 맞서는 대결 구도인지는 애매합니다. 나비는 애초에 청무우밭인 줄 알고 신나서 내려갔다가 물결에 절여진 건데, 이건 사고지 어떤 대결심에 의한 문제가 아니니까요. 또한, 공주의 속성인 아직 세상을 모르는 천진난만함은 나비가 물결을 청무우밭으로 생각한 그 상황 자체로부터 떠올려졌다고 볼 수 있을 겁니다. (X)

ㄷ. '꽃이 피지 않아서'는 '물결'이 일지 않는 '바다'의 모습에서 연상되었을 거야.
꽃이 피지 않아서 나비가 슬퍼했던 건, 천진난만한 나비의 생각과는 다른 현실을 말한 거였습니다. 나비는 청무우밭에 꽃이 피었을까 해서 내려간 것이었는데, 사실 바다여서 날개가 절여졌습니다. 바로 그 상황 자체가 나비에게는 천진난만함에 금이 가는, 세상을 알아가는 과정이어서 필연적이지만 슬픈 상황인 것입니다. 따라서, 물결이 일지 않는 바다의 모습에서 연상되었다기보다는 바다를 오해한 나비가 물결에 절여지며 현실을 깨달은 장면에서 연상이 되었을 겁니다. (X)

ㄹ. '새파란 초생달이 시리다'는 '나비 허리'와 '물결'을 연관지어 연상한 공감각적 심상일 거야.
나비 허리에 물결이 젖은 것을 새파란 초생달이 시리다고 표현한 것이었죠. 이는 나비에게 전해지는 속세의 모습으로 인한 슬픔을 시각(새파람)과 촉각(시리다)이 결합된 공감각적 심상으로 표현한 것이라고 볼 수 있겠습니다! (O)
∴ 'ㄱ,ㄹ'이 답이 되겠습니다.

앞으로도 시 관련 문제를 풀고 나서 분석할 때에 비슷한 대상을 찾아보는 연습을 해보세요.
숙달되면 시험 현장에서도 대상을 금방 찾아 시를 읽을 때 보다 쉽게 읽을 수 있을 것입니다.
국어를 풀면서 가장 중요한 것은 글쓴이의 독창적 생각을 자신도 이해하는 것입니다. 특히나 현대시는 그 압축성이 높아 이가 어려워 고도의 유연한 사고가 필요합니다. 따라서 대상 치환하기를 통해 유사성, 차이를 고려하여 사고하는 연습을 해 국어 성적을 올려봅시다!

주제를 강조하는
표현법

마지막으로 주제와 직결되는 표현들이 있습니다. 내재적으로 이 표현들은 주제를 강조하기 위해 쓰인
표현들이기에 이 표현들만 잘 확인해도 작품 전체에 대한 이해도를 높일 수 있습니다.
Part 1의 마지막 단원인 만큼, 앞선 과정들에 대한 이해가 올바르게 됐다는 것을 가정하고 설명을 진행
했습니다. 따라서 철저한 복습을 해주시고 이 파트에 임해주세요!

STEP 5. **주제를 강조하는 표현법**

주제를 강조하는 표현법들을 알아두면 이 표현법이 쓰인 곳이 곧 주제입니다. 말 그대로 주제를 강조하는 표현법이니까요. 그러한 표현법은 '반어', '역설', '수미상관'입니다. '수미상관'은 개념적인 내용이 따로 없으니, 동일하지 않고 유사하기만 해도 수미상관이라는 사실만 짚고 이 파트에서는 다루지 않겠습니다. 다만 수미상관을 발견하면 그 지점이 곧 주제라는 건 반드시 기억하세요!

Ⅰ. 반어 _ Irony

반어법이란, 말 그대로 본심과 다르게 반대로 표현하는 문학 기법입니다. 마치 설의법처럼 말이죠. 설의법의 경우 겉으로만 의문형이지만 진의는 아니라는 점에서 반대이나, 반어법은 글자 자체로는 p의 의미지만, 문맥상 작가의 진의는 $\sim p$라는 점에서 반대로 작용합니다. 상황을 생각해 봅시다.

오래 연애했으나 상대가 유학을 가게 되어 헤어지는 연인이 있습니다. 가는 사람은 상대에게 정을 떼기 위해 울음을 참고 한마디 합니다. '난 이제 너 보고 싶지 않아.' (맘찢…)
과연 정말 보고 싶지 않아서 저런 걸까요? 이상하게도 이걸 보는 사람들은 두 사람이 엄청나게 서로를 사랑하고 있다고 생각하게 됩니다. 글자는 보고 싶지 않다는 의미지만, 문맥과 상황을 고려했을 때 반어법이 쓰였다고 생각하기 때문이죠.

이에 필연적으로 반어법이 등장하면 그 부근은 주제일 수밖에 없습니다. 주제를 강조하려고 굳이 반대로 말하는 표현 방법이 반어법이니까요. 이러한 반어법을 판단하려면 결국 문맥과 상황을 알아야만 합니다. 암만 봐도 주제랑 정반대인 것이 티가 나도록 명확히 쓰여야 독자들이 이해하기에 작가들은 충분히 반어임을 알아채라고 앞에서 빌드업을 엄청 해줍니다. 제가 앞선 사례에서 둘의 상황과 관계를 미리 설명해준 것처럼 말이죠. 따라서, 우리가 지금 해온 대로 '상상하기'를 비롯해 시를 담담히 읽는다면 저절로 알아챌 수 있으리라 생각이 됩니다.

그래도 사례들을 보면서 어떤 식으로 해야 할지 사소한 팁이라도 한 번 배워봅시다!

(반어법이 어디 쓰였는지 찾아보세요)

영화(映畵)가 시작하기 전에 우리는
일제히 일어나 애국가를 경청한다
삼천리 화려 강산의
을숙도에서 일정한 군(群)을 이루며
갈대숲을 이륙하는 흰 새 떼들이
자기들끼리 끼룩거리면서
자기들끼리 낄낄대면서
일렬 이열 삼렬 횡대로 자기들의 세상을
이 세상에서 떼어 메고
이 세상 밖 어디론가 날아간다
우리도 우리들끼리
낄낄대면서
깔쭉대면서
우리의 대열을 이루며
한세상 떼어 메고
이 세상 밖 어디론가 날아갔으면
하는데 대한 사람 대한으로

길이 보전하세로
각각 자기 자리에 앉는다
주저앉는다

　　　　　　- 황지우, 「새들도 세상을 뜨는구나」-

영화를 비롯해 사람들이 여럿 모인 곳에서는 1970년대 즈음에는 국민의례가 필수적이었습니다. 이러한 시대적 배경이 잘 드러난 시입니다. 애국가 화면에 흰 새 떼가 나와 날아 다닌다고 합니다. 그런데 이 새들의 소리가 이상하네요. 낄낄 끼룩. 과연 웃겨서 이런 걸까요...?

애국가의 가사가 진행될수록 새들을 자유롭게 어디론가 날아가고 있습니다. 그에 반해 맨 마지막 연에 의하면 '우리'들은 어떤가요? 의자에 다시 주저앉아 버립니다. 새들의 모습과 대비되네요. 원래의 애국가라면 듣기만 해도 우렁차고, 힘이 나야 하는데 오히려 애국가가 흘러나오며 나오는 영상과 자신의 삶이 너무 대조된다는 걸 알게 된 사람들은 좌절하는 모양새로 보입니다.

정말 애국심을 갖고 부를 수 있는 애국가였나요? 국민으로서 자부심이 보이는 애국가였나요?
웃음소리인 낄낄, 깔쭉이 정말 웃어서 나는 소리였나요? 아니요!

문맥상 국민의례가 정부의 정치수단으로 쓰였던 시대를 비판한다는 것을 알 수 있으며, 이를 대놓고 쓰지 못하니 반어법을 사용해 시를 그려낸 것입니다. 하지만 독자는 분명히 알 수 있습니다. 무엇인가 잘못된 상황이라는 것을요. 이런 식으로 반어를 알아채주시면 됩니다. 본격적으로 문제 풀어봅시다!

(가)
새는 새장 밖으로 나가지 못한다.
매번 머리를 부딪치고 날개를 상하고 나야 보이는,
창살 사이의 간격보다 큰, 몸뚱어리.
하늘과 산이 보이고 ㉠울음 실은 공기가 자유로이 드나드는

그러나 살랑거리며 날개를 굳게 다리에 매달아 놓는,
그 적당한 간격은 슬프다.
그 창살의 간격보다 넓은 몸은 슬프다.
넓게, 힘차게 뻗을 날개가 있고
㉡날개를 힘껏 떠받쳐 줄 공기가 있지만
새는 다만 네 발 달린 짐승처럼 걷는다.
부지런히 걸어 다리가 굵어지고 튼튼해져서
닭처럼 날개가 귀찮아질 때까지 걷는다.
새장 문을 활짝 열어 놓아도 날지 않고
닭처럼 모이를 향해 달려갈 수 있을 때까지 걷는다.
㉢걸으면서, 가끔, 창살 사이를 채우고 있는 바람을
부리로 쪼아 본다, 아직도 벽이 아니고
㉣공기라는 걸 증명하려는 듯.
유리보다도 더 환하고 선명하게 전망이 보이고
㉤울음 소리 숨내음 자유롭게 움직이도록 고안된 공기,
그 최첨단 신소재의 부드러운 질감을 음미하려는 듯.

- 김기택, 「새」-

1. (가)에 대한 이해로 가장 적절한 것은?
① '나가지 못한다'라는 단정적인 표현을 통해 새가 태생적으로 새장 안에 머무른다는 생각을 강조하고 있다.
② '울음 실은'이라는 수식으로 새가 외부에 도움을 요청할 수 있다는 것을 나타내고 있다.
③ '그러나'라는 접속사를 통해 새의 고통스러운 경험이 오히려 긍정적인 깨달음을 내포함을 나타내고 있다.
④ '닭처럼'이라는 수식을 통해 새가 닮게 된 닭의 모습이 새장에 대한 의존성을 강화하고 있음을 드러내고 있다.
⑤ '-듯'의 반복을 통해 새의 노력이 상황을 변화시키고 있음을 드러내고 있다.

2. 다음에 제시된 선생님의 안내에 따라, ㉠~㉤을 탐구한 내용으로 적절하지 않은 것은?

> 공기는 눈에 보이지 않지만 사물의 움직임을 통해 지각되고, 계속 움직이며 대상에 영향을 주는 힘으로 인식되기도 합니다. 이런 속성이 시에 어떻게 활용되는지 알아봅시다.

① ㉠에서는 자유롭게 창살 사이를 이동하는 '공기'의 속성을 '새'가 처한 상황을 부각하는 데 활용하고 있다.
② ㉡에서는 '날개'를 '힘껏' 떠받치는 '공기'의 속성을 활용해 '새'의 '날개'가 '공기'의 힘을 이용할 수 있음을 암시하고 있다.
③ ㉢에서는 보이지 않지만 존재하는 '바람'의 속성을 활용해 '창살 사이'의 빈 공간을 쪼는 '새'의 동작에 의미를 부여하고 있다.
④ ㉣에서는 앞서 나온 '공기'의 속성을 활용해 '새'의 행동에 대한 이유를 나타내고 있다.
⑤ ㉤에서는 드러나지 않은 제3의 인물로부터 '공기'가 고안되었음을 강조하여 '새'에 자유를 주는 대상으로 '공기'를 표현하고 있다.

3. <보기>를 바탕으로 (가)를 감상한 내용으로 적절하지 않은 것은?

> ── <보 기> ──
> 「새」에서 '새장에 갇힌 새'는 일상의 안온함에 길들어 자유를 억압하는 일상을 벗어나지 못하는 현대인의 알레고리이다. '새'의 행동에 대한 묘사는 일상에 충실할수록 잠재된 힘과 본질을 잃어 가는 아이러니와, 일상에 만족하며 자유로운 삶의 가능성을 외면하는 현대인의 모습을 보여 준다.

① 몸이 창살에 부딪치고 나서야 창살의 간격이 보이는 새는, 일상에 갇힌 자신을 의식하는 현대인의 모습을 보여 주는군.
② 바깥 풍경이 보일 정도로 적당한 간격의 창살로 된 새장은, 안온함과 억압성이라는 양가성을 지닌 일상을 보여 주는군.
③ 닭처럼 날개가 귀찮아질 때까지 부지런히 걷는 새는, 성실한 생활이 잠재력의 상실로 이어지는 아이러니를 보여 주는군.
④ 새장 문이 열려도 날지 않고 모이를 향해 달려갈 수 있을 때까지 걷는 새는, 자신의 본질에 충실하다 보니 오히려 자유를 상실하게 되는 상황을 보여 주는군.
⑤ 하늘을 자유롭게 날도록 날개를 밀어 올리는 공기를 음미할 대상으로만 여기는 듯한 새는, 자유로운 삶의 가능성을 외면하고 일상에 안주하려는 현대인의 모습을 보여 주는군.

<보기>를 우선 확인해봅시다. 두 개의 <보기>가 있으니 차례로 확인합시다.

> ─────────── < 보   기 > ───────────
>
> 공기는 눈에 보이지 않지만 사물의 움직임을 통해 지각되고, 계속 움직이며 대상에
> 영향을 주는 힘으로 인식되기도 합니다. 이런 속성이 시에 어떻게 활용되는지 알아
> 봅시다.

작전을 짜볼까요? 공기라는 시어가 이 시에서 어떤 사물의 움직임으로 지각되는지 알기 위해 공기의 영향을 받아
공기의 존재를 알려주는 사물을 찾아야 할 겁니다. 또한 대상에 '어떤 영향'을 주어야 할지도 알려주어야 하겠고요.
시에 '어떤 속성이 활용되는지'까지 알아내야 할 것 같습니다!

> ─────────── < 보   기 > ───────────
>
> 「새」에서 '새장에 갇힌 새'는 일상의 안온함에 길들어 자유를 억압하는 일상을 벗어
> 나지 못하는 현대인의 알레고리이다. '새'의 행동에 대한 묘사는 일상에 충실할수록
> 잠재된 힘과 본질을 잃어 가는 아이러니와, 일상에 만족하며 자유로운 삶의 가능성
> 을 외면하는 현대인의 모습을 보여 준다.

새 = 자유가 억압된 일상마저 그대로 수용하는 현대인 → 여기서 잠깐! '알레고리'란...?
문맥상 비유를 뜻하는 것 같네요. 정확한 한국어로의 번역은 '우의'입니다. 이솝 우화를 들어보셨을 겁니다. 여기서
의 우화란 동물의 얘기를 한 것처럼 빗댔지만 사실상 사람의 이야기라는 것을 의미합니다. 마찬가지로 우의법 즉, 알
레고리는 전혀 다른 대상 같더라도 실상은 숨겨진 진의가 있도록 상황 전체에 대한 총체적인 비유를 한 것을 말합니
다. 이러한 우의는 시뿐만 아니라 소설에서도 많이 등장합니다.

이때 우의를 알아차리기 위해서는 앞서 힌트를 드린 것처럼 '상황'에 집중해야 합니다.
마치 반어를 찾는 것처럼요! 따라서, 알레고리와 아이러니는 같이 나오기 좋은 표현법인 겁니다.
<보기>에서 이를 대놓고 알려주고 있습니다. 현대인의 잘못된 일상, 자유가 없는 일상에 대한 체념적 수용을 비판
하기 위한 시가 이 작품인 겁니다. 이때 '새'에게는 원래 잠재된 힘과 본질이 있었는데, 점차 일상에 집중할수록 잠재
력과 본질을 잃어간다는 것을 알 수 있습니다. 결국 자유를 포기해가는 과정을 말하고 있네요. 그렇다면 한 발짝 더
나아가 이런 추론도 가능하지 않나요?

잠재된 힘과 본질 = 자유를 추구하고 쟁취하는 능력

따라서 이 작품에서는 자유가 무엇이고 자유를 추구할 수 있는 방법이 있음에도 '새'가 어떻게 행동하는지에 초점을
맞추어 읽어야 할 것입니다! 또한, 애초에 <보기>만으로 반어법이 예고되고 있습니다. 따라서 반어를 알아채는 것
을 평가원이 요구하는 것이 아니라, 반어법이 강조하는 주제가 무엇인지가 중요하다는 걸 알 수 있는 대목입니다. 그
렇기에 반어가 쓰인 부분을 보면서 읽어보자고요.

<시 독해>

새는 새장 밖으로 나가지 못한다.
매번 머리를 부딪치고 날개를 상하고 나야 보이는,
창살 사이의 간격보다 큰, 몸뚱어리.
하늘과 산이 보이고 ㉠울음 실은 공기가 자유로이 드나드는

새의 상황이 나오고 있습니다. 밖이 보이지만, 울음 실은 공기가 자유로이 들고 나지만, 새는 새장 밖으로 나가지 못합니다. '공기'는 <보기>에 따라 '새'에게 영향을 줄 것이므로 주의합시다.

그러나 살랑거리며 날개를 굳게 다리에 매달아 놓는,
그 적당한 간격은 슬프다.
그 창살의 간격보다 넓은 몸은 슬프다.

아무리 밖이 보이고 공기가 통하더라도, 몸이 기막히게 안 통하는 적당한 간격은 슬프다고 하네요. 처음에는 간격이 슬펐지만, 자신의 몸이 넓기 때문으로 표현이 이동하면서 '새'가 환경이 아닌 자신의 탓으로 돌리는 것을 알 수 있습니다.

넓게, 힘차게 뻗을 날개가 있고
㉡날개를 힘껏 떠받쳐 줄 공기가 있지만
새는 다만 네 발 달린 짐승처럼 걷는다.
부지런히 걸어 다리가 굵어지고 튼튼해져서
닭처럼 날개가 귀찮아질 때까지 걷는다.
새장 문을 활짝 열어 놓아도 날지 않고
닭처럼 모이를 향해 달려갈 수 있을 때까지 걷는다.

'새'는 잠재력으로 날개를 갖고 있으며, 날개를 도와줄 공기도 있습니다. 그럼에도 불구하고 다리로 걷고, 날개를 방치하는 '새'의 모습은 무엇인가 잘못됐다는 것을 우리에게 알려줍니다. 심지어 새장 문이 열려있음에도 불구하고 걸어가는 것은 완전히 세뇌당한 모양새이네요.

㉢걸으면서, 가끔, 창살 사이를 채우고 있는 바람을
부리로 쪼아 본다, 아직도 벽이 아니고
㉣공기라는 걸 증명하려는 듯.

'새'는 자신과 세상 사이에 벽이 아니라 '공기'가 있음을 바라고 있다고 합니다. 왜일까요? 아마 이 의문에 대한 답이 [새]라는 대상에 대한 이해도를 높이는 데에 핵심일 것 같습니다. 이를 알려면, '벽'과 '공기'의 차이를 알아야 할 것 같네요. 벽은 싫고, 공기를 바라니까요.

유리보다도 더 환하고 선명하게 전망이 보이고
㉤울음 소리 숨내음 자유롭게 움직이도록 고안된 공기,
그 최첨단 신소재의 부드러운 질감을 음미하려는 듯.

'공기'는 '벽'과 달리 외부와 소통이 되는 것과 같은 착각을 만듭니다. 밖이 보이고 소리도 전달이 되니까요. 오히려 '벽'이었다면, 타파하기 위해 노력했겠지만, '공기'이기에 '새'는 자신의 잠재력을 포기하는 데에 암묵적 동의를 하게 됩니다.

∴ '공기'는 지배를 하기 위해 인위적으로 '고안된' 장치였던 겁니다. 아주 악랄하죠.
'새'와 '현대인'을 치환해 대입하면, 일상에 만족하고 세계에는 관심을 갖지 않는다고 읽히네요.

1. 시의 특정 부분을 인용하고 해석과 연결지은 복합 선지 문제이나, 역시 주제 문항입니다.
① '나가지 못한다'라는 단정적인 표현을 통해 새는 원래 새장 안에서 산다는 것을 강조하고 있다.
② '울음 실은'이라는 수식으로 새가 외부에 도움을 요청할 수 있다는 것을 나타내고 있다.
③ '그러나'라는 접속사를 통해 새의 고통스러운 경험이 오히려 긍정적인 깨달음을 내포함을 나타내고 있다.
④ '닭처럼'이라는 수식을 통해 새가 닮게 된 닭의 모습이 새장에 대한 의존성을 강화하고 있음을 드러내고 있다.
⑤ '-듯'의 반복을 통해 새의 노력이 상황을 변화시키고 있음을 드러내고 있다.

이 시의 주제를 다시 생각해볼까요? 현대인을 우의적으로 빗대어

'잠재된 힘과 본질을 잃어가도록 고안된 고도의 새장(현실)'

였습니다. 처음에 새장이 고안됐으나 결국 그에 넘어가서 완전히 자신을 구속하는 것은 새(현대인)의 '적응'이기 때문에 ④ '닭처럼'이라는 수식을 통해 새가 닮게 된 닭의 모습이 새장의 영속성을 강화하고 있음을 드러내고 있다. 라는 선지가 등장한 것입니다. 나머지 선지들의 경우 새가 잠재력을 잃어가는 과정을 무시합니다. ①의 경우에 새의 잠재력 자체를 부정하는 선지, ②은 시에서는 새장 안의 새가 부족한 자유에도 만족한다는 것이 핵심이었으나, '외부에 도움을 요청'한다고 서술함으로써 새가 문제 상황을 인지하고 있다고 말하였으므로 틀린 선지, ③은 완전히 주제를 역행하여 긍정적으로 말하고 있는 선지, ⑤는 마지막으로 새의 잠재력이 아직 발휘되고 있다고 말하는 선지였습니다. 기출 분석할 때 틀린 선지들의 유형을 방금 제가 한 것처럼 규정하는 것도 좋습니다. 단순히 어떤 부분이 틀렸다고 말하기보다는 정확히 주제의 어떤 부분을 건드린 것인지 생각해보는 것이죠. 잠재력이 서서히 없어진다는 주제를 틀리게 하려면, 결국 원래 잠재력이 없었거나 / 잠재력이 갑자기 없어지거나 / 잠재력이 아직 발휘되고 있다고 말하는 것이 유일합니다. 그렇기에 주제를 어떻게 비틀었는지 선지들을 보며 유형을 규정하는 연습을 하면, 실전에서도 선지를 낸 출제자의 생각을 읽으며 '틀리게 하려고 노력했네~'라는 생각을 기분좋게(?) 할 수 있습니다.

2. <보기>에 따라 [공기]의 역할에 초점을 더 맞추어 읽어야 합니다. '공기'는 새장 안의 새가 부족한 자유를 충분하다고 인식하여 자신의 잠재력을 포기하게 만드는 '고도로 설계된 장치'입니다. 따라서 이를 적절하지 않게 만들려면, 자유를 완전히 주게 만든다고 하면 되겠네요.
눈속임의 자유로 새를 구속하는 '공기', 이에 반하는 선지는
⑤ ㉤에서는 드러나지 않은 제3의 인물로부터 '공기'가 고안되었음을 강조하여 '새'에 자유를 주는 대상으로 '공기'를 표현하고 있다. (답)

3. 시에 대한 설명을 제공해줌으로써 주제를 더욱 자세히 묻는 문항입니다.
본질은 '자유를 추구하는 능력'으로, 다시 말해 잠재력을 발휘하는 것이었습니다. 따라서 본질을 잃는다는 것을 시에서는 날개를 이용하지 못하는 것으로 묘사되었습니다. 따라서, 본질에 충실하여 잠재력을 상실한다는 ④는 그 자체로 모순되는 선지이네요.

전체적으로 묻는 바가 비슷하다는 것이 느껴지죠. 어차피 주제로 출제되는 것이니까요. 단순히 답을 고르는 것이 공부가 아니라 선지들을 보며 출제자의 의도를 파악하는 연습을 해야 한다는 것을 잊지 마세요. 또한 반어는 알아채기는 쉬우나 반어가 쓰인 곳에 주제가 있으니 그 주변을 상세히 보자는 생각을 기억하는 것이 더욱 중요하다는 이번 챕터의 교훈까지 잊지 맙시다!

II. 역설 _ Paradox

역설이란 겉으로 보기에는 틀린 말이지만 속뜻에는 깊은 의미가 담겨있는 표현입니다. 단순히 모순이기만 해서는 안 되는 것이죠. 예를 들어 가장 유명한 표현인 '소리 없는 아우성'을 살펴봅시다. '아우성'은 매우 큰 소리가 오간다는 것이지만, 앞의 관형절은 '소리가 없다'고 말해 충돌되고 있습니다. 하지만 이 충돌되는 두 표현을 같이 사용함으로써, 소리가 안 나기에 오히려 더 소름돋는 긴장된 상태를 이 문구가 표현하고 있죠. 이처럼 겉으로 보기에는 틀린 (충돌되는 모순적인) 말이지만, 결국 특정 의미를 더욱 독자에게 잘 전달하기 위한 표현인 겁니다. 따라서 이 표현의 속뜻을 알아내는 것이 곧 그 작품의 주제와도 같기에 역설법이 등장하면 그 표현의 의미를 알아내는 데에 최선을 다해야 한다는 겁니다.

이러한 역설의 숨은 의미를 알아내는 법을 배워봅시다. 이를 정확히 이해하기 위해서는 '헤겔'의 변증법에 대해 알 필요가 있습니다. 2022학년도 수능 독서 지문이기에 읽으신 분들은 보다 이해가 더욱 쉬울 것이지만, 보지 않았더라도 상관없습니다. 변증법이라 불리는 인식 체계는 세 가지 단계로 이루어져 있습니다. 말 그대로 인식 체계이기에 우리가 역설을 살펴볼 때의 사고 과정은 이 변증법을 따를 것이고, 그 세 단계는 '正(정)-反(반)-合(합)'입니다. 正(정)과 反(반)은 대립되는 두 속성입니다. 이 두 속성이 '조화'를 이루며 어우러지면 이 두 속성보다 한 차원 높은 단계가 되며 이를 변증법에서는 合(합)이라 칭합니다. 정리해서 正(정)과 反(반)이 수렴하여 상향함으로써 고차원인 合(합)에 도달하는 것이며, 이를 '수렴적 상향성'이라고 칭하겠습니다. 이에 따라 역설법을 인식할 때 우리는 正(정)이 무엇인지 찾고, 이후에 反(반)이 무엇인지 찾아, 어떻게 두 속성이 조화를 이뤄 合(합)이라는 새 속성을 창출해낼지 생각할 것입니다.

'소리 없는 아우성'에서 변증법적으로 역설을 찾아봅시다. 正(정)은 '소리가 없다', 反(반)은 '아우성'으로 둘이 충돌하고 있습니다. 정과 반은 둘이 충돌하면 되므로 순서는 바뀌어도 상관없습니다. 이 두 가지 속성으로부터 '소리 없는 아우성'이라는 새로운 合(합)의 속성이 만들어졌습니다. 正(정)인 '소리가 없음'도 合(합)에는 들어있고, 反(반)인 '아우성'도 合(합)에는 들어있습니다. 만약 이 둘 중 하나가 포함이 되지 않는다면, 정과 반의 속성이 조화를 이루지 못한 것이므로 실패한 변증법이며 역설법이라 할 수 없을 것입니다. 마치 앞서 보았던 '찬란한 슬픔의 봄'은 찬란하지만 슬픈 것이 봄이지만, 찬란하기만 하지도 않고, 슬프기만 하지도 않습니다. 찬란함과 슬픔이라는 正(정)과 反(반)이 모두 들어있지만, 찬란함과 슬픔으로는 모두 설명되지 않는 보다 고차원적인 '찬란한 슬픔의 봄'이라는 표현이 만들어졌습니다. 이렇게 正(정)과 反(반)으로부터 合(합)을 찾아내는 것이 '역설법'의 근간이 될 것입니다. 正(정)과 反(반)을 찾고, 어떻게 조화를 이루어 새로운 속성인 合(합)을 만들어내는지 찾으면, 그 시의 역설법이 해결될 뿐만 아니라 시 전체에 대해 이해하게 될 것입니다. 매우 중요한 파트이니 몇 번이고 다시 읽어 위의 내용을 반드시 숙지하시길 권합니다.

예) 우리들의 사랑을 위하여는 이별이, 이별이 있어야 하네 - 서정주, 「 견우의 노래 」

→ 正(정) : 일반적인 사랑   反(반) : 이별
  두 속성이 충돌하는 것처럼 보인다. 하지만 '우리들의 사랑'에는 일반적인 사랑에는 없는
  '이별'의 속성이 추가되며 보다 '숭고한 사랑'으로 상향된다. 이것이 변증법이다.

Paradox 역설 연습 문제

_ 앞서 이미 다룬 작품들의 경우에는 짧게 삽입하였고, 그렇지 않은 작품은 맥락이 필요한 부분까지 삽입했습니다.

아래의 문제들에서 정, 반, 합을 각각 찾고, 합에 해당하는 역설의 진짜 의미를 문장으로 서술하시오.

1. 모란이 피기까지는, 김영랑

모란이 피기까지는
나는 아직 기다리고 있을 테요, 찬란한 슬픔의 봄을

→ 정 :   반 :   합 :

2. 낙화, 이형기

결별이 이룩하는 축복에 싸여
지금은 가야할 때

→ 정 :   반 :   합 :

3. 동백, 정훈

백설이 눈부신
하늘 한 모서리

다홍으로 불이 붙는다.

차가울수록
사무치는 정화(情火).

그 뉘를 사모하기에
이 깊은 겨울에 애태워 피는가.

→ 정 :   반 :   합 :

4. 승무, 조지훈

<보기> : 이 작품은 여승이 승무를 추고 있는 모습을 그리고 있다. 번뇌에 시달리고 있는 여승은 속세와 이상으로 대비되는 두 속성의 조화를 이루어내려는 시도로써 승무를 추고 있으며, 이를 통해 얻은 인생에 대한 여승의 깨달음을 시의 주제로 전달하고 있다.
- 역설법이 쓰인 표현이 두 가지이므로 각각 찾아주세요.

얇은 사(紗) 하이얀 고깔은
고이 접어서 나빌레라.

파르라니 깎은 머리
박사(薄紗) 고깔에 감추오고

두 볼에 흐르는 빛이
정작으로 고와서 서러워라.

빈 대(臺)에 황촉(黃燭)불이 말없이 녹는 밤에
오동잎 잎새마다 달이 지는데

소매는 길어서 하늘은 넓고
돌아설 듯 날아가며 사뿐히 접어 올린 와씨보선이여.

까만 눈동자 살포시 들어
먼 하늘 한 개 별빛에 모두 오고

복사꽃 고운 뺨에 아롱질 듯 두 방울이야
세사(世事)에 시달려도 번뇌(煩惱)는 별빛이라.

휘어져 감기우고 다시 접어 뻗는 손이
깊은 마음 속 거룩한 합장(合掌)인 양하고

이 밤사 귀또리도 지새우는 삼경(三更)인데
얇은 사(紗) 하이얀 고깔은 고이 접어서 나빌레라.

→ 정 :   반 :   합 :

1. 모란이 피기까지는, 김영랑
역설 : 찬란한(정) + 슬픔(반) → 찬란한 슬픔의 봄(합)
대상 치환하기에서 다루었던 작품이다. 모란을 볼 수 있는 1년 중 봄의 5일은 화자에게는 모란을 볼 수 있는 시간이면서도, 곧 모란과 작별해야 하는 이중적인 시간이다. 그렇기에 화자에게 이 시간은 찬란하면서도 슬픈 시간이며 이는 모란에 대한 애정을 기반으로 즐거움과 그리움이 합쳐진 표현이라 할 수 있다. 두 표현을 합침으로써 이별이 예정된 대상과의 사랑이 갖는 입체적인 면모를 잘 살린 표현이라 할 수 있다.

2. 낙화, 이형기
역설 : 결별(정) + 축복(반) → 결별이 이룩하는 축복, 지금은 가야할 때 (합)
자아와 세계에서 다루었던 작품이다. 성숙해지고 있는 자아가 반드시 겪어야 할 어린 시절의 자아와의 이별을 말하고 있다. 어린 자아와 결별하는 것은 슬픈 일처럼 보이지만 결국은 거쳐야 할 성장의 과정이다. 이 시에서 청춘기 자아는 꽃으로 표상된다. 그러한 꽃이 떨어지는 모습은 결국 꽃과의 이별이지만, 흩날리는 낙화가 마치 축복의 꽃가루 같기도 하다. 즉, 결별과 축복이 중첩되어 보이는 이 낙화는 다음 단계의 자아로 화자가 성장할 수 있음을 보여주며 성장이라는 인생의 한 가치를 역설로 그려내고 있다.

3. 동백, 정훈
역설 : 차가울수록(정) + 정화(반) → 차가울수록 사무치는 정화(합)
겨울에 피는 빨간 동백꽃의 모습을 그리고 있다. 하얗게 눈으로 물들어버린 겨울이지만 붉게 자신의 존재감을 과시하고 있는 동백꽃이 1연과 2연을 통해 그려지고 있다. 동백꽃이 다른 꽃과 갖는 차별점이 무엇일까. 마치 고전시가에서 매화가 지조있는 꽃처럼 그려지듯, 화자에게 동백은 겨울 날 홀로 다홍이기에 아름다워 보이는 듯하다. 정화, 뜻이 있는 불꽃은 차가운 눈이 많아 세상이 하얘질수록 더욱 돋보인다. 어떤 꽃들도 필 수 있는 여름이 아닌 추운 겨울이기에 더욱 간절해 보이기도 하는 동백의 정화. 이를 화자는 누군가에 대한 사모와 연결 지으면서 동백의 간절한 사모를 주제로 마무리하고 있다.

4.
(1) 역설 : 고와서(정) + 서럽다(반) → 고와서 서럽다(합)
(2) 역설 : 번뇌(정) + 별빛(반) → 번뇌는 별빛이라(합)
여승의 춤을 시각적으로 표현하고 있다. 여승의 두 볼은 정작으로 곱기 때문에 오히려 서럽다고 한다. 왜 여승이 춤을 추고 있는지를 생각해보면 이유를 알 수 있다. 번뇌에 시달리고 있기에 슬퍼보여야 하는 여승은 그 슬픔을 승화시키기 위해 춤을 추고 있다. 이를 보고 있는 화자가 여승을 볼 때 그 춤은 아름답기까지 하다. 자신의 슬픔을 승화시키기 위한 춤에서 슬픔이 묻어나지 않고 아름다움이 보이고 있다는 건 보는 이로 하여금 여승의 슬픔이 얼마나 깊을지 헤아릴 수 없게 만든다. 그렇기에 고와서 서럽다는 표현은 단순한 슬픔에 그치지 않고, 슬픔(반)을 승화시키기 위한 아름다움(정)으로부터 나오는 보다 높은 차원의 숭고함(합)을 뜻하게 된다.

결국 여승은 세사에 시달리는 일상적 어려움을 겪고, 그로 인해 번뇌라는 정신적인 고통을 얻게 된다. 번뇌는 속세에서의 고통, 별빛은 이상적인 즐거움이라고 일반화를 할 수 있겠다. 그런데 화자는 번뇌는 별빛이라고 말하면서 각각 정과 반에 해당하는 속성의 조화를 꾀하고 있는 것이다. 살면서 번뇌를 안 가질 수 없다. 오히려 번뇌를 갖기 때문에 이를 해결해가는 삶이야말로 이상적인 삶으로 나아갈 수 있는 길임을 즉, 인생이란 그런 것이라 깨달음을 여승은 얻은 것이다. 따라서 번뇌는 별빛이라고 말하는 여승이 승무로 조화시킨 인생의 쓴맛, 단맛. 삶의 여러 단면을 모두 포함시킨 풍부한 삶이 바로 이 시의 주제라고 할 수 있겠다. 마치 실패를 무릅쓰고 도전하고 있는 우리 수험생들이 겪을 여러 고난조차도 수험생활의 일부이며 그 자체로 의미가 있다고 말해주듯이 말이다. (참으로 고생하고 있다는 말을 이 시를 빌려 해본다.)

이처럼 변증법을 이용해 정반합에 대응하는 속성을 찾을 수 있다면 그 시에 대한 심층적인 이해가 가능해집니다. 또한, 역설이 쓰였다는 것은 결국 그 시가 말하고자 하는 극치를 담고 있는 것이기에 변증법적 사고를 체득한다면 시의 주제를 매우 빠르게 파악하기 용이할 것입니다. 역설이 나오면 곧 시의 주제임을 명심하며 수능 지문형 문제와 함께 역설법을 마무리해봅시다.

(가)

 문학 작품의 궁극적인 목적은 '세계와 인간에 대한 이해'를 추구하는 것이다. 이는 각각 '세계', '인간' 자체에 대한 탐구를 뜻하기도 하지만, 둘 사이의 관계에 대한 이해 역시 의미한다. 인간은 자기 자신을 '자아'로써 인식하고, 자아 밖의 모든 것은 '세계'로 받아들여 삶을 영위한다. 이때 세계를 바라보는 자아의 시선은 개체마다 다르며, 이를 '가치관(frame)'이라 한다. 작가들은 이러한 가치관을 바탕으로 문학 작품을 쓰게 된다. 따라서 작가에 대한 이해 즉, 작가의 가치관을 파악하는 것은 작가가 구성한 문학 작품 속의 세계관을 알게 되는 것이다.

 정지용은 첫딸을 홍역으로, 둘째 아들을 폐결핵으로 잃은 바 있다. 시 「발열」에서 붉은 점으로 뒤덮인 자식 앞에서 아무것도 못하는 자신의 모습을 표현한 한편, (나)에서는 아들을 잃었던 자신의 경험을 절제된 표현과 이미지로 묘사한다.

(나)

유리에 차고 슬픈 것이 어린거린다
열없이 붙어 서서 입김을 흐리우니
길들은 양 언 날개를 파닥거린다
지우고 보고 지우고 보아도
새까만 밤이 밀려나가고 밀려와 부딪치고
물먹은 별이, 반짝, 보석처럼 박힌다
밤에 홀로 유리를 닦는 것은
외로운 황홀한 심사이어니
고운 폐혈관이 찢어진 채로
아아, 너는 산새처럼 날아갔구나!

— 정지용, 「유리창 1」

1. (나)에 대한 설명으로 가장 적절한 것은?

① 청자를 명시적으로 설정하여 대화하는 방식으로 주제가 부각되고 있다.
② 반복되는 행위의 묘사를 통해 화자의 태도변화가 드러나고 있다.
③ 방향이 반대인 움직임들을 표현하여 시간에 역행해 시상이 전개되고 있음을 나타내고 있다.
④ 역설적 표현을 통해 화자의 복잡한 심정을 드러내고 있다.
⑤ 느낌표를 통해 시에서 드러났던 화자의 고뇌가 해소되었음을 강조하고 있다.

2. (가)를 바탕으로 (나)를 이해한 것으로 적절하지 않은 것은?

① '차고 슬픈 것'은 작가가 어쩔 수 없이 떠나보내야만 했던 죽은 아들이 형상화된 것이라 할 수 있겠군.
② '길들'이 '양 언 날개를 파닥거'린다는 시각적 이미지로부터, 화자가 유리창에 입김을 불어 성에를 만들고 있음을 알 수 있겠군.
③ 무언가 '어린거'리는 것에 불과했었지만 계속해서 '지우고 보'는 화자의 노력 덕에 '물먹은 별'이 선명히 보이게 되었군.
④ '외로운 황홀한 심사'는 화자가 느끼는 상실감을 강조하는 표현으로, '유리를 닦는 것'이 화자의 고통을 가중하고 있음을 뜻하겠군.
⑤ '폐혈관'이 찢어진 채로 '산새'처럼 아들이 화자로부터 날아간 것으로 보아 아들의 죽음을 알 수 있겠군.

우선 (가) 글을 읽어봅시다. 제가 줄곧 해오던 말을 제시문 형태로 바꾼 것입니다.

 문학 작품의 궁극적인 목적은 '세계와 인간에 대한 이해'를 추구하는 것이다. 이는 각각 '세계', '인간' 자체에 대한 탐구를 뜻하기도 하지만, 둘 사이의 관계에 대한 이해 역시 의미한다. 인간은 자기 자신을 '자아'로써 인식하고, 자아 밖의 모든 것은 '세계'로 받아들여 삶을 영위한다. 이때 세계를 바라보는 자아의 시선은 개체마다 다르며, 이를 '가치관(frame)'이라 한다. 작가들은 이러한 가치관을 바탕으로 문학 작품을 쓰게 된다. 따라서 작가에 대한 이해 즉, 작가의 가치관을 파악하는 것은 작가가 구성한 문학 작품 속의 세계관을 알게 되는 것이다. → 세계를 바라보는 자아의 시선을 말하고 있네요.

우리가 일전에 학습한 자아와 세계의 내용이 적나라하게 나오고 있습니다.

 정지용은 첫딸을 홍역으로, 둘째 아들을 폐결핵으로 잃은 바 있다. 시「발열」에서 붉은 점으로 뒤덮인 자식 앞에서 아무것도 못하는 자신의 모습을 표현한 한편, (나)에서는 아들을 잃었던 자신의 경험을 절제된 표현과 이미지로 묘사한다.
→ 작가의 배경이 나오고 있으며, 이는 작가의 가치관을 추측하게끔 만들어 줍니다.
　작가는 자식을 둘이나 무기력하게 잃었다고 합니다. 그렇다면 자식이 없는 자신의 현실을
　당연히 매우 절망적으로 여길 겁니다. 세상이 슬프게 느껴질 겁니다. 이를 고려해봅시다.

<시 독해>
유리에 차고 슬픈 것이 어린거린다
열없이 붙어 서서 입김을 흐리우니
길들은 양 언 날개를 파닥거린다
유리에 무언가 '차고 슬픈 것'이 어슴푸레 보인다고 합니다. 흐릿하게 보여 더 잘 보이도록 유리창에 입김을 불어 닦으려 합니다. 하지만, 입김으로 만들어진 성에는 점점 없어집니다. 마치 길들이 날개를 파닥거리는 것 마냥 말이죠.

지우고 보고 지우고 보아도
새까만 밤이 밀려나가고 밀려와 부딪치고
물먹은 별이, 반짝, 보석처럼 박힌다
계속해서 입김을 불어 성에를 지우는 식으로 유리창을 닦고 있나봅니다. 성에가 생긴 부분은
어두운 밤이 마치 없어진 것처럼 보이나, 이내 성에는 없어지며 밤이 밀고 들어오는 모양샙니다.
그런 와중에 계속되는 입김에 물먹은 것처럼 보이는 '무언가 반짝거리는 것'이 보이게 됩니다.
물먹은 무언가가 갑자기 유리창에 오리면 어떤 물일까요? 화자의 정서를 고려할 때 높은 확률로 눈물일 것이라는
생각도 할 수 있겠습니다. 눈물이 유리창에 떨어진 것이죠...
상상하기를 적용하고 있습니다!

밤에 홀로 유리를 닦는 것은
외로운 황홀한 심사이어니
고운 폐혈관이 찢어진 채로
아아, 너는 산새처럼 날아갔구나!
밤에 이처럼 유리를 닦는 것은 '외로운(正) 황홀한(反) 심사'라고 합니다. 역설법이 쓰였네요.
正(정)의 부정적인 심정, 反(반)의 긍정적인 심정이라는 속성이 충돌하고 있습니다. 단어 자체는 충돌되어 보이나,
이렇게 생각해봅시다. '빛나는 물먹은 별'을 화자는 아들이라 생각하고 열심히 매일 닦습니다. 밤에 아들이 없이 혼
자 보내는 밤은 화자에게 외롭지만, 하루 중 유일하게 아들을 생각할 수 있는 유일한 시간이기에 황홀합니다. 따라서
'외로운 황홀한 심사'의 合(합)이 가능해지는 겁니다.

마지막으로 (가)에 나온 대로 폐혈관이 찢어진, 폐결핵으로 아들이 죽음으로 떠나버렸다는 것을 '산새'로 표현하며 시를 마무리하고 있네요. 문제 풀이에 앞서 이 시를 정리합시다. 아들을 잃은 슬픔을 아버지가 아들을 회상하는 행위를 빌려 담백하게 서술한 시입니다.

'회상만으로도 좋은 아들을 죽음에 떠나보낸 아버지의 슬픔'

이렇게 한 줄로 정리될 것 같습니다.

1. 마치 (나)의 표현상의 특징을 물어보는 것 같지만, 이 또한 주제를 묻는 문항입니다.
   주제가 나왔던 가장 강력한 부분을 떠올려봅시다. → 스포당했지만, 역설이 답일 겁니다.
   주로 표현상의 특징을 물어보는 문항이 '역설이 쓰인 지문'과 같이 나오면 답은 보나마나 '역설'이도록 문제가 구성됩니다. 이는 비단 역설뿐만 아니라 현재 우리가 보고 있는 Step 5. 주제를 강조하는 표현법 모두가 해당합니다. ∴ ④가 올바른 선지겠네요.

2. (가)에 나온 가치관이 시에 반영되는 것을 참고하여 문제를 풀라고 합니다.
   ①은 화자가 유리창을 닦아서 간신히 보려고 하는 대상이므로 죽은 아들의 형상화겠네요. (O)
   ②는 우리가 상상하기로 알아낸 화자의 모습이니 맞습니다. (O)
   ③은 아들로 형상화된 '반짝이는 무언가'를 보기 위해 노력하는 아버지의 모습을 말하네요. (O)
   ④는 '외로운 황홀한'의 '황홀한'을 무시한 선지입니다. 그럴게라도 아들을 떠올리며 고통을 덜어내려는 노력으로써 화자는 유리창을 닦고 있습니다. 따라서 역설에 대해 잘못 해석한 선지이므로 오답이네요. (X)
   ⑤는 역시나 시 독해에서 우리가 보았던 것처럼 아들의 죽음을 말하네요. (O)

역설이 나오면 반드시 그에 맞춰서 독해해야 합니다. 우리는 이미 역설이 나온 여러 시를 이전에 봤었습니다. 대상 치환하기에 나온 김영랑 시인의 「모란이 피기까지는」가 대표적인 시죠. 이 시에서도 '찬란한 슬픔의 봄'이라는 시구에 역설이 나오며, 이 시구의 의미가 곧 주제였네요. 충돌하는 두 속성으로부터 조화를 이룸으로써 새로이 만들어지는 속성을 찾는 변증법적 사고를 기억한다면 어렵지 않게 역설이 나오는 지문에 대한 답을 추론할 수 있을 겁니다.

Solution of Paradox

1. 정에 해당하는 속성을 찾는다.
2. 반에 해당하는 속성을 찾아 정 속성의 충돌을 찾는다.
3. 두 속성의 조화로 만들어진 합에 해당하는 속성이 바로 시의 주제이다.

Part 1 fin.

지금까지 현대시를 읽기 위해 필요한 소양을 표면으로 끌어내 보았습니다. 많이 공부해보다 보면 알게 될 것들을 강제로 주입했는지라, 머리로 알게 되었더라도 아직은 경험이 부족할 겁니다. 이제 여러 시를 테마 별로 분류한 Part 2 를 보며 부족한 경험치를 쌓아볼 겁니다. Part 2에서는 Part 1을 전제로 하되, 디테일한 부분들을 테마 특화적으로 설명할 겁니다. 대부분 수능 빈출 개념으로 선정했으며 현대시뿐만 아니라 현대 소설에서도 마찬가지로 적용되는 것들이기에 현대 문학 전체를 공부한다고 생각하면 될 것입니다.

Part 1 하시느라 고생 많았습니다. 그러나 한번으로 이 책을 덮지 마시고, 자신도 모르는 새에 기계적으로 문제를 풀고 있다면 언제든지 돌아오시기 바랍니다. Part 1은 여러분들의 수험생활에서 균형을 잡아주는 기준이 될 것이며, 어떤 문제들을 앞으로 풀더라도 반드시 지켜야 할 소양으로써 여러분들에게 자리 잡았을 겁니다! 따라서 정화수처럼 사용해주시기 바랍니다. :)

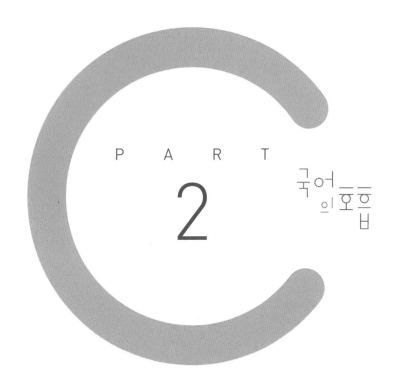

PART

2

국어의호흡

현대 문학의
주제별 탐구

Part 2에서는 Part 1의 내용을 기반으로 하여 현대 문학에 자주 나오는 빈출 개념에 대해 설명할 것입니다. Part 1이 전반적인 내용이었다면, Part 2에서는 여러 주제 즉, 클리셰들을 세세히 뜯어보게 될 겁니다. 반드시 Part 1을 숙지하고 읽어주시길 바랍니다. :)

I

성찰

현대시, 현대소설과 같은 문학 갈래는 이전의 다른 문학에 비해 아주 강력하게 '내면'에 중점을 두어 이야기가 진행됩니다. '성찰'은 그 점에서 현대시에서 아주 큰 비중을 차지하게 됩니다.

성찰 : '자신의 내면을 들여다보거나 자신의 삶을 뒤돌아보는 것'

결국 '현재 자신의 내면' / '과거의 내면이 세상에 드러난 결과인 자신의 삶'을 뒤돌아보는 것을 포괄하는 단어입니다. 내면은 한 개인의 '이상'을 만들어내고, 그 개인이 살고 있는 현실과 비교함으로써 [괴리]를 찾아내는 주체입니다. 성찰은 그러한 괴리를 찾으려는 과정이며, 자아에게 책임을 묻거나 해결책을 찾으라 요청하는 과정입니다. 말이 조금 어려운데 예시와 같이 봅시다.

재수생 A : '아, 작년 수능 전에 게임만 안 했어도 잘 봤을 텐데, 그때 왜 게임을 했지?
　　　　　난 자제력이 약한 편인가봐. 하...'

자신의 과거 내면 - 수능 때 게임을 하기로 선택한 자아
과거의 내면이 세상에 드러난 결과 - 게임으로 인해 수능을 망침
현재의 내면 - 과거를 후회하며, 의문을 통해 자신의 자제력을 판단하고 있음

이런 식으로 성찰이 이루어지면서 자아는 성숙의 기회를 잡게 됩니다. 성찰을 한다고 무조건 해결책을 얻는 것은 아닙니다. 말씀드린 것처럼 어디까지나 책임을 묻고, 해결책을 찾으려는 노력 자체에 불과하기 때문입니다. 그래서 비슷한 단어로 '반성'이 있으나, 둘은 구별이 필요합니다.

반성은 성찰의 일종입니다. 반성이란 자기 언행의 잘잘못이나 옳고 그름을 깨닫기 위해 스스로를 돌이켜보는 일이므로, 잘못을 고치는 것에 치중한 성찰입니다. 그래서 주로 성찰 중에서도 '반성'은 자아가 성장하기 좋은 성찰인 겁니다. 특히 현대시의 특성상 현실과 이상의 괴리가 나타나, 자신 스스로가 마음에 들지 않거나 외부의 상황이 마음에 들지 않을 겁니다. 이런 상황에서 반성을 하면 자아를 원하는 방향으로 수정하거나 외부의 상황을 '극복'할 수 있을 겁니다.

체념과 극복은 평가원 선지에서 갈래를 가리지 않고 자주 등장합니다. 그리고 성찰과 반성은 극복과 매우 밀접한 연관이 있습니다. 자아가 문제 상황 즉, 현실과 이상의 괴리를 마주하면 취할 수 있는 태도는 앞서 말씀드린 것대로 두 가지입니다. [체념] & [극복]

[체념]은 성찰을 해보아도 개선 방향이 나오지 않을 때나 문제 상황이 자신의 능력으로 해결 불가능할 때 나오는 태도입니다.
[극복]은 성찰을 해본 결과 해결책이 나왔고 자신이 그걸 행할 능력 또한 충족될 때 나오는 태도입니다.

그런데, 성찰을 해본 결과 자신을 바꿀 수 없다고 해서 자신에 대한 체념을 할 수 있을까요? 그럴 경우 자아를 잃어버린 채 무기력하게 살아 인생을 허비하는 것이므로 현대시에서는 극복만이 주로 나오게 됩니다. 결국 외부 상황에 억압을 당할 때만 체념이 나온다고 생각하시면 됩니다.
이번에도 문항과 함께 확인해보겠습니다.

성찰 대표 문항

(가)
산모퉁이를 돌아 논가 외딴 우물을 홀로
찾아가선 가만히 들여다봅니다.

우물 속에는 달이 밝고 구름이 흐르고
하늘이 펼치고 파아란 바람이 불고 가을이 있습니다.

그리고 한 사나이가 있습니다.
어쩐지 그 사나이가 미워져 돌아갑니다.

돌아가다 생각하니 그 사나이가 가엾어집니다. 도로
가 들여다보니 사나이는 그대로 있습니다.

다시 그 사나이가 미워져 돌아갑니다.
돌아가다 생각하니 그 사나이가 그리워집니다.

우물 속에는 달이 밝고 구름이 흐르고 하늘이 펼치고
파아란 바람이 불고 가을이 있고 추억처럼 사나이가
있습니다.

                          - 윤동주, 「자화상(自畵像)」 -

Quiz 1. 성찰이 드러난 곳을 찾고, 성찰의
내용을 적어보자.

Quiz 1-1. 동굴의 역할과 효과는?

Quiz 2. 2연과 5연의 성찰의 결과가 무엇인지
생각해보며 공통점과 차이점을 구조적,
의미적으로 적어보자.

                          ─── <보   기> ───

「자화상(自畵像)」은 1941년 문우(文友) 에는 '우물 속의 자상화(自像畵)'
라는 제목으로 게재되었다. 이 제목에서는 '우물'과 '그림'이 부각되어 있다.
상징적 관점에서 볼 때, 우물은 자신의 모습을 투영해 볼 수 있는 사물이고,
하늘을 향해있는 동굴이며, 그 동굴의 원형인 모태(母胎)를 떠올리게 하는
공간이다. 이 점에서 보면, 이 시에서 우물 속의 자상화는 자신의 존재에 대
한 화자의 인식과 태도를 다층적으로 담아내고 있는 그림이다.

<보기>에서 우물은 여러 의미를 가진 공간으로 소개되어 있습니다.
1) 자신의 모습을 투영해볼 수 있다   → 성찰을 할 수 있는 공간
2) 하늘을 향해 있으며   → 하늘(이상향)을 추구하고 있는 공간
3) 동굴의 원형(prototype)인 모태를 떠올리게 한다
                                → 태어날 때 즉, 원초적인 모습을 기억하는 공간

마지막으로, 우물에 비쳐 만들어진 자상화는 '자신의 존재에 대한 화자의 인식과 태도'를 다층적으로 보여준다고 하고 있습니다. 이 말은 자신의 성찰 결과가 여러 단계에 걸쳐서 나온다는 것이고, 이성적으로 인식한 내용과 그에 대한 감정적 태도가 드러난다는 것을 보아 이원적으로 구성되어 있을 것이라 추측이 가능합니다. '-과'가 나오므로 당연히 슬래시를 쳐서 나누어야 하는 것이죠.

제목의 경우 '우물'과 '그림'을 강조하고 있다고 합니다. 즉, 우물에 담긴 그림의 의미가 곧 주제라는 얘기일 테고, <보기>에서 말한 것처럼 그 그림에는 화자의 성찰 결과가 담겨 있을 겁니다. 또한 시론적 성격의 시나 성찰에 관한 시는 주로 화자가 시인 그 자체인 경우가 허다합니다.

정리하자면, <보기>만으로도 '윤동주가 자신에 대해 성찰한 결과를 여러 단계에 걸쳐 이성적, 감성적으로 서술한 시'라고 정보를 얻을 수 있게 됩니다.

산모퉁이를 돌아 논가 외딴 우물을 홀로
찾아가선 가만히 들여다봅니다.

우물을 '홀로' 찾아가서 들여다본다고 합니다. 성찰은 주로 [고독함]의 상황에서 일어납니다. 자신의 내면을 들여다보는 것에 집중해야 하므로 외면적으로는 다른 신경을 쓰지 못해서입니다.
우물은 우리가 <보기>에서 알아낸 것처럼 이 시의 주제와 밀접하므로 우물 안을 신경쓰며 나머지를 읽어봅시다.

우물 속에는 달이 밝고 구름이 흐르고
하늘이 펼치고 파아란 바람이 불고 가을이 있습니다.

우물 안에 있는 것들을 나열해봅시다. 밝은 달 / 구름 / 하늘 / 파아란 바람 / 가을
종합해보면 화자가 있는 배경을 알 수 있을 겁니다. … 달무리가 살짝 낀 어느 가을 밤
그런데, '파아란 바람'은 도대체 뭘까요. 애초에 바람은 우리가 볼 수 있는 것도 아닌데 말이죠.
Step 3. 자아와 세계 개념을 사용해보자면 정말 파아란 바람이 있다기보다는 화자가 바람을 보고 파란 것처럼 여겼다는 게 훨씬 자유로워 보이네요. 무슨 뜻인지는 모르겠으니 놔둡시다.

그리고 한 사나이가 있습니다
어쩐지 그 사나이가 미워져 돌아갑니다

그리고 당연히 우물 속에는 배경뿐만 아니라 자신도 있겠죠. 그 우물을 들여다보고 있으니까요.

여기에 화자의 인식과 태도가 그대로 나옵니다.
그리고 한 사나이가 있습니다 → 인식
어쩐지 그 사나이가 미워져 돌아갑니다 → 태도 (부정적)

부정적인 태도인 것으로 보아 자신의 모습이 성찰 결과 그리 마음에 들지 않다는 것을 알 수 있습니다. 주변 배경은 너무나도 아름다운 풍경이지만, 그 속의 자신은 이상에 걸맞지 않나 봅니다. 역시 현대시인지라 '현실과 이상의 괴리'가 적나라하게 드러나고 있네요.

돌아가다 생각하니 그 사나이가 가엾어집니다   → 태도
도로 가 들여다보니 사나이는 그대로 있습니다. → 인식

그렇다고 자신을 미워하기만 하지 않습니다. 이 시는 <보기>에서 말한 대로 여러 단계로 이루어져있네요. 자신의 모습이 마음에 들지는 않지만 자신의 모습에 연민을 느끼며 다시 우물 앞에 섭니다. 즉, 성찰을 다시 해보는 것이죠. 자신의 모습이 마음에 들지 않다고 해서 자신을 증오할 수는 없습니다. 나는 '나'와 결별할 수가 없습니다. 그러므로 조금 더 성찰을 해보며 좀 더 깊은 내면에 도달한 겁니다.

다시 그 사나이가 미워져 돌아갑니다
돌아가다 생각하니 그 사나이가 그리워집니다 → 인식을 통한 태도

우물을 들여다보니 다시 자신이 미워지지만, 우물에서 멀어져 다시 생각해보니 가엾던 연민이 발전해 그리움으로 이어지고 있습니다. 성찰을 하면 할수록 자신의 이상과 다른 자신의 모습이 밉게 느껴지지만, 그러면서도 자신의 모습을 그리워합니다. 그러면 도대체 어떤 자신의 모습을 그리워 하는 걸까요? 우리가 시에서 보고 있는 화자의 모습은 모두 현실과 이상이 괴리된 모습일 텐데 말이죠.

여기서부터는 문제 풀이에는 상관없을 정도로 딥한 내용이지만, 한 번쯤은 문학 공부에서 의문을 던져봐야 하는 심도로 접근하려 합니다. 공부할 때는 이렇게 깊게 해주어야 시험은 얕게 느껴져 쉬이 원하는 점수를 받을 수 있을 테니까요. <보기>에 역시 힌트가 있습니다. 우리는 지금껏 동굴의 역할 중 1, 2번째만을 사용했습니다. 3) 동굴의 원형인 모태를 떠올리게 하는 공간임을 안 사용했습니다. 모태는 어머니의 배 속 태아의 모습을 가리킵니다. 결국 화자는 우물을 통해 모태의 모습 즉, 자신의 원초적인 모습을 그리워하고 있는 것입니다. 그걸 어떻게 아느냐고 묻는다면 이 시에는 전혀 자신의 모습 중 이상에 가까운 것이 나오지 않았습니다. 오직 <보기>에만 존재하니 귀류법에 의해 모태의 모습을 그리워한다는 추론밖에 남지 않습니다. 상당히 논리적으로 시를 접근했죠. 이처럼 문학은 사실 독서보다도 논리적인 추론이 필요합니다. 따라서 역설적이게도 이렇게 문학을 공부하면 문학 파트 문제를 아주 빠르고 정확히 맞출 수 있는 한편, 독서 점수도 자연스레 오를 겁니다.

이제 다시 시로 돌아가서 마지막 연을 확인해봅시다.

우물 속에는 달이 밝고 구름이 흐르고 하늘이 펼치고 파아란
바람이 불고 가을이 있고 추억처럼 사나이가 있습니다

2연의 구절과 거의 비슷하나 조금의 차이가 있습니다. 똑같은 풍경인데 우물 속에 사나이가 추억처럼 우물의 풍경과 함께 어우러져 나타납니다. 2연에서는 분명 가을에서 끊기고 다음 연으로 '그리고 한 사나이가 있습니다'라고 의도적으로 나누었지만 5연에서는 붙였기 때문이죠.

파아란 바람은 결국 여기까지 읽어본 결과 이상적인 풍경을 묘사하는 데에 쓰인 표현에 불과했다고 결론을 내릴 수 있을 것 같고요. 그렇다면 왜 사나이가 풍경과 어우러지게 되었으며, '추억처럼'이라는 표현은 무엇을 말하는지 알아내면 완전히 이 시의 주제가 풀릴 것 같습니다.

주변의 이상적 풍경과 어우러진 걸로 보아 추억처럼 있는 사나이도 이상에 다다른 것으로 볼 수 있을 겁니다. 그리고 4연에서 본 것처럼 화자는 성찰의 결과 자신이 그리워하는 모습 즉, 이상으로 생각하는 모습이 모태의 모습이라는 것까지 알아냈습니다. 그러면 '추억'이라고 지칭할 만한 과거의 모습이 이 시에 드러난 건 하나밖에 없습니다. 바로 모태겠죠.

화자는 계속해서 내면을 들여다 본 겁니다. 처음에는 가장 껍데기를 보았고, 단순히 이상과 다르다는 이유로 미워합니다. 하나 더 깊은 내면에서는 연민을, 그리고 제일 속 내면에서는 자신의 원초적 자아인 모태에서의 모습을 확인하고 이를 그리워합니다. 마침내 마지막으로는 주변 풍경 즉, 이상을 상징하는 모습과 자신의 원초적인 모습을 한데 모아 확인하면서 현실과 이상의 괴리를 나름대로 극복해내고 있습니다.

잠시 스톱. 물론 엄청 딥하게 해석하고 있는 게 맞긴 하나, <보기>에서 워낙 많은 정보를 주었기에 가능한 난도입니다. 실제로 예전 평가원 지문에서는 이리 어려운 난도를 출제한 적이 있었기에 공부할 때는 해봐야 합니다. 그러니 조금만 참고 따라오세요...!

중요한 것은 성찰에 관한 시 중 이 시가 가장 난도가 높습니다. 다시 말해 이 시를 이렇게 이해해보면, 그 이후에는 다른 성찰에 관한 시는 이 시에서 했던 행동 중 일부일 거라는 얘기겠죠.
그러면 이 시를 통해 앞으로 다른 시에는 어떻게 적용할지 정리해봅시다. 이런 식으로 계속 일반화를 해내셔야 국어 실력이 빠르게 늡니다.

┌─ ◆ **성찰에 관한 시 매뉴얼** ◆ ─────────────────────
│
│ 1) 시선이 외부가 아닌 내면을 향하면 성찰에 관한 시임을 알아채자 (주로 <보기>가 알려줌)
│ 2) 화자가 성찰을 하면서 새로 알게 된 깨달음을 알아내는 것이 제 1의 목표임을 기억하자
│ 3) 성찰이 진행되면서 화자의 인식과 태도가 어찌 달라지는지 확인하자
│ 4) 시의 초반과 후반 상황을 비교해보며 달라진 점으로부터 깨달음을 추출하자
│
└──

(가)
고향에 돌아온 날 밤에
내 백골이 따라와 한방에 누웠다.

어둔 **방**은 우주로 통하고
하늘에선가 소리처럼 바람이 불어온다.

어둠 속에 곱게 풍화작용하는
백골을 들여다보며
눈물짓는 것이 내가 우는 것이냐
백골이 우는 것이냐
아름다운 혼이 우는 것이냐

지조 높은 개는
밤을 새워 어둠을 짖는다.

어둠을 짖는 개는
나를 쫓는 것일 게다.

가자 가자
쫓기우는 사람처럼 가자
백골 몰래
아름다운 또 다른 고향에 가자.

　　　　　　　　- 윤동주, 「또 다른 고향(故鄕)」 -

(나)
만약에 나라는 사람을 유심히 들여다본다고 하자
그러면 나는 **내가 시와는 반역된 생활을 하고 있다**는 것을
알 것이다

먼 산정에 서 있는 마음으로 나의 자식과 나의 아내와 그
주위에 놓인 잡스러운 물건들을 본다

그리고
나는 **이미 정해진 물체만을 보기로 결심**하고 있는데
만약에 또 어느 나의 친구가 와서 나의 꿈을 깨워 주고
나의 그릇됨을 꾸짖어 주어도 좋다

함부로 흘리는 피가 싫어서
이다지 낡아빠진 생활을 하는 것은 아니리라
먼지 낀 잡초 우에
잠자는 구름이여

고생도 마음대로 할 수 없는 세상에서는
철 늦은 거미같이 존재 없이 살기도 어려운 일

방 두 칸과 마루 한 칸과 말쑥한 부엌과 애처로운 처를 거
느리고
외양만이라도 남과 같이 살아간다는 것이 이다지도 쑥스러
울 수가 있을까

시를 배반하고 사는 마음이여
자기의 나체를 더듬어 보고 살펴볼 수 없는 시인처럼 비참
한 사람이 또 어디 있을까
거리에 나와서 **집**을 보고 집에 앉아서 **거리**를 그리던 어리
석음도 이제는 모두 사라졌나 보다
날아간 제비와 같이

날아간 제비와 같이 자국도 꿈도 없이
어디로인지 알 수 없으나
어디로이든 가야 할 반역의 정신

나는 지금 산정에 있다 ―
시를 반역한 죄로
이 **메마른 산정**에서 오랫동안 꿈도 없이 바라보아야 할 구
름
그리고 그 **구름의 파수병**인 나.

　　　　　　　　- 김수영, 「구름의 파수병」 -

1. (가)와 (나)에 대한 설명으로 적절하지 <u>않은</u> 것은?

① (가)는 '가자'를 반복하여 바람직한 자아의 형성을 추구한다.
② (가)의 화자에게 '고향'은 '백골'로부터 멀어지기 위해 거치고 있는 공간이다.
③ (나)에서 생활공간과 대비되는 '먼 산정'은 화자가 자신의 현실을 응시하기 위해 상정한 공간이다.
④ (가)와 (나)는 모두 현실을 그대로 수용하기 위해 각각 '백골'과 '구름의 파수병'이라고 자신을 지칭하고 있다.
⑤ (가)와 달리 (나)는 자신이 '반역된 생활'을 하고 있다는 것을 스스로 알고 부끄러움을 느끼고 있다.

2. (가)에 대한 설명으로 가장 적절한 것은?

① '바람'은 화자가 '백골'을 바라보지 못하게 흩뜨리는 역할을 한다.
② '곱게 풍화작용'하는 '백골'은 수동적으로 낡아가 '내'가 연민을 느끼는 대상이다.
③ '아름다운 혼'이 우는 것은 '내'가 '고향'을 떠나려 하기 때문이다.
④ '쫓기우는 사람'이라고 말함으로써 화자가 이제는 성찰을 그만두어야 함을 말하고 있다.
⑤ '또 다른 고향'은 '고향'처럼 '어둠'이 만연해 화자가 떠나려고 하는 곳이다.

3. (나)를 이해한 내용으로 적절하지 <u>않은</u> 것은?

① 화자는 자신과 가족뿐만 아니라 '주위'의 '물건들'까지 살펴보면서 자기의 생활을 성찰하고 있다.
② 화자는 '나의 친구'가 방문한 뒤에야 비로소 자신의 삶이 '그릇됨'을 자각하고 있다.
③ 화자는 '고생도 마음대로 할 수 없는 세상'에서 '존재 없이' 살아가는 것이 어렵다고 느끼고 있다.
④ 화자는 자신을 '자기의 나체를 더듬어 보고 살펴볼 수 없는' 비참한 존재로 인식하고 있다.
⑤ 화자는 '시와는 반역된 생활'을 '죄'로 받아들이면서 자신을 '구름의 파수병'으로 규정하고 있다.

4. <보기>를 고려하여 (가)와 (나)를 감상한 내용으로 적절하지 <u>않은</u> 것은?

> ──────── <보 기> ────────
>
> 자아 성찰의 주제를 담은 현대시에서는 ㉠'성찰의 대상이 되는 자아'와 이를 ㉡'성찰하는 자아'로 시적 자아가 분열되어 등장하는 경우가 많다. (가)의 화자는 시선을 자신의 내면으로 돌려 자아의 부정적, 긍정적 면모를 발견한 후 이들을 상징적 시어로 표현하고 있다. 그러나 (나)의 화자는 제 3자가 자신을 보듯 객관적으로 자신의 생활을 살피며, 생활인으로서의 정체성과 시인으로서의 정체성 사이에서 갈등하고 있다.

① (가)의 '들여다보며'에서는 '백골'로 상징화된 ㉠을 향한 화자의 내면의 시선을 확인할 수 있군.
② (가)의 '지조 높은 개'는 자아의 부정적인 모습과 대비되어 화자를 새로운 존재로 거듭나게 하는군.
③ (나)의 '구름의 파수병'은 두 자아의 갈등 속에서 시를 새롭게 지향하려는 화자의 의식이 반영된 이미지이겠군.
④ (가)의 '방'은 ㉠과 ㉡이 분열된, (나)의 '거리'는 ㉠과 ㉡이 갈등을 끝내고 조화를 이룬 공간이군.
⑤ (가)와 (나)는 모두 성찰이 이루어지는 곳을 부정적 시어로 표현하고 있군.

<보　　기>

자아 성찰의 주제를 담은 현대시에서는 ㉠'성찰의 대상이 되는 자아'와 이를 ㉡'성찰하는 자아'로 시적 자아가 분열되어 등장하는 경우가 많다. (가)의 화자는 시선을 자신의 내면으로 돌려 자아의 부정적, 긍정적 면모를 발견한 후 이들을 상징적 시어로 표현하고 있다. 그러나 (나)의 화자는 제 3자가 자신을 보듯 객관적으로 자신의 생활을 살피며, 생활인으로서의 정체성과 시인으로서의 정체성 사이에서 갈등하고 있다.

<보기>에 의하면 시에는 단일한 자아만 있는 것이 아니라고 합니다. '성찰의 대상이 되는 자아'는 이상적 자아와 괴리된 자아를 말하며, '성찰하는 자아'는 우리가 앞서 봤던 윤동주 시인의 시처럼 말 그대로 괴리된 자아의 문제를 찾으려는 자아입니다. 따라서 각 시를 보면서 각각의 자아가 어떻게 나타나는지, 성찰을 통해 어떤 깨달음을 얻었는지 찾으면 됩니다.

(가)는 자아와 연결되는 상징적 시어를, (나)는 생활인, 시인의 자아를 각각 찾고 갈등의 결과가 어떻게 되는지 찾으려고 노력하면 될 것 같습니다. 이미 성찰에 대해 공부를 한 지라 <보기>의 내용이 많이 겹치죠? 바로 지문으로 들어가 봅시다.

<시 독해>
(가)
고향에 돌아온 날 밤에
내 백골이 따라와 한방에 누웠다.

상상하기를 하려면 우선 화자가 현재 있는 곳에 대한 상황 파악이 우선입니다. 시간적 배경은 밤이며, 고향에 화자가 머무르고 있습니다. 그리고 '백골'과 함께 한 방에 누웠다고 합니다. 우리는 (가)의 <보기>에서 두 자아와 연결된 상징적 자아를 찾아야 한다고 했습니다. 그런데 1연에서 이미 '나'와 '백골'이 등장하였고 '백골'은 하필 '내' 백골이므로 자아를 상징한다는 것을 알 수 있습니다. 아마 백골이 부정적이고, '나'는 성찰적인 자아이지 않을까 추측은 할 수 있겠습니다.

어둔 방은 우주로 통하고
하늘에선가 소리처럼 바람이 불어온다

방은 백골이라는 부정적 자아가 같이 있는 곳이며 어둡다는 형용사로 보아 부정적인 공간일 것입니다. 이에 반해 우주는 까맣지만 하늘 너머의 열린 공간입니다. 그런 우주로 통하도록 바람이 불어오는 것은 화자에게 방에서 나오라는 것처럼 보이기도 합니다. 단순 추측이니 뒤를 봅시다. 이 부분에서 방이 부정적이라는 것과 우주는 긍정적이라는 것만 알아냈어도 됩니다.

어둠 속에 곱게 풍화작용하는
백골을 들여다보며
눈물짓는 것이 내가 우는 것이냐

백골이 우는 것이냐
아름다운 혼이 우는 것이냐

'백골'은 아무래도 부정적 자아인 것 같다고 앞에서 추측했었는데 그런 백골 즉, 자신의 안 좋은 면이라고 해도, 그 또한 자신인데 갈려 나가는 것을 보며 누가 마음이 편할까요. 백골을 보고 눈물 짓는 자신은 '나'이며 성찰하는 자아였습니다. 그러나, 이 연부터 혼란이 오기 시작합니다. 세 가지나 보이는 자아들 '나', '백골', '아름다운 혼' 때문입니다. 성찰하고 있는 자아가 눈물을 흘리고 있는지, 부정적 자아가 여전히 자리를 지키고 있는지, 아니면 이상적인 자아인 '아름다운 혼'이 눈물 흘리고 있는지 말이죠.

지조 높은 개는
밤을 새워 어둠을 짖는다

'지조 높은 개'가 무엇인지는 모르겠으나 표현상으로 긍정적일 것이라고 우선 생각됩니다. 화자가 현재 머무르고 있는 시간대인 밤을 꼬박 새우면서 어둠을 경계하고 있으니 '지조 높은 개'와 '어둠'은 서로 반대인 시어일 것으로 추측할 수 있습니다.

어둠을 짖는 개는
나를 쫓는 것일 게다

지조 높은 개 → 어둠을 짖는 개로 표현이 바뀌었고, 어둠을 경계하는 개가 나 또한 경계하니 '나' 역시 부정적인 시어일 겁니다. 따라서 성찰을 했다고 하더라도 화자의 자아는 '아름다운 혼'까지는 도달하지 못한 채 아직 괴리를 느끼고 있습니다.

가자 가자
쫓기우는 사람처럼 가자
백골 몰래
아름다운 또 다른 고향에 가자

결국 성찰을 끊임없이 해야 하나 봅니다. 1연에서 내가 고향으로 왔음에도 백골이 따라 들어와 방에 같이 누웠던 것을 생각해봅시다. 그럼 마지막 연처럼 '내'가 또 다른 고향 즉, 이상적으로 생각한 곳으로 가도 다시 부정적 자아인 백골이 따라오지 않을까 싶습니다. 그래서 결국 '나'는 계속해서 백골을 피해 이상향을 추구해야 할 겁니다.

윤동주 시인은 이런 시를 많이 씁니다. 계속해서 성찰과 그에 따른 반성을 반복합니다. 「또 다른 고향(故鄕)」은 그런 의미에서 완벽하게 윤동주 시인의 시 전반을 반영합니다. 계속해서 이상을 추구하려 노력하는 모습, 포기하지 않고 매번 성찰하며 안주하지 않는 모습을 말하고 싶었던 것이며 앞으로 윤동주 시인의 시를 보면서 이 시를 생각하면 시가 쉽게 읽힐 것입니다.

"계속해서 이상적 자아에 도달하기 위해 성찰하는 '나'"

(나)
만약에 나라는 사람을 유심히 들여다본다고 하자
그러면 나는 내가 시와는 반역된 생활을 하고 있다는 것을 알 것이다

<보기>에서 말한 것처럼 제3자가 자신을 보듯 객관적인 시선을 취하고 있습니다. 그 결과 자신의 현재 자아는 '시'와는 반역된 생활을 하고 있답니다. <보기>를 인용하자면, 시인으로서의 정체성을 잃어버렸다는 것을 알 수 있습니다.

먼 산정에 서 있는 마음으로 나의 자식과 나의 아내와
그 주위에 놓인 잡스러운 물건들을 본다

먼 산정에 서 있는 마음 → 여전히 객관적인 시선을 유지하고 있습니다. 자신의 가족을 바라보고 있고, 자신의 생활에 닿아 있는 물건들을 보고 있는데 갑자기 '주관'적인 표현이 나옵니다.
분명 자아와 세계에서 주관적인 표현이 나오면 화자의 가치관 즉, 프레임이 드러난다고 했죠. 생활과 닿아 있는 물건을 잡스럽다고 표현한 걸로 보아 자신의 생활이 마음에 들지 않는다는 화자의 가치관이 반영되었음을 알 수 있습니다.

이런 게 잘 보이지 않으면, 캐릭터를 생각해보면 됩니다. 시를 드라마로 봅시다.
1화를 보면 주인공의 성격을 대강 알 수 있습니다. 그런데 갑자기 다른 화에서 시청자들이 알고 있는 성격과 다른 행동을 부자연스럽게 하면 그건 소위 말하는 '캐붕(캐릭터 붕괴)'이라고 할 수 있을 겁니다. 마찬가지입니다. <보기>와 1연을 통해 우리는 화자가 성찰을 하면서 자신의 모습을 마음에 들지 않아 한다고 알 수 있습니다. 그런 상황에서 '잡스러운 물건'이라는 표현을 보며 '아 이 사람이 자기 자신이 마음에 들지 않으니까 그 주변 것들이 모두 신경 쓰이고 마음에 들지 않겠구나'라는 생각을 자연스레 할 수 있을 겁니다!

그리고
나는 이미 정해진 물체만을 보기로 결심하고 있는데
만약에 또 어느 나의 친구가 와서 나의 꿈을 깨워 주고
나의 그릇됨을 꾸짖어 주어도 좋다

이미 정해진 물체 → 계속해서 물건과 물체들에 대한 얘기가 나오고 있습니다. 우리는 2연에서 잡스럽다는 화자의 주관적 표현으로부터 성찰의 자아가 주변의 물건들을 좋지 않게 보고 있다는 것을 알 수 있습니다. <보기>를 인용하면 결국 생활인으로서의 자아를 부정적으로 여기고 있습니다. 이를 이용하면 '나는 이미 생활인으로서의 자아로 살아가려 결심하고 있는데, 만약에 누군가 나의 시인으로서의 정체성을 깨워주고, 생활에만 몰두하는 그릇됨을 꾸짖어 주어도 좋다'라고 읽히게 되는 것이죠.

함부로 흘리는 피가 싫어서
이다지 낡아빠진 생활을 하는 것은 아니리라
이다지 낡아빠진 생활 → 생활인으로서의 생활
함부로 흘리는 피가 싫은 것이 원인일 때, 결과가 생활인으로서의 자아로 연결될 수는 있으나 자신을 그게 아니라고 합니다. 그 말인즉슨, 원래는 함부로 흘리는 피가 싫으면 시인으로서의 정체성을 유지할 수 없단 겁니다. 결과적으로 이 구절은 해석 못해도 시의 주제를 알기에는 부족하지 않으나, 우린 공부하는 입장이니 자세히 따져봅시다.

생활인으로서의 자아와 시인으로서의 자아 중 무엇이 자신의 신변에 더욱 위협적일까요?
'피'의 scale을 키워서 신변에 대한 위협으로 생각한 겁니다. 아무래도 시인으로서의 자아가 부당한 권력에 도전하는 자아이므로 더 위험하겠죠. 그 위험이 싫어서 생활인으로서의 생활에 안주하는 것은 아니라고 이 구절이 말하는 겁니다. 따라서 아직은 화자에게 시인으로서의 정체성을 유지할 '용기'는 여전히 있다는 것을 알 수 있겠네요!

먼지 낀 잡초 우에
잠자는 구름이여
고생도 마음대로 할 수 없는 세상에서는
철 늦은 거미같이 존재 없이 살기도 어려운 일

왜 구름이 잠자면 잡초 위에 먼지가 낄까요? 구름이 원래 하는 일은 비를 내려주는 겁니다. 그런데 구름이 일을 안 하니 잡초를 씻겨줄 수가 없고 결국 구름 아래 잡초는 더러운 채로 있어야 할 겁니다. 마치 정의로운 사람 없는 사회가 정화를 하지 못하고 오염되는 것처럼 말이에요.

여기서 말하는 '고생'은 아마 시인으로서 세상에 저항하는 것을 말하는 거겠죠. 하지만 자신이 저항할 용기는 있어도 여건이 전혀 되지 않나 봅니다. 마치 철 늦은 거미가 존재감도 드러내지 못하고 조용히 사는 것처럼 자신도 조용히 시인으로서 세상에 의문을 던지고 싶지만, 이 놈의 세상은 시인들을 가만두지 않나 봅니다. 굉장히 핍박이 많고 강압적인 사회인 것 같네요.

방 두 칸과 마루 한 칸과 말쑥한 부엌과 애처로운 처를 거느리고
외양만이라도 남과 같이 살아간다는 것이 이다지도 쑥스러울 수 있을까

방, 마루, 부엌, 처를 안쓰럽게 표현하고 있습니다. 생활을 맘에 들어하지 않는 프레임의 결과겠죠. 겉으로라도 생활인처럼 사는 것이 부끄럽다고 말하고 있습니다. '겉으로'만 그랬다는 거죠. 아까 말한 것처럼 화자는 마음은 시인처럼 살고 싶은데 생활에 치여 그러지 못했었고 이를 부끄럽게 여기고 있습니다. 계속 똑같은 맥락이네요.

시를 배반하고 사는 마음이여
자기의 나체를 더듬어 보고 살펴볼 수 없는 시인처럼 비참한 사람이 또 있을까

시를 배반하고 사는 마음 → 생활인으로 사는 마음
자신의 나체 즉, 자기가 진정으로 무얼 하고 싶은지를 살펴보지 못하는 시인이므로, 자신의 내면에 대한 진정한 성찰을 이루지 못하는 자신을 비참하게 생각하고 있습니다.

거리에 나와서 집을 보고 집에 앉아서 거리를 그리던
어리석음도 이제는 모두 사라졌나 보다
날아간 제비와 같이

거리에 있을 때는 집을, 집에서는 거리를. 청개구리 같은 모습이 드러났습니다. 그걸 '어리석음'이라고 말하고 있긴 한데 과연 부정적인 의미일까요?

지금 화자는 일반적으로 사는 생활인의 삶이 자신에게는 맞지 않다고 말하고 있습니다. 그런 맥락이므로 생활인과는 다른 청개구리 같은 어리석음이 오히려 이 화자에게는 이상에 가까운 것이죠. 나누어보자면, '집'은 생활인으로서의 공간, '거리'는 시인으로서의 공간이라고 볼 수 있겠습니다. 다시 말해, 생활에 '안주'하지 않고 계속해서 변화와 발전을 추구하는 모습을 저리 표현한 겁니다. 그런 마음이 '날아간 제비'처럼 사라졌다고 하면서 슬픔을 토로하고 있습니다.

날아간 제비와 같이 자국도 꿈도 없이
어디로인지 알 수 없으나
어디로이든 가야 할 반역의 정신

그러나 날아간 제비와 같이 지난날의 흔적인 '자국'도, 앞으로 무얼 해야 할지를 가리켜주는 '꿈'도 없다고 합니다. 방향을 갈피조차 잡지 못하고 있습니다. 그렇지만 정해진 방향이 없기 때문에 오히려 어디로든 튈 수 있는 '반역의 정신' 즉, 계속해서 바뀔 수 있는 마음을 말하고 있습니다.

나는 지금 산정에 있다 —
시를 반역한 죄로
이 메마른 산정에서 오랫동안 꿈도 없이 바라보아야 할 구름
그리고 그 구름의 파수병인 나

'산정'은 2연에 나왔었죠. 제3자의 입장에서 보는 성찰의 공간이었습니다. 시인으로서의 정체성을 어긴 죄로 계속해서 괴리를 겪어야 한다고 합니다. 마음으로는 시인이지만, 생활은 생활인으로서 살고 있기 때문이죠. 그렇기 때문에 화자는 매 순간 성찰할 수밖에 없습니다. 괴리를 느끼니 시선이 내면으로 계속 향해서죠. 그렇다면 메마른 산정에서 바라보는 '오랫동안 꿈도 없이 바라보아야 할 구름'은 무슨 의미일까요.

4연에서 우리는 이미 '꿈'을 화자가 생각하는 이상향이라고 해석했었는데, 이 이상향은 화자의 현실을 고려하면 실현하기 매우 어렵습니다. 따라서, '꿈도 없이'는 그러한 현실을 말한다고 생각해도 되겠죠. '구름'은 화자를 대변하는 시어였습니다. 비를 내려야 할 구름이 방관했기 때문에 잡초는 먼지가 껴버리죠. 그러니 구름을 쳐다보는 것은 일종의 자기 성찰인 것입니다. '아, 나도 저렇게 가만히 있구나'. 그러므로 구름이 비를 안 내린 채 둥둥 떠다니는 걸 보며 화자는 계속해서 성찰할 겁니다. 마치 파수병처럼 말이죠. 언젠가 자유로이 구름이 비를 내리게 된다면, 그건 화자도 시인으로서의 정체성을 완벽히 회복하고 괴리의 상태에서 벗어나는 것을 말하는 걸 겁니다.

휴, 길고 긴 시 독해가 드디어 끝났습니다. 성찰에 관한 시가 하나하나만 보면 난도가 매우 높습니다. 내면에 관해서 엄청 꼬았기 때문이죠. 그렇지만 우리는 전체적 특징을 아니까 문제 풀어봅시다!

주제부터 정리해봅시다.

(가) : "계속해서 이상적 자아에 도달하기 위해 성찰하는 '나'"

(나) : "시인으로서의 내면과 생활인으로서의 외면 사이의 갈등 속에서 성찰하는 '나'"

1. (가), (나)의 시어의 의미를 물어보는 문항입니다.

　　우선 둘 다 성찰에 관한 시이므로 이상향과 자신의 괴리된 내면을 보여주고 있습니다. 따라서, 틀린 선지가 나오려면 잘못된 이상향을 제시하거나 아니면 내면이 이미 이상에 도달했다는 내용이 출제될 것으로 생각됩니다.

　　역시나 예상처럼 ④는 '현실'을 그대로 수용하자고 하고 있으므로 내면이 이미 이상에 도달했다고 하고 있습니다. 그러므로 틀린 선지겠네요. 다른 선지도 확인해봅시다.

① 이상적 자아를 추구하는 것이니 옳은 선지겠네요.

② (가)의 화자는 '고향'에서 성찰을 하여 부정적 자아로부터 벗어나려 하니 옳은 선지입니다.

③ 객관적인 제3자의 시선으로 성찰을 하는 공간이 '먼 산정'이니 옳은 선지입니다.

⑤ (가)는 의문을 갖고 잘 알지는 못하지만 노력을 하고 있다는 게 핵심입니다. 내가 우는지, 백골이 우는지, 아름다운 혼이 우는지 알지를 못합니다. 하지만, 계속해서 이상을 좇으려 매번 고향을 향하고 백골은 피하려 노력을 하죠. 반면에 (나)는 자신의 마음은 시인으로서 정체성을 좇지만, 현실이 녹록지 않다는 점에서 (가)와 (나)의 차이가 있겠습니다.

2. (가)에 대한 주제를 묻는 문항입니다.

　　(가) : "계속해서 이상적 자아에 도달하기 위해 (부정적 자아를 피하기 위해) 성찰하는 '나'"

② 백골이 곱게 풍화작용하고 있는, 암담한 현실에 그대로 낡아버린 화자의 자아입니다. 화자는 백골을 보며 복합적인 감정을 느끼지 않을까요? 멀리해야 하는 자신의 모습이지만 현실이 이토록 암담하지만 않았어도 이렇게까지는 되지 않았을 테니까요. 그런 화자에게 백골은 부정적 자아이지만 일종의 연민의 대상이 되며 시에서도 눈물을 흘립니다.

① '바람'은 어둔 방을 우주로 통하게 해주는 시어입니다. 닫힌 방과 달리 열린 우주가 있음을 알려주는 존재로 화자가 현실에 그만 안주하고 오히려 성찰하도록 깨워주었다 볼 수 있습니다. 백골을 흩뜨리는 것은 화자의 자아를 파괴하는 것과 같습니다...

③ '아름다운 혼'이 우는 장면은 백골이라는 부정적 자아가 곱게 풍화작용할 때, 이를 바라보는 자아가 어떤 자아인지 화자가 헷갈려하는 장면에서 쓰였습니다. '고향'을 떠나는 것은 오히려 성찰을 마치고 자신의 자아가 이상적 자아인 '아름다운 혼'에 가까워지는 것이니, 적절치 않은 선지입니다.

④ 화자는 '계속해서 성찰'한다고 주제에 나와있으니 적절하지 않습니다.

⑤ '고향'은 이상적 자아를 추구하기 위해 성찰하는 공간들입니다. 궁극적으로는 '백골'을 따돌리기 위해 방문하는 곳이며 화자가 백골 없이 혼자 '고향'에 머무르게 되는 것이 화자가 추구하는 이상적 상황입니다. 그러므로 '어둠'이 만연한 부정적 공간으로 '고향' 들을 해석하는 것은 옳지 않습니다. '백골'이 오지 않는다면 떠나려고도 하지 않겠죠.

3. (나)에 대해 주제를 묻고 있습니다.

   (나) : **"시인으로서의 내면과 생활인으로서의 외면 사이의 갈등으로 성찰하는 '나'"**

   따라서 적절하지 못한 선지가 나오려면, 화자가 '생활인으로서의 내면'을 추구한다고 나오거나 '시인으로서의 외면'을 이미 실천하고 있다고 말해야겠네요.

   하지만 ②의 경우에 '시인으로서의 내면'을 부정하고 화자의 내면 역시 '생활'을 추구했다고 말하고 있습니다. '친구'가 내게 강조해주면 좋겠다고 말한 것이지, '친구'가 없으면 시인의 내면을 추구하지 못한다고 말한 것이 아니므로 적절하지 않겠습니다.

   ① 제3자의 시선으로 '생활'을 해석하고 있는 게 이 시이므로 적절합니다.
   ③ 철 늦은 거미처럼 '존재 없이' 살아가게 두지 않고 각박한 현실이 자꾸 화자를 압박하니 적절한 선지입니다.
   ④ 내면 즉, 나체를 직접 보지 못하고 '생활'을 외면적으로 강요당함을 뜻하는 적절한 선지입니다.
   ⑤ '시'를 배반해 '구름'을 계속 보며 성찰을 해야 하므로 적절한 선지입니다.

4. (가)와 (나)의 공통점과 차이점을 물어보는 문항입니다.

   둘 다 자아의 분열이 나타나고 성찰이 이루어진다는 측면에서 의미가 있었습니다. 허나, (가)는 자신의 자아가 잘못됨을 확실하게 알지 못하고 추상적으로 성찰을 계속함으로써 자아의 오염을 경계할 것이라고 말한 한편, (나)는 오염되지 않은 내면과 오염된 외면의 괴리로 인해 발생한 성찰이었으니 이러한 차이점을 알고 선지에 접근한다면 그리 어렵지 않을 것입니다.

   성찰이 각각 (가)에서는 고향, (나)에서는 산정에서 이뤄지고 있습니다. 고향은 이상적이고, 산정은 객관적인 공간입니다. 따라서 두 곳을 모두 부정적이라고 말한 ⑤은 잘못됐습니다.
   ① 부정적 자아인 백골은 ㉠이 맞습니다. 따라서 화자가 내면으로 시선을 돌려 성찰하다가 발견한 자신의 부족한 부분이 '백골'이므로 맞는 선지입니다.
   ② '지조 높은 개'는 부정적 자아를 내쫓아, 이상적 자아가 무사히 정착할 수 있도록 돕는 시어이므로 '새로운 존재'로 자아를 발전시킵니다.
   ③ 시인으로서의 정체성과 생활인으로서의 정체성 중 갈등을 겪다가, 시인으로서의 정체성을 화자가 택하고 있습니다. 따라서 이를 상징하는 시어인 '구름의 파수병'은 시를 새로이 지향하려는 화자의 의식이 반영됐다고 생각할 수 있습니다.
   ④ '방'은 성찰이 이뤄지는 공간으로 두 자아의 차이점을 확인하는 공간이지만, '거리'는 시인으로서의 정체성을 유지하던 과거의 화자가 머무른 공간이므로 자아가 둘로 분열되지 않고 이상적 자아를 형성하던 장소를 말하므로 조화를 이루고 있음을 알 수 있습니다.

지금까지 성찰에 대해 알아보았는데, 중요한 것은 '현재의 자신이 왜 마음에 들지 않았는지'와 '앞으로는 어떤 자신이 되고 싶은지' 즉, 현실과 이상에 적합한 자아가 무엇인지 알아내는 것이 '성찰'에 관한 시를 대하는 방법입니다. 의식적으로 이 두 가지를 찾으려 노력한다면 충분히 실전에서 잘 풀어낼 수 있을 겁니다. 두 개의 시에 불과하지만, 이렇게 어려운 시를 완벽히 분석해내고 이해한 경험은 수능 '따위'에 충분할 테니, 이해가 되지 않으셨던 분들은 어떻게든 머리를 싸매고 본인의 생각으로 위의 시들을 이해해보는 경험을 해보시길 바랍니다. :)

Ⅱ

현대 물질문명

앞에서 김광균 시인의 추일서정을 해설하면서 잠깐 언급했던 현대 물질문명에 관한 내용에 대해 더 자세히 공부해 보도록 하겠습니다. 현대 사회가 발전하면서 근대화, 산업화로 인해 인간 본연의 가치가 훼손됩니다. 사람들은 물질 적인 가치(돈)를 추구하기에 급급하고 원래 공동체가 가지고 있었던 연대, 정, 사랑과 같은 정신적인 가치들은 물질 적인 가치에 밀려나게 됩니다. 또한, 개개인의 정체성 역시 훼손됩니다. 원래 사람들은 개개인의 가치관에 따라서 각 자의 이상을 추구하였기에 개성을 가지고 있었으나 모두가 획일화된 물질적 가치를 추구하면서 이런 정체성이 훼손 됩니다. 모두가 돈을 벌기 위한 기계가 되는 사회가 커다란 공장이 되어가는 것입니다.

이러한 상황 속에서 물질문명을 비판하는 시들이 등장합니다. 물질문명 비판 시에서는 물질문명을 상징하는 시어로 텔레비전, 공장, 고층 빌딩, 고속 열차와 같은 빠른 운송수단 등이 주로 나옵니다. 이런 시어들이 등장하면서 부정적 으로 평가하는 것 같다면 주제는 현대 물질문명 비판이라고 말할 수 있겠습니다!

이 시들에서는 Keyword [획일화, 효율, 물질적 가치, 쾌락 추구] 등을 비판하고
Keyword [다양성, 개개인의 정체성, 공동체의 연대, 내면을 돌아보는 것] 등을 중시합니다.

이제 제시된 시를 보면서 방금 제시한 키워드들을 찾아 오른쪽 여백에 써보시길 바랍니다.
문제를 푸는 데에만 집착하지 마시고, 현대 물질문명을 어떻게 그려내고, 그와 대비되는 자연은 어떻게 현대 물질문 명과 차이를 보이는지를 알아내겠다는 생각으로 키워드들을 찾아주시기 바랍니다!

(가)

㉠차단─한 등불이 하나 비인 하늘에 걸려 있다.
내 호올로 어딜 가라는 슬픈 신호냐.

긴─여름해 황망히 나래를 접고
늘어선 고층(高層) 창백한 묘석(墓石)같이 황혼에 젖어
찬란한 야경 무성한 잡초인 양 헝클어진 채
사념(思念) 벙어리 되어 입을 다물다.

㉡피부의 바깥에 스미는 어둠
낯설은 거리의 아우성 소리
까닭도 없이 눈물겹고나

공허한 군중의 행렬에 섞이어
내 어디서 그리 무거운 비애를 지니고 왔기에
㉢길─게 늘인 그림자 이다지 어두워

내 어디로 어떻게 가라는 슬픈 신호기
차단─한 등불이 하나 비인 하늘에 걸리어 있다.

- 김광균, 「와사등」 -

(나)

머리가 마늘쪽같이 생긴 고향의 소녀와
한여름을 알몸으로 사는 고향의 소년과
같이 낯이 설어도 사랑스러운 들길이 있다

그 길에 ㉣아지랑이가 피듯 태양이 타듯
제비가 날 듯 길을 따라 물이 흐르듯 그렇게
그렇게

㉤천연(天然)히

울타리 밖에도 화초를 심는 마을이 있다
오래오래 잔광(殘光)이 부신 마을이 있다
밤이면 더 많이 별이 뜨는 마을이 있다.

- 박용래, 「울타리 밖」 -

1. (가), (나)의 공통점으로 가장 적절한 것은?
① 수미상관의 방법을 통해 정서의 변화를 강조하고 있다.
② 영탄적 표현을 통해 대상에 대한 경외감을 표출하고 있다.
③ 비유적 표현을 활용하여 공간에 대한 인식을 드러내고 있다.
④ 어둠과 밝음의 대조를 통해 긍정적 미래의 도래를 암시하고 있다.
⑤ 화자를 작품의 표면에 나타내어 주제에 대한 공감을 이끌어내고 있다.

2. ㉠ ~ ㉤에 대한 설명으로 적절하지 않은 것은?
① ㉠: 적막한 배경에 놓인 하나의 사물에 주목하여 화자의 쓸쓸한 처지를 환기하고 있다.
② ㉡: 공감각적 표현을 활용하여 현실과 이상의 괴리감을 좁히고 있다.
③ ㉢: 특정 시어를 장음으로 읽도록 유도하여 시어의 의미와 낭송의 호흡을 조화시키고 있다.
④ ㉣: 동일한 연결 어미를 반복하여 다양한 소재의 동질적 속성을 부각하고 있다.
⑤ ㉤: 하나의 시어로 독립된 연을 구성하여 대상의 상태를 강조하고 있다.

3. <보기>를 참고하여 (가), (나)를 감상한 내용으로 적절하지 않은 것은?

< 보 기 >

1930년대 모더니즘을 주도했던 김광균은 감성보다 지성을 중시하는 이미지즘을 자신만의 방식으로 소화했다. 그는 상실감과 소외감 등의 정서에 회화적 이미지를 결합하여 현대 문명에 대한 태도를 보여 주었다. 1950년대 후반의 시적 경향을 보여 주는 박용래는 모더니즘의 기법에 전통과 자연에 대한 관심을 결합했다. 그는 사라져 가는 재래의 것들을 회화적 이미지로 복원하여 토속적 정취를 환기하고, 소박한 자연의 이미지를 병치하여 자연의 지속성과 인간과 자연의 조화에 대한 바람을 드러냈다.

---

① (가), (나) 모두 주로 시각적 이미지를 활용하여 풍경을 묘사함으로써 회화성을 잘 살리고 있군.
② (가)는 시간의 순환적 흐름을 통해 도시의 황폐함을, (나)는 시간의 순차적 흐름을 통해 자연의 지속성을 강조하고 있군.
③ (가)의 '무성한 잡초'는 인간과 문명의 불화에 따른 상심을, (나)의 '화초'는 인간과 자연의 조화에 대한 바람을 함축하고 있군.
④ (가)는 (나)와 달리 감정을 노출하는 시어를 빈번하게 사용하여 현대 문명으로 인한 소외감을 제시하고 있군.
⑤ (나)는 (가)와 달리 토속적 정취를 자아내는 시어를 활용하여 전통적 세계에 대한 지향을 드러내고 있군.

1930년대 모더니즘을 주도했던 김광균은 감성보다 지성을 중시하는 이미지즘을
자신만의 방식으로 소화했다. 그는 상실감과 소외감 등의 정서에 회화적 이미지
를 결합하여 현대 문명에 대한 태도를 보여 주었다. 1950년대 후반의 시적 경향
을 보여 주는 박용래는 모더니즘의 기법에 전통과 자연에 대한 관심을 결합했다.
그는 사라져 가는 재래의 것들을 회화적 이미지로 복원하여 토속적 정취를 환기
하고, 소박한 자연의 이미지를 병치하여 자연의 지속성과 인간과 자연의 조화에
대한 바람을 드러냈다.

<보기> 먼저 확인해보겠습니다. <보기>는 시인에 대해서 이야기하고 있습니다.
김광균 시인은 이미지를 중심으로 현대 물질문명의 상실감, 소외감의 정서를 표현했다고 합니다. 아마 (가) 시가 현대 물질문명 비판을 주제로 전개될 것 같습니다. 또한 박용래 시인은 사라져 가는 재래의 것들을 복원했다고 하니 물질문명의 반대가 되는 시일 것 같네요!

재래의 것들이 사라져가는 이유는 아마도 물질문명 때문이겠죠. 현대 물질문명을 직접적으로 비판하는 방식이 아니라, 토속적인 모습, 자연의 모습 등 우리가 지향해야 할 모습을 드러내어 간접적으로 (나)에서 현대 물질문명에 대한 거부감을 드러낼 것이라고 말하고 있습니다. 따라서 (나) 시에서 이런 모습이 나타나는지 확인해 봐야겠습니다.

<시 독해>
와사등

김광균 시인의 다른 시, 추일서정을 앞에서 읽었습니다. 와사등도 그와 유사한 이미지즘 계열의 시이므로 시의 전체적인 분위기를 먼저 읽어내고 거기에 맞춰서 해석을 해야 합니다.

(가)
㉠차단-한 등불이 하나 비인 하늘에 걸려 있다.
내 호올로 어딜 가라는 슬픈 신호냐.

화자는 등불(와사등), 텅 빈 하늘을 보면서 어디로 가야할지 몰라 방황하고 있습니다. 그리고 이러한 방향 상실에서 오는 슬픔을 느끼고 있습니다. 이런 화자의 감정에 초점을 맞춰 밑에 부분들을 읽어줍시다.

긴-여름해 황망히 나래를 접고
늘어선 고층(高層) 창백한 묘석(墓石)같이 황혼에 젖어
찬란한 야경 무성한 잡초인 양 헝크러진 채
사념(思念) 벙어리 되어 입을 다물다.

긴 여름 해가 날개를 접는다고 상상해봅시다. 해가 지고 어둠이 찾아오는 것이 그려지시나요? 화자는 해질 무렵의 풍경을 이렇게 감각적으로 표현한 것입니다. 이 부분을 해석하지 못했더라도 뒷부분에 나오는 황혼에서 해질 무렵의 시간대임을 체크할 수 있어야 합니다. 그리고 또, 주목해야 할 비유 표현이 있습니다. 바로 '묘석'이죠. 화자는 고층 빌딩들의 모습을 묘석에 비유했습니다. 고층 빌딩의 모습을 다른 비석, 동상이라고 표현할 수도 있었지만, 화자는 이것을 묘석이라고 비유했습니다. 묘석은 사람이 죽었을 때 그 무덤에 세우는 비석입니다. 물질문명의 상징인 고층 빌딩을 이런 죽음을 상징하는 창백한 묘석에 비유했다는 것은 화자가 절망감과 문명 종말의 느낌을 받았다는 것을 직접적으로 보여줍니다.

동시에 누군가는 찬란한 야경이라고 느낄 풍경을 화자는 무성하게 헝클어진 잡초처럼 느끼고 있습니다. 화자는 이런 도시문명에서 무질서함을 느끼고 있는 것이죠. 이것에 대한 화자의 반응을 사념의 벙어리가 되었다는 표현에서 확인할 수 있습니다. 화자가 사념의 벙어리가 되었다고 생각하면 근심이 많지만 누군가에게 말할 수 없는 쓸쓸하고 무기력한 지식인의 비애를 느낄 수 있는 것이고, 이것을 현대 문명이 사념의 벙어리가 되었다고 생각하면 생존경쟁에 시달려 현황을 살필 수 없는(방향 감각을 상실한) 무비판적인 현대인의 모습을 보여주는 것으로 볼 수 있습니다. 이미지즘 계열인 만큼 **Step 3. 자아와 세계** 관점이 강력하게 쓰이고 있네요.

ⓒ피부의 바깥에 스미는 어둠
낮설은 거리의 아우성 소리
까닭도 없이 눈물겹고나

어두운 도시 문명에서 느껴지는 싸늘한 어둠, 거리의 아우성에서 화자는 낯섦과 슬픔을 느끼고 있습니다. 현대 도시인들이 밤에도 분주하게 움직이는 소리를 낯설게 여기고 있는 것입니다.

공허한 군중의 행렬에 섞이어
내 어디서 그리 무거운 비애를 지고 왔기에
ⓒ길─게 늘인 그림자 이다지 어두워

길게 늘인 그림자는 와사등에 비춰진 화자의 모습일 것입니다. 현대 물질문명에 비춰진 자신의 모습이 어둡다고 평가하며 쓸쓸함과 절망감을 더욱 드러내고 있습니다. 그리고, 이 물질 문명을 살아가는 현대인들의 모습을 획일화된 공허한 군중의 행렬이라고 표현하며 인간 내면의 성찰 없이 문명화되는 모습에 슬픔을 느끼고 있습니다.

내 어디로 어떻게 가라는 슬픈 신호기
차단─한 등불이 하나 비인 하늘에 걸리어 있다.

수미상관 구조입니다. 반복은 강조라고 했죠. 이 부분을 두 번씩이나 그것도 똑같이 사용한 것은 이 부분이 시를 관통하는 부분이기 때문입니다. 화자는 와사등을 보면서 희망도 이상도 방향도 상실한 현대인의 모습을 본 것입니다.

'물질문명에서 느끼는 소외감'

(나)
울타리 밖

제목 확인하겠습니다. 울타리 밖이라고 하네요. 아마도 울타리 밖에 대한 화자의 생각이 제시될 것 같고 울타리 안과 어떤 차이점이 있느냐가 <보기>에서 말한 자연의 풍경을 인간 문명과 어떻게 대비했는지를 알 수 있을 것 같습니다. 이런 예상을 해보면서 작품 독해 들어갑시다!

머리가 마늘쪽같이 생긴 고향의 소녀와
한여름을 알몸으로 사는 고향의 소년과
같이 낯이 설어도 사랑스러운 들길이 있다

'소년'과 '소녀'가 등장합니다. 그런데 이 둘은 '고향'의 소년과 소녀이죠. 고향은 아마도 <보기>에 따르면 재래의 것에 해당하는 것 같습니다. 소년과 소녀의 설명을 보았을 때 '소녀에게서는 친근함, 소년에게서는 순수함'을 느낄 수 있습니다. 그리고 이들과 어우러지는 사랑스러운 들길이 있습니다. 이것은 <보기>에서 자연에 해당하는 것이며, '사랑스러운'은 화자가 느끼는 감정입니다. 그러니까 들길에 대한 애정을 표현한 것이죠. 이 '들길'과 앞의 소년, 소녀는 '같이'로 유사한 속성을 띄도록 연결되어 있습니다. 조화를 이루고 있는 것이죠. 그러니까 화자의 애정은 들길에만 한정된 것이 아닌 소년과 소녀에도 적용된다고 생각할 수 있습니다!

그 길에 ㉣아지랑이가 피듯 태양이 타듯
제비가 날 듯 길을 따라 물이 흐르듯 그렇게
그렇게

그 사랑스러운 들길에는 아지랑이가 피고, 태양이 타고, 제비가 날고, 길을 따라 물이 흐릅니다. 모두 자연스러운 현상들이죠. 인간이 인위적으로 만들고 싶다고 만들 수가 없는 모습들입니다.

㉤천연(天然)히

'천연히'의 뜻은 '생긴 그대로 조금도 꾸밈이 없이'입니다. 앞에서 말한 들길의 자연스러운 모습을 다시 강조하고 있습니다. 무려 한 연을 통째로 써서요!

울타리 밖에도 화초를 심는 마을이 있다

이 마을은 울타리 안뿐만 아니라 울타리 밖에도 아주 '천연히' 화초를 심습니다. '천연히'라는 시어가 2연과 3연 그리고 3연과 4연을 아주 자연스럽게 연결해주고 있습니다. 들길의 자연스러운 속성을 보여주면서 동시에 마을이 화초를 심는 행동이 '자연스러워야 함'을 부각하고 있죠.
울타리는 외부와 내부를 나누는 경계이죠. 이 마을은 '마을 안'만을 챙기지 않습니다.
물질문명을 비판하는 시들은 어떤 모습을 추구한다고 했었죠? 공동체의 연대! 그러니까 자연의 모습을 닮아 마을 밖에까지 본인들이 갖고 있는 아름다운 화초를 심는 모습을 강조하고 있는 것이죠. 이런 아름다운 마음을 가진 마을을 화자는 상상하고 있는 겁니다. 아주 자연스럽게 본인들이 가지고 있는 것들을 나눠줄 수 있는 마을이요. 동시에 화초를 심는 행위는 인간과 자연의 조화를 드러냅니다. 시인은 항상 시를 집약할 수 있게 제목을 씁니다. 그런 중요한 제목이 지금 '울타리 밖'이라고 설정되어 있어요. 그러니까 시인은 울타리 밖과의 연대를 이 시에서 가장 중요한 내용으로 생각한 것이라고 볼 수 있겠네요!

오래오래 잔광(殘光)이 부신 마을이 있다
밤이면 더 많이 별이 뜨는 마을이 있다.

이 마을은 오래오래 잔광이 부시고 밤이면 별이 더 많이 뜬다고 합니다. 이게 진짜 그렇다는 걸까요? 아니죠. **자아와 세계**를 공부했다면 이 부분을 화자의 주관이 개입된 부분으로 생각하셔야 합니다. 그러니까 그런 공동체의 연대를 가진 마을은 따스한 햇살이 오래 머무는 것처럼 느껴지고 또, 밤에 별들도 많이 떠 있는 것처럼 느껴진다는 것입니다. 마지막까지 마을과 자연이 어우러지면서 시가 마무리됩니다.

'공동체의 연대를 가진 자연스러운 모습 지향'

결국 두 시는 각각 현대 물질문명을 비판하거나, 현대 물질문명과 반대되는 자연적인 삶을 예찬합니다. 둘의 결론은 결국 하나로 향한다는 것을 확인했다면 올바로 독해를 해낸 것입니다.

1. (가), (나)의 공통점을 물어보는 문항입니다.

(가), (나) 모두 공간 (해질 무렵 도시, 마을)에 대한 인식을 드러내면서 주제를 말하고 있습니다. 따라서 정답은 ③이라고 할 수 있겠습니다.

2. (가)와 (나) 각각에 대한 주제를 묻는 문항입니다.

(가)의 주제는 물질문명에서 느끼는 소외감이죠. 이 소외감은 이상과 현실의 괴리에서 유발된 것입니다. 그러니까 ② 선지에서 이상과 현실의 괴리를 좁힌다는 것은 시의 주제와 정면으로 대치되는 것입니다.

3. (가), (나)의 공통적인 주제를 묻는 문항입니다.

(가)에서는 시간의 순환적 흐름 같은 것은 드러나지 않습니다. 해질 무렵 도시 풍경을 묘사하고 있는데 순환적 흐름이 나타날 리가 없죠. 그리고 (나)에서 역시 시간의 순차적 흐름은 드러나지 않습니다. 그리고 자연의 지속성은 저희가 생각한 주제랑은 거리가 있죠. 자연과 인간의 조화를 말하는데 자연의 지속성은 조금 뜬금없는 것 같습니다. 따라서 답은 ②입니다.

④에서 이미지즘에 대한 설명에 따르면 감정을 절제해야 하는데, 감정을 노출하면 서로 모순적인 것이 아닌지 생각하실 수 있습니다. 하지만, 여기서 '감정 노출'은 화자의 직접적인 감정 노출이 아닙니다. '슬픈 신호'와 같이 풍경에 감정을 끼워 넣고 있죠. 이것은 황량한 도시의 이미지를 더욱 잘 드러내기 위한 표현이지 화자의 감정을 직접적으로 드러낸 것이 아니기 때문에 이미지즘에서 말하는 감정 억제와는 모순되지 않습니다. 따라서 ④은 맞는 선지라고 볼 수 있습니다.

⑤ 선지에서는 (가)와 (나)의 차이점을 짚어주고 있습니다. (가)는 현대 물질문명에서 느끼는 소외감을 직접적으로 드러내어 물질문명을 거부하고 있습니다. 하지만, (나)는 지향하는 바인 전통적 세계를 드러내어 물질문명에 대한 거부감을 간접적으로 드러내고 있죠. (가)에서도 언급은 되지 않았지만 화자는 아마 전통적 세계를 지향하고 있을 것입니다.

결국 이 시를 통해 우리는 재래적인 가치, 자연과 어우러지는 삶을 예찬하고, 도시 문명에 편입되며 개인이 부품처럼 소비되는 단적인 삶을 시인이 비판하고 있음을 알 수 있었습니다. 이처럼 현대 물질문명을 상징하는 시어와 그와 대비되는 자연적인 시어 둘 중 하나만 나오더라도 이 주제를 떠올리면서 두 가지 가치를 대비시킬 줄 알아야 합니다. 한 번 더 연습해볼까요?

(가)
텔레비전을 끄자
풀벌레 소리
어둠과 함께 방 안 가득 들어온다
어둠 속에서 들으니 벌레 소리들 환하다
별빛이 묻어 더 낭랑하다
귀뚜라미나 여치 같은 큰 울음 사이에는
너무 작아 들리지 않는 소리도 있다
그 풀벌레들의 작은 귀를 생각한다
내 귀에는 들리지 않는 소리들이 드나드는
까맣고 좁은 통로들을 생각한다
그 통로의 끝에 두근거리며 매달린
여린 마음들을 생각한다
발뒤꿈치처럼 두꺼운 내 귀에 부딪쳤다가
되돌아간 소리들을 생각한다
브라운관이 뿜어낸 현란한 빛이
내 눈과 귀를 두껍게 채우는 동안
그 울음소리들은 수없이 나에게 왔다가
너무 단단한 벽에 놀라 되돌아갔을 것이다
하루살이들처럼 전등에 부딪쳤다가
바닥에 새카맣게 떨어졌을 것이다
크게 밤공기 들이쉬니
허파 속으로 그 소리들이 들어온다
허파도 별빛이 묻어 조금은 환해진다

- 김기택, 「풀벌레들의 작은 귀를 생각함」 -

(나)
제 손으로 만들지 않고
한꺼번에 싸게 사서
마구 쓰다가
망가지면 내다 버리는
플라스틱 물건처럼 느껴질 때
나는 당장 버스에서 뛰어내리고 싶다
현대 아파트가 들어서며
홍은동 사거리에서 사라진
털보네 대장간을 찾아가고 싶다
풀무질로 이글거리는 불 속에
시우쇠처럼 나를 달구고
모루 위에서 벼리고
숫돌에 갈아
시퍼런 무쇠 낫으로 바꾸고 싶다
땀 흘리며 두들겨 하나씩 만들어 낸
꼬부랑 호미가 되어
소나무 자루에서 송진을 흘리면서
대장간 벽에 걸리고 싶다
지금까지 살아온 인생이
온통 부끄러워지고

직지사 해우소
아득한 나락으로 떨어져 내리는
똥덩이처럼 느껴질 때
나는 가던 길을 멈추고 문득
어딘가 걸려 있고 싶다

- 김광규, 「대장간의 유혹」 -

1. <보기>를 참고하여 (가), (나)를 감상한 내용으로 적절하지 <u>않은</u> 것은?

> —————— <보   기> ——————
> 과학과 기술이 발전하면서 우리의 삶은 편리해졌지만, 사회에 긍정적인 영향만을 끼친 것은 아니다. 이러한 변화 속에서 시인은 어떤 순간을 계기로 현대 사회 속의 자신을 발견하고 스스로를 반성하는 경우가 있다. 예컨대 (가)에서 시인은 텔레비전을 끄면서 주변 환경으로 관심을 돌리게 되고 잊고 살던 것들의 소중함을 느낀다. (나)에서는 획일화된 현대 사회 속의 일원인 스스로를 발견하고 일상에서 벗어나려는 의지를 보인다.

① (가)에서 '텔레비전을 끄'게된 것과 (나)에서 스스로를 '플라스틱 물건'처럼 느끼게 된 것은 화자가 스스로를 성찰하게 되는 계기가 된다.
② (가)에서 '브라운관이 뿜어낸 현란한 빛이 내 눈과 귀를 두껍게 채우는' 것과 (나)에서 '한꺼번에 싸게 사서 마구 쓰다가 망가지면 내다 버리는' 것은 과학 기술의 발전이 사회에 미친 부정적인 영향으로 볼 수 있다.
③ (가)에서 풀벌레들의 울음소리가 '너무 단단한 벽에 놀라 되돌아갔을 것'이라고 추측하는 것은 작은 소리에 무관심했던 스스로를 반성하는 것이다.
④ (나)에서 '어딘가 걸려 있고 싶다'라고 한 것은, 개별적인 존재의 고유성을 추구하겠다는 의지를 드러낸다.
⑤ (가)에서 '하루살이들처럼 전등에 부딪'히는 모습은 과학 기술의 발전으로 고통 받는 현대인들을 상징하며, (나)에서 털보네 대장간은 현대 사회가 상실해가는 고유성을 간직한 공간을 상징한다.

<보 기>

과학과 기술이 발전하면서 우리의 삶은 편리해졌지만, 사회에 긍정적인 영향만을 끼친 것은 아니다. 이러한 변화 속에서 시인은 어떤 순간을 계기로 현대 사회속의 자신을 발견하고 스스로를 반성하는 경우가 있다. 예컨대 (가)에서 시인은텔레비전을 끄면서 주변 환경으로 관심을 돌리게 되고 잊고 살던 것들의 소중함을 느낀다. (나)에서는 획일화된 현대 사회 속의 일원인 스스로를 발견하고일상에서 벗어나려는 의지를 보인다.

<보기> 먼저 확인하겠습니다. (가), (나)의 시에서 화자는 어떤 순간을 계기로 스스로를 반성하게 된다고 말하고 있습니다. 그리고 그 반성은 물질문명에서 기인한 것이죠. (가)에서는 순간적인 쾌락(텔레비전)으로 인해 빼앗기던 시선을 주변으로 돌리자 드러나는 소중한 것들에 대해서 말하고 있다고 합니다. 그리고 (나)에서는 획일화된 물질문명속의 자신을 발견하고 반성한다고 합니다. 그러면 (나)에서 반성 결과가 무엇일까요? 당연히 '고유성을 추구하겠다'일 것입니다!

<시 독해>
(가) 제목 확인하겠습니다. 풀벌레들의 작은 귀를 생각한다고 합니다. 그러니까 텔레비전을 끄고 드러나는 소중한 것들은 아무래도 풀벌레들과 관련되겠죠? 본문으로 가보겠습니다!

텔레비전을 끄자
풀벌레 소리
어둠과 함께 방 안 가득 들어온다
어둠 속에서 들으니 벌레 소리들 환하다
별빛이 묻어 더 낭랑하다

화자가 텔레비전을 끄게 되자 드러나는 것들입니다. <보기>에서는 이것을 잊고 살던 소중한 것들이라고 말하고 있습니다. 그리고 지금까지 배운 물질 문명의 개념을 적용하면 현대 사회를 상징하는 것이 텔레비전이며 우리가 회복해야 할 것들을 상징하는 것이 풀벌레 소리를 듣는 것에 해당한다고 볼 수 있겠습니다.

귀뚜라미나 여치 같은 큰 울음 사이에는
너무 작아 들리지 않는 소리도 있다
그 풀벌레들의 작은 귀를 생각한다
내 귀에는 들리지 않는 소리들이 드나드는
까맣고 좁은 통로들을 생각한다
그 통로의 끝에 두근거리며 매달린
여린 마음들을 생각한다

화자는 귀뚜라미나 여치 같이 들리는 큰 울음과 대조되는 아주 작은 소리에 집중하고 있습니다. 들리지 않는 소리에까지 인식이 확장된 것이죠. 이 풀벌레들의 작은 소리들에는 여린 마음이 매달려 있다고 합니다.
발뒤꿈치처럼 두꺼운 내 귀에 부딪쳤다가
되돌아간 소리들을 생각한다
브라운관이 뿜어낸 현란한 빛이
내 눈과 귀를 두껍게 채우는 동안

그 울음소리들은 수없이 나에게 왔다가
너무 단단한 벽에 놀라 되돌아갔을 것이다
하루살이들처럼 전등에 부딪쳤다가
바닥에 새카맣게 떨어졌을 것이다

화자는 이런 작은 소리들을 듣지 못했던 스스로를 반성하고 있습니다. 이 소리들을 듣지 못한 이유는 물질문명이 주는 순간적 쾌락, 재미에 빠져 살아가고 있었기 때문일 것입니다. 이것을 '브라운관이 뿜어낸 현란한 빛'으로 표현하고 있죠. 그 울음소리들은 텔레비전의 큰 소리 때문에 놀라 되돌아가고 바닥에 떨어지기도 합니다. 화자는 이런 자신의 과거를 반성하고 있습니다.

크게 밤공기 들이쉬니
허파 속으로 그 소리들이 들어온다
허파도 별빛이 묻어 조금은 환해진다

화자는 텔레비전을 끄고 비로소 자연을 받아들이고 그 일원이 되고 있습니다. 허파 속으로 그 소리가 들어온다는 것은 풀벌레들의 작은 소리를 온몸으로 느끼고 있다는 말이 되겠습니다. 결국 이 시를 요약하자면 텔레비전의 빛과 소리가 상징하는 물질문명과 풀벌레들의 소리, 어둠, 별빛이 상징하는 자연의 모습을 대비하면서 자신의 주변을 돌아볼 여유도 없이 원초적인 쾌락에 집중하는 자신의 삶을 성찰하는 것이 되겠습니다!

'물질문명의 쾌락에 매몰된 현대인의 삶을 반성'

(나)
제목 보겠습니다. 대장간은 손수 물건을 만듭니다. 그러니까 아마도 <보기>에서 말하는 획일화와는 거리가 있을 것 같습니다. 아무래도 대장간의 유혹은 화자가 긍정적으로 인식하는 대상일 것 같습니다. 확실한 판단은 시를 읽으면서 해보겠습니다!

제 손으로 만들지 않고
한꺼번에 싸게 사서
마구 쓰다가
망가지면 내다 버리는
플라스틱 물건처럼 느껴질 때
나는 당장 버스에서 뛰어내리고 싶다

현대 물질문명에서 비판해야할 대상인 획일화가 나왔습니다. '한꺼번에', '내다 버리는'에서 바로 느낌이 왔어야 합니다. 그러니까 화자는 버스를 타고 가면서 스스로가 획일화된 현대 사회의 일원임을 인식합니다. 그리고 그때 당장이라도 벗어나고 싶은 충동을 느낍니다.

현대 아파트가 들어서며
홍은동 사거리에서 사라진
털보네 대장간을 찾아가고 싶다

털보네 대장간은 아파트가 들어서면서 사라졌다고 합니다. 아마도 물질문명과 공존할 수 없는 대상인 것 같습니다. 아마도 물질문명의 효율성과는 부합하지 않기 때문이겠죠.

풀무질로 이글거리는 불 속에
시우쇠처럼 나를 달구고
모루 위에서 벼리고
숫돌에 갈아
시퍼런 무쇠 낫으로 바꾸고 싶다
땀 흘리며 두들겨 하나씩 만들어 낸
꼬부랑 호미가 되어
소나무 자루에서 송진을 흘리면서
대장간 벽에 걸리고 싶다

화자가 직접적으로 자신이 지향하는 바를 드러냅니다. 화자는 대장간 속에서 스스로를 낫으로, 호미로 만들고 싶다고 합니다. 그런데 여기서 '플라스틱 물건'과 대조되는 특성이 나옵니다. 바로 '하나씩'에 주목해야 합니다. '플라스틱 물건'은 한꺼번에, '호미'는 '땀 흘리며' '하나씩' 만드는 것이죠. 물질문명과 반대되는 개개인의 고유성을 생각하면 될 것 같습니다!

지금까지 살아온 인생이
온통 부끄러워지고
직지사 해우소
아득한 나락으로 떨어져 내리는
똥덩이처럼 느껴질 때
나는 가던 길을 멈추고 문득
어딘가 걸려 있고 싶다

화자는 가끔 스스로의 삶이 부끄러워진다고 합니다. 아마도 물질문명에 가끔 길들여지는 자신을 볼 때이지 않을까요? 화자는 그럴 때 대장간에 있는 고유성을 가진 호미가 되고 싶다는 생각을 하나 봅니다.

'물질문명 속 획일화된 모습 비판'

두 시가 똑같은 것을 얘기하고 있다는 게 보이시나요? 그렇다면 문제 역시 두 시의 공통점을 묻고 있지 않을까 생각이 됩니다. 바로 들어가 보겠습니다. 한 문항인만큼 자세히 봐보도록 할게요.

① (가)에서 '텔레비전을 끄'게된 것과 (나)에서 스스로를 '플라스틱 물건'처럼 느끼게 된 것은 화자가 스스로를
　성찰하게 되는 계기가 된다.
(가)에서 텔레비전을 끄면서 풀벌레 소리가 들려옵니다. 이를 통해 물질문명에 매몰된 자신을 성찰합니다. (나)에서
도 마찬가지로 자신이 플라스틱 물건처럼 현대 물질문명의 소모적인 산물이라는 생각을 시작으로 성찰이 진행되니
올바른 선지겠어요. (O)

② (가)에서 '브라운관이 뿜어낸 현란한 빛이 내 눈과 귀를 두껍게 채우는' 것과 (나)에서 '한꺼번에 싸게 사서 마
　구 쓰다가 망가지면 내다 버리는' 것은 과학 기술의 발전이 사회에 미친 부정적인 영향으로 볼 수 있다.
인용된 문구들이 모두 현대 물질문명으로부터 화자가 받은 영향이 나오고 있습니다. 왜 물질문명이 소모적이고 파괴
적인지, 작은 것들의 존재를 신경 쓰지 못하는지를 설명하고 있으므로 부정적 영향으로 보는 것은 적절합니다. (O)

③ (가)에서 풀벌레들의 울음소리가 '너무 단단한 벽에 놀라 되돌아갔을 것'이라고 추측하는 것은 작은 소리에
　무관심했던 스스로를 반성하는 것이다.
풀벌레들의 울음소리가 있었는지도 몰랐던 화자는 텔레비전을 끄면서 자신의 청력 즉, 작은 것들을 대하는 마음
을 회복합니다. 물질문명에서는 이를 잃어버렸었죠. 그렇기에 자신이 물질문명에 매몰됐던 과거를 생각하며 성찰하
니 이 선지는 적절합니다. (O)

④ (나)에서 '어딘가에 걸려 있고 싶다'라고 한 것은, 개별적인 존재의 고유성을 추구하겠다는 의지를 드러낸다.
수동적으로 걸려있는 것이 아니라, 대장간은 현대 물질문명과 달리 개체의 쓰임이 명확합니다. 플라스틱 물건으로
획일화되지 않고 소중하게 대장간에서 각자의 역할을 위해 만들어진 호미나 낫처럼 화자는 벽에 걸려있고 싶다는
것이니 자신의 존재 의의를 가지려 했음이 보이네요. (O)

⑤ (가)에서 '하루살이들처럼 전등에 부딪'히는 모습은 과학 기술의 발전으로 고통 받는 현대인들을 상징하며,
　(나)에서 털보네 대장간은 현대 사회가 상실해가는 고유성을 간직한 공간을 상징한다.
풀벌레들의 울음소리가 내 딱딱한 귀에 부딪혀 돌아가고, 하루살이들처럼 전등에 타 죽듯이 나에게 작은 소리가 도
달하지 못함이 시에 있었습니다. 하루살이는 풀벌레들의 울음소리처럼 작은 소리 즉, 물질문명과 반대되는 자연적
인 모습입니다. 그렇기에 현대인들을 상징하는 것이 아니라 현대인들이 인식하지 못하는 자연이라고 보는 것이 적
절합니다. 대신 (나)의 설명의 경우 털보네 대장간은 개체들을 존중한다는 점에서 현대와는 반대되는 공간이므로 이
선지는 (나)는 적절하고, (가)에 대한 설명은 적절하지 않습니다. (X)

이렇게 현대 물질문명의 소모적인 면모와 그와 반대되어 개체의 삶을 모두 존중하는 자연의 삶을 비교해보았습니
다. 이런 테마가 나오면 반드시 물질과 자연을 상징하는 시어를 각각 찾으며 독해하고, 선지에서는 이 둘을 혼용해서
쓰고 있는지 확인한다면 문제 풀 때 굉장히 용이할 것입니다! 다음 테마로 또 넘어갑시다.

고향

고향에 관한 내용은 현대시와 소설을 가리지 않고 매우 빈출 소재입니다. 현대시의 본질이 무엇이었는지 기억하시나요?

"비유와 상징을 통해 현실과 이상의 괴리를 표현하는 문학 갈래"

우리나라의 역사를 고려할 때 **현실과 이상의 괴리** 자체가 시대적으로 나타난 때는 크게 3번이 있습니다. 바로 '광복과 강점이라는 충돌의 일제강점기', '군부 독재 때의 자유 억압', '근대화를 거치며 바뀐 산업구조'입니다. 이 중 고향은 첫 번째와 세 번째 모두에서 자주 소재로 쓰이곤 합니다. 그 이유는 고향의 본질적인 특징에 내재되어 있습니다.

고향의 의미에 대해 우선 정리해볼 필요가 있습니다. 태어난 곳이 고향일까요? 사회적으로는 그럴지 몰라도 문학에서 쓰이는 고향의 의미는 '**마음이 편안한 곳**'입니다. 인간은 성장을 하며 더 큰 세계로 나아가곤 합니다. 어린 시절을 보냈던 동네에서 빠져나와 사회적 책임을 지는 한 명의 어른으로 성장하게 되죠. 그런 과정들을 거치며 성취도 이루겠지만 온갖 어려움을 느끼기도 합니다. 그렇게 육체, 정신적으로 힘들 때 떠올리기만 해도 심신의 회복이 되고, 언제나 돌아가고 싶다고 생각하는, 자신의 근원 그 자체라 부를 만한 곳을 문학에서는 '고향'이라고 합니다. 어린 시절에 자신이 살았던 곳을 포함해, 회복이 필요할 때나 언제나 돌아가고 싶은 곳을 말이죠.

그런 고향이 항상 그대로인 것은 아닙니다. 고향이라 생각했던 곳이 없어질 수도 있고, 고향이라 생각했던 자신의 마음이 변할 수도 있죠. 이를 각각 **고향의 물리적, 정신적 상실**이라 합니다. 고향은 그 개인에게 마음의 근원이자 이상향의 하나입니다. 그런 고향이 상실되는 상황은 상당히 심각한 **현실과 이상의 괴리**인 것이죠. 그렇기에 일제강점기와 근대화의 시대적 상황은 고향의 상실이 많았기에 현대시에는 고향 관련 시가 많을 수밖에 없는 것입니다. 따라서 우리는 고향 관련 시를 읽을 때에 가장 먼저 **고향 상실의 종류**를 판단해야 합니다. 물리적인지 정신적인지 말이죠. 그리고 상실에 대한 개인의 **주관적인 반응**을 확인해야 합니다. 이러한 고향의 상실과 주관적 반응에 관한 인용이 문제의 선지로 나오며 고향이 상실 종류를 반대로 언급하거나 적절하지 못한 반응을 선지에 가져오며 오답을 유도하게 됩니다!

이론적인 부분에 대한 설명은 마쳤으니 이제 작품으로 가볼 겁니다. 말씀드린 두 가지에 집중하여 독해와 문제 풀이를 해봅시다!

(가)

흙이 풀리는 내음새
강바람은
산짐승의 우는 소릴 불러
㉠다 녹지 않은 얼음장 울멍울멍 떠내려간다.

진종일
나룻가에 서성거리다
행인의 손을 쥐면 따뜻하리라.

고향 가차운 주막에 들러
㉡누구와 함께 지난날의 꿈을 이야기하랴.
양귀비 끓여다 놓고
주인집 늙은이는 공연히 눈물지운다.

간간이 잰나비 우는 산기슭에는
아직도 무덤 속에 조상이 잠자고
설레는 바람이 가랑잎을 휩쓸어간다.

예제로* 떠도는 장꾼들이여!
상고(商賈)하며 오가는 길에
㉢혹여나 보셨나이까.

전나무 우거진 마을
집집마다 누룩을 디디는 소리, 누룩이 뜨는 내음새
 …

- 오장환, 「고향 앞에서」 -

(나)

 귀향이라는 말을 매우 어설퍼하며 마당에 들어서니 다리를 저는 오리 한 마리 유난히 허둥대며 두엄자리로 도망간다. ㉣나의 부모인 농부 내외와 그들의 딸이 사는 슬레이트 흙담집, 겨울 해어름의 ㉤집 안엔 아무도 없고 방바닥은 선뜩한 냉돌이다. 여덟 자 방 구석엔 고구마 뒤주가 여전하며 벽에 메주가 매달려 서로 박치기한다. 허리 굽은 어머니는 냇가 빨래터에서 오셔서 콩깍지로 군불을 피우고 동생은 면에 있는 중학교에서 돌아와 반가워한다. 닭똥으로 비료를 만드는 공장에 나가 일당 서울 광주 간 차비 정도를 버는 아버지는 한참 어두워서야 귀가해 장남의 절을 받고, 가을에 이웃의 텃밭에 나갔다 팔매질당한 다리병신 오리를 잡는다.

- 최두석, 「낡은 집」 -

*예제로: 여기저기로.

---

1. (가), (나)에 대한 이해로 가장 적절한 것은?

① (가)의 화자는 낯선 행인에게서 친근감을 기대하고 있고, (나)의 화자는 익숙했던 공간에 들어서며 낯선 느낌을 받는다.
② (가)의 화자는 아직도 조상의 권위가 지속되는 공간을, (나)의 화자는 여전히 가난이 지속되는 공간을 벗어나고자 한다.
③ (가)의 화자는 세상이 변해도 각박한 인심이 여전함에 좌절하고 있고, (나)의 화자는 세상이 변해도 인심은 변하지 않기를 바라고 있다.
④ (가)의 화자는 떠돌아다니는 자신의 처지를 통해, (나)의 화자는 공장 노동자로 전락한 농민의 처지를 통해 삶의 무상함을 드러내고 있다.
⑤ (가)의 화자는 자연과 조화를 이루는 농촌의 모습이 보존되기를 희망하고, (나)의 화자는 산업화를 통해 농촌의 모습이 변화되기를 희망한다.

2. ㉠~㉤에 대한 이해로 적절하지 <u>않은</u> 것은?

① ㉠: 계절이 바뀌면서 얼음이 풀리는 강변 풍경을 시각적으로 묘사하고 있다.
② ㉡: 꿈이 있던 시절을 함께 회상할 사람이 없는 아쉬움을 설의적으로 드러내고 있다.
③ ㉢: 이리저리 떠돌며 고향에 가지 못하는 장꾼들의 설움을 독백조로 토로하고 있다.
④ ㉣: 가족의 일원이면서도 자신의 가족을 객관화하여 지칭하고 있다.
⑤ ㉤: 썰렁한 집 안의 정경 묘사를 통해 화자가 느끼는 심정을 간접적으로 드러내고 있다.

3. <보기>를 참고하여, (가)와 (나)를 감상한 학생들의 반응으로 적절하지 <u>않은</u> 것은?

> ───── < 보 　 기 > ─────
>
> 　고향을 떠난 사람들이 고향을 각박하고 차가운 현실과 대비되는 공간으로 인식하고, 그곳으로 복귀하려는 것을 귀향 의식이라고 한다. 이때 고향은 공동체의 인정과 가족애가 살아 있는 따뜻한 공간으로 표상된다. 이들의 기억 속에서 고향은 평화로운 이상적 공간으로 남아 있기도 하다. 그러나 고향으로 돌아가더라도 고향이 변해 있거나 고향이 고향처럼 느껴지지 않을 때 귀향은 미완의 형태로 남게 된다.

① (가)에서 주인집 늙은이의 슬픔에 공감하는 것을 보니, 화자는 타인과의 조화를 통해서 현실을 따뜻한 공간으로 만들어 귀향을 완성하려 하겠군.

② (가)에서 전나무가 울창하고 집집마다 술을 빚고 있는 모습으로 고향을 묘사한 것을 보니, 화자의 의식 속에서 고향은 평화로운 공간으로 기억되고 있겠군.

③ (나)에서 고향의 가족들이 궁핍한 삶을 살고 있는 것을 본 화자는 현재의 고향을 이상적인 공간이라고 생각하지 않겠군.

④ (나)에서 어머니가 군불을 피우고 아버지가 오리를 잡아 주는 것을 본 화자는 고향에 와서 가족애를 느낄 수 있겠군.

⑤ (가)에서는 고향을 앞에 두고도 고향 근처 주막에 머물고 있고 (나)에서는 고향에 와서도 마음이 편치 않아 보인다는 점에서, 화자의 귀향이 완성되었다고 보기 어렵겠군.

<보기>에서 고향의 정의가 잘 제시되고 있습니다. 고향은 현실과 대비되는 공간이니 **이상**으로 읽어주면 되겠네요. 그러나 고향의 상실이 예견되어 있으니 **현실과 이상의 괴리**가 필연적으로 등장할 수밖에 없습니다. 마지막 문장의 '-있거나' 앞뒤를 보면, 고향의 물리적 상실과 고향의 정신적 상실에 대한 정의가 각각 나타나 있음을 알 수 있습니다. 앞선 설명에서 말했던 대로 고향 자체에 대한 상실은 고향의 물리적 상실, 고향을 고향으로 느끼지 못하는 것은 정신적 상실로 분류해야겠네요. 순서상 각각 (가)와 (나)일 수 있겠네요. 이제 시 독해해봅시다!

<시 독해>
(가) : 고향 앞에서 → 화자는 고향이 아닌 고향 앞에 있음을 알 수 있습니다. <보기>를 본 우리는 화자의 고향이 상실되었음을 알고 있죠. 그러니 고향은 못 가고 앞에 있는 것 아닐까 추측할 수 있을 겁니다.

흙이 풀리는 내음새
강바람은
산짐승의 우는 소릴 불러
㉠다 녹지 않은 얼음장 울멍울멍 떠내려간다.

고향인지는 모르겠으나 자연적인 풍경을 묘사하고 있습니다. 시기는 2월 정도 즉, 봄으로 넘어가고 있는 겨울인가 봅니다. 제목과 연관 지어보면 고향으로 가는 길에 보는 풍경 정도로 확인할 수 있겠네요. 그런데 눈여겨볼 만한 표현이 하나 있습니다. '울멍울멍'은 지극히 **주관적인** 표현입니다. **자아와 세계**에서 했듯 얼음장의 모습을 보고 울멍울멍이라고 표현한 것은 얼음이 슬퍼서가 아닙니다. 바로 얼음을 보는 자신이 슬퍼서인 것이죠. 그렇다면 화자는 왜 슬플 지 우리는 <보기>에서 이미 스포당했습니다. 바로 고향의 상실이지 않을까요?

진종일
나룻가에 서성거리다
행인의 손을 쥐면 따듯하리라.

나룻터가 나오는 걸 보면 화자는 중간에 배도 타고 왔나 봅니다. 배를 타고 도착할 수 있는 화자의 고향, 그 배에서 내린 모든 사람들이 괜히 반가워 보입니다. 왜일까요?
고향으로 향하는 배에서 내린 사람들, 높은 확률로 고향 사람이지 않을까요. 그런 생각에 화자는 누구인지도 모르는 행인의 손이 따뜻할 것이라 말하고 있습니다. 일반적으로 행인의 손이 모두 따듯할 거라 생각하지 않습니다. 즉, 이 구절은 화자의 매우 **주관적인 정서**가 드러나는 지점이었던 것이죠. 그렇기에 왜 이런 생각을 화자가 했는지 고향과 연관지어 볼 수밖에 없었으며 그 결론으로 '동향 사람이라 생각해서 그렇구나'라는 답을 내리게 되는 것입니다.

고향 가차운 주막에 들러
㉡누구와 함께 지난날의 꿈을 이야기하랴.

양귀비 끓여다 놓고
주인집 늙은이는 공연히 눈물지운다.

'가차운'은 '가까운'의 사투리입니다. 역시나 아직 고향까지 가지는 못하고 고향 가까운 주막을 들릅니다. 또한 '눈물'을 통해 슬픔의 정서가 대놓고 나와 있습니다. 고향의 상실이 있는 우리는 왜 화자가 ⓒ처럼 말하고 있나 추측할 수 있겠죠. '지난날의 꿈'은 아무래도 고향이 있을 때 아닐까요? 화자가 이제야 고향이 없어진지 알았나 봅니다. 그 증거로 '주인집 늙은이'는 '공연히' 눈물짓습니다. '공연히'는 '아무 이유 없이'라는 의미입니다. 그렇기에 주인집 늙은이는 자신의 슬픈 일로 울고 있는 것이 아님을 알 수 있습니다. 사람이 자신의 일이 아닌데 우는 이유는 딱 하나밖에 없습니다.

바로 '공감'이죠. '공감'의 대상은 아무래도 화자일 테고 화자에게 오히려 슬픈 상황이 닥쳤음을 알 수 있습니다. 이를 우리는 <보기>를 이용해 고향이 물리적으로 상실됐단 사실까지 알 수 있겠죠.

너무 과한 추론이라고 말할 수 없는 이유를 지금부터 알려드리겠습니다. '고향'이라는 테마가 나오면 항상 이런 방향으로 굴러갑니다. <보기>에서 고향 테마를 알려주면, 우리는 그 화자의 슬픈 이유를 모두 고향 때문이 아닐까 잣대를 들이댈 수 있게 됩니다. 그리고 실제 고향이 존재하는지 안 하는지 판단을 악착같이 하겠죠. 정신적인 상실인지 물리적인 상실인지 알려면 말입니다. 그렇기에 이 작업들을 해야 한다는 사실을 배운 사람은 못 찾기가 더 힘들어집니다. 이번 세트를 통해 어떤 작업들을 반드시 해야 하고, 필요한 추론의 경계가 어딘지를 알려드릴 테니 잘 정리해서 다른 고향 테마의 시들에도 적용해보도록 합시다. 그럼 다시 본문으로 돌아가겠습니다.

간간이 잰나비 우는 산기슭에는
아직도 무덤 속에 조상이 잠자고
설레는 바람이 가랑잎을 휩쓸어간다.

사라져버린 고향과 달리 아직도 산에는 원숭이가 울고, 조상들의 무덤은 있습니다. 그러나 변한 것은 고향 사람들이 없어지고 다른 무언가가 들어섰다는 점이겠죠. 그대로 있는 무덤들을 보며 화자는 더욱 슬플 수밖에 없을 겁니다. 바람이 설레다는 것은 말이 안 됩니다. 역시나 화자가 설레다는 것이겠죠. 화자는 지금 슬픈 상태인 게 분명한데 설레다는 말은 마치 틀린 것 같습니다. 그러나 화자가 설레던 지점이 이 시에서는 나오지 않았지만 예상되는 바가 명확히 있습니다. 고향에 오느라 신이 났었다. 그러나 없어져 있어 쓸쓸하다는 시나리오 말이에요. 즉, 마지막 행은 화자의 상황 자체에 대한 은유였던 것이죠. 설   던 자신의 모습, 그러나 자신이 오니 없어진 고향은 마치 설레는 바람이 가랑잎을 휩쓸어간 것 같습니다.

예제로* 떠도는 장꾼들이여!
상고(商賈)하며 오가는 길에
ⓒ<u>혹여나 보셨나이까.</u>

화자는 급기야 전국 곳곳을 돌아다니는 장꾼들에게도 물어봅니다. 무얼 봤냐고 물어보겠어요. 화자는 지금 고향의 상실로 혼이 쏙 빠져 있으니 당연히 자신의 고향을 보았냐고 물어보는 것이겠죠. 이처럼 고향 테마가 나온다면 모든 것을 고향과 연관지어서 읽어야 합니다.

전나무 우거진 마을
집집마다 누룩을 디디는 소리, 누룩이 뜨는 내음새 …

자신의 고향에 대한 기억을 말합니다. 집집마다 누룩을 디디는 소리와 내음새, 화자에게는 이제 시각적으로는 고향을 다시 볼 방법이 없습니다. 다만 청각과 후각으로 고향을 떠올릴 뿐입니다. 누룩 디디는 소리가 마치 어디선가 들리는 듯, 내음새만 맡아도 고향 생각을 하겠죠. 이처럼 시각을 제외한 다른 감각은 고향을 잃어버린 이가 고향을 다시 떠올리는 부차적인 방법이므로 정리해두시기 바랍니다!

'고향의 물리적 상실로 느끼는 슬픔'

(나) : 낡은 집 → 집은 분명히 고향을 뜻하는 것일 텐데, 낡았다고 합니다. 이 낡음이 과연 좋게 작용할지 아닐지는 아직 모르겠으니 시를 읽어봐야 할 것 같네요.

<시 독해>
 귀향이라는 말을 매우 어설퍼하며 마당에 들어서니 다리를 저는 오리 한 마리 유난히 허둥대며 두엄자리로 도망간다. ㉣나의 부모인 농부 내외와 그들의 딸이 사는 슬레이트 흙담집, 겨울 해어름의 ㉤집 안엔 아무도 없고 방바닥은 선뜩한 냉돌이다.

귀향이라는 말을 왜 어설퍼할까요. 이에 대한 답 역시 우리는 <보기>에서 이미 확인했습니다. 고향이 고향처럼 느껴지지 않을 때. 화자는 고향에 와도 고향을 고향으로 느끼지 못하고 있는 겁니다. 고향에 와도 편치 않은 정신적 상실이 일어난 것이죠! 자신의 가족을 마치 남 대하듯이 말하고 있습니다. 슬레이트 흙담집이고 겨울인데도 방이 차가운 걸 보면 형편이 넉넉지 않은 듯 합니다.

여덟 자 방구석엔 고구마 뒤주가 여전하며 벽에 메주가 매달려 서로 박치기한다. 허리 굽은 어머니는 냇가 빨래터에서 오셔서 콩깍지로 군불을 피우고 동생은 면에 있는 중학교에서 돌아와 반가워한다.

형편이 좋지 않음에도 불구하고 어머니와 동생은 화자가 온 것을 반가워하고 있네요. 상상해보세요. 가난한 집에 오랜만에 온 자신을... 왜 화자는 고향을 고향으로 못 느낄까요?

닭똥으로 비료를 만드는 공장에 나가 일당 서울 광주 간 차비 정도를 버는 아버지는 한참 어두워서야 귀가해 장남의 절을 받고, 가을에 이웃의 텃밭에 나갔다 팔매질당한 다리병신 오리를 잡는다.

급기야 아버지는 힘들게 돈을 벌기에 밤이 되어서야 아들을 봅니다. 아들이 온 것이 신났는지 다리병신 오리라도 잡아서 기분을 내려고 하죠. 무언가 좋은 풍경 같은데도 낯설게 느껴지고 긴장감이 느껴지는 걸 보면 마치 고향에 왔는데도 고향처럼 느껴지지 않는 느낌이 잘 살려진 시임을 알 수 있습니다. 이제 화자에게 집중해봅시다. 제목의 '낡은 집'처럼 화자의 고향은 가난합니다. 자신이 오니 그런 형편임에도 최대한 자신에게 잘해주려 합니다. 화자의 심정은 어떨까요? 마냥 고맙고 신나기만 할까요, 아니면 불편할까요. 자신을 환대해주는 것은 감사한 일이나 화자도 이제 마냥 어린 애가 아닌가 봅니다. 어른이 되고 출가하고서는 처음 고향에 돌아온 것도 같습니다. 귀향이라는 말을 어설퍼 하고 있으니까요. 그런 화자는 밖에서 살다가 간만에 고향에 오니 이전에는 알지 못했던 것들이 보이는 겁니다. 집이 이렇게나 낡았구나, 그렇지만 여전히 고구마 뒤주는 있구나. 이렇게 가난하구나. 그런데 내가 온다고 이렇게 무리해도 되나... 참 화자의 심정은 복잡할 것 같네요. 어찌 보면 화자는 철이 든 것이겠죠. 예전에는 몰랐던 가난의 무게를 객관적으로 알게 되었으니까요.

앞에서 본 물리적 상실과 마찬가지로, 고향의 정신적 상실이 예고되면 고향에 왔음에도 안정되지 못하는 화자의 정서를 포착하고, 그 정서의 이유를 찾아야 합니다. 화자가 느끼는 낯설음은 오랜만의 귀향에서 보는 자신의 가난함 때문이었던 것이겠죠. 이를 알고나서는 모든 시의 연과 행과 구절들을 맞춰버리면 됩니다. 이를 어떻게 알아? 하는 것이 아니라 정답은 <보기>에서 정해놨으니 이를 끼워 넣는다는 느낌으로 해석을 해주시면 되겠습니다.

'가난으로 인한 고향의 정신적 상실'

1번 문항부터 봅시다.

① : (가)에서 동향 사람일지 모르는 이에게 느낀 따듯함과 (나)의 정신적 상실이 보이네요. (O)

② : 조상의 권위는 주제와는 거리가 있으며, (나)의 화자가 고향을 벗어나고 싶다고 하지는 않았습니다. 자신을 위해 준비한 가족의 노력은 감사하지만 미안한 감정도 같이 들 뿐이죠. (X)

③ : (가)와 (나) 모두 인심과는 상관없습니다.

④ : (가)에서 떠돌아다니는 것은 장꾼이지 화자가 아닙니다. (나)에서 삶의 무상함까지는 나오지 않았고, 농민이 공장 노동자로 전락한 현실에 대한 비판 역시 없습니다. (X)

⑤ : 자연과 조화를 이루는 농촌, 산업화 등의 가치는 이 시의 주제가 아닙니다. (X)

고향의 물리적 상실과 정신적 상실에서 느끼는 화자의 마음을 물어보는 문항이었네요.

2번 문항입니다.

③은 화자의 슬픔을 강조하기 위해 동원된 존재인 '장꾼'들에게 화자의 감정을 대응시키고 있으니 틀렸습니다. 고향이 없어져서 슬픈 것은 화자이지 장꾼이 아니니까요.

3번 문항입니다.

고향이 상실됨으로써 귀향이 미완의 형태로 남게 됨을 <보기>에서 말해주었었죠. (가)와 (나)는 각각 고향의 물리, 정신적 상실로 인해 귀향이 미완되었습니다. (가)에서는 이렇게 물리적으로 고향을 상실한 것에 대한 화자의 슬픈 정서가 고향 앞에서 화자가 본 풍경들과 함께 드러나고 있으며, (나)에서는 고향에 대한 정신적 상실이 일어난 이유로, 가난한 모습들이 제시되며 가족들을 보다 객관화된 시선으로 쳐다보는 화자의 모습이 나타나고 있습니다.

① : 화자가 '주인집 늙은이'에게 공감한다고요...? 공감의 방향이 잘못되지 않았나요. 이는 마치 2번 문항 같기도 하네요. 슬픈 것은 화자인데 말이죠. 심지어 타인과의 조화라는 주제와 상관없는 내용과 더불어 귀향의 완성이라는 용어까지 나옵니다. 귀향을 완성시킬 방법은 없어요. 이미 물리적으로 상실했고, 귀향은 미완으로 남게 되었습니다. <보기>에 의하면 말입니다. (X)

② : 물리적으로 고향을 상실한 화자가 떠올린 과거의 고향 모습이었죠. (O)

③ : 가난으로 고향이 이상적 공간의 자격을 박탈당했죠. (O)

④ : 이 선지를 고른 사람이 꽤나 많았습니다. 허나 화자가 가족애를 느끼지 않았다면, 감사할 줄 모르고 가족을 생각하지 않는 철이 들지 않은 사람이었다면, 오히려 고향에 대한 정신적 상실은 나타나지 않았을 겁니다. 오히려 고맙기에 미안할 줄 알 정도로 화자가 철이 들었기에 이런 시가 쓰인 것이었죠. 고맙지 않으면 그건 그냥 불효자 아닐까요...? (O)

⑤ : 고향이 없어져 앞까지 밖에 못 가는 (가), 와서도 마음이 불편한 (나)였네요. (O)

이렇게 고향에 관한 시를 확인해보았습니다. 이처럼 고향의 상태가 어떤지, 그로 인해 화자가 어떤 정서를 느끼는지가 매우 중요하다는 것을 알 수 있었습니다. 따라서 다른 고향에 관한 작품을 통해 어떻게 고향 테마가 이용되고 있는지 확인해봅시다.

(가)

눈이 오는가 북쪽엔
함박눈 쏟아져 내리는가

험한 벼랑을 굽이굽이 돌아간
백무선 철길 위에
느릿느릿 밤새어 달리는
화물차의 검은 지붕에

연달린 산과 산 사이
너를 남기고 온
작은 마을에도 복된 눈 내리는가

잉크병 얼어드는 이러한 밤에
어쩌자고 잠을 깨어
그리운 곳 차마 그리운 곳

눈이 오는가 북쪽엔
함박눈 쏟아져 내리는가

　　　　　　　　　　　-이용악, 「그리움」-

(나)

왜 그곳이 자꾸 안 잊히는지 몰라
가름젱이 사래 긴 우리 밭 그 건너의 논실 이센 밭
가장자리에 키 작은 탱자 울타리가 쳐진.
훗날 나 중학생이 되어
아침마다 콩밭 이슬을 무릎으로 적시며
그곳을 지나다녔지
수수알이 ㉠짱짱 여무는 가을이었을까
깨꽃이 하얗게 부서지는 햇빛 밝은 여름날이었을까
아랫냇가 굽이치던 물길이 옆구리를 들이받아
벌건 황토가 드러난 그곳
허리 굵은 논실댁과 그의 딸 영자 영숙이 순임이가
밭 사이로 일어섰다 앉았다 하며 커다란 웃음들을 웃
고
나 그 아래 냇가에 소고삐를 풀어놓고
어항을 놓고 있었던가 가재를 쫓고 있었던가
나를 부르는 소리 같기도 하고
㉡쏴르르 쏴르르 무엇이 물살을 헤짓는 소리 같기도
하여
고개를 들면 아, ㉢청청히 푸르던 하늘
갑자기 무섬증이 들어 언덕 위로 달려 오르면
들꽃 싸아한 향기 속에 두런두런 논실댁의 목소리와

㉣까르르 까르르 밭 가장자리로 울려 퍼지던
영자 영숙이 순임이의 청랑한 웃음소리
나 그곳에 오래 앉아
푸른 하늘 아래 가을 들이 ㉤또랑또랑 익는 냄새며
잔돌에 호미 달그락거리는 소리 들었다
왜 그곳이 자꾸 안 잊히는지 몰라
소를 몰고 돌아오다가
혹은 객지로 나가다가 들어오다가
무엇이 나를 부르는 것 같아
나 오래 그곳에 서 있곤 했다

　　　　　　-이시영, 「마음의 고향2-그 언덕」-

1. (가)와 (나)에 대한 설명으로 가장 적절한 것은?

① (가)는 (나)와 달리 과정을 나타내는 시어들을 나열하여 시간의 급박한 흐름을 드러내고 있다.
② (나)는 (가)와 달리 자연물에 빗대어 화자의 움직임을 드러내고 있다.
③ (나)는 (가)와 달리 색채어를 활용하여 공간적 배경이 만들어내는 분위기를 드러내고 있다
④ (가)와 (나)는 모두 하강의 이미지가 담긴 시어를 활용하여 화자의 인식을 드러내고 있다.
⑤ (가)와 (나)는 모두 표면에 드러난 청자에게 말을 건네는 방식으로 화자의 정서를 드러내고 있다.

2. (가)에 대한 이해로 가장 적절한 것은?

① '오는가'를 '쏟아져 내리는가'로 변주하여 대상에 대한 화자의 거부감을 드러내고 있다.
② '돌아간'과 '달리는'의 대응을 활용하여 두 대상 간에 조성되는 긴장감을 묘사하고 있다.
③ '철길'에서 '화물차의 검은 지붕'으로 묘사의 초점을 이동하여 정적인 이미지를 강화하고 있다.
④ '잉크병'이라는 사물이 '얼어드는' 현상을 활용하여 화자가 처한 현실의 변화 가능성을 암시하고 있다.
⑤ '잠을' 깬 자신에게 '어쩌자고'라는 의문을 던져 현재의 상황에서 느끼는 화자의 애달픈 심정을 드러내고 있다.

을 통해 내면에 존재하는 고향에 대한 변함없는 애정을 드러낸다.

3. ㉠~㉤의 의미를 고려하여 (나)를 감상한 내용으로 적절하지 <u>않은</u> 것은?

① ㉠을 활용하여 유년의 화자가 경험한 가을이 단단한 결실을 맺는 시간임을 부각하고 있군.
② ㉡을 활용하여 냇가에서 놀던 유년의 화자가 누군가 자신을 부르는 소리를 물소리로 느낀 경험을 부각하고 있군.
③ ㉢을 활용하여 유년의 화자에게 순간적 감동을 느끼게 한 맑고 푸른 하늘의 색채를 부각하고 있군.
④ ㉣을 활용하여 무섬증에 언덕을 달려 오른 유년의 화자에게 또렷하게 인식된 이웃들의 밝은 웃음을 부각하고 있군.
⑤ ㉤을 활용하여 유년의 화자가 곡식이 익어 가는 들녘의 인상을 선명하게 지각한 경험을 부각하고 있군.

4. <보기>를 참고하여 (가)와 (나)를 이해한 내용으로 적절하지 <u>않은</u> 것은?

> ━━━━ <보 기> ━━━━
>
> 이용악과 이시영의 시 세계에서 고향은 창작의 원천이 되는 공간이다. 이용악의 시에서 고향은 척박한 국경 지역이지만 언젠가 돌아가야 할 근원적 공간으로 그려지는데, (가)에서는 가족이 기다리는 궁벽한 산촌으로 구체화된다. 이시영의 시에서 고향은 지금은 상실했지만 기억 속에서 계속 되살아나는 공간으로 그려지는데, (나)에서는 이웃들과 함께했던 삶의 터전이자 생명이 살아 숨 쉬는 평화로운 농촌으로 구체화된다.

① (가)는 '함박눈'으로 연상되는 겨울의 이미지를 통해 '북쪽' 국경 지역의 고향을, (나)는 '햇빛'을 받은 '깨꽃'에서 그려지는 여름의 이미지를 통해 생명력 넘치는 고향을 보여 준다.
② (가)는 '험한 벼랑' 너머 '산 사이'라는 위치를 통해 산촌 마을인 고향의 궁벽함을, (나)는 '소고삐'를 풀어놓고 '가재를 쫓'는 모습을 통해 농촌 마을인 고향의 평화로움을 보여 준다.
③ (가)는 '남기고' 온 '너'를 떠올림으로써 고향에서 기다리는 사람에 대한, (나)는 '밭 사이'에서 웃던 이웃들의 이름을 떠올림으로써 고향에서 함께 살아가던 이웃에 대한 기억을 보여 준다.
④ (가)는 '눈'을 '복된' 것으로 인식함으로써 고향에 돌아갈 날에 대한, (나)는 '무엇'이 '부르는 것 같'았던 언덕을 회상함으로써 고향으로의 귀환에 대한 기대를 드러낸다.
⑤ (가)는 '차마 그리운 곳'이라는 표현을 통해 근원적 공간인 고향에 대한 애틋함을, (나)는 '자꾸 안 잊히는지'라는 표현

<보   기>

(가)는 여전히 언젠가 돌아가야 할 근원적 공간으로 그려지는 걸 보면, 최소한 고향의 정신적 상실은 아닌 것을 알 수 있습니다. 이는 제목의 '그리움'에서도 드러납니다. 반면, (나)의 경우 명확히 고향이 상실되었습니다. 기억 속에서 되살아나는 공간인 것으로 보아 혹시 고향이 물리적으로 상실되어 이를 회상하는 것은 아닌지 추측할 수 있겠네요! 마음의 고향이라는 제목도 생각해볼 여지가 많습니다. 마음의 소리처럼 마음의 고향이라 함은 실제로는 존재하지 않는데 마음에서만 있다는 게 느껴지지 않나요. 기억에서 되살아나는 공간이란 의미가 이해가 가네요.

<시 독해>
(가)
눈이 오는가 북쪽엔
함박눈 쏟아져 내리는가

북쪽이라는 공간이 어디일지 생각해보아야 할 것 같습니다. <보기>에서는 나온 공간이라곤 척박한 국경 지역의 공간밖에 없었습니다. 마침 북쪽이 더 척박하니 무언가 맞기도 한 것 같습니다. 눈은 어떤 의미가 있을지 아직 모르겠습니다.

험한 벼랑을 굽이굽이 돌아간
백무선 철길 위에
느릿느릿 밤새어 달리는
화물차의 검은 지붕에

험한 벼랑이라고 하니 고향으로 가는 길이 맞겠네요. 느릿느릿 고향으로 가고 있습니다.

연달린 산과 산 사이
너를 남기고 온
작은 마을에도 복된 눈 내리는가

첩첩산중에 있는 고향에는 '너'가 있습니다. '너'가 있기에 더욱 고향은 언젠가 돌아가야 할 공간으로 그려졌겠습니다. 눈의 의미가 나오고 있네요. 누구나 보는 눈에 대한 주관적인 표현이 들어가 있습니다. '눈'이 복된 걸까요? 아니겠죠. 화자가 눈이 복되다고 하는 걸 보니, 눈이 내리는 마을 즉, 자신의 고향이 복되기를 바라는 거라고 보는 게 **자아와 세계** 관점에 더욱 부합하겠습니다.

잉크병 얼어드는 이러한 밤에
어쩌자고 잠을 깨어
그리운 곳 차마 그리운 곳

잉크병이 얼어들 정도로 매우 추운 밤, 화자는 글을 쓸 수도 없습니다. 그런 와중에 자다가 잠에 깨니 얼마나 적적하고 그리움이 심화되었을까요. 그렇게 제목에 나올 정도로 가장 중요한 정서가 심화됩니다.

눈이 오는가 북쪽엔
함박눈 쏟아져 내리는가

그렇게 수미상관으로 마지막 연이 등장합니다. 눈은 화자가 고향이 복되기를 바라는 마음이었습니다. 화자는 결국 그리워하며 할 수 있는 거라고는 고향에 복을 기원하는 것뿐이네요. 화자가 얼마나 고향을 소중하게 생각하고, 그리워하는지 알 수 있었습니다.

'고향에 복을 기원하며 달래는 그리움'

(나)
왜 그곳이 자꾸 안 잊히는지 몰라
가름젱이 사래 긴 우리 밭 그 건너의 논실 이센 밭
가장자리에 키 작은 탱자 울타리가 쳐진.
훗날 나 중학생이 되어
아침마다 콩밭 이슬을 무릎으로 적시며
그곳을 지나다녔지

그곳은 아무래도 제목에 있는 '그 언덕', 화자의 고향이겠죠. 기억 속에 되살아나고 있습니다.

수수알이 ㉠꽝꽝 여무는 가을이었을까
깨꽃이 하얗게 부서지는 햇빛 밝은 여름날이었을까
아랫냇가 굽이치던 물길이 옆구리를 들이받아
벌건 황토가 드러난 그곳

어느 날을 떠올리고 있습니다. 아무래도 기억이어서인지 정확하게는 특정을 못 하네요.

허리 굵은 논실댁과 그의 딸 영자 영숙이 순임이가
밭 사이로 일어섰다 앉았다 하며 커다란 웃음들을 웃고
나 그 아래 냇가에 소고삐를 풀어놓고
어항을 놓고 있었던가 가재를 쫓고 있었던가

역시나 내가 무엇을 하고 있었는지는 기억이 애매하지만 하나 확실한 것은 웃음이 넘치고 있었다는 겁니다. 어항을 놓은 적도 있고 가재를 잡아본 적도 있겠죠. 그러니 둘 모두 기억으로 나는 건가 봅니다.

나를 부르는 소리 같기도 하고
㉡솨르르 솨르르 무엇이 물살을 헤짓는 소리 같기도 하여

청각이 나오고 있습니다. 아까 시각 말고 다른 감각이 나오면 고향 회상과 연결된다는 것 기억하시나요? 이를 몰랐다고 하더라도 앞에서 명확한 소리가 나오지 않았는데 갑자기 등장한 소리가 이상하게 느껴질 만 합니다. 어떻게 된

걸까요.

고개를 들면 아, ⓒ청청히 푸르던 하늘
갑자기 무섬증이 들어 언덕 위로 달려 오르면
들꽃 싸아한 향기 속에 두런두런 논실댁의 목소리와

또 과거 회상의 내용입니다. 어떤 소리를 듣고 고개를 들면 푸른 하늘이 보였던 기억을 떠올립니다. 그렇게 언덕 위로 달리는 기억에 들꽃의 향기와 논실댁의 목소리에 대한 기억이 겹쳐 떠오르네요.

ⓐ까르르 까르르 밭 가장자리로 울려 퍼지던
영자 영숙이 순임이의 청량한 웃음소리
나 그곳에 오래 앉아
푸른 하늘 아래 가을 들이 ⓜ또랑또랑 익는 냄새며
잔돌에 호미 달그락거리는 소리 들었다

그 언덕에서 들은 영자 영숙이 순임이의 웃음소리, 가을이 오고 호미질로 나는 소리들도 계속 떠오릅니다. 그 언덕은 화자에게는 너무 많은 기억이 있는 곳이네요.

왜 그곳이 자꾸 안 잊히는지 몰라
소를 몰고 돌아오다가
혹은 객지로 나가다가 들어오다가
무엇이 나를 부르는 것 같아
나 오래 그곳에 서 있곤 했다

떠나고 나서도 계속해서 그 언덕은 떠올랐답니다. 소를 몰던 때에도, 객지로 나갔을 때도 그 언덕에서 마치 무슨 소리가 나를 부르는 것 같아 서 있었다고 합니다. 저 소리는 어느 시점에 들리는 건지 알아채셨나요? 현재일까요, 회상의 무대인 과거일까요.
이를 알아내기 위해 소리의 역할에 대해 생각해보아야 합니다. 저 소리를 듣고 항상 화자는 그 언덕으로 와 서 있곤 했습니다. 소리는 결국 그 언덕으로 화자가 오게끔 만드는 것이죠. 그런데 실체가 없는 소리입니다. 무슨 소리인지도 모르고요. 진짜 소리일까요...?
청각이라는 감각으로 회상을 하고 있는 겁니다. 소리를 매개로 회상을 하고 있는 것이죠. 이를 알고 보면 속속이 증거들이 보입니다. 회상의 내용이 전부 소리였다는 것, 그 소리가 무엇인지 알아내지 못해 이것저것에 대응시켰다는 점 말이에요. 여기까지 알아내지 못하고 고향에 관한 시이고 고향을 회상하고 있다는 것만 <보기>에서 대응시켜도 문제 푸는 데에는 지장이 없습니다. 다만, 너무나도 당연하게 여길 수 있고 반복될 패턴이 나왔기에 자세히 설명하는 중입니다. 과연 화자는 '지금' 어디 있는 걸까요? 도대체 어디 길래 그 언덕을 회상하고 있는 걸까요?

화자는 사라져 버린 고향의 언덕 위에 올라온 것 아닐까요. 쏴르르 쏴르르 바람 부는 소리를 듣고 화자는 마치 자신을 부르는 소리인 것 같아 홀린 듯 그 언덕으로 돌아온다고 했으니까요. 그 언덕에 와서 듣는 소리에 거기서 뛰놀던 자신의 어린 시절을 회상하는, 현재에서 과거로 이어지는 장치가 바로 청각이었던 겁니다.

'지금은 없지만, 청각을 매개로 떠올리는 기억 속의 고향'

아니, 근데 이게 수능이랑 무슨 상관이 있어? 라고 질문하기에는 문제의 의도가 이 감각에 맞아 있습니다. ⓐ ~ ⓜ의 공통점을 찾아볼까요?

꽝꽝, 솨르르 솨르르, 청청히, 까르르 까르르, 또랑또랑. 모두 음성 상징어라는 걸 알아차리셨나요? 순서대로 얼어있는 모습, 무엇인지 모르겠는 소리, 파란 하늘, 기억 속 웃음소리, 가을 들판의 모습이 보이시나요? 그러면 여기서 가장 주제와 연관 있는 표현은 무엇이어야만 할까요. 당연히 두 번째이지 않을까요. 나머지는 모두 화자의 기억 속에서 상상한 표현들이지만, 두 번째 표현만 현재 화자가 듣고 있는 소리입니다. 고향이 없는 현재 그 소리를 매개로 이 모든 풍경을 떠올리고 있으니까요. 이처럼 가장 주제와 직결된 ⓒ은 독해하면서도 답임을 알 수 있다는 걸 말하고 싶었습니다. 그러면 실제 문제의 선지를 봐볼까요?

3.
② ⓒ을 활용하여 냇가에서 놀던 유년의 화자가 누군가 자신을 부르는 소리를 물소리로 느낀 경험을 부각하고 있군.
→ 이 소리는 **현재의 소리**입니다. 현재의 이 소리를 매개로 과거를 회상하는 것이 이 작품의 본질이었죠. '누군가 자신을 부르는 소리'가 아니라 그런 것 같기도 한 소리였고, '물소리로 느낀' 것도 아니었습니다. 애초에 ⓒ은 경험한 소리가 아니라, 현재의 내가 회상하며 과거에 이러했을 거라 **추측한** 소리였죠. 그렇기에 앞에 무슨 말이 와있다고 해도 '경험을 부각하고 있군.'이라고 종결하면 이 선지는 맞을 수가 없다는 것입니다. 경험과 상상이 섞인 이 시에서 이 선지는 매우 핵심을 물어보았다고 할 수 있겠습니다.

이 선지는 특히나 많은 수험생들이 당시에 쪼잔한 선지라고 비판했던 선지입니다. 표면적으로는 물소리가 시에 나왔음에도 그걸 물소리로 느끼지 않았다고 답을 고르라는 것처럼 보이지만, 사실은 경험과 상상을 구분해야 했던 겁니다. 이처럼 **회상**에 관한 시가 나오면, 정말 과거의 사실 즉, 경험한 내용인지, 아니면 내가 일종의 미화 및 망각으로 인해 추측 즉, 상상하고 있는 것인지 물어보는 문항이 자주 나오니 꼭 체크해주시기 바랍니다! 그러면 다른 문제들 좀 확인해 보겠습니다.

1. 문항을 슬쩍 훑어보면 (가)와 (나)의 공통점과 차이점을 묻고 있음을 알 수 있습니다. 둘은 모두 고향을 보고 있지 못하는 상황에서 고향에 대한 정서를 표현하고 있지만 그 표현 방식에서 각각 고향에 대한 기원과 고향 모습에 대한 회상으로 차이가 드러납니다. 염두에 두고 선지를 확인해볼까요?

   ③ : (나)에서 청각을 매개로 시작된 회상으로 인해 펼쳐지는 장면이 드러납니다. '장면'인만큼 시각적 심상이 두드러졌고 대표적으로 색채어가 있었네요. 이는 (가)에는 없는 (나)만의 특징입니다. 나머지 선지들은 주제와 상관이 없죠. 급박한 흐름, 화자의 움직임, 하강, 말을 건네는 방식 모두 주제와 연관이 없습니다.

2. (가)는 결국 고향에 대한 '그리움'을 고향에 대한 복을 기원하며 달래는 시였습니다.

   ⑤ : '그리움'이 이 선지에서는 '애달픈 심정'으로 바뀌어서 표현되었네요. 현재의 상황에서 고향에 있지 못하는 자신의 그리움을 나타낸다고 말하고 있으니 매우 적절한 선지입니다.

   나머지 선지들의 경우 역시 주제와 관련이 없겠죠. 거부감, 긴장감, 정적 이미지, 변화 가능성 등은 정오 판단에 앞서 이미 ⑤보다 중요도가 떨어지는 단어들임을 확인하고 바로 ⑤부터 보실 수 있도록 전체 선지를 훑는 연습을 꼭 하세요!

3. 앞에서 정답 선지는 이미 설명했습니다. 나머지 선지들의 경우 모두 당시 화자가 고향에 대해 받았던 인상을 기반으로, 화자의 마음에서 형상화된 가상의 고향에 대해 얘기하고 있네요. 고향에 대한 화자의 지극히 주관적인 인상들이 나타나고 있습니다.

4. 앞서 가장 먼저 살펴본 고향에 관한 작품인 '고향 앞에서 / 낡은 집' 세트와 비슷한 방식으로 선지의 답이 나옵니다. 귀향은 이미 미완되었었고, 그로 인해 겪는 **현실과 이상의 괴리**가 고향에 관한 시의 본질이었습니다. 그런데 이를 어기는 선지가 바로 보이시나요?

   ④의 경우 고향을 이미 상실해버린 (나)에 대해 귀향에 대한 기대를 드러낸다고 하니 이는 잘못된 선지이겠죠. 뿐만 아니라 앞의 설명인 (가)의 부분에 대해서도 '눈'을 '복된' 것으로 인식한 것은 맞으나, '인식함으로써 고향에 돌아갈 날에 대한 기대'를 드러냈다고 하는 것은 잘못되었습니다. 앞과 뒤의 내용이 모두 맞으나 연결이 잘못되었다는 겁니다.

   '눈'을 '복된' 것으로 인식함으로써 나타난 효과는 그리움을 그나마 달랠 수 있다는 것이었습니다. 사실 귀향에 대한 기대는 이 시에서는 직접적으로 나타나지 않기도 합니다. (X)

이렇게 **고향**에서 반복되는 패턴들을 확인해 보았습니다. 귀향의 미완에서 오는 **현실과 이상의 괴리**를 꼭 기억하고, 감각으로부터 매개되어 시작되는 회상과 그에 따른 경험과 상상의 구별을 기억하시면 충분할 것 같습니다! 다른 패턴을 이제 확인하러 가볼까요?

IV

소시민과 서민

다음으로 소시민을 비판하고 서민을 예찬하는 시, 소설들이 있습니다. 이 개념을 아는 것만으로도 몇몇 시나 소설들이 아주 쉽게 해결되기 때문에 정리하고 가겠습니다!

소시민의 뜻을 국어사전에서 찾아보면 노동자와 자본가의 중간계급에 속하는 사람들 정도로 이해할 수 있습니다. 하지만, 문학에서의 소시민은 '소시민'보다는 '소시민적 삶'의 뜻으로 사용됩니다. 서민 역시 저희가 일상에서 접하는 서민과는 그 의미가 사뭇 다릅니다.

문학에서 사용되는 소시민과 서민 용어의 의미를 정리해보겠습니다.

소시민	사회 문제에 별다른 관심을 가지지 않고 경제적 안정만을 추구하는 자기 보전적 태도의 생활을 하는 사람들. 세속적인 가치, 이익을 중시하는 인물들로 사회적 가치나 보편적인 가치를 경시하고 살아감.
서 민	주로 사회의 아래 계층에 속하는 개인들이지만 공동체의 연대, 배려, 사랑 등의 모습으로 힘든 상황을 극복하려고 애쓰는 존재.

소시민과 서민은 대치되는 개념으로 서로 정반대의 성질을 가지고 있다고 생각하면 편합니다. 개개인의 이익을 중시하면 소시민, 공동체의 이익, 보편의 이익을 중시하면 서민이 되는 것이죠. 시인은 따라서 소시민을 비판하고 서민을 예찬하거나 연민합니다. 무엇보다 시인이 해당 시를 통해 비판하고 있으면 소시민, 예찬하고 있으면 서민임을 알아야 합니다.

이때 주의해야 할 것 중 하나는 한 시에 둘이 혼합되지 않을 수 있다는 겁니다. 명확한 소시민이 있어 그 인물을 제외한 나머지를 서민이라고 정의 내렸는데, 알고 보면 그 작품에서 서민은 없고 모두 소시민만 있는 대신 소시민적 면모의 정도의 차이가 있을 수 있습니다. 따라서 반대되는 개념인 것은 맞지만 한 작품 내에서 이분법적으로 판단하면 안 된다는 겁니다. 작품에 드러난 인물을 우리가 파악하려면 결국 그 인물의 주관적인 정서나 외부적으로 표출되는 행동을 보아야 합니다. 이를 통해 소시민적 면모, 서민적 면모가 얼마나 있는지 or 시인이 이들에게 어떤 시선으로 (비판 or 예찬) 바라보고 있는지를 확인해서 소시민과 서민 여부를 판단해야 합니다. 이를 어떻게 할 수 있을지에 대해 아래 시들을 읽으면서 확인해보겠습니다!

먼저 소시민과 관련된 시입니다! 읽으면서 최대한 소시민적인 특성이 드러나는 표현들을 찾으려고 노력해봅시다! 문제는 없이 독해만 우선 해봅시다.

가을 연기 자욱한 저녁 들판으로
상행 열차를 타고 평택을 지나갈 때
흔들리는 차창에서 너는
문득 낯선 얼굴을 발견할지도 모른다.
그것이 너의 모습이라고 생각지 말아 다오.
오징어를 씹으며 화투판을 벌이는
낯익은 얼굴들이 네 곁에 있지 않느냐.
황혼 속에 고함치는 원색의 지붕들과
잠자리처럼 파들거리는 TV 안테나들
흥미 있는 주간지를 보며
고개를 끄덕여 다오.
농약으로 질식한 풀벌레의 울음 같은
심야 방송이 잠든 뒤의 전파 소리 같은
듣기 힘든 소리에 귀 기울이지 말아 다오.
확성기마다 울려 나오는 힘찬 노래와
고속도로를 달려가는 자동차 소리는 얼마나 경쾌하냐.
예부터 인생은 여행에 비유되었으니
맥주나 콜라를 마시며
즐거운 여행을 해 다오.
되도록 생각을 하지 말아 다오.
놀라울 때는 다만 '아!'라고 말해 다오.
보다 긴 말을 하고 싶으면 침묵해 다오.
침묵이 어색할 때는
오랫동안 가문 날씨에 관하여
아르헨티나의 축구 경기에 관하여
성장하는 GNP와 증권 시세에 관하여
이야기해 다오.
너를 위하여
그리고 나를 위하여

-김광규, 「상행(上行)」-

<시 독해>
상행

제목부터 보고 가겠습니다. 서울로 올라오는 길에서 화자가 무언가 느낀점이 있나 봅니다. 그게 무엇일지 생각하면서 읽어봅시다!

가을 연기 자욱한 저녁 들판으로
상행 열차를 타고 평택을 지나갈 때
흔들리는 차창에서 너는
문득 낯선 얼굴을 발견할지도 모른다.
그것이 너의 모습이라고 생각지 말아 다오.

계절적 배경은 가을, 시간적 배경은 저녁인 것 같습니다. 열차를 타고 서울을 향해 가던 중 평택을 지나고 있는 것 같습니다. 화자는 '너'에게 말을 건내고 있습니다. '너'가 차창에서 낯선 얼굴을 발견할지도 모른다는데... 뒤의 내용을 보았을 때, 그것을 '너의 모습'이라고 생각하지 말라는 이야기를 하려면 차창에 비춰진 모습은 다른 사람이 아니라 '너'의 모습이 맞긴 한 것 같습니다. 하지만, 화자는 그것을 '너의 모습'이라고 생각하지 말라고 합니다. 왜일까요? 더 읽어봅시다.

오징어를 씹으며 화투판을 벌이는
낯익은 얼굴들이 네 곁에 있지 않느냐.

'너'의 곁에는 오징어를 씹으며 화투판을 벌이는 사람들이 있나 봅니다. 이 사람들이 무엇을 의미하는 사람들인지 의문점을 남겨두고 다음으로 넘어갑시다.

황혼 속에 고함치는 원색의 지붕들과
잠자리처럼 파들거리는 TV 안테나들
흥미 있는 주간지를 보며
고개를 끄덕여 다오.

'고함치는', '파들거리는'은 확실히 긍정적인 표현은 아닌 것 같습니다. 화자가 뭔가 이상하게 표현을 하고 있죠. 분명히 사용되는 단어들은 부정적인데 고개를 끄덕이라고 말하고 있습니다. 무언가 이상합니다.

농약으로 질식한 풀벌레의 울음 같은
심야 방송이 잠든 뒤의 전파 소리 같은
듣기 힘든 소리에 귀 기울이지 말아 다오.

이제 슬슬 감이 오셔야 합니다. 화자는 **반어법**을 쓰고 있습니다. 아마도 분명 듣기 힘든 소리에 귀를 기울여 달라고 말하고 싶은 것이겠죠. 앞에서 배웠던 물질문명과도 연관이 있는 것 같습니다. 그도 그럴게 소시민이 등장하게 되는 배경이 산업화와도 연관이 있기 때문입니다. 산업화에 따른 개성 상실, 획일화된 가치관, 물질적 가치를 추구하게 된다는 점이 소시민의 특성과 매우 유사합니다. 그러니까 소시민 비판은 물질문명 비판에 뿌리를 두고 있다고도 볼 수 있겠습니다. 비판 대상이 다를 뿐인 것이죠. 다시 돌아와서, 화자는 작은 개인으로 상징되는 풀벌레 소리와 사회에서 일어나려는 작은 변화들에도 귀를 기울여 달라고 말하고 있습니다. 스스로의 이익만을 추구하는 소시민적인 태도가 아니라 타인에게도 관심을 가지는 공동체 지향적인 태도를 가져야 한다는 말이죠.

확성기마다 울려 나오는 힘찬 노래와
고속도로를 달려가는 자동차 소리는 얼마나 경쾌하냐.

화자가 반어법을 쓰고 있다는 것을 인식했으면, 이제부터는 간단합니다. 자동차 소리, 확성기 소리는 다 물질문명을 상징하는 시어들이죠. 이것들을 비판하고 있습니다. 정확히는 편리함, 순간적인 쾌락으로 표현되고 있는 개인의 이익만을 추구하는 **소시민적 태도를** 비판하는 것이죠.

예부터 인생은 여행에 비유되었으니
맥주나 콜라를 마시며
즐거운 여행을 해 다오.
되도록 생각을 하지 말아 다오.
놀라울 때는 다만 '아!'라고 말해 다오.
보다 긴 말을 하고 싶으면 침묵해 다오.

화자는 생각을 멈추고 현실에 순응하는 태도에 대해 비판하고 있습니다. 보다 긴 말은 아마도 사회적 문제에 대한 이야기일 것이죠. 이런 소시민적인 것들을 반어법을 통해서 비판하고 있습니다.

침묵이 어색할 때는
오랫동안 가문 날씨에 관하여
아르헨티나의 축구 경기에 관하여
성장하는 GNP와 증권 시세에 관하여
이야기해 다오.
너를 위하여
그리고 나를 위하여

사회적 문제를 다리는 날씨, 축구, 경제와 같은 현실에 대한 단순한 이야기들에 집중하라고 말합니다. 반대로 말하면 사회적 문제에 관심을 가져달라는 것이죠. 아까 소시민의 정의가 무엇이었죠? 사회 문제에 별다른 관심을 가지지 않고 개인의 이익에 관심을 가지는 사람들! 그러니까 '너'는 화자가 보기에는 소시민이었던 것입니다. 하지만, 우리 사회가 발전하고 '너'가 소시민적인 태도에서 벗어나기 위해서는 사회적 문제에 관심을 가지고 작은 소리에 귀 기울여야 한다고 말합니다. 그리고 마지막은 두 방향으로 해석할 수 있을 것 같습니다. 첫 번째는 '너'가 사실 화자 본인이었다는 해석이 가능할 것 같습니다. 두 번째로는 화자 역시도 '너'와 같은 소시민적 태도를 가지고 살아가는 사람일지도 모른다는 성찰과 반성이라는 해석도 가능합니다.

'산업화로 인해 가지게 된 소시민적 태도에 대한 비판과 성찰'

어떤가요? 소시민에 대해 이해하고 시를 읽으니 더욱 명확하게 주제가 잡히지 않나요? 이 시에서는 소시민이 추구하는 개인의 이익이 편리함, 쾌락으로 나타났지만 이것이 물질적인 가치, 돈과 권력으로 나타나는 경우도 많습니다. 다음으로는 서민에 대한 시를 읽어봅시다.

어둠이 오는 것이 왜 두렵지 않으리
불어 닥치는 비바람이 왜 무섭지 않으리
잎들 더러 썩고 떨어지는 어둠 속에서
가지들 휘고 꺾이는 비바람 속에서
보인다 꼭 잡은 너희들 작은 손들이
손을 타고 흐르는 숨죽인 흐느낌이
어둠과 비바람까지도 삭여서
더 단단히 뿌리와 몸통을 키운다면
너희 왜 모르랴 밝는 날 어깨와 가슴에
더 많은 꽃과 열매를 달게 되리라는 걸
산바람 바닷바람보다도 짓궂은 이웃들의
비웃음과 발길질이 더 아프고 서러워
산비알과 바위너설에서 목 움츠린 나무들아
다시 고개 들고 절로 터져 나올 잎과 꽃으로
숲과 들판에 떼 지어 설 나무들아

       -신경림, 「나무를 위하여」-

\<시 독해\>
나무를 위하여

제목부터 확인하고 오겠습니다. 나무를 위한다고 하네요. 시가 나무를 위해서 쓰여진 시라는 뜻인지 아니면 나무를 위해서 무언가를 하겠다는 이야긴지 여러 생각이 드는데 여기까지만 봐서는 확실히 파악은 불가능합니다. 우선, 나무가 주요 시적 대상이라는 것을 파악하고 여기에 대한 화자의 인식과 태도를 파악하는 것이 핵심이 되겠습니다.

어둠이 오는 것이 왜 두렵지 않으리
불어 닥치는 비바람이 왜 무섭지 않으리

비슷한 구조의 두 행이 반복되어 있습니다. 의문형 진술인데 평서형으로 바꾸어서 해석하면 어둠이 오는 것도 두렵고 불어 닥치는 비바람 역시 당연히 무서운 것이다! 정도로 말할 수 있겠습니다. 누가 무서워하는 것일까요? 제목에서 나무에 대한 시라는 것을 파악했고, 비바람은 아마도 나무에게 시련이 될 것 같으니 두려워하고 무서워하는 대상은 아마도 나무라고 추측할 수 있겠습니다.

잎들 더러 썩고 떨어지는 어둠 속에서
가지들 휘고 꺾이는 비바람 속에서
보인다 꼭 잡은 너희들 작은 손들이
손을 타고 흐르는 숨죽인 흐느낌이

1, 2행에 이어서 3, 4행, 5, 6행 역시 비슷한 구조의 두 행이 반복되어 있습니다. 어둠과 비바람은 아마도 시련을 상징하는 시어일 것이죠. 그 안에서 꼭 잡은 손들, 손을 타고 흐르는 흐느낌이 보인다고 합니다. 꽉 잡은 손들, 그 사이의 연대 아마도 서민에서 설명한 내용이라는 느낌이 오실 겁니다. 이 서민/소시민 개념을 알고 있는 사람과 모르는 사람은 이 시를 파악하는 속도가 확연히 다를 겁니다. 우리는 그 개념을 위에서 알고 왔으니 빠르게 나무는 **서민**을 상징한다고 이해하고 가겠습니다! 그러면 꼭 잡은 손들은 서민들의 단합과 연대, 손을 타고 흐르는 숨죽인 흐느낌은 시련을 극복하고자 하는 태도로 해석할 수 있겠네요.

어둠과 비바람까지도 삭여서
더 단단히 뿌리와 몸통을 키운다면
너희 왜 모르랴 밝는 날 어깨와 가슴에
더 많은 꽃과 열매를 달게 되리라는 걸

어둠과 비바람은 시련이라고 말했죠. 나무가 더 단단히 뿌리와 몸통을 키워서 시련을 이겨내고 더 많은 꽃과 열매를 얻게 된다고 시에서 말하고 있습니다. 또, 너희 왜 모르냐는 다시 말하면 '너희는 알고 있다'의 강조 표현으로 볼 수 있습니다. 다시 말해서 서민들이 역량을 키워 시련과 역경을 극복해내면 더 큰 자유와 행복을 누릴 수 있다는 이야기가 되겠습니다.

산바람 바닷바람보다도 짓궂은 이웃들의
비웃음과 발길질이 더 아프고 서러워
산비알과 바위너설에서 목 움츠린 나무들아
다시 고개 들고 절로 터져 나올 잎과 꽃으로
숲과 들판에 떼 지어 설 나무들아

'산바람 바닷바람보다도 짓궂은 이웃들'은 누구를 말할까요? 그렇죠. 공동체의 연대가 아닌 개인적인 이익을 중시하는 소시민이 되겠습니다. 소시민들은 개개인의 이익을 중요시하기 때문에 서민들은 이로 인해 상처를 받기도 합니다. 하지만, 이런 고난과 시련을 이겨내고 마침내 승리할 서민의 모습을 이야기해주고 있네요.

'서민들이 연대를 통해 고난과 역경을 극복하는 모습 예찬'

어떤가요? 서민과 소시민 개념을 아는 것만으로도 나무에 대한 이야기 정도로 밖에 해석할 수 없던 시의 진정한 의미가 드러나고 있습니다. 이 외에도 서민과 소시민 개념은 다양한 시 소설들에 녹아있으니 다양하게 활용할 수 있게 연습하시길 바라겠습니다! 소시민과 서민에 대해 시를 하나씩 살펴보았으니 이제 혼합된 문제 세트로 가보겠습니다. 문제를 통해 연습해볼게요.

(가)

[A] 지금은 ⊙ 남의 땅—빼앗긴 들에도 봄은 오는가?

[B]
나는 온몸에 햇살을 받고
ⓒ 푸른 하늘 푸른 들이 맞붙은 곳으로
가르마 같은 논길을 따라 꿈속을 가듯 걸어만 간다.

입술을 다문 하늘아 들아
내 맘에는 나 혼자 온 것 같지를 않구나
네가 끌었느냐 누가 부르더냐 답답워라 말을 해
다오.

[C]
바람은 내 귀에 속삭이며
한 자욱도 섰지 마라 옷자락을 흔들고
종다리는 울타리 너머 아씨같이 구름 뒤에서 반갑
다 웃네.

고맙게 잘 자란 ⓒ 보리밭아
간밤 자정이 넘어 내리던 고운 비로
너는 삼단 같은 머리를 감았구나 내 머리조차 가
뿐하다.

혼자라도 가쁘게나 가자
마른 논을 안고 도는 착한 도랑이
젖먹이 달래는 노래를 하고 제 혼자 어깨춤만 추
고 가네.

나비 제비야 깝치지 마라
맨드라미 들마꽃에도 인사를 해야지
아주까리기름을 바른 이가 지심매던 그 들이라 다
보고 싶다.

내 손에 ② 호미를 쥐어 다오
살찐 젖가슴 같은 부드러운 이 흙을
발목이 시도록 밟아도 보고 좋은 땀조차 흘리고
싶다.

[D]
강가에 나온 아이와 같이
짬도 모르고 끝도 없이 닫는 내 혼아
무엇을 찾느냐 어디로 가느냐 우스웁다 답을 하려
무나.

나는 온몸에 풋내를 띠고
ⓜ 푸른 웃음 푸른 설움이 어우러진 사이로
다리를 절며 하루를 걷는다 아마도 봄 신령이 지
폈나 보다.

[E] 그러나 지금은—들을 빼앗겨 봄조차 빼앗기겠네.

- 이상화, 「빼앗긴 들에도 봄은 오는가」 -

(나)

새벽 시내버스는
차창에 웬 찬란한 치장을 하고 달린다
엄동 혹한일수록
선연히 피는 성에꽃
어제 이 버스를 탔던
처녀 총각 아이 어른
미용사 외판원 파출부 실업자의
입김과 숨결이
간밤에 은밀히 만나 피워낸
번뜩이는 기막힌 아름다움
나는 무슨 전람회에 온 듯
자리를 옮겨 다니며 보고
다시 꽃이파리 하나, 섬세하고도
차가운 아름다움에 취한다
어느 누구의 막막한 한숨이던가
어떤 더운 가슴이 토해낸 정열의 숨결이던가
일없이 정성스레 입김으로 손가락으로
성에꽃 한 잎 지우고
이마를 대고 본다
덜컹거리는 창에 어리는 푸석한 얼굴
오랫동안 함께 길을 걸었으나
지금은 면회마저 금지된 친구여.

- 최두석, 「성에꽃」 -

1. (가), (나)의 공통점으로 가장 적절한 것은?
① 역설적 관점에서 사물을 통찰하여 초월적 진리를 이끌어 낸다.
② 계절적 배경을 통하여 분위기와 주제 의식의 연관성을 높인다.
③ 여정에 따른 공간 변화를 바탕으로 화자의 정서를 다양하게 드러낸다.
④ 명사나 명사형으로 된 시어를 일부 행들의 끝에 배치하여 운율감을 자아낸다.
⑤ 직유적 표현을 여러 번 사용하여 대상의 모양이나 속성을 선명하게 제시한다.

2. <보기>를 참고하여, (가)의 [A] ~ [E]를 이해한 내용으로 적절하지 <u>않은</u> 것은?

<보 기>

1920년대 중반에 일부 시인들은 민중의 참담한 상황, 그리고 노동에 기반한 민중의 생명력에 주목하면서 민중의 생활을 노래하였다. 이런 점은 「빼앗긴 들에도 봄은 오는가」에도 잘 반영되어 있다.

① [A]의 ㉠은 당시 민중의 참담한 상황을 나타낸 표현이군.
② [C]의 ㉢에는 민중의 생명력이, ㉣에는 노동을 중시하는 화자의 태도가 함의되어 있군.
③ [B]와 [D]의 비교에서 드러나는 태도의 변화로 보아, [C]에는 민중의 실상에 대한 화자의 안타까움도 내재되어 있군.
④ [B]의 ㉡에는 화자의 이상이, [D]의 ㉤에는 화자의 현실 인식이 투영되어 있군.
⑤ [A]와 [E]의 연관으로 보아, [B] ~ [D]에서의 화자의 행위는 민중의 처지를 바꿔 보려는 적극적 의지의 소산이군.

3. '성에꽃'에 대한 화자의 심미적 태도를 중심으로 하여 (나)를 감상한 내용으로 가장 적절한 것은?

① '성에꽃'은 새벽 차창에 피어나 있어. 화자는 시간과 공간이 지닌 아름다움을 추구해야 한다고 생각해.
② '성에꽃'은 시내버스를 탔던 사람들이 함께 피워 낸 것이야. 화자는 서민들의 공동체적 어울림에서 아름다움의 바탕을 찾을 수 있다고 생각해.
③ '성에꽃'은 은밀히 피어나는 것이야. 화자는 현실 상황에서는 아름다움이 은밀한 방식으로 탄생해야 한다고 생각해.
④ '성에꽃'에는 누군가의 막막한 한숨이 담겨 있어. 화자는 사람들의 고통이 현실에서는 극복될 수 없는 것이기에 아름답다고 생각해.
⑤ '성에꽃'의 한 잎을 지우고 화자는 친구를 떠올려. 화자는 회상을 통해 성에꽃의 아름다움을 완성할 수 있다고 생각해.

<보기> 먼저 해석하고 가겠습니다. (가) 시에 대한 힌트를 주고 있네요. 1920년대 중반 일제강점기로 인한 민중의 참담한 상황, 그 중에서 특히 노동에 기반한 민중의 생명력을 이야기한다고 합니다. 아마도 '부정적인 현실을 노동에 기반한 서민들의 생명력으로 극복하겠다'라는 이야기가 나올 것 같습니다. 제목에서 말하고 있는 빼앗긴 들은 부정적 현실, 봄은 화자가 기다리고 있는 이상향이며 민중의 생명력으로 이상향으로 나아가는 것이 주제가 되겠다고 추측할 수 있습니다.

<시 독해>
(가)
지금은 ㉠남의 땅—빼앗긴 들에도 봄은 오는가?

<보기>에서 시대 상황을 줬습니다. 지금은 일제 강점기 상황이죠. 그러니까 남의 땅, 빼앗긴 들은 조국 상실의 현실을 말하는 것 같습니다. 그리고 봄은 조국의 광복, 계절적인 봄 그 자체의 두 가지로 해석할 수 있겠습니다. 이 구절은 마지막 연과 대응을 이루면서 시를 관통하고 있습니다. 이 질문에 대한 답을 생각하면서 뒷부분을 읽어봅시다!

나는 온몸에 햇살을 받고
㉡푸른 하늘 푸른 들이 맞붙은 곳으로
가르마 같은 논길을 따라 꿈속을 가듯 걸어만 간다.

계절적 배경은 봄입니다. 화자는 온몸에 햇살을 받으며 꿈같은 느낌으로 봄의 국토를 즐기고 있습니다. 하지만, 나라를 잃은 화자에게 지금처럼 봄을 즐기기만 하는 것은 이상합니다. <보기>의 내용과 부합하지 않습니다. 따라서, 다음 내용은 높은 확률로 계절적으로는 봄이 왔지만 조국의 광복을 상징하는 봄은 오지 않았다는 이야기가 나올 것을 예측할 수 있겠습니다.

입술을 다문 하늘아 들아
내 맘에는 나 혼자 온 것 같지를 않구나
네가 끌었느냐 누가 부르더냐 답답워라 말을 해 다오.

우리 국토는 지금 외세의 지배를 받고 있는 상황입니다. 그러니까, 자유롭게 무언가를 말하고 표현할 수 없죠. 그것을 입술을 다문 하늘과 들로 표현하고 있습니다. 그리고, 화자는 위에서 꿈 같은 느낌을 받으며 걸어갔다고 말했습니다. 이 말은 뭔가에 이끌려 나왔다고도 해석할 수 있죠. 그러니까 여기서 '내 맘에는 나 혼자 온 것 같지를 않구나'는 시대적인 현실이 화자가 들판에 서도록 이끌었음을 드러내고 있습니다. 그리고 이런 현실을 답답해하는 심정이 직접적으로 표출됩니다.

바람은 내 귀에 속삭이며
한 자욱도 섰지 마라 옷자락을 흔들고
종다리는 울타리 너머 아씨같이 구름 뒤에서 반갑다 웃네.
고맙게 잘 자란 ㉢보리밭아

간밤 자정이 넘어 내리던 고운 비로
너는 삼단 같은 머리를 감았구나 내 머리조차 가뿐하다.
혼자라도 가쁘게나 가자
마른 논을 안고 도는 착한 도랑이
젖먹이 달래는 노래를 하고 제 혼자 어깨춤만 추고 가네.

4, 5, 6연에서는 봄을 맞은 국토의 활기찬 모습을 보여주고 있습니다. 바람, 종다리, 잘 자란 보리밭, 도랑을 의인화해서 표현하며 애정을 드러내고 있습니다. 앞에서의 답답해하던 분위기와는 달라진 모습을 보여주고 있습니다. <보기>를 참조하여 들은 농민들의 삶의 터전이라는 것을 고려하면 이 부분은 민중의 생명력을 드러내고 있다고도 말할 수 있겠습니다.

나비 제비야 깝치지 마라
맨드라미 들마꽃에도 인사를 해야지
아주까리기름을 바른 이가 지심매던 그 들이라 다 보고 싶다.

나비와 제비 보고는 서두르지 말라고 하며 맨드라미 들마꽃에도 인사를 해야 한다고 말하고 있습니다. 천천히 봄의 국토를 살피고 싶은 화자의 마음을 드러내고 있습니다.

내 손에 ㉢호미를 쥐어 다오
살찐 젖가슴 같은 부드러운 이 흙을
발목이 시도록 밟아도 보고 좋은 땀조차 흘리고 싶다.

화자는 이런 국토에서 자유롭게 호미를 쥐고 농사를 짓고 싶어합니다. 온몸으로 국토를 느끼며 노동의 기쁨을 느끼고 싶다고 말합니다. 화자가 원하는 이상적 상황이 제시되고 있습니다.

강가에 나온 아이와 같이
짬도 모르고 끝도 없이 닫는 내 혼아
무엇을 찾느냐 어디로 가느냐 우스웁다 답을 하려무나.

강가에 나온 아이와 같이 앞으로 어떤 시련이 있을지 모르는 화자의 모습을 드러내며 동시에 그만큼 현실이 가혹하다는 것을 전제하고 있습니다. 아마도 4, 5, 6, 7, 8연에 거쳐서 이상을 상상하다가 어쩔 수 없이 현실을 재인식하게 되는 것은 너무나도 참담한 현실 때문이라는 것을 추측할 수 있습니다. 화자는 본인의 현실도 제대로 인식하지 못하고 광복을 찾아서 어디론가 헤매는 스스로를 자조하고 있습니다. 위에서의 시 분위기와는 확연히 달라진 것을 확인할 수 있습니다. 어조의 전환이 이 연에서 이루어졌다고 말할 수 있겠습니다. 화자가 이상을 그리다가 부정적인 현실을 인식하면서 깨어나는 부분으로 요약할 수 있겠습니다.

나는 온몸에 풋내를 띠고
㉤푸른 웃음 푸른 설움이 어우러진 사이로
다리를 절며 하루를 걷는다 아마도 봄 신령이 지폈나 보다.

푸른 웃음은 계절적인 봄이 주는 기쁨을 푸른 설움은 현실이 주는 슬픔이며 그 사이에 있는 화자를 드러내고 있습니다. 다리를 전다는 표현은 긍정과 부정 사이에 있는 정서적으로 안정되지 못한 화자를 드러냅니다. 또, 봄 귀신에 홀린 듯한 제정신이 아닌 화자의 모습을 표현하고 있습니다.

그러나 지금은—들을 빼앗겨 봄조차 빼앗기겠네.

1연이 변주되어 반복되고 있습니다. 현재는 푸른 웃음을 띄면서 적어도 부정과 긍정 사이에서 혼란을 겪고 있지만, 들을 빼앗겨 버린 상황에서 봄마저 빼앗길 것 같다는 두려움을 드러내고 있습니다. 현실 상황에 대한 좌절이라고 볼 수 있습니다. 하지만, 봄마저 빼앗길 수 있기 때문에 우리의 땅을 회복해야 한다는 생각의 바탕이 됩니다. 그리고, 여기서 '지금은'에 주목하면 이런 부정적인 현실은 들을 빼앗긴 지금에만 국한되는 것이며 언젠가 우리 땅을 되찾는다면 다시 봄과 들을 되찾을 수 있다는 강렬한 저항 의지로 해석할 수 있겠습니다.

2번 문제 풀어보겠습니다.
③ [B]와 [D]의 비교에서 드러나는 태도의 변화로 보아, [C]에는 민중의 실상에 대한 화자의 안타까움도 내재되어 있군.

여기서 [B]에서 [D]로 가면서 화자가 현실에 대해 느끼는 답답함은 그 답답함 속에서 길을 찾지 못하는 스스로에 대한 답답함으로 심화되고 있습니다. 이 시상 전개 과정에서 [C]가 사이에서 화자의 민중의 생활에 대한 애정을 드러내고 있습니다. 이 부분을 그저 이상적인 상황만으로 치부할 수 없는게 [C]가 봄의 모습을 표현하고 있다고 해도 지금 상황은 말 그대로 빼앗긴 들이기 때문입니다. 또, [D]에서 부정적 현실을 인식하기 위해서는 [C]의 상황이 마냥 생명력 넘치는 이상적인 모습으로 제시될 수는 없다는 것입니다. 따라서, 화자는 [C]의 모습을 보면서도 '우리의 땅을 회복한 뒤 맞는 봄이면 얼마나 좋을까'라는 안타까움이 내재되어 있다고 볼 수 있겠습니다.

⑤ [A]와 [E]의 연관으로 보아, [B] ~ [D]에서의 화자의 행위는 민중의 처지를 바꿔 보려는 적극적 의지의 소산이군.

[A]의 질문에 대한 답으로 [E]가 제시되고 있습니다. 화자는 이제 들을 빼앗겨 봄마저 빼앗길 수 있겠다는 두려움에서 좌절감을 느끼고 있습니다. 물론, 그 좌절감 속에서 더 빼앗길 수 없다는 저항 의지가 드러나긴 하지만 [B] ~ [D] 사이에서 민중의 처지를 바꾸려는 적극 의지는 드러나지 않겠습니다.

(나)

성에꽃과 관련된 <보기>가 없습니다. 바로 제목을 확인하고 본문으로 가겠습니다! 성에꽃이 우선 시적 대상인 것 같고 성에꽃에 대한 화자의 태도를 확인하면서 읽어주면 되겠습니다.

새벽 시내버스는
차창에 웬 찬란한 치장을 하고 달린다

시적 상황이 주어진 것 같습니다. 화자는 새벽 시내버스 안에 있는 것 같습니다. 그리고 차창에 찬란한 치장을 하고 달린다고 하는데 이것이 무엇인지 생각하면서 읽어야할 것 같습니다. 설마 진짜로 시내버스 창에 장식을 달고 있는 것은 아닐테니까요..

엄동 혹한일수록
선연히 피는 성에꽃

위의 행과 연결되지 않는다는 느낌을 받을 수 있습니다. 갑자기 성에꽃이 나온다고?? 하지만, 눈치 빠른 독자들은 차창의 치장이 성에꽃이라는 사실을 추측할 수도 있을 것입니다. 못했더라도 상관없습니다. 아래 부분을 읽으면서 확인했으면 그걸로 충분합니다.

어제 이 버스를 탔던
처녀 총각 아이 어른
미용사 외판원 파출부 실업자의
입김과 숨결이
간밤에 은밀히 만나 피워낸
번뜩이는 기막힌 아름다움

성에꽃이 무엇인지에 대해 설명해주는 부분입니다. 이 버스를 탔던 모든 사람들의 숨결이 모여서 성에꽃을 피워냈다고 합니다. 다들 창문에 입김을 불고 그 위에 하얗게 입김이 서리는 경험을 해봤을 겁니다. 그것을 화자는 입김과 숨결이 피워낸 아름다움이라고 말하며 꽃이라고 예찬하고 있습니다. 여기서 나오는 버스에 탔던 사람들에 잠시 주목하면 추운 겨울에 버스를 타고 다녀야할 정도로 고단하지만 다르게 보면 그만큼 성실하게 사는 사람들입니다. 바로 **서민들**이죠! 서민들의 힘든 상황 속에서도 열심히 살아가는 모습을 예찬하고 있고 그것을 성에꽃이라는 비유를 통해서 드러내는 것이죠.

나는 무슨 전람회에 온 듯
자리를 옮겨 다니며 보고
다시 꽃이파리 하나, 섬세하고도
차가운 아름다움에 취한다

화자는 성에꽃 자체가 아니라 그 안에 숨은 서민들의 고단한 삶, 성실한 태도를 차가운 아름다움이라는 역설적인 표현으로 담아 표현하고 있습니다.

어느 누구의 막막한 한숨이던가
어떤 더운 가슴이 토해낸 정열의 숨결이던가

힘든 삶 속에서 막막한 한숨일 수도 있을 것입니다. 서민들도 사람들이니까요. 하지만, 그 삶 속에서 새벽 버스를 타고 다니는 것은 뜨거운 열정도 한숨 속에 녹아있다는 말입니다. 화자는 그 점에 주목하고 있습니다.

일없이 정성스레 입김으로 손가락으로
성에꽃 한 잎 지우고
이마를 대고 본다

성에꽃에 이마를 대면서 서민들의 한숨과 가까워집니다. 서민들의 삶을 이해하고 공감하기 위해서일 것입니다.

덜컹거리는 창에 어리는 푸석한 얼굴
오랫동안 함께 길을 걸었으나
지금은 면회마저 금지된 친구여.

해석은 두 가지 정도로 해볼 수 있을 것 같습니다. 우선 친구가 정말 화자의 친구인 경우를 생각할 수 있을 거에요. 이 경우는 민중 투쟁을 하다가 옥에 갇힌 친구를 화자가 성에꽃을 보다 떠올리게 되는 경우일 것입니다. 두 번째로는 친구의 스케일을 키워서 서민들로 확장한 경우입니다. 이 경우는 오랫동안 함께 살아왔지만 지금 와서는 힘든 현실로 인해 얼굴보기도 힘들고 푸석해진 얼굴을 가지게 된 서민들을 떠올리는 화자의 모습이라고 해석할 수 있겠습니다.
주제는
'힘든 시대적 상황 속에서 성실하게 살아가는 서민들을 예찬하고 공감함'

이 되겠습니다. 문제 풀어보겠습니다.

1번은 (가), (나) 모두 계절적 배경이 사용되고 주제와 연결되기 때문에 답은 ②이라고 할 수 있겠습니다.

3번은 '② '성에꽃'은 시내버스를 탔던 사람들이 함께 피워 낸 것이야. 화자는 서민들의 공동체적 어울림에서 아름다움의 바탕을 찾을 수 있다고 생각해.'에 주목해 보겠습니다.
여기서 ②은 성에꽃이 서민들이 함께 피워낸 것이라는 점에 주목하고 있습니다. 서민의 특징 기억나시나요? **공동체의 연대!** 시에서 아주 직접적으로 공동체의 연대를 언급하지 않았더라도 서민의 특징에 해당하고 성에꽃을 함께 피워낸 것이라고 해석하는 것에도 무리가 없기 때문에 정답으로 인정할 수 있겠습니다. 서민의 특징을 파악하고 있지 않았다면 어색하게 다가올 수 있는 선지 같습니다.

이처럼 서민과 소시민적 면모가 나온다면 그 부분에 유의해서 작품 읽도록 합시다!

인간 본질적 한계

인간이라면 불가능한 일들이 있습니다. 현실 세계에서 벗어나 이상세계에 도달하는 것, 고통과 번민에서 벗어나는 것, 운명적 한계를 벗어나는 것 등이 있을 수 있죠. 이런 경우 현실과 이상 사이의 괴리가 발생하고 이 좁혀질 수 없는 괴리는 현대시로 표현되기도 합니다. 그리고 일반적으로 이런 괴리가 좁혀질 수 없다는 것을 알고는 있지만, 그것을 좁히려고 계속해서 노력해야 한다는 것이 주제가 되곤 합니다.

 개념적으로 이것을 표현하는 것보다 차라리 시 몇 편을 읽어보는 게 더 확실하게 이해될 것입니다. 그것이 시가 가진 힘이기도 하죠. 예제 읽어보겠습니다!

인간 본질적 한계 대표 문항

이것은 소리 없는 아우성
저 푸른 해원을 향하여 흔드는
영원한 노스탤지어의 손수건

순정은 물결같이 바람에 나부끼고
오로지 맑고 곧은 이념의 푯대 끝에
애수는 백로처럼 날개를 펴다

아! 누구인가?
이렇게 슬프고도 애닯은 마음을
맨 처음 공중에 달 줄을 안 그는

- 유치환, 「깃발」 -

Quiz
1. 깃발을 의미하는 시어를 써보세요.

2. 깃발은 푸른 해원을 향하여 날아가고 싶은데 푯대에 묶여 날아가지 못한다. 깃발 입장에서 푯대는 장애물일텐데 이것을 맑고 곧은 이념이라고 표현한 이유는 무엇일까?

<시 독해>

제목 먼저 확인하겠습니다. 시적 대상이 깃발이라는 힌트를 주고 있죠. 그러니까 우리는 이제부터 화자가 이 깃발을 어떻게 본인의 관점에서 해석해내는지를 읽으면 되는 겁니다!

이것은 소리 없는 아우성
저 푸른 해원을 향하여 흔드는
영원한 노스탤지어의 손수건

깃발을 '소리 없는 아우성'이라고 하고 있습니다. 동시에 저 푸른 해원을 향하여 흔드는 손수건이라고도 하고 있습니다. 푸른 해원은 지난번 이상향을 상징하는 시어에서 배웠듯 아마도 깃발이 가고 싶어 하는 이상적인 공간일 것입니다. 그리고 그곳에 도달하지 못하는 이유는 아마 웃기게도 깃발이기 때문이죠. '깃발이기 때문에' 이상적인 공간에 도달하지 못하는 것입니다. 저희가 이번 단원에서 배우는 내용이 떠오르지 않나요? 인간이기 때문에 도달하지 못하는 공간이라고 생각하면 깃발은 인간을 상징하고 있는 것입니다! 이런 인간의 모습을 화자는 깃발이 펄럭이는 모습에서 읽어낸 것입니다. 그리고 펄럭이는 모습을 '소리 없는 아우성'이라는 역설적 표현으로 나타냅니다. 노스탤지어는 '향수'를 의미합니다. 향수는 그리움이자 특정한 공간에 가고 싶은데 가지 못할 때 느끼는 감정입니다. 화자는 이 그리움이 영원하다고 말하고 있죠. 영원히 도달하지 못하기 때문일 것입니다.

순정은 물결같이 바람에 나부끼고
오로지 맑고 곧은 이념의 푯대 끝에
애수는 백로처럼 날개를 펴다

시적 상황에서 바람에 찰랑이는 물결과 유사한 존재는 무엇일까요?
바로 깃발이죠. 그러니까 4행에서 '순정'은 바로 깃발을 의미합니다. 이상향에 도달하고 싶은 순수한 마음을 담고 있으니 이것을 순정이라 표현한 것이겠죠.
5행에서 깃대를 맑고 곧은 이념의 푯대라고 표현합니다. 깃대는 '기'를 붙잡는 역할을 합니다. 따라서 보통이면 이상향에 도달하는 것을 가로막는 역할로서의 장애물이라고 생각하기 쉽지만 화자는 이것을 긍정적으로 말하고 있습니다.
왜일까요? 그 답은 2연의 두 번째 행에서 얻을 수 있습니다. '오로지'라는 표현이 있기에 순정의 조건에 '푯대' 즉, 깃대가 추가됩니다. 이를 해석하자면 '순수한 마음'은 '맑고 곧은 이념' 위에서만 형성될 수 있다는 생각을 화자는 드러내고 있는 것입니다. 화자가 바라보는 깃발의 펄럭임은 순수한 마음으로 이상향을 지향하는 자연스럽고도 건강한 모습입니다. 그러나 묶여 있어야만, 펄럭이며 추구할 수 있는 모습은 끝내 자유롭게 날아가지 못하는 깃발의 기가 슬프게도 보이므로 '애수'로 표현되고 있네요. 인간이 본질적으로 괴리가 없이 완전히 이상적인 존재면 이상을 추구하느라 노력할 필요도 없을 겁니다. 즉, 본질적으로 괴리가 있기에, 그만큼 간절한 이상 추구의 움직임, 여기서는 깃발의 펄럭임이고 현실에서는 사람의 삶이 있을 수 있는 것이겠죠. 결국 깃대로 묶여 있어 바람에 기가 날리지만(순정을 가질 수 있지만), 그렇게 만들어진 깃발은 절대 자유롭게 날아가 세상을 돌아다니지는 못합니다(완전한 이상에 도달할 수 없음). 자유롭지 못한 존재만이 자유를 추구할 수 있다는 역설적인 상황이 보이네요. 이를 '소리 없는 아우성'이라는 멋진 역설법으로 표현했습니다. 이러한 본질적인 안타까움은 인간이라면 누구나 공감할 본질적 한계입니다. 자유뿐만 아니라 '죽음, 시공간적 한계, 평생 겪을 수 있는 직업은 제한적이다' 등 여러 가지가 있겠네요

아! 누구인가?
이렇게 슬프고도 애닯은 마음을
맨 처음 공중에 달 줄을 안 그는

인간으로서 바른 가치관과 이념을 가지고 있다면 추구할 수밖에 없는 푸른 해원의 이상향이지만 그렇기 때문에 올바른 가치관(푯대)에 매달려서는 도달할 수 없는 것은 너무나 애달픈 상황입니다. 그리고, 도달할 수 없다는 것을 알지만 계속해서 펄럭이는 깃발이 애달픔을 더욱 심화합니다. 이런 화자의 생각을 3연에서 집약하고 시는 마무리됩니다.

'푯대에 매달려 있어 이상향을 추구하지만 이상향에 도달할 수 없는 깃발의 모습'

이해가 다들 되셨나요? 이런 느낌입니다. 이렇게 어딘가에 도달하고 싶지만 인간이기 때문에 그곳에는 도달할 수 없는 상황을 표현한 시가 여럿 있습니다. 여기서의 핵심은 인간의 본질적인 한계이기에 괴리가 좁혀질 수 없다는 겁니다. 따라서 이러한 주제의 시를 대할 때는 **Part 1의 현실과 이상의 괴리**를 이용해야 하며, 구체적으로는 괴리감이 해결되지 않을 것이라는 특징을 추가해주어야 합니다. 따라서 앞에서 하던 대로 하되, '괴리가 해소되지는 않겠군!' 생각해주시면 되겠습니다. 다음 기출문제를 보면서 또 한 편의 예시를 봅시다.

(가)

향단아 그넷줄을 밀어라
머언 바다로
배를 내어 밀듯이,
향단아

이 다수굿이 흔들리는 수양버들 나무와
베갯모에 뇌이듯 한 풀꽃더미로부터,
자잘한 나비 새끼 꾀꼬리들로부터
아주 내어 밀듯이, 향단아

산호(珊瑚)도 섬도 없는 저 하늘로
나를 밀어 올려다오
채색(彩色)한 구름같이 나를 밀어 올려다오
이 울렁이는 가슴을 밀어 올려다오!

[A]　서(西)으로 가는 달 같이는
　　　나는 아무래도 갈 수가 없다.

바람이 파도를 밀어 올리듯이
그렇게 나를 밀어 올려다오
향단아.

- 서정주, 「추천사」 -

(나)

저 청청한 하늘
저 흰 구름 저 눈부신 산맥
왜 날 울리나
날으는 새여
묶인 이 가슴

밤새워 물어뜯어도
닿지 않는 밑바닥 마지막 살의 그리움이여.
피만이 흐르네
더운 여름날의 썩은 피

[B]　땅을 기는 육신이 너를 우러러
　　　낮이면 낮 그여 한번은
　　　울 줄 아는 이 서러운 눈도 아예
　　시뻘건 몸뚱어리 몸부림 함께
　　　함께 답새라
　　　아 끝없이 새하얀 사슬 소리여 새여
　　　죽어 너 되는 날의 길고 아득함이여

낮이 밝을수록 침침해가는
넋 속의 저 짧은
여위어가는 저 짧은 볕발을 스쳐
떠나가는 새

청청한 하늘 끝

푸르른 저 산맥 너머 떠나가는 새
왜 날 울리나
덧없는 가없는 저 눈부신 구름
아아 묶인 이 가슴

- 김지하, 「새」 -

1. (가)~(나)에 대한 설명으로 적절한 것은?

① (가)와 (나)는 첫 연과 끝 연을 대응시켜 화자의 정서를 심화하고 있다.
② (가)는 시간의 경과를 통해 시상을 전개하고 있다.
③ (나)는 객관적인 시각에서 대상을 묘사하고 있다.
④ (가), (나)는 자연과 인간을 대립시켜 주제를 부각하고 있다.
⑤ (가), (나)는 여성적 어조로 화자의 의지를 나타내고 있다.

2. [B]를 <보기>와 같이 해석할 때, [B]의 화자가 [A]의 화자에게 할 수 있는 말로 가장 적절한 것은?

> ───── <보 기> ─────
>
> 화자는 극한의 고통에서 벗어나 새처럼 자유롭게 되기를 희망하지만, 그것이 쉽게 이루어질 수 없다는 사실 역시 잘 알고 있다. 그러나 화자는 삶이 존엄하고, 생명이 남아 있는 한 고통에 맞서야 한다고 본다.

① 꿈을 잃었다고 죽음을 생각해서는 안 됩니다.
② 꿈을 잃을지도 모른다는 두려움을 떨쳐 버리십시오.
③ 당신도 더 나은 세상에 대한 꿈을 가지시길 바랍니다.
④ 아무리 어렵더라도 당신이 좇는 꿈을 끝까지 추구하십시오.
⑤ 당신이 꿈을 이루더라도 삶은 현재와 크게 다르지 않을 것입니다.

3. (가)의 시적 상황을 <보기>의 '꿈'이라고 가정할 때, (가)에 대한 감상으로 적절한 것은?

> ──────── <보　기> ────────
>
> 도련님이 눈물을 흘리며 훗날 기약을 당부하고 말을 채찍질하여 가는 모양은 광풍에 흩날리는 조각구름일레라. 이 때, 춘향이 하는 수 없어 자던 침방으로 들어가서,
> "향단아! 주렴 걷고 안석 밑에 베개 놓고 문 닫아라! 도련님을 생시는 만나 보기 망연하니 잠이나 들면 **꿈**에 만나보지."

① 실패한 사랑의 상처를 노래한 것으로 볼 수 있겠군.
② 미천한 신분에 대한 한탄을 노래한 것으로 볼 수 있겠군.
③ 미지의 세계에 대한 동경을 노래한 것으로 볼 수 있겠군.
④ 절대자에게 귀의하려는 의지를 노래한 것으로 볼 수 있겠군.
⑤ 재회를 소망하는 간절한 심정을 노래한 것으로 볼 수 있겠군.

4. (나)를 영상화한다고 할 때, 각 연을 영상으로 옮기기 위한 계획으로 적절하지 <u>않은</u> 것은?

① 1연: 화자와 '새'의 거리감을 표현하기 위해 '하늘', '구름', '산'이 있는 원경(遠景)을 포착한다.
② 2연: 화자의 암울한 처지를 강조하기 위해 1연에 비해 화면을 어둡게 한다.
③ 3연: 화자가 처한 상황을 강조하기 위해 화자를 클로즈업하면서 효과음을 삽입한다.
④ 4연: 화자가 자신의 상황을 긍정하는 심리를 드러내기 위해 화면을 점차 밝게 한다.
⑤ 5연: 자유를 향한 화자의 염원을 강조하기 위해 '새'와 '구름'의 움직임을 포착한다.

<보기> 확인해보겠습니다. 춘향이가 도련님을 도저히 만날 수가 없는 상황에서 꿈에서라도 만나보고 싶다는 이야기가 나옵니다. 여기서 춘향과 몽룡(도련님)을 가로막고 있는 것은 아마도 신분적 한계, 혹은 공간적 제약일 것입니다. 지금 이 상황을 인간 본질적 한계라고 말하기엔 애매하지만, 인간 본질적 한계라는 개념을 서정주 시인이 춘향과 몽룡의 상황에 이입해 녹여내려고 하는 것이죠. 이어서 제목 확인하겠습니다. 추천사... 한자를 잘 아시는 분이라면 이 추천이 그네를 의미한다는 것을 추측할 수 있겠지만 모르더라도 시를 읽는데 무리는 없습니다. 본문으로 갑시다.

<시 독해>
(가)
향단아 그넷줄을 밀어라
머언 바다로
배를 내어 밀듯이,
향단아

화자는 향단에게 그넷줄을 밀라고 합니다. 화자는 먼 바다로 가고 싶어하는 상황인 것 같습니다. 이상향을 상징하는 시어들 중 지평선 너머, 먼 바다가 있었죠. 아마 이상향으로 나아가고 싶은 상황인 것 같습니다. 그렇지만 이상향에 도달할 수 있다면 **현실과 이상의 괴리**가 없는 것이겠죠. 아마 도달하지 못할 것입니다. 그냥 바다도 아니고 먼 바다도 아니고 머언 바다라면 더더욱이요. 그네를 타고 먼 바다로 갈 수 있을 리가 없습니다. <보기>와 연결해서 읽어보면 화자는 아마도 춘향일 가능성이 높습니다. 그리고 '먼 바다'는 몽룡이 있는 곳이죠.

이 다수굿이 흔들리는 수양버들 나무와
베갯모에 뇌이듯 한 풀꽃더미로부터,
자잘한 나비 새끼 꾀꼬리들로부터
아주 내어 밀듯이 향단아

화자의 근처에는 수양버들 나무, 풀꽃데미들, 나비, 꾀꼬리들이 있나 봅니다. 이들은 꽤나 아름답고 부드러운 어조로 표현되고 있습니다. 춘향의 현실에 대한 미련이 드러나는 표현이죠. 하지만, 이것들은 이상향인 '먼 바다'와 대비되는 현실적인 요소들입니다. 결국 몽룡에게 도달하고자 한다면 아무리 좋아도 이런 요소들과는 이별해야하죠. 그 정도로 '화자 춘향이는 멀리 몽룡이 있는 곳으로 가고 싶다!'라고 해석하면 되겠습니다.

산호(珊瑚)도 섬도 없는 저 하늘로
나를 밀어 올려다오
채색(彩色)한 구름같이 나를 밀어 올려다오
이 울렁이는 가슴을 밀어 올려다오!

'산호도 섬도 없는 저 하늘'로 가고 싶어 합니다. 몽룡이 있는 곳이겠죠. 구름은 그 곳에 도달해 있으니 구름같이 자신을 밀어 올려달라고 합니다. 그리고 춘향의 이런 하늘에 가고 싶지만 도달하지 못하는 그리고 현실에 미련도 가지고 있는 마음이 울렁이는 가슴으로 표현되고 있습니다. 아주 복잡하겠죠..

서(西)으로 가는 달 같이는
나는 아무래도 갈 수가 없다.

그런데 춘향이는 달처럼 될 수는 없다고 말합니다. 달은 춘향이가 가고 싶은 하늘, 이상향에 있는 존재이죠. 왜? 그네를 타고는 하늘에 도달할 수 없다는 것을 춘향이도 알고 있는 것입니다. 그네를 타고 그나마 하늘에 가까워지기는 하지만 그것으로는 도저히 이상향에 도달할 수 없습니다. 인간의 본질적 한계가 드러나는 순간이죠. 몽룡을 아무리 따라가고 싶어해도 춘향이의 현실적인 여건에서는 불가능합니다. 그것을 꿈에서라도 이루고 싶어하는 것이 춘향의 상황인것이죠. 여기서도 본질적 한계가 여실히 드러납니다. 서정주 시인은 첫 번째로 춘향과 몽룡의 상황에서 두 번째로 춘향이 타고 있는 그네에서 인간 본질적 한계의 모습을 읽어내고 하나의 시 속 상황에 녹여낸 것입니다.

바람이 파도를 밀어 올리듯이
그렇게 나를 밀어 올려다오
향단아.

수미상관입니다. 다시 한 번 춘향이의 안타까운 상황이 드러나죠. 도저히 하늘로는, 몽룡이 있는 곳으로는 갈 수 없다는 것을 알지만 계속해서 그곳에 어떻게라도 가고 싶어 하는 상황이 보입니다.

'이뤄질 수 없는 재회를 소망하는 춘향의 간절한 모습'

여기서는 춘향의 상황으로 인간 본질적 한계가 드러나고 있지만, 다른 시들에서는 이런 상황을 또 다른 상황으로 표현할 것입니다. 하지만, 이런 개념과 구조를 이해하고 있다면 그것을 읽어내는 것은 아주 쉬워지는 것이죠.

문제 풀어보겠습니다. 3번 문항의 답은 ⑤입니다. 너무 명확히 주제를 표현하고 있으니, 이런 문제는 가장 핵심을 짚고 있는 선지를 찾아주면 됩니다.

(나)

> ──────── <보　기> ────────
>
> 화자는 극한의 고통에서 벗어나 새처럼 자유롭게 되기를 희망하지만, 그것이 쉽게 이루어질 수 없다는 사실 역시 잘 알고 있다. 그러나 화자는 삶이 존엄하고, 생명이 남아 있는 한 고통에 맞서야 한다고 본다.

문항 2번의 <보기>를 한번 읽어볼까요? 저희가 공부하고 있던 인간 본질적 한계를 상황에 대입해서 설명해주고 있습니다. 여기서 화자가 추구하는 것은 자유라고 생각하면 되겠네요.

제목은 새 입니다. <보기>와 엮으면 자유로운 새의 모습을 보면서 새처럼 되고 싶지만 될 수 없고, 그럼에도 그런 자유를 계속 추구해야하는 화자의 모습이 드러날 것임을 예상할 수 있습니다.

저 청청한 하늘
저 흰 구름 저 눈부신 산맥
왜 날 울리나
날으는 새여
묶인 이 가슴

청청한 하늘을 자유롭게 날아가는 새는 화자를 울리고 갑니다. 아마도 화자는 자유를 얻지 못하는 상황에 놓여있을 것이라는 추론을 할 수 있습니다. 화자는 묶여있죠.

밤새워 물어뜯어도
닿지 않는 밑바닥 마지막 살의 그리움이여.
피만이 흐르네
더운 여름날의 썩은 피

화자는 묶여있는 사슬을 풀어보려고 밤새워 물어 뜯습니다. 하지만, 그 바닥에 있는 밑바닥 살에는 도달할 수 없었습니다. 그리고는 자유를 갈망하는 화자의 피만이 남았습니다. 하지만, 이 피로는 상황을 바꿀 수 없죠. 그런 무기력함이 더운 여름날의 썩은 피가 되고 있습니다.

땅을 기는 육신이 너를 우러러
낮이면 낮 그여 한번은
울 줄 아는 이 서러운 눈도 아예
시뻘건 몸뚱어리 몸부림 함께
함께 답새라
아 끝없이 새하얀 사슬 소리여 새여
죽어 너 되는 날의 길고 아득함이여

화자는 땅을 기고 있고, 새를 우러러보고 있습니다. 그리고 '눈과 몸을 없애버리고 싶다고'까지도 말합니다. 화자의 눈은 낮에 한번은 울 줄 아는 눈입니다. 화자가 잠시 다른 생각으로 자유에 대한 생각을 잊고 있어도 저 날아가는 새를 보게 되면 낮에 한 번은 다시 자유를 상기시킵니다. 이런 눈을 자신의 뜨겁지만 무력한 몸과 함께 없애버리고 싶어 합니다. 자유를 갈망하는 눈과 묶여있는 몸은 화자에겐 너무나 고통스러운 것이죠. 그리고는 죽어서 새처럼 자유로워지는 날이 아주 오래 아득하게 남았다고 말합니다.

<보기>에서는 이 부분을 살아있는 한 계속해서 자유를 갈망해야한다고 해석하고 있습니다. 그 방향에 맞춰서 생각해보면, '죽어서 자유로워지는 것이 너무 오래 남아 힘들다'의 방향보다는 죽을 때까지 자유로워지기 위해서 노력하고 죽어서라도 자유로워지겠다는 방향으로 해석하는 것이 적절합니다. 그렇기 때문에 화자는 자유를 갈망하는 눈 '만'을 없애는 것이 아닌 몸과 눈을 '함께' 없애서 자유를 갈망하지 않을 바에는 죽어서 자유로워지겠다는 의지를 드러내고 있는 것이죠. 이 '함께'라는 표현이 얼마나 중요했으면 시인이 같은 표현을 두 번이나 반복하고 있습니다.

낮이 밝을수록 침침해가는
넋 속의 저 짧은
여위어가는 저 짧은 볕발을 스쳐
떠나가는 새

낮이 밝을수록 화자는 새가 더 잘 보이고, 그것은 화자를 비참하게 합니다. 넋이 침침해져가는 것이죠. 그 사이에서 새가 스쳐가고 있습니다.

청청한 하늘 끝
푸르른 저 산맥 너머 떠나가는 새
왜 날 울리나
덧없는 가없는 저 눈부신 구름
아아 묶인 이 가슴

그리고 수미상관을 통해서 시가 마무리되고 있습니다.

'자유에 대한 갈망'

문제 풀어봅시다.
1번의 답은 수미상관이 아주 강조되고 있으니 ① 골라주시면 되겠습니다. 그리고 화자의 정서는 반복된 연에서 더욱 심화되어 나타나고 있죠. 완벽히 부합합니다.
2번은 ④ 보이시나요? 너무 명백히 저희가 이야기하던 인간 본질적 한계를 말하고 있습니다. 4번에서 ④번을 봅시다. 화자가 자신의 상황을 긍정할 수 있을까요? 시만 제대로 읽어주신다면 답은 아주 쉽게 고르실 수 있는 문제였습니다.

이처럼 우리 모두 인간이기에 공감할 수 있는 **인간 본질적 한계**에 맞춰서 관련 시들을 읽는 경험이 늘어나면 시를 떠나서 자신의 생각으로도 충분히 선지의 이상한 점들이 보일 겁니다. 그렇다고 시를 안 읽어서는 안 되겠지만 말이에요...!

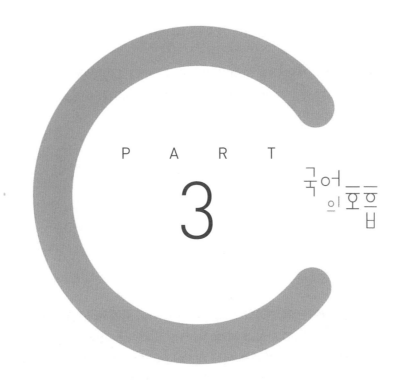

PART

3

국어의 호흡

현대 소설 적용 -
독해법

PART 3. **현대 소설 적용 – 독해법**

현대 소설이 고전 소설과 비교해서 가지는 차별점이 무엇일까요?

고전 소설은 어디까지 재미있으려고 쓰인 아침 드라마 같은 갈래입니다. 그렇기에 많은 사람들이 나오고 그 사람들이 서로 복잡한 관계로 얽히면 사건 사고가 벌어지죠. 이때 현대와는 다른 클리셰들이 있기에 다양한 작품으로부터 옛날 사람들과의 공감대를 형성하는 것이 무엇보다 중요합니다.

그러나 현대 소설은 비교적 최근이라 우리가 이해할 수 있는 공감대가 이미 존재합니다. 다만, 사건 사고를 그리기보다는 특정한 개인의 내면에 더욱 집중합니다. 등장인물이 4명을 채 넘지 못한다는 걸 여러 기출들로부터 이미 느끼셨을 거라 생각합니다. 현대시처럼 현대 소설에서 가장 중요한 것은 등장인물의 삶에 대한 이해입니다. 이 사람은 어떤 인물인지에 대한 파악을 해서 **자아와 세계** 관점에 따라 그 사람의 행적으로부터 내면을 알아내야 합니다. 평범해 보이는 물건이나 기억들이 이 사람에게는 어떤 의미를 왜 가지는지, 현재의 감정상태는 어떠한지가 매우 중요해지는 것이죠.

따라서 굳이 우리는 문장 하나하나에 의미 부여할 필요가 없습니다. 그 중에서도 일반적인 통념과 배치되거나, 감정, 주관적인 부분들만 체크하면 됩니다. 바로 **자아와 세계**에서 했던 것처럼 말이죠! 소설류는 독해 시간이 운문에 비해 훨씬 긴 학생들이 많습니다. 정답률을 올리기 위해 독해 시간을 늘렸다고 하지만 그건 무엇이 중요한지를 모르기에 벌어진 일입니다. 그러나 우리는 현대시를 배우며 무엇이 중요한지에 대한 기준을 이미 세웠습니다. 그렇기에 제가 제시하는 독해 방법은 바로 **장면에 대한 요약**입니다. 일전에 현대시를 읽을 때 웹소설을 드라마화하는 PD의 마음을 가지라 한 적이 있었습니다. 현대소설을 읽을 때에는 거꾸로 길게 늘어진 말들을 콘티로 바꿔야 하는 PD와 같이 일하는 작가의 마음을 가져야 합니다. 주구장창 주저리 주저리하고 있어도 아 결국 우울하다는 거네? 하고 크게 토막낼 수 있어야 합니다. **장면을 적절하게 나누고** 그에 대해 **요약을 하면서도** 세부적으로 중요한 **자아와 세계**가 드러나는 문장들만 체크하면 현대 소설에 걸리는 시간을 비약적으로 줄일 수 있을 겁니다. 고전 소설도 마찬가지지만, 고전 소설은 외적인 사건 사고가 더 주를 이루는 반면, 현대 소설은 내적 심상에 더욱 주목하기에 지금까지 했던 대로 하면 크게 지장이 없을 겁니다.

백문이 불여일견이듯이 2022학년도 수능 기출인 현대 소설을 푸는 걸 실제처럼 보여드리겠습니다. 훨씬 장황하게 서술된 현대 소설은 이미 현대시라는 압축본을 견딘 여러분들에게는 과하게 친절하게 느껴질 겁니다!

(가) : Scene을 장면에 따라 #n으로 표시해보세요.

[A]

김달채 씨는 퇴근하기 무섭게 뽀르르 집으로 달려가던 묵은 습관을 버리고 밤늦도록 하릴없이 길거리를 배회하면서 시간을 보내는 새로운 습관을 몸에 붙였다. 지하철이나 버스 혹은 공중변소나 포장마차 안에서, 백화점에서 사지도 않을 물건을 흥정하거나 정류장에서 토큰 아니면 올림픽복권을 사면서, 그리고 행인에게 담뱃불을 빌거나 더욱 과감하게는 파출소에 들어가 경찰관에게 길을 묻는 시늉을 하는 사이에 마주치는 각계각층의 사람들을 상대로 달채 씨는 실수를 가장하기도 하고 때로는 또렷한 목적 의식을 드러내기도 해 가며 우산의 존재를 알리기 위해 갖가지 수단과 방법을 다 동원했다. 그런 다음 상대방의 눈에 과연 우산이 어떻게 비치는지, 그리하여 상대방이 우산 임자인 자기를 어떻게 대우하는지 반응을 떠보는 작업을 일삼아 계속해 나갔다. 참으로 긴장과 전율이 넘치는 뻐근한 나날들이었다. 구청 호적계장의 직위에 오르기까지 여태껏 전혀 몰랐던 세계가 구청과 자기 집구석 바깥에 따로 있음을 그는 우산을 통해서 비로소 실질적으로 체험할 수가 있었다. 그는 사람들의 반응을 종합해서 몇 가지 결론을 얻어내는 데 성공했다.

첫째는, 진짜 무전기에 익숙한 일부 극소수의 사람들을 제외한 거개의 서민들은 의외로 쉽사리 우산에 속아 넘어간다는 사실이었다.

둘째는, 상대방이 무전기를 지니고 있다고 알아차리는 그 순간부터 사람들의 태도가 확 달라진다는 사실이었다. 일껏 하던 이야기를 뚝 그치거나 얼렁뚱땅 말머리를 돌리는 등으로 지은 죄도 없이 공연히 겁부터 집어먹고는 꾀죄죄한 몰골의 자기한테 갑자기 저자세로 구는 것이었다. 밤늦도록 수고가 많다면서 한사코 술값을 받지 않으려 하던 어떤 포장마찻집 주인의 경우가 단적인 예였다.

셋째는, 노골적으로 손에 쥐고 보여 줄 때보다 그냥 뒤꽁무니에 꿰 찬 채 부주의한 몸가짐인 척하면서 웃옷 자락을 슬쩍 들어 ㉠케이스의 끝부분만 감질나게 보여 주는 편이 오히려 사람들을 놀라게 하는 데 훨씬 더 효과적이고 반응도 민감하다는 사실이었다.

김달채 씨는 그러잖아도 짧은 머리를 더욱 짧게 깎았다. 옷차림도 낡은 양복에서 스포티한 잠바 스타일로 개비했는가 하면 구청 밖에서는 항상 선글라스를 끼고 다녀 버릇했다. 달채 씨는 그처럼 달라진 모습으로 짬만 생기면 하릴없이 길거리를 나다니며 청명한 가을날에 우산을 이용해서 사람들을 떠보는 색다른 취미에 점점 깊숙이 빠져 들어가기 시작했다.

（중략）

그리 멀지 않은 곳에서 뭔가 벌어지고 있는 중이라고 생각하자 까닭 모를 흥분과 기대감이 그를 사로잡아버렸다. 한 건 올리는 정도가 아니라 뭔가 이제껏 맛보지 못한 엄청난 보람을 느끼게 될 일대 사건을 만날 듯싶은 예감 때문이었다. 그는 다른 행인들이 종종걸음으로 달아나는 방향과는 정반대 편을 향해 정신없이 달려가기 시작했다.

예상했던 그대로의 살벌한 풍경이었다. 깨진 보도블록 조각이나 돌멩이들이 인도와 차도 가릴 것 없이 사방에 흩어져 나뒹굴고 있었다. 시커먼 그을음 연기를 피워 올리며 불타는 자동차와 창유리가 박살 난 건물도 보였다. 김달채 씨는 주체 못할 지경으로 쏟아지는 눈물 콧물도 돌볼 겨를 없이 여전히 선글라스를 착용한 채 최루 가스에 심하게 오염된 지역을 향해 가까이 접근했다. 중무장한 전경대에 의해 도로가 완전 차단되어 더 이상 접근이 불가능해지자 달채 씨는 구경꾼들 뒷전에서 작은 키를 한껏 발돋움하고는 시위 현장의 분위기를 살폈다. 어디선가 보이지 않는 저쪽 건물 모퉁이에서 어기찬 함성이 아직도 기세를 올리는 중이었다. 사복 경찰관들한테 붙잡혀 끌려오는 학생의 모습이 구경꾼들 어깨 너머로 내다보였다. 달채 씨는 저도 모르는 사이에 앞사람들 틈바귀를 비집고 전면으로 썩 나섰다.

"이봐요, 거기!"

김달채 씨는 창문마다 철망이 쳐진 버스 안으로 학생들을 마구 밀어 넣는 사복들을 향해 느닷없이 목청을 높였다.

"아직도 어린애야! 다치지 않게 살살 좀 다뤄!"

어디서 그런 용기가 솟아나는지 김달채 씨 자신도 깜짝 놀랄 지경이었다.

"당신 뭐야?"

옷깃에 비표를 단 사복 차림의 청년 하나가 달려와서 김달채 씨의 가슴을 떼밀었다.

"나 이런 사람이오."

김달채 씨는 엉겁결에 잠바 자락 한끝을 슬쩍 들어 뒷주머니에 꿰찬 우산케이스를 내보였다. 하지만 상대방 청년은 그런 물건 따위는 애당초 거들떠볼 생심조차 하지 않았다.

"당신도 저 차에 같이 타고 싶어? 여러 소리 말고 빨리 집에나 들어가 봐요!"

이른바 닭장차에 어린 학생들과 함께 실리고 싶은 생각은 물론 털끝만큼도 없었다. 옷깃에 비표를 단 청년이 우산을 ㉡우산 이상의 것으로 보아 주지 않는다면 그건 어쩔 도리 없는 노릇이었다. 김달채 씨는 남의 채마밭에서 무 뽑아 먹다 들킨 아이처럼 무르춤한 꼬락서니가 되어 맥없이 돌아설 수밖에 없었다.

- 윤흥길, 「매우 잘생긴 우산 하나」 -

1. [A]의 서술상 특징으로 가장 적절한 것은?

① 중심인물이 알지 못하는 사건을 제시해 긴장감을 조성하고 있다.
② 공간 이동에 따른 인물의 내면 변화를 회상을 통해 제시하고 있다.
③ 동시적 사건들의 병치로 사건에 대한 서로 다른 관점을 드러내고 있다.
④ 한 가지의 목적으로 수렴되는 인물의 의도적인 행위들을 나열하고 있다.
⑤ 상대를 달리하여 벌이는 인물의 행동을 서술하여 점진적으로 심화되는 갈등을 묘사하고 있다.

2. 윗글의 내용에 대한 이해로 가장 적절한 것은?

① 거리를 배회하며 새로운 습관을 익히려는 김달채는 생활의 활기를 찾기 위해 비 오는 날을 기다린다.
② 꾀죄죄한 몰골의 김달채는 사람들이 자신을 무시하는 태도를 변화시키기 위해 무전기를 보여 준다.
③ 흥미를 느낄 만한 일이 벌어지고 있음을 짐작한 김달채는 달아나는 행인들과 달리 시위 현장으로 향한다.
④ 시위 진압의 영향으로 고통 받던 김달채는 전경대의 위세에 압도되어 구경꾼들 뒤로 물러선다.
⑤ 닭장차에 끌려가게 된 김달채는 건물 모퉁이에서 들려오는 함성에 안도감을 느낀다.

3. ㉠, ㉡에 대한 이해로 적절하지 않은 것은?

① 김달채는 ㉠을 그 생김새로 ㉡으로 인식하는 사람들이 있다는 사실을 발견한다.
② 김달채는 사람들로부터 기대하는 반응을 효과적으로 이끌어 낼 수 있는 ㉠의 사용법을 알게 된다.
③ '일부 극소수의 사람들'에게는 ㉡을 가진 사람으로 보이려는 김달채의 의도가 실현되지 않는다.
④ 김달채는 ㉡에 익숙하지 않은 '거개의 서민들'이 ㉠을 ㉡으로 오인한다고 판단한다.
⑤ '사복 차림의 청년'은 ㉡에 익숙하여 ㉠을 이용하려는 김달채의 의도를 알아챈다.

4. <보기>를 바탕으로 윗글을 감상한 내용으로 적절하지 않은 것은?

<보 기>

소시민은 자신의 기득권을 지키기 위해 권력관계에 민감하게 반응한다. 권력관계가 형성되기 위해서는 타인의 승인이 요구되며, 이로 인해 힘의 우열 관계가 발생한다. 이 작품은 허구적 권력 표지를 통해 타인의 승인을 얻음으로써 자신감을 갖게 된 인물이, 승인을 거부하는 타인 앞에서는 소시민적 면모를 드러내는 상황을 그려낸다. 이를 통해 상황 논리를 따르는 소시민의 타산적 태도를 비판하고 있다.

① 김달채가 각계각층 사람들의 반응을 떠보는 것은, 권력이 타인들에게 미치는 영향을 살핀다는 점에서 김달채가 권력관계를 의식하는 인물임을 드러내는군.
② 김달채가 준 술값을 포장마찻집 주인이 받지 않으려는 것은, 권력에 대한 사람들의 태도를 나타낸다는 점에서 권력이 인물 간의 우열 관계를 형성하는 요인임을 보여주는군.
③ 김달채가 외양에 변화를 준 것은, 타인의 승인을 용이하게 받으려 한다는 점에서 허구적 권력 표지를 이용하는 데 더 적극적으로 나서려는 김달채의 의도를 나타내는군.
④ 김달채가 사복들에게 목청을 높이며 항의하는 것은, 자신도 모르게 용기를 드러냈다는 점에서 승인받은 경험들을 통해 얻게 된 김달채의 자신감을 보여 주는군.
⑤ 김달채가 비표를 단 청년 앞에서 돌아서는 것은, 학생들과 맺은 유대 관계를 단절하여 기득권을 지키려 한다는 점에서 상황 논리를 따르는 김달채의 타산적 태도를 드러내는군.

소시민과 서민은 각각 시인들의 비판, 예찬 대상입니다. 자신의 안위만을 생각하는 소시민은 한 명 한 명은 작은 개인일지언정 연대하여 세상을 바꿀 수 있는 서민과는 큰 차이가 있습니다. <보기>에서는 소시민은 자신의 안위 즉, 기득권을 지키려 합니다. 그러기 위해서는 처세를 위해 권력관계를 잘 살펴야 한다고 합니다. 한 마디로 강약약강을 하기 위해서 상대가 자신보다 권력이 있는지 없는지를 약삭빠르게 확인하겠다는 것이죠! 그렇게 권력자에게 승인받아 자신의 권력을 확보하고 이를 더 약한 사람들에게 이용한다고 합니다. 그러기 위해 이 작품에서는 특별한 장치가 쓰인다는데요. '허구적 권력 표지'를 통해 자신감을 갖는다고 합니다. 즉, 진짜 권력자가 아니라 권력자인 '척'한다는 것이죠. 하지만 이러한 승인을 거부하는 타인 앞에서는 다시 소시민적 면모를 드러내기 때문에 진정한 권력자가 아닌 가짜임을 다시 확인할 수 있습니다. 강약약강의 타산적 태도를 비판하는 것이 이 소설의 의의였네요. 또한 소시민과 서민은 뒤에서 하나의 테마로 다룰 것이니 그때 더 자세히 해보겠습니다.

그렇다면 결국 우리는 이 소설의 전체적인 부분에 집착할 필요 없이, 허구적 권력 표지를 이용해 나타나는 타산적 면모와 이러한 것조차 통하지 않아 승인을 거부하는 타인, 그 앞에서는 약해지는 모습을 찾으면 됩니다! 목적이 생긴 독해는 훨씬 빠르고 정확하다는 사실 기억하시면서 소설 독해를 해보겠습니다!

<소설 독해>

#1 김달채 씨는 퇴근하기 무섭게 뽀르르 집으로 달려가던 묵은 습관을 버리고 밤늦도록 하릴없이 길거리를 배회하면서 시간을 보내는 새로운 습관을 몸에 붙였다. 지하철이나 버스 혹은 공중변소나 포장마차 안에서, 백화점에서 사지도 않을 물건을 흥정하거나 정류장에서 토큰 아니면 올림픽복권을 사면서, 그리고 행인에게 담뱃불을 빌거나 더욱 과감하게는 파출소에 들어가 경찰관에게 길을 묻는 시늉을 하는 사이에 마주치는 각계각층의 사람들을 상대로 달채 씨는 실수를 가장하기도 하고 때로는 또렷한 목적 의식을 드러내기도 해 가며 우산의 존재를 알리기 위해 갖가지 수단과 방법을 다 동원했다. 그런 다음 상대방의 눈에 과연 우산이 어떻게 비치는지, 그리하여 상대방이 우산 임자인 자기를 어떻게 대우하는지 반응을 떠보는 작업을 일삼아 계속해 나갔다. 참으로 긴장과 전율이 넘치는 뻐근한 나날들이었다. 구청 호적계장의 직위에 오르기까지 여태껏 전혀 몰랐던 세계가 구청과 자기 집구석 바깥에 따로 있음을 그는 우산을 통해서 비로소 실질적으로 체험할 수가 있었다. 그는 사람들의 반응을 종합해서 몇 가지 결론을 얻어내는 데 성공했다.

→ 김달채라는 사람이 소개되고 있습니다. 소설류는 전체 작품에서 일부를 발췌한 것이기 때문에 시작할 때 작품에 대한 감을 잡을 수 있도록 인물과 상황에 대한 설명을 제시하게 됩니다. 이에 초반에 인물 파악이 끝나야 하며, 인물에 대한 설명이 다 나왔고 김달채가 자기 딴에 내린 '결론'을 제시한다고 하니 여기서 끊었습니다.

김달채는 우산의 존재를 드러내고 싶어한다고 합니다. 그 우산이 상대에게 어떻게 비치는지, 그에 따라 대우가 달라지는 걸 즐긴다고 하네요. 그러므로 <보기>와 연관지어 읽어보자면, 허구적 권력 표지를 통해 타인의 승인을 얻음으로써 자신감을 갖게 된다고 한 것은 결국 우산을 다른 것인 척하며 권력을 얻는 김달채의 모습이었습니다. <보기>에 추상적으로 나온 지시어를 구체적 대상과 대응시키면서 읽는 게 핵심입니다. 이를 위해 내용을 세세히 한 줄씩 다 보는 게 아니라, 거시적으로 따져야 합니다. 인물에 대한 설명이 제시되고 있군, 김달채가 우산을 가지고 무언가를 꾸미는군, 이는 모두 '권력을 위해서'겠군, 따라서 <보기>의 허구적 권력 표지는 '우산'이다! 이런 흐름으로 말이죠. 이제 과연 어떤 결론을 김달채가 내렸는지 확인해볼 겁니다. 왜냐하면 **자아와 세계** 관점에 따라 주관적인 김달채의 생각은 김달채가 어떤 가치관을 가졌는지 직접적으로 보여주게 될 테니까요.

> #2. 첫째는, 진짜 무전기에 익숙한 일부 극소수의 사람들을 제외한 거개의 서민들은 의외로 쉽사리 우산에 속아 넘어간다는 사실이었다.
> 둘째는, 상대방이 무전기를 지니고 있다고 알아차리는 그 순간부터 사람들의 태도가 확 달라진다는 사실이었다. 일껏 하던 이야기를 뚝 그치거나 얼렁뚱땅 말머리를 돌리는 등으로 지은 죄도 없이 공연히 겁부터 집어먹고는 꾀죄죄한 몰골의 자기한테 갑자기 저자세로 구는 것이었다. 밤늦도록 수고가 많다면서 한사코 술값을 받지 않으려 하던 어떤 포장마찻집 주인의 경우가 단적인 예였다.
> 셋째는, 노골적으로 손에 쥐고 보여 줄 때보다 그냥 뒤꽁무니에 꿰 찬 채 부주의한 몸가짐인 척하면서 웃옷 자락을 슬쩍 들어 ㉠케이스의 끝부분만 감질나게 보여 주는 편이 오히려 사람들을 놀라게 하는 데 훨씬 더 효과적이고 반응도 민감하다는 사실이었다.
> 김달채 씨는 그러잖아도 짧은 머리를 더욱 짧게 깎았다. 옷차림도 낡은 양복에서 스포티한 잠바 스타일로 개비했는가 하면 구청 밖에서는 항상 선글라스를 끼고 다녀 버릇했다. 달채 씨는 그처럼 달라진 모습으로 짬만 생기면 하릴없이 길거리를 나다니며 청명한 가을날에 우산을 이용해서 사람들을 떠보는 색다른 취미에 점점 깊숙이 빠져 들어가기 시작했다.

결국 김달채는 우산 케이스의 끝부분만 감질나게 보여주면서 사람들을 놀라게 했다고 합니다. 사람들은 우산을 보고 그런 반응을 보이는 이유가 바로 '무전기'인 줄 착각해서였습니다. 더욱 무전기처럼 착각하게 하기 위해 마치 무전기를 쓰는 사람인 양 머리와 옷차림도 바꾸고 본격적으로 사람들을 속이기 시작했다고 하네요. 구구절절 읽을 필요는 없습니다. 그저 김달채가 사람들 속이고 다니는구나 하면 되는 것이죠.

이제 (중략)이 제시됩니다. (중략)은 연속적이지 않은 새로운 장면으로 점프하는 것입니다. 그렇기에 생략된 부분으로 인한 오해가 생기지 않도록 (중략) 이후의 첫 부분에는 반드시 새로운 장면의 배경에 대한 설명이 제시됩니다. 따라서 새로운 장면의 도입부에 신경 써서 독해를 해야 합니다.

> #3. 그리 멀지 않은 곳에서 뭔가 벌어지고 있는 중이라고 생각하자 까닭 모를 흥분과 기대감이 그를 사로잡아 버렸다. 한 건 올리는 정도가 아니라 뭔가 이제껏 맛보지 못한 엄청난 보람을 느끼게 될 일대 사건을 만날 듯싶은 예감 때문이었다. 그는 다른 행인 들이 종종걸음으로 달아나는 방향과는 정반대 편을 향해 정신없이 달려가기 시작했다.

앞선 부분은 김달채라는 인물에 대한 설명이었다면, 이번에는 사건에 대한 설명이 제시되고 있습니다. 어떤 일인지 아직은 모르겠지만, 확실한 것은 김달채에게 이 사건은 흥분과 기대감을 불러 일으켰다는 것입니다. 다른 사람들은 도망가는데 꾸역꾸역 혼자 가는 걸 보면, 허구적 권력 표지로 인한 허황심이 얼마나 큰지 알 수 있는 대목이네요.

> #4 예상했던 그대로의 살벌한 풍경이었다. 깨진 보도블록 조각이나 돌멩이들이 인도와 차도 가릴 것 없이 사방에 흩어져 나뒹굴고 있었다. 시커먼 그을음 연기를 피워 올리며 불타는 자동차와 창유리가 박살 난 건물도 보였다. 김달채 씨는 주체 못할 지경으로 쏟아지는 눈물 콧물도 돌볼 겨를 없이 여전히 선글라스를 착용한 채 최루 가스에 심하게 오염된 지역을 향해 가까이 접근 했다. 중무장한 전경대에 의해 도로가 완전 차단되어 더 이상 접근이 불가능해지자 달채 씨는 구경꾼들 뒷전에서 작은 키를 한껏 발돋움하고는 시위 현장의 분위기를 살폈다. 어디선가 보이지 않는 저쪽 건물 모퉁이에서 어기찬 함성이 아직도 기세를 올리는 중이었다. 사복 경찰관들한테 붙잡혀 끌려오는 학생의 모습이 구경꾼들 어깨 너머

로 내다보였다. 달채 씨는 저도 모르는 사이에 앞사람들 틈바귀를 비집고 전면으로 썩 나섰다. "이봐요, 거기!" 김달채 씨는 창문마다 철망이 쳐진 버스 안으로 학생들을 마구 밀어 넣는 사복들을 향해 느닷없이 목청을 높였다.

"아직도 어린애야! 다치지 않게 살살 좀 다뤄!" 어디서 그런 용기가 솟아나는지 김달채 씨 자신도 깜짝 놀랄 지경이었다. "당신 뭐야?" 옷깃에 비표를 단 사복 차림의 청년 하나가 달려와서 김달채 씨의 가슴을 떼밀었다. "나 이런 사람이오." 김달채 씨는 엉겁결에 잠바 자락 한끝을 슬쩍 들어 뒷주머니에 꿰찬 우산케이스를 내보였다. 하지만 상대방 청년은 그런 물건 따위는 애당초 거들떠볼 생심조차 하지 않았다.

"당신도 저 차에 같이 타고 싶어? 여러 소리 말고 빨리 집에나 들어가 봐요!"

이른바 닭장차에 어린 학생들과 함께 실리고 싶은 생각은 물론 털끝만큼도 없었다. 옷깃에 비표를 단 청년이 우산을 ⓒ 우산 이상의 것으로 보아 주지 않는다면 그건 어쩔 도리 없는 노릇이었다. 김달채 씨는 남의 채마밭에서 무 뽑아 먹다 들킨 아이처럼 무르춤한 꼬락서니가 되어 맥없이 돌아설 수밖에 없었다.

결국 가버린 김달채. 앞에서 사건 예고가 되었고, 예고된 사건이 나오며 이 소설의 마지막 장면이 나오고 있습니다. 이처럼 장면을 나누는 기준은 말 그대로 영화 대본이라고 생각하고, 배우와 스텝들이 장소를 옮겨야 하는지 여부입니다. 김달채가 사건 현장으로 갔으니 장면을 나눈 것입니다. 최루 가스가 퍼진 시위 현장. 공간에 대한 설명이 제시되고, 사복 경찰관이라는 새로운 인물이 등장했습니다. 이제 마지막 장면이기에 <보기>에 나온 설명 중 대응되지 않은 것이 있는지 생각해 보아야 합니다. '승인을 거부하는 타인'의 앞에서는 소시민적 면모가 강화된다고 했죠. 그러므로 김달채의 우산에 속지 않는 인물이 나올 것임을 미리 생각하고 읽었어야 합니다.

사복 차림의 청년 즉, 경찰에게 김달채는 허구적 권력 표지를 기반으로 만들어진 허세와 자신감으로 한 마디 합니다. 그러고는 경찰에게 자신의 우산을 보여주기까지 합니다. 그러나 경찰은 무전기를 보고도 위축될지 아닐지조차 모르는데 우산 케이스를 착각해 김달채에게 꼬리를 내릴까요...? 역시나 김달채가 한 시도가 자신을 속이려고 한지조차도 모릅니다. 그 모습 앞에서 김달채는 결국 풀 죽은 아이처럼 돌아설 수밖에 없었다고 하네요.

글이 많지만 이를 일일이 볼 필요 없습니다. 정말 말 그대로 <보기>에서처럼, 진짜가 나타나니 가짜는 도망갔군 생각했으면 됩니다. 상대적으로 진짜 권력은 허구적 권력 표지를 거부하며 나타나는 소시민적 면모, 이렇게 이 장면을 정리해주면 되는 것입니다!

'허구적 권력 표지에 의존하는 소시민의 한계'

1. [A]는 #1이었습니다. 김달채라는 인물에 대한 소개였죠. 따라서 서술상 특징은 김달채의 면모를 보여주는 표현을 말할 겁니다.

   ①, ⑤은 인물 소개 부분에 대한 설명이 아니라 본론에 해당하는 선지입니다. 사실 일치 여부를 떠나 맨 앞의 인물 소개 부분과는 맞지 않다는 것을 바로 알아차려야 합니다.

   ②, ③은 대본으로 따지면 장면이 여러 개일 때에 해당하는 선지입니다. 그러나 우리는 장면을 나누었기에 [A]가 단일 장면이었음을 이미 알고 있습니다. 따라서 부적절하죠.

   ④ : 허구적 권력 표지를 즐기는 소시민적 면모 - 김달채라는 인물에 대한 완벽한 설명입니다. (O)

   이처럼 장면을 나누며 읽으면, 인물 소개 부분과 본격적인 사건 부분이라는 이분법적 구분만으로도 선지들을 빠르게 제거할 수 있을 겁니다!

2. 주제와 부합하는 선지를 골라봅시다.

   '허구적 권력 표지에 의존하는 소시민의 한계'

   결국 김달채의 소시민적 면모를 요약한 선지를 골라야 할 것 같습니다.
   가장 김달채의 소시민적 면모가 드러났던, 그러니까 속된 말로 '광기 어릴' 정도로 다른 인물과 구별되는 특징적인 모습이 언제였던 것 같은가요?

   그래도 우산 가지고 노는 것까지는 그나마 봐줄 수 있어도, 사람들 다 도망가는데도 불구하고 혼자 사건 현장으로 향했던 모습이 떠오르시지 않나요? 주제가 김달채의 소시민적 면모이기에 이러한 면모가 가장 잘 드러나는 해당 부분이 정답 선지로 나오고 있음을 확인할 수 있었습니다. - ③ (O)

3. ⊙을 ⓒ으로 속이는 것이 김달채의 허구적 권력 표지였죠.
   또한 이 작품에서 가장 우산에 대해 특징적이었던 사람은 누구였나요? 일반적인 경우는 우산에 속아야 하는데, 특징적인 경우는 속지 않는다는 것이겠죠. 그렇게 우리는 가장 특징적이었던 사복 차림 청년에 주목해야 합니다. 우산이 모두에게 통했다면 그것은 완벽한 소시민적 면모가 아니에요. 더 센 사람한테는 비굴한, 그러니까 강약약강의 모습을 모두 보여야 진짜 소시민이라고 할 수 있겠죠. 이에 대한 선지는 ⑤였습니다. 나머지는 모두 우산에 속은 사람들과 속이는 김달채에 대한 선지네요. ⑤에서 사복 차림의 청년은 김달채가 뭘 하는 지도 모르고 그냥 빨리 비키라고 말을 했었죠. 의도를 알아챘다는 선지는 틀릴 겁니다.

4. 소설에서의 <보기>는 조심해야 합니다. 시의 경우 전문이 지문으로 나오기에 <보기>의 모든 내용이 지문에서 등장하지만 소설의 경우 일부 발췌이므로 지문에는 나오지 않은 설명이 <보기>에 있을 수 있습니다. 그래서 <보기>에 나온 설명과 지문을 대응시켜야 합니다. 이때 발문에서 '<보기>를 참고하여'의 경우 제가 말한 FAKE가 숨어 있을 수 있지만, '<보기>를 바탕으로'에는 대체적으로 모두 대응한다는 점 알아두시기 바랍니다! ⑤의 '유대 관계'는 <보기>에 없을뿐더러 김달채는 학생들을 위해서 사복 차림 청년에게 맞선 것이 아니었습니다. 그저 가짜 권력의 맛을 보려고 한 것이었죠. 그런 모습이 주제인 소시민적 면모이니까요!

이렇게 소설 하나를 읽어보았습니다. 여기에 쓰인 소설류 읽을 때의 방법을 정리해드리겠습니다.

01. 장면을 나누어라.

Scene number를 매기면서 각 장면을 한 줄로 요약하라.

02. 장면은 크게 인물·장면 소개 부분과 본론(사건)이 있다.

선지에서 이 큰 두 개의 축으로 판단하면 순식간에 답이 나올 수 있다.

03. 주제는 결국 인물 위주이다.

현대 문학이기에 그 인물이 어떤 사람인지가 주제이다. 이 사람이라면 어떻게 했을지, 이 사람만의 광기(?)가 무엇인지를 생각하며 선지를 고르자.

04. <보기>를 참고하는 것과 바탕으로 하는 것은 차이가 있다.

참고에서는 <보기>의 내용 중 소설과 내용이 부합하지 않는 것이 있을 수 있다. 따라서 <보기>에 나온 말들을 소설의 내용과 부합하는지 확인해야 한다. 따라서 독해하며 지문 왼쪽의 여백에 <보기>에 쓰인 단어들로 요약한다면 3점짜리 <보기> 문제를 항상 다 맞을 수 있을 것이다.

05. 현대 문학의 본질은 '현실과 이상의 괴리'를 나타내는 것이다.

김달채는 진짜 권력이라는 이상에 도달하지 못해 곪아버린 현대인의 소시민적 면모를 상징한다. 이런 상징적인 인물뿐만 아니라 보편적인 개인이 주인공이어도 그에게는 그만의 상처 즉, 현실과 이상의 괴리가 있을 것이다. 무슨 괴리인지가 곧 주제라는 사실을 기억하자.

위의 사항들을 지키면서 현대시에서 배운 개념들을 그대로 적용하면 됩니다. 대신 산문이니까, **상상하기를 덜 해도 되겠죠.** 그러나 여전히 **현실과 이상의 괴리, 자아와 세계**는 필연적으로 사용해야 하는 사고 과정입니다. **대상 치환하기**는 소설 독해 시에 사용되기보다는 <보기>에서 치환될 수 있는 대상 즉, 상징하는 바를 제시해줄 것이기에 이를 소설에 대입해서 읽으시면 될 겁니다. 마치 '허구적 권력표지'를 '우산'에 대입해서 읽었던 것처럼 말이죠.

자 그럼 이제 여러 현대 소설들을 읽어보면서 **디테일한 설명**들을 함께 알려드리겠습니다.

현대 소설은 현대시와 형식적인 차이에서도 구별됩니다.

결국 현대 소설은 여러 장면들을 비추는 것과 같기 때문에 여러분들이 장면의 변화에 대해 민감하게 장면(Scene)을 나누어야 한다고 말씀드렸었습니다. 이때 단순히 장소의 변화만을 확인하는 것 이외에도 확인해야 하는 것이 바로 시각입니다. 시각은 시점과는 다릅니다.

우선 시점이란, 서술자가 누구인지를 말합니다. 누가 이야기를 말하고 있는지를 뜻하는 것이죠. 1인칭 주인공은 자신이 자기 얘기를 하는 것, 1인칭 관찰자는 1인칭인 '나'가 주인공을 관찰한 얘기를 하는 것, 3인칭 관찰자는 주인공을 '그, 그녀'로 서술하는 것, 마지막으로 전지적 작가 시점은 이 문학 작품을 설계한 전지전능한 작가가 서술하는 것입니다. 이때 1인칭과 3인칭의 구분은 '나'의 유무로 알 수 있습니다. 1인칭끼리는 주인공인지 여부로 알 수 있으며, 3인칭끼리는 서술자의 정보량으로 구분할 수 있습니다. 3인칭 관찰자는 관찰 대상인 주인공의 외양, 행동 등 표면적인 것만 서술하지만, 전지적 작가 시점은 전지전능한 작가 시점이므로 인물의 내면까지도 정확하게 서술할 수 있다는 것이 특징입니다.

이와 비슷한 개념인 시각을 구분해봅시다.

시각이란, 서술자를 포함한 작품 속 모든 인물의 자기 프레임으로 보는 외부 세계입니다. 즉, 자아와 세계의 소설 version 용어인 것이죠. 비유를 하자면 결국 현대 소설 안의 카메라를 잡고 있는 사람 즉, 카메라 감독이라고 할 수 있습니다. 카메라가 누구를 어떻게 비추고 있는지를 카메라 감독이 정하기 때문에 카메라 감독의 주관이 카메라에 개입될 수밖에 없습니다. 예를 들어 해당 소설의 카메라 감독이 '어린아이'면 우리가 볼 때와는 다른 엉뚱하면서도 순수한 시선을 보여줄 겁니다. 따라서 카메라 감독이 어떤 사람인지 파악하고, 이 카메라 감독을 영화감독이 왜 고용했는지를 밝혀내면 됩니다. 어른의 시선으로는 보기 어려운 순수함을 포착하기 위해 어린아이를 카메라 감독으로 세웠군, 실직의 슬픔을 강조하기 위해 실업자를 카메라 감독으로 세웠군 이런 식으로 말이죠.

그렇다면 카메라 감독은 어떻게 찾을까요? 이에 대해 설명하기 좋은 예제 하나를 살펴보고 그에 대한 해설을 통해 자세한 시각에 대한 설명을 해보도록 하겠습니다.

다방을

찾는 사람들은, 어인 까닭인지 모두들 구석진 좌석을 좋아하였다. 구보는 하나 남아 있는 가운데 탁자에 앉는 수밖에 없었다. 그래도, 그는 그곳에서 옐만의 「발스 센티멘털」을 가장 마음 고요히 들을 수 있었다. 그러나 그 선율이 채 끝나기 전에, 방약무인(傍若無人)한 소리가, 구포 씨 아니오—— 구보는 다방 안의 모든 사람들의 ⓐ 시선을 온몸에 느끼며, 소리 나는 쪽을 돌아보았다. 중학을 이삼 년 일찍 마친 사내, 어느 생명 보험 회사의 외교원이라는 말을 들었다. 평소에 결코 왕래가 없으면서도 이제 이렇게 알은체를 하려는 것은 오직 얼굴이 새빨개지도록 먹은 술 탓인지도 몰랐다. 구보는 무표정한 얼굴로 약간 끄떡하여 보이고 ⓑ 즉시 고개를 돌렸다. 그러나 그 사내가 또 한 번, 역시 큰 소리로, 이리 좀 안 오시료, 하고 말하였을 때 구보는 ⓒ 게으르게나마 자리에서 일어나, 그의 탁자로 가는 수밖에 없었다. 이리 좀 앉으시오. 참, 최 군, 인사하지. 소설가, 구포 씨.

이 사내는, 어인 까닭인지 구보를 반드시 '구포'라고 발음하였다. 그는 맥주병을 들어 보고, 아이 쪽을 향하여 더 가져오라고 소리치고, 다시 구보를 보고, 그래 요새두 많이 쓰시우. 무어 별로 쓰는 것 '없습니다.' 구보는 자기가 이러한 사내와 접촉을 가지게 된 것에 지극한 불쾌를 느끼며, 경어를 사용하는 것으로 그와 사이에 간격을 두기로 하였다. 그러나 ⓓ 이 딱한 사내는 도리어 그것에서 일종 득의감을 맛볼 수 있었는지도 모른다. 그뿐 아니라, 그는 한 잔 십 전짜리 차들을 마시고 있는 사람들 틈에서 그렇게 몇 병씩 맥주를 먹을 수 있는 것에 우월감을 갖고, 그리고 지금 행복이었을지도 모른다. 그는 구보에게 술을 따라 권하고, 내참 구포 씨 작품을 애독하지. 그리고 그러한 말을 하였음에도 불구하고 구보가 아무런 감동도 갖지 않는 듯싶은 것을 눈치 채자, 사실, 내 또 만나는 사람마다 보고,

"구포 씨를 선전하지요."

그러한 말을 하고는 혼자 허허 웃었다. 구보는 의미 몽롱한 웃음을 웃으며, 문득, 이 용감하고 또 무지한 사내를 고급(高給)으로 채용하여 구보 독자 권유원을 시키면, 자기도 응당 몇 십 명의, 또는 몇 백 명의 독자를 획득할 수 있을지 모르겠다고 그런 난데없는 생각을 하여 보고, 그리고 ⓔ 혼자 속으로 웃었다. 참 구보 선생, 하고 최 군이라 불린 사내도 말참견을 하여, 자기가 독견(獨鵑)의 「승방비곡(僧房悲曲)」*과 윤백남(尹白南)의 「대도전(大盜傳)」*을 걸작이라 여기고 있는 것에 구보의 동의를 구하였다. 그리고, 이 어느 화재 보험 회사의 권유원인지도 알 수 없는 사내는, 가장

영리하게,
"구보 선생님의 작품은 따루 치고……."

그러한 말을 덧붙였다. 구보가 ⓜ 간신히 그것들이 좋은 작품이라 말하였을 때, 최 군은 또 용기를 얻어, 참 조선서 원고료(原稿料)는 얼마나 됩니까. 구보는 이 사내가 원호료라 발음하지 않는 것에 경의를 표하였으나 물론 그는 이러한 종류의 사내에게 조선 작가의 생활 정도를 알려 주어야 할 아무런 의무도 갖지 않는다.

그래, 구보는 혹은 상대자가 모멸을 느낄지도 모를 것을 알면서도, 불쑥, 자기는 이제까지 고료라는 것을 받아 본 일이 없어, 그러한 것은 조금도 모른다 말하고, 마침 문을 들어서는 벗을 보자 그만 실례합니다. 그리고 그들이 무어라 말할 수 있기 전에 제자리로 돌아와 노트와 단장을 집어 들고, 마악 자리에 앉으려는 벗에게,

"나갑시다. 다른 데로 갑시다."

밖에, 여름 밤, 가벼운 바람이 상쾌하다.

- 박태원, 「소설가 구보 씨의 일일」 -

* 「승방비곡」·「대도전」 : 1930년대에 큰 인기를 얻었던 장편 소설.

---

1. 위 글에 대한 설명으로 적절하지 <u>않은</u> 것은?

① 제한된 공간에서의 만남을 통하여 세태를 암시하고 있다.
② 현재형 어미를 사용해 인물의 내면을 생동감 있게 제시하고 있다.
③ 시간적 순서에 따라 사건을 배열하여 사건의 인과성을 밝히고 있다.
④ 직접 화법과 간접 화법을 활용하여 등장인물 간의 심리적 거리를 조절하고 있다.
⑤ 쉼표를 의도적으로 사용하여 읽기 속도에 변화를 줌으로써 그 부분에 주목하게 하고 있다.

2. ㉠~㉤에 나타난 '구보'의 심리나 태도에 대한 설명으로 적절하지 <u>않은</u> 것은?

① ㉠ : 창피스러움과 당혹스러움을 느끼고 있다.
② ㉡ : 상대방에 대해 거부감을 드러내고 있다.
③ ㉢ : 내키지는 않지만 어쩔 수 없이 행동하고 있다.
④ ㉣ : 상대방처럼 되지 못하는 자신을 비웃고 있다.
⑤ ㉤ : 동의하지 않으면서도 상대방의 말을 마지못해 인정고 있다.

3. 위 글은 <보기> (가)의 시점으로 서술되어 있다. ⓐ를 (나)의 시점으로 바꾸었을 때, 가장 적절한 것은? [3점]

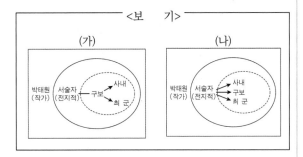

① 이 사내는 내가 공손한 척 말하는 것을 지켜보고 있었다.

② 이 사내는 내가 공손하게 말하는 것을 지켜보면서 득의감을 맛보고 있는지도 몰랐다.

③ 그 사내는 구보가 공손하게 말하는 것을 지켜보면서 득의에 찬 듯한 표정을 지었다.

④ 그 사내는 딱하게도 구보가 공손한 척 말하는 것을 알지 못한 채 득의감을 맛보고 있었다.

⑤ 그 사내는 딱하게도 구보가 공손한 척 말하는 것을 알지 못한 채 득의감을 맛보고 있었는지도 모른다.

4. 위 글에 등장하는 세 사람이 미술관에서 우연히 만나 대화를 나눈다고 가정할 때, 대화 내용으로 적절하지 <u>않은</u> 것은?

사내 : 이 작품을 그린 사람이 내 후배라오. 대단하지요? 자, 대충 보았으니 이제 점심이나 먹으러 갑시다. 내가 한턱내지요.
⋯⋯⋯⋯⋯⋯⋯⋯⋯⋯⋯⋯⋯⋯①

최 군 : 요즘 많은 사람들 사이에서 저 작품이 화제랍니다. 저 작품 좀 보고 갑시다. 그래야 교양 있다는 소리를 들을 수 있어요. ⋯②

구보 : 글쎄요. 사람들의 입에 자주 오르내린다고 훌륭한 작품이라고 말할 수 없지 않을까요? ⋯⋯⋯⋯⋯⋯⋯⋯⋯⋯⋯③

최 군 : 그래도 이런 작품 하나쯤 거실에 걸어 두면 폼이 날 텐데, 얼마면 살 수 있을까요? ⋯⋯④

구보 : 아무튼 요즘은 모든 것을 돈으로만 따지려 해서 문제예요. 내가 소설을 쓰는 것은 그런 사람들의 생각을 바꾸기 위한 것이지요. ⋯⋯⋯⋯⋯⋯⋯⋯⋯⑤

<소설 독해>

#1 다방을

찾는 사람들은, 어인 까닭인지 모두들 구석진 좌석을 좋아하였다. 구보는 하나 남아 있는 가운데 탁자에 앉는 수밖에 없었다. 그래도, 그는 그곳에서 엘만의 「발스 센티멘털」을 가장 마음 고요히 들을 수 있었다. 그러나 그 선율이 채 끝나기 전에, 방약무인(傍若無人)한 소리가, 구포 씨 아니오── 구보는 다방 안의 모든 사람들의 ㉠시선을 온몸에 느끼며, 소리 나는 쪽을 돌아보았다. 중학을 이삼 년 일찍 마친 사내, 어느 생명 보험 회사의 외교원이라는 말을 들었다. 평소에 결코 왕래가 없으면서도 이제 이렇게 알은체를 하려는 것은 오직 얼굴이 새빨개지도록 먹은 술 탓인지도 몰랐다. 구보는 무표정한 얼굴로 약간 끄떡하여 보이고 ㉡즉시 고개를 돌렸다. 그러나 그 사내가 또 한 번, 역시 큰 소리로, 이리 좀 안 오시료, 하고 말하였을 때 구보는 ㉢게으르게나마 자리에서 일어나, 그의 탁자로 가는 수밖에 없었다. 이리 좀 앉으시오. 참, 최 군, 인사하지. 소설가, 구포 씨.

소설의 첫 부분이므로 인물과 상황에 대한 소개가 있을 겁니다. 제목에 이름이 나오는 주인공인 구보의 장면이 나오고 있습니다. 이때 시점은 전지적 작가 시점이라고 할 수 있습니다. 그러나, 우리가 앞서 다루었던 시각을 생각해봅시다. 이 소설이 영화라면 구보를 밖에서 카메라가 찍고 있나요? 아닙니다. 지금 이 장면은 온전히 구보의 시각이 드러나고 있습니다. 구보가 바라보고 있는 탁자와 듣고 있는 선율처럼 구보의 경험이 서술되고 있습니다. 따라서 카메라의 방향은 구보의 눈에서 외부 세계로 향하고 있는 것이죠. 이처럼 시각을 찾는 가장 쉬운 방법은 영화라고 생각하고 그 카메라가 누구의 눈에 빙의해서 장면을 촬영하고 있는지를 찾는 것입니다. 장면 1에서 정보는 구보는 자신을 찾는 그 사내와, 그 사내가 소개해주는 최 씨와 조우하는 상황, 제목처럼 구보 씨는 소설가라는 것이 전부이므로 넘어갑시다.

#2 이 사내는, 어인 까닭인지 구보를 반드시 '구포'라고 발음하였다. 그는 맥주병을 들어 보고, 아이 쪽을 향하여 더 가져오라고 소리치고, 다시 구보를 보고, 그래 요새두 많이 쓰시우. 무어 별로 쓰는 것 '없습니다.' 구보는 자기가 이러한 사내와 접촉을 가지게 된 것에 지극한 불쾌를 느끼며, 경어를 사용하는 것으로 그와 사이에 간격을 두기로 하였다. 그러나 ⓐ이 딱한 사내는 도리어 그것에서 일종 득의감을 맛볼 수 있었는지도 모른다. 그뿐 아니라, 그는 한 잔 십 전짜리 차들을 마시고 있는 사람들 틈에서 그렇게 몇 병씩 맥주를 먹을 수 있는 것에 우월감을 갖고, 그리고 지금 행복이었을지도 모른다. 그는 구보에게 술을 따라 권하고, 내 참 구포 씨 작품을 애독하지. 그리고 그러한 말을 하였음에도 불구하고 구보가 아무런 감동도 갖지 않는 듯싶은 것을 눈치 채자, 사실, 내 또 만나는 사람마다 보고,

"구포 씨를 선전하지요."

사내에 대한 구보의 **시각**이 적나라하게 드러나고 있습니다. #1에서 촉발된 조우의 상황이 본격적으로 시작했으며 구보가 사내를 불쾌하고 생각한다는 주관적인 표현이 나오고 있습니다. 구보의 시각으로 해부되는 사내의 성격은 그리 대단하지도 않은 것으로 우월감을 느끼고, 실제 친분에 비해 친밀함을 과시함을 알 수 있었습니다. 사내에 대한 구보의 주관적인 평가를 챙겼으면 이 장면에서는 찾을 것을 모두 찾은 것입니다.

#3 그러한 말을 하고는 혼자 허허 웃었다. 구보는 의미몽롱한 웃음을 웃으며, 문득, 이 용감하고 또 무지한 사내를 고급(高給)으로 채용하여 구보 독자 권유원을 시키면, 자기도 응당 몇 십 명의, 또는 몇 백 명의 독자를 획득할 수 있을지 모르겠다고 그런 난데없는 생각을 하여 보고, 그리고 ㉣혼자 속으로 웃었다. 참 구보 선생, 하고 최 군이라 불린 사내도 말참견을 하여, 자기가 독견(獨鵑)의 「승방비곡(僧房悲曲)」*과 윤백남(尹白南)의 「대도전(大盜傳)」*을 걸작이라 여기고 있는 것에 구보의 동의를 구하였다. 그리고, 이 어느 화재 보험 회사의 권유원인지도 알 수 없는 사내는, 가장 영리하게,

"구보 선생님의 작품은 따루 치고……."

그러한 말을 덧붙였다. 구보가 ㉤간신히 그것들이 좋은 작품이라 말하였을 때, 최 군은 또 용기를 얻어, 참 조선서 원고료(原稿料)는 얼마나 됩니까. 구보는 이 사내가 원호료라 발음하지 않는 것에 경의를 표하였으나 물론 그는 이러한 종류의 사내에게 조선 작가의 생활 정도를 알려 주어야 할 아무런 의무도 갖지 않는다.

그래, 구보는 혹은 상대자가 모멸을 느낄지도 모를 것을 알면서도, 불쑥, 자기는 이제까지 고료라는 것을 받아 본 일이 없어, 그러한 것은 조금도 모른다 말하고, 마침 문을 들어서는 벗을 보자 그만 실례합니다. 그리고 그들이 무어라 말할 수 있기 전에 제자리로 돌아와 노트와 단장을 집어 들고, 마악 자리에 앉으려는 벗에게,

"나갑시다. 다른 데로 갑시다."

밖에, 여름 밤, 가벼운 바람이 상쾌하다.

여전히 같은 장소이긴 하지만 별개의 장면으로 나눈 이유는, 구보의 생각이 또 달라졌기 때문입니다. 그저 불쾌하다는 것에 그치지 않고 그들에 대한 상상을 시작합니다. 상상의 내용은 몰라도 됩니다. 다만 우리가 챙겨야 할 것은 그저 구보가 최 군에 대해 호의적이지 않지만, 계속 들어오는 질문에 억지로 대답했다는 점입니다. 또한 최 군은 교양 있어 보이지만 한국인이라기에는 일본인처럼 말하고 있었네요. 결국 겉으로는 형식적인 대화를 하며 혼자 상상의 나라를 펼친 구보는 도착한 지인과 함께 나가버립니다. 그러면서 풍경인 여름 밤, 가벼운 바람이 상쾌하다고 제시되죠. 많고 많은 풍경 중에 왜 하필 상쾌한 바람을 언급했을까요. **자아와 세계** 관점에 따라 결국 구보의 속 시원함, 상쾌함이 제시가 되면서 끝나고 있습니다.

소설 내용에 복잡한 내면이 드러난 것은 아니었지만, 주인공이 다른 인물에게 갖는 주관적인 시각을 잘 챙겨야 했습니다. 엉뚱하게 세부적인 내용을 모두 챙기느라 시간을 소모하지 말고요.

1. 겉으로는 형식을 묻는 문항입니다. 거시적으로 이 작품에 대해 평가하자면, 장면이 많은 것이 아니라 주인공이 두 사람에게 갖는 불쾌감과 상상들이 나열되었습니다. 사건은 단지 구보가 두 사람을 만나는 조우 자체 하나였습니다. 또한 인과가 복잡하게 얽힌 작품이 아니었기에 ③임을 쉬이 알 수 있을 겁니다.

   ④은 표면적으로라도 대화를 이어나가려고 한 포장, 그와 다른 속마음을 생각해보면 심리적 거리가 조절되고 있음을 알 수 있었습니다. 조금 더 자세히 말하자면, 지문 초반에는 간접화법으로 불쾌감을, 중후반에는 직접화법이 되며 심리감이 조절되네요. ⑤은 읽기 속도에 변화가 있는지는 매우 주관적인 영역입니다. 이를 작가가 의도했다고 하더라도 학생에게 판단시켜서 답이 되기에는 적절하지 않은 선지입니다. 이런 선지들의 대표적인 것으로는 '장면의 빈번한 전환', '전개 속도감' 등이 있습니다. 실제로 평가원 기출에서 단 한 번도 정답이 된 적이 없음을 알려드립니다.

2. 역시나 인물의 주관적인 표현을 물어보고 있습니다. 앞서서 계속 강조했던 것이니 문제 풀이에 어려움이 없었어야 합니다.

   구보가 두 사람에게 보였던 감정은 결국 **인위적인 친밀감에 대한 불쾌감**이었습니다. 하나의 선지 제외 다른 선지들 모두 구보가 어쩔 수 없이 그들의 말에 대답을 해주게 된 심정을 표현하고 있습니다. 그러나 ④의 경우 상대방이 구보 자신보다 우월하게 서술되고 있습니다. 이는 주제와 완전히 어긋난 감정 묘사네요.

3. (가)의 경우 전지적 작가 시점임에도 카메라 감독이 구보인 것을 나타낸 그림입니다. 카메라가 구보의 눈처럼 돌아가고 있었습니다. 그러나 (나)의 경우 특정 누가 카메라를 잡은 것이 아니라 외부의 카메라가 사람들을 찍은 모양새입니다. 즉, (나)는 (가)와 달리 구보의 시각이 배제되고 보다 객관적인 **시각**을 나타내고 있습니다.

   ⓐ 이 딱한 사내는 도리어 그것에서 일종 득의감을 맛볼 수 있었는지도 모른다.
   → 구보의 '사내'에 대한 시각입니다. 사내에 대한 구보의 주관적인 평가란 얘기입니다.
   이를 (나)처럼 바꾼다면 전지적인 작가가 객관적으로 서술해야 합니다. '딱한'이 사내의 특성임을 전지적으로 서술해야 하므로 '그 사내는 딱하게도'로 바꾸어야겠죠. '모른다'도 바꾸어야 하는 이유는 (가)에서는 구보의 시각에 의존하기 때문에 구보 입장에서는 사내에 대한 평가가 지극히 개인적이므로 '추측'일 수밖에 없습니다. 하지만 (나)의 경우 전지적 서술자에 의해 서술되므로 '추측'일 수가 없습니다. '전지적'이므로 추측할 필요도 없고요.

∴ ④, '그 사내는 구보가 공손하는 척 말하는 것을 알지 못한 채 득의감을 맛보고 있었다'

'이 사내'가 안 되는 이유는 '이'는 주체가 필요하기 때문입니다. 누군가를 중심으로 할 때 가까운 것을 '이'라고 하기 때문에 '이'는 (가)처럼 구보와 같은 어떤 인물의 **시각이** 필요합니다.

4. 사내는 구보에게 알은 체, 친한 척을 하며 대화를 시도한 사람이었습니다. 최 군은 교양 있는 것처럼 보이지만 한국 사람보다는 일본의 문화에 동화되었다고 보는 것이 맞는 사람이었죠. 그런 최 군을 보며 구보는 조금의 불편함을 느꼈었죠. 구보는 두 사람에게 불편함을 느꼈었고요. 그럼 이런 특성에 어울리지 않는 선지가 있는지 확인해볼까요?

사내는 여전히 친한 척을 하고 있네요. 최 군도 유행에 편승하며 교양 있는 척하고 있습니다.
⑤의 경우 구보가 두 사람에게 불편함을 느낀 것은 맞으나, 돈만 중시하는 태도가 전부는 아니었으며 구보 또한 세상을 바꾸려는 포부가 있는 인물은 아니었습니다! (X)

이렇게 **시각**에 대해 알아보았는데요. 마치 현대시에서 체크하듯이 주관적인 표현이 나오는 **자아와 세계**가 아주 중요했음을 알 수 있었습니다. 특히 이 소설을 읽고 의식의 흐름이어서 이해가 되지 않는다고 하는 사람들이 꽤 있는데, 그런 사람들은 구보의 **시각**을 놓쳤을 확률이 큽니다. 어떤 내용이 있거나 주가 되는 스토리 라인이 있기보다는, 구보라는 사람이 보낸 일상을 우리가 그대로 엿보는 느낌이기에 시각이 전부인 작품이니까요.

비단 이 작품뿐만 아니라 이처럼 **시각**은 현대 소설에서 아주 중요한 장치이니 이를 염두에 두고 현대소설을 읽어주시기 바랍니다!

이렇게 박태원의 '소설가 구보 씨의 일일'을 통해 시와는 다른 소설만의 형식적인 특징을 공부해보았습니다. 이러한 형식도 결국은 '**주제**'를 더욱 잘 파악하기 위해서 사용된 장치인 것이었죠. 따라서 앞에서 본 소설의 가장 중요한 형식에 해당하는 **시각**은 역시 여러분들의 주제 파악 능력 때 무엇에 초점을 맞춰야 하는지에 대해 알려드리기 위한 것이었습니다.

결국 현대소설은 주인공의 내면을 파악하는 것이 최우선 과제입니다. 따라서 그 사람이 어떤 프레임으로 세계를 바라보는지를 알아내야 합니다. 이때 현대소설에서 **주인공이라는 인물**을 만들 때 크게 두 가지의 경우로 나뉘게 됩니다.

현대소설의 분류

일반적 유형 – 비교적 평범한 사람이지만 특별한 사건을 겪는 것
풍자적 유형 – 하나의 특성을 사람으로 만든 것 ex. 소시민 → 김달채

일반적 유형의 경우 우리가 살면서 A라는 일을 겪는다면, B라는 깨달음을 얻게 되지 않을까 하는 작가의 상상으로 쓰인 소설입니다. 이러한 소설의 인물은 우리 대신 A를 겪습니다. 이를 읽는 독자는 간접적으로 A를 겪으며 소설 속 인물과 함께 B를 깨닫게 되는 원리입니다. 따라서 이러한 종류의 소설 같은 경우에는 A라는 사건에 대한 반응인 B를 통해 해당 인물을 파악할 수 있게 됩니다.

풍자적 유형의 경우 특정 '면모'를 풍자하기 위함인 경우가 많습니다. 이렇게까지 하는 사람이 현실에는 없더라도 그러한 면모는 누구나 갖고 있을 수 있죠. 그러한 면모에 대한 경고를 위해 만들어진 인물은 다소 과해 보이기도 합니다. 중요한 것은 그런 과한 지점이며, 어떤 면모를 작가가 말하고 싶었는지 생각해보면서 읽으면 좋습니다.

두 유형 모두에서 앞에서 살펴본 형식인 **시각**은 중요하게 쓰입니다. 유형에 상관없이 <보기>를 통해 해당 인물에 대한 힌트를 얻는 것이 중요합니다. 이때 인물에 대한 힌트 및 사건에 대한 설명의 정보를 우리는 **내용**이라고 말할 것이며 **내용**을 효과적으로 전달하기 위해 작가가 사용한 서사적 장치 및 서술 기법을 **형식**이라고 말할 것입니다. 현대소설의 <보기>는 **내용**이냐, **형식**이냐로 크게 갈립니다. 다만, 내용과 형식 모두 결국은 **주제**를 위해 존재합니다. 따라서, 이 내용과 형식이 가리키는 주제가 무엇인지에 최우선적으로 초점을 맞추어 독해를 해주셔야 합니다.

앞에서 본 '형식'이 아니라 '내용' 자체에 대한 <보기>를 통해 우리는 인물과 사건 파악에 도움을 얻습니다. 마치 현대시에서 **비유와 상징**의 대상이 무엇인지 말해줄 때처럼 우리는 여러 해석 중에서도 그 <보기>와 부합하게 맞는 관점을 택해 작품을 읽게 됩니다.

소설에서도 적극적으로 <보기>의 **내용**과 **형식**을 소설에 적용해보려 합니다. <보기> 독해를 통해 충분히 작전을 짜고 작품 독해를 해주시기 바랍니다. 이제 시작하겠습니다!

내용에 관한 예제

아내는 너 밤새워 가면서 도적질하러 다니느냐, 계집질하러 다니느냐고 발악이다. 이것은 참 너무 억울하다. 나는 어안이 벙벙하여 도무지 입이 떨어지지를 않았다.

너는 그야말로 나를 살해하려던 것이 아니냐고 소리를 한번 꽥 질러 보고도 싶었으나 그런 긴가민가한 소리를 섣불리 입 밖에 내었다가는 무슨 화를 볼는지 알 수 있나. 차라리 억울하지만 잠자코 있는 것이 우선 상책인 듯싶이 생각이 들길래 나는 이것은 또 무슨 생각으로 그랬는지 모르지만 툭툭 털고 일어나서 내 바지 포켓 속에 남은 돈 몇 원 몇 십 전을 가만히 꺼내서는 몰래 미닫이를 열고 살며시 문지방 밑에다 놓고 나서는 그냥 줄달음박질을 쳐서 나와 버렸다.

여러 번 자동차에 치일 뻔하면서 나는 그래도 경성역을 찾아갔다. 빈자리와 마주 앉아서 이 쓰디쓴 입맛을 거두기 위하여 무엇으로나 입가심을 하고 싶었다.

커피. 좋다. 그러나 경성역 홀에 한 걸음을 들여놓았을 때 나는 내 주머니에는 돈이 한 푼도 없는 것을, 그것을 깜빡 잊었던 것을 깨달았다. 또 아뜩하였다. 나는 어디선가 그저 맥없이 머뭇머뭇하면서 어쩔 줄을 모를 뿐이었다. 얼빠진 사람처럼 그저 이리 갔다 저리 갔다 하면서…….

[A]

나는 어디로 어디로 들입다 쏘다녔는지 하나도 모른다. 다만 몇 시간 후에 내가 미쓰꼬시* 옥상에 있는 것을 깨달았을 때는 거의 대낮이었다.

나는 거기 아무 데나 주저앉아서 내 자라 온 스물여섯 해를 회고하여 보았다. 몽롱한 기억 속에서는 이렇다는 아무 제목도 불그러져 나오지 않았다.

나는 또 나 자신에게 물어보았다. 너는 인생에 무슨 욕심이 있느냐고. 그러나 있다고도 없다고도, 그런 대답은 하기가 싫었다. 나는 거의 나 자신의 존재를 인식하기조차도 어려웠다.

허리를 굽혀서 나는 그저 금붕어나 들여다보고 있었다. 금붕어는 참 잘들도 생겼다. 작은 놈은 작은 놈대로 큰 놈은 큰 놈대로 다 싱싱하니 보기 좋았다. 내리비치는 오월 햇살에 금붕어들은 그릇 바탕에 그림자를 내려뜨렸다. 지느러미는 하늘하늘 손수건을 흔드는 흉내를 낸다. 나는 이 지느러미 수효를 헤어 보기도 하면서 굽힌 허리를 좀처럼 펴지 않았다. 등허리가 따뜻하다.

나는 또 회탁의* 거리를 내려다보았다. 거기서는 피곤한 생활이 똑 금붕어 지느러미처럼 흐늑흐늑 허비적거렸다. 눈에 보이지 않는 끈적끈적한 줄에 엉켜서 헤어나지들을 못한다. 나는 피로와 공복 때문에 무너져 들어가는 몸뚱이를 끌고 그 회탁의 거리 속으로 섞여 들어가지 않는 수도 없다 생각하였다.

나서서 나는 또 문득 생각하여 보았다. 이 발길이 지금 어디로 향하여 가는 것인가를…….

그때 내 눈앞에는 아내의 모가지가 벼락처럼 내려 떨

어졌다. 아스피린과 아달린*.

우리들은 서로 오해하고 있느니라. 설마 아내가 아스피린 대신에 아달린의 정량을 나에게 먹여 왔을까? 나는 그것을 믿을 수는 없다. 아내가 대체 그럴 까닭이 없을 것이니.

그러면 나는 날밤을 새면서 도적질을, 계집질을 하였나? 정말이지 아니다.

우리 부부는 숙명적으로 발이 맞지 않는 절름발이인 것이다. 나나 아내나 제 거동에 로직을 붙일 필요는 없다. 변해할 필요도 없다. 사실은 사실대로 오해는 오해대로 그저 끝없이 발을 절뚝거리면서 세상을 걸어가면 되는 것이다. 그렇지 않을까?

그러나 나는 이 발길이 아내에게로 돌아가야 옳은가. 이것만은 분간하기가 좀 어려웠다. 가야 하나? 그럼 어디로 가나?

㉠ 이때 뚜 — 하고 정오 사이렌이 울었다. 사람들은 모두 네 활개를 펴고 닭처럼 푸드덕거리는 것 같고 온갖 유리와 강철과 대리석과 지폐와 잉크가 부글부글 끓고 수선을 떨고 하는 것 같은 찰나, 그야말로 현란을 극한 정오다.

나는 불현듯이 겨드랑이가 가렵다. 아하 그것은 내 인공의 날개가 돋았던 자국이다. 오늘은 없는 이 날개, 머릿속에서는 희망과 야심의 말소된 페이지가 딕셔너리 넘어가듯 번뜩였다.

나는 걷던 걸음을 멈추고 그리고 어디 한번 이렇게 외쳐 보고 싶었다.

날개야 다시 돋아라.
날자. 날자. 날자. 한 번만 더 날자꾸나.
한 번만 더 날아 보자꾸나.

- 이상, 「날개」 -

* 미쓰꼬시 : 일제 강점기에 서울에 있었던 백화점 이름.
* 회탁의 : 회색의 탁한.
* 아달린 : 수면제의 일종.

1. 위 글의 서술적 특징과 효과를 <보기>에서 고른 것은?

<보 기>

ㄱ. 독백적인 어조로 현실과 단절된 의식 상태를 표현하고 있다.
ㄴ. 단정적이고 객관적인 진술로 사건에 사실성을 부여하고 있다.
ㄷ. 회상의 기법을 사용하여 현재와 과거의 화해를 지향하고 있다.
ㄹ. 비유적 표현으로 인물의 생각과 인상을 구체적으로 제시하고 있다.

① ㄱ, ㄷ ② ㄱ, ㄹ ③ ㄴ, ㄷ ④ ㄴ, ㄹ ⑤ ㄷ, ㄹ

2. 일제 강점기에 미쓰꼬시 백화점은 서울에서 매우 높은 건물이었다. 이 사실에 비추어 볼 때, [A]에서 '미쓰꼬시 옥상'이 가지는 기능에 대한 설명으로 적절하지 <u>않은</u> 것은?

① '나'로 하여금 내면적 성찰을 시도하게 한다.
② '나'에게 이전과는 다른 삶의 태도를 갖게 한다.
③ '회탁의 거리'를 압축적으로 조감할 수 있게 한다.
④ '나'와 '회탁의 거리' 사이의 괴리감을 드러내 준다.
⑤ '회탁의 거리'를 부자유와 체념의 공간으로 인식하게 한다.

3 ㉠에 관한 설명의 일부인 <보기>를 참고하여 위 글을 감상한내용으로 적절하지 <u>않은</u> 것은? [3점]

< 보   기>

철학과 문학에서는 전통적으로 시간을 가리키는 말에 축적인 의미를 부여해 왔다. 특히 독일의 철학자 니체는 '정오'를 각성과 재생의 시간으로 간주했다. '정오'는 인의 태양이 가장 높이 솟아오른 때라는 것이다

---

① '나'의 의식 상태는 ㉠ 이전과 이후로 누어 볼 수 있겠군.
② '정오'의 사이렌 소리가 '나'의 생력을 일깨운 것으로 볼 수 있겠군.
③ '정오'의 함축적 의미 때문에 ㉠을 경계로 어조와 분위기가 바뀐 것이겠군.
④ '나'는 '정오'가 되면서 자아의 문제에서 사회의 문제로 시선을 전환하게 되는군.
⑤ 이 작품은 시간의 물리적인 의미보다 심리적인 의미에 중점을 두고 읽어야겠군.

4. <보기>의 설명을 바탕으로 위 글을 이해한 내용으로 적절하지 <u>않은</u> 것은?

< 보   기>

「날개」는 현대 문명과 불화를 겪고 있는 지식인의 내면 세계를 '아내'와 '나'의 부조리한 관계에 빗대어 표현한 작품이다. 여기서 '아내'는 현대 문명을, '나'는 지식인의 내면세계를 상징한다. 같은 맥락에서 이 소설에 나타나는 사물들과 사건들 또한 상징적인 의미를 지닌다.

---

① 도적질하거나 계집질한다고 '아내'가 '나'를 의심하면서 지는 것은 지식인의 내면세계에 대한 현대 문명의 위협적인 힘을 의미한다.
② '나'가 아내 몰래 집에서 나온 것은 현대 문명의 구속에 맞서고자 하는 지식인의 적극적인 대결 의지를 의미한다.
③ '나'가 '아내'에게서 완전히 떠나겠다고 생각하지 못하는 것은 현대 문명과 결별하기 어려운 지식인의 의식 상태를 의미한다.
④ 자신도 모르게 아달린을 먹어 왔는지도 모른다는 '나'의 의구심은 자기의 이성이 자신도 모르게 현대 문명에 길들여져 가는 데 대한 지식인의 두려움을 의미한다.
⑤ '나'의 머릿속에서 희망과 야심의 말소된 페이지가 번뜩인다고 한 것은 현대 문명에 대한 비판 의식을 회복하고 싶어 하는 지식인의 소망을 의미한다.

> **< 보　기 >**
>
> 「날개」는 현대 문명과 불화를 겪고 있는 지식인의 내면세계를 '아내'
> 와 '나'의 부조리한 관계에 빗대어 표현한 작품이다. 여기서 '아내' 현대
> 문명을, '나'는 지식인의 내면세계를 상징한다. 같은 맥락에서 이 소설
> 에 나타나는 사물들과 사건들 또한 상징적인 의미를 지닌다.

<보기> 먼저 확인해봅시다. **현대 문명과 지식인의 관계**를 '아내'와 '나'의 관계에 빗대어 표현하고 있다고 합니다. 그러니까 앞으로 소설에서 나오는 아내는 현대 문명, 나는 지식인의 내면으로 이해하고 **내용**을 파악하면 되겠습니다! **현대 물질 문명** 개념은 앞에 현대시에서 배웠습니다. 산업화로 개인의 개성이 사라지고, 획일화되는 사회에서 지식인이 방황하는 모습은 시에서도 몇 번 등장했죠. 아마 이 소설에서도 무력해진 지식인의 모습이 등장할 것임을 예측할 수 있습니다. 여기서 그칠지, 극복의지로 나아갈지 즉, **체념과 극복**도 중요한 포인트가 될 수 있겠습니다.

마침 또 다른 <보기>가 주어져 있으니 읽고 갑시다.

> **< 보　기 >**
>
> 철학과 문학에서는 전통적으로 시간을 가리키는 말에 함축적인 의미
> 를 부여해 왔다. 특히 독일의 철학자 니체는 '정오'를 각성과 재생의 시
> 간으로 간주했다. '정오'는 인식의 태양이 가장 높이 솟아오른 때라는
> 것이다.

철학과 문학에서는 '정오'를 각성과 재생의 시간으로 간주했다고 합니다. 따라서 이 소설은 결국 체념에 그치는 게 아니라 '극복'까지 나아갈지 모르겠다고 추론할 수 있습니다. 또한 제목이 '날개'이므로 이 추론에 더욱 신빙성을 가져다주죠. 그러므로 읽을 때 시간적인 표현에 집중해야겠다고 생각해야 하며 특히 '정오'에 가까워질수록 다가오는 **각성(극복)**을 놓치면 안 되겠습니다!

과연 현대인은 현대 물질문명과의 불화를 겪을 때 어떻게 해결해야 하는지, 이상이 이 소설을 통해 말하고 싶었던 해결책이 무엇인지 이제 찾으러 가봅시다!

#1 아내는 너 밤새워 가면서 도적질하러 다니느냐, 계집질하러 다니느냐고 발악이다. 이것은 참 억울하다. 나는 어안이 벙벙하여 도무지 입이 떨어지지를 않았다.

너는 그야말로 나를 살해하려던 것이 아니냐고 소리를 한번 꽥 질러 보고도 싶었으나 그런 긴가민가한 소리를 섣불리 입 밖에 내었다가는 무슨 화를 볼는지 알 수 있나. 차라리 억울하지만 잠자코 있는 것이 우선 상책인 듯싶이 생각이 들길래 나는 이것은 또 무슨 생각으로 그랬는지 모르지만 툭툭 털고 일어나서 내 바지 포켓 속에 남은 돈 몇 원 몇 십 전을 가만히 꺼내서는 몰래 미닫이를 열고 살며시 문지방 밑에다 놓고 나서는 그냥 줄달음박질을 쳐서 나와 버렸다.

첫 번째 장면입니다. 소설의 앞 내용을 알 수가 없어서 지금 장면에 대한 자세한 이해는 쉽지 않습니다. 우선, 아내는 내가 밤새워 가면서 도적질, 계집질하고 다니느냐고 의심하고 있습니다. 그리고, 나는 아내가 나를 살해하려던 것이라는 생각을 가지고 있습니다. 서로가 서로를 오해하고 의심하고 있는 상황 이죠. 그러나 우리는 <보기>를 보았기 때문에 표면적인 면을 넘어서서 의미를 부여할 수 있습니다. 상징적인 의미를 부여해 읽어달라고 출제자가 <보기>를 넣어 두었으니까요.

시에서 읽었던 것처럼 조금의 **상상하기**를 더해볼까요? <보기>의 상징을 그대로 대입해 봅시다.

'물질문명'이 '현대인'에게 너 도적질하냐, 계집질하냐 소리지릅니다. 그러나 현대인은 어안이 벙벙합니다. 마치 수험생이 시험을 못 보면 그 과정에서 열심히 했음에도, 너 놀았냐, 공부 안 하고 뭐했냐 소리를 듣는 것처럼요. 하지만 그런 말을 들을 때 너무 억울하죠. 이건 비단 수험생에 그치는 게 아니라 결과 중심적 사회에서 현대인이 모두 겪는 일입니다. <보기>가 참 강력하죠? 이제 소설에 계속 대입해 봅시다!

#2 여러 번 자동차에 치일 뻔하면서 나는 그래도 경성역을 찾아갔다. 빈자리와 마주 앉아서 이 쓰디쓴 입맛을 거두기 위하여 무엇으로나 입가심을 하고 싶었다.

커피, 좋다. 그러나 경성역 홀에 한 걸음을 들여놓았을 때 나는 내 주머니에는 돈이 한 푼도 없는 것을, 그것을 깜빡 잊었던 것을 깨달았다. 또 아뜩하였다. 나는 어디선가 그저 맥없이 머뭇머뭇하면서 어쩔 줄을 모를 뿐이었다. 얼빠진 사람처럼 그저 이리 갔다 저리 갔다 하면서......

'나'는 얼빠진 사람처럼 왔다 갔다 하고 있습니다. 스스로가 어디로 가는지도 모르고, 차에 치일 뻔할 정도로 정신없이 말이죠. 이 또한 <보기>를 대입해보자면 결국, 물질문명과 불화를 겪은 현대인의 갈등이라고 할 수 있겠네요. 무얼 해야 할지 모르며 그저 정처 없이 떠돌고 있습니다.

#3 나는 어디로 어디로 들입다 쏘다녔는지 하나도 모른다. 다만 몇 시간 후에 내가 미쓰꼬시 옥상에 있는 것을 깨달았을 때는 거의 대낮이었다.

나는 거기 아무 데나 주저앉아서 내 자라 온 스물여섯 해를 회고하여 보았다. 몽롱한 기억 속에서는 이렇다는 아무 제목도 불그러져 나오지 않았다.

나는 또 나 자신에게 물어보았다. 너는 인생에 무슨 욕심이 있느냐고. 그러나 있다고도 없다고도, 그런 대답은 하기가 싫었다. 나는 거의 나 자신의 존재를 인식하기조차도 어려웠다.

허리를 굽혀서 나는 금붕어나 들여다보고 있었다. 금붕어는 참 잘들도 생겼다. 작은 놈은 작은 놈대로 큰 놈은 큰 놈대로 다 싱싱하니 보기 좋았다. 내리비치는 오월 햇살에 금붕어들은 그릇 바탕에 그림자를 내려뜨렸다. 지느러미는 하늘하늘 손수건을 흔드는 흉내를 낸다. 나는 이 지느러미 수효를 헤어 보기도 하면서 굽힌 허리를 좀처럼 펴지 않았다. 등허리가 따뜻하다.

나는 또 회탁의 거리를 내려다보았다. 거기서는 피곤한 생활이 똑 금붕어 지느러미처럼 흐늑흐늑 허비적거렸다. 눈에 보이지 않는 끈적끈적한 줄에 엉켜서 헤어나지들을 못한다. 나는 피로와 공복 때문에 무너져 들어가는 몸뚱이를 끌고 그 회탁의 거리 속으로 섞여 들어가지 않는 수도 없다 생각하였다.

[A]로 묶여있는 부분입니다. '나'는 결국 미쓰꼬시 옥상에 도착합니다. 그리고 그곳에서 성찰을 시작합니다. 살아온 26년을 돌이켜보죠. 하지만, '나'에게는 어떠한 제목도 붙지 않는다고 합니다. 시나 소설에서 제목을 한번 생각해봅시다. 제목은 그 작품을 간단하게 요약하고 대표하는 부분입니다. 그런 제목이 붙지 않는다는 것은 지금까지의 인생이 얼마나 무기력했고, 목적성이 없었는가를 엿볼 수 있는 부분이죠. 스스로를 인식하기도 어려웠다고 합니다. 회색의 탁한 거리를 바라보면서 현대 문명의 피곤한 생활을 금붕어에 빗대어 표현하기도 합니다. 그리고 회탁의 거리 속으로 섞여 들어가지 않을 수도 없다고 생각합니다. 그러니까 아무리 현대 문명에서 벗어나려고 해도 결국은 그 안으로 섞여 들어가야 한다는 생각을 하는 것입니다.

2번 문제 잠깐 해결하고 가겠습니다.

① '나'는 미쓰꼬시 옥상에서 내면적 성찰을 시작하고 있습니다. 따라서 맞는 선지로 볼 수 있겠습니다. 성찰의 전제조건 스스로에게 몰입할 수 있는 조용한 환경이었죠. 그러니까 미쓰꼬시 옥상은 그런 점에서 내면적 성찰을 시도하게 한다고 할 수 있겠습니다.

② '나'가 이전과 다른 삶의 태도를 가졌나요? 이건 성찰이 끝나고 어떤 깨달음을 얻었을 때에야 가능한 일입니다. 아직 '나'는 물질문명 속으로 섞여 들어가야 하지만, 그러지 못하고 있다고 말하는 상황입니다. 아직 성찰이 끝나지 않았죠.

답은 2번입니다. [A]로 표시된 부분은 철저히 그 범위 내에서만 해석해줘야 합니다. 미리 스포를 하자면, <보기>에서 보았다시피 작품의 전체로 확대될 경우 화자가 **각성**하기 때문에 이 선지의 답이 달라질 수 있겠죠!

③ '회탁의 거리'를 화자의 위치가 옥상이었기 때문에 전체적인 그림을 볼 수 있었습니다. 따라서 압축적으로 조감할 수 있는 것은 맞다고 볼 수 있겠습니다.

④ '나'는 회탁의 거리 속의 무기력한 생활과는 약간의 거리감을 두고 있는 지식인으로 볼 수 있습니다. 설령 '나' 역시 지식인이어도 현대인이기에 무기력한 생활과 연관 있다고 보더라도, 회탁의 거리 속 사람과 동질적인 것이지, '회탁의 거리' 자체는 현대 문명의 공간을 상징하기에 여전히 '괴리감(불화)'을 느낀다고 볼 수 있습니다.

⑤ '회탁의 거리'는 부자유와 체념의 공간, 현대 문명의 공간이라고 볼 수 있겠습니다.

따라서 답은 ②이겠습니다. 이렇게 **각성, 회상** 등이 나오면 그 지점이 매우 중요함을 기억해주세요! 지문 전체에 나온 유무로만 판단하면 안 되고 **지점**을 국소적으로 판단해야 합니다.

나서서 나는 또 문득 생각하여 보았다. 이 발길이 지금 어디로 향하여 가는 것인가를.......

그때 내 눈앞에는 아내의 모가지가 벼락처럼 내려 떨어졌다. 아스피린과 아달린.

우리들은 서로 오해하고 있느니라. 설마 아내가 아스피린 대신에 아달린 정량을 나에게 먹여 왔을까? 나는 그것을 믿을 수는 없다. 아내가 대체 그럴 까닭이 없을 것이니.

그러면 나는 날밤을 새면서 도적질을, 계집질을 하였나? 정말이지 아니다.

우리 부부는 숙명적으로 발이 맞지 않는 절름발이인 것이다. 나나 아내나 제 거동에 로직을 붙일 필요는 없다. 변해할 필요도 없다. 사실은 사실대로 오해는 오해대로 그저 끝없이 발을 절뚝거리면서 세상을 걸어가면 되는 것이다. 그렇지 않을까?

그러나 나는 이 발길이 아내에게로 돌아가야 옳은가. 이것만은 분간하기가 좀 어려웠다. 가야 하나? 그럼 어디로 가나?

'나'는 아내가 준 수면제를 생각합니다. 아스피린이라고 속여서 수면제를 먹여온 것은 지식인과 현대 문명의 관계를 보여 주기도 합니다. 아스피린은 진통제입니다. 이제 소설 외적으로 또 끌어옵시다. 이 약은 현대인에게 어떤 것을 상징하는 걸까요?

지식인이 현대 문명이 주는 고통에서 벗어나기 위해서 먹고 있던 진통제가 사실은 그들의 의식을 잠재우는 수면제처럼 작동한 것일지도 모른다는 이야기로 해석할 수 있겠습니다. '나'는 이렇게 '아내'와의 오해를 숙명으로 인식하기에 이릅니다. 지식인과 현대 문명이 화합할 수 없다는 인식을 하는 것이죠. 이 둘은 마치 절름발이처럼 있는 그대로 절뚝이면서 세상을 살아가면 된다고 생각합니다. 하지만, '나'의 내적 갈등은 아직 완전히 해소되지는 않습니다. 왜냐하면, 아내와 자신이 오해를 풀어야할 이유도 없으며, 서로 이해하거나 융화될 수 없다고 생각하는 것이 해결책이 아니라는 것을 알고 있기 때문이겠습니다.

드디어 이상이 생각하는 현대 물질문명 속 현대인이 가져야 할 삶의 태도가 나오고 있습니다. 누구나 이 현대사회와의 괴리감을 인식하게 되지만, 그 괴리감은 필연적인 것이라고 얘기하고 있네요. 이제 클라이막스로 가봅시다!

이때 뚜- 하고 정오의 사이렌이 울었다. 사람들은 모두 네 활개를 펴고 닭처럼 푸드덕거리는 것 같고 온갖 유리와 강철과 대리석과 지폐와 잉크가 부글부글 끓고 수선을 떨고 하는 것 같은 찰나, 그야말로 현란을 극한 정오다.

나는 불현 듯이 겨드랑이가 가렵다. 아하 그것은 내 인공의 날개가 돋았던 자국이다. 오늘은 없는 이 날개, 머릿속에서는 희망과 야심의 말소된 페이지가 딕셔너리 넘어가듯 번뜩였다.

나는 걷던 걸음을 멈추고 그리고 어디 한번 이렇게 외쳐 보고 싶었다.

날개야 다시 돋아라.

날자. 날자. 날자. 한 번만 더 날자꾸나.

한 번만 더 날아 보자꾸나.

이렇게 아내와 '나', 지식인과 현대 문명 사이의 관계를 고민하던 '나'는 정오의 사이렌을 듣고 각성합니다. 정오가 되자 주변의 사람들, 건물들이 생명력 넘치고 활기차게 변하는 것을 봅니다. **자아와 세계** 개념에 따르면 정확히는 '나'의 내면이 바뀐 것으로 해석할 수 있겠습니다. '나'는 이것을 계기로 각성합니다. 그리고, 지식인으로서의 주체적인 삶을 회복하겠다는 의지가 '인공의 날개'로 표현되고 있습니다.

'현대 문명 속 지식인의 무기력한 삶과 자아 분열에서 벗어나 주체적인 삶을 회복하려는 의지'

이렇게 내용과 관련된 <보기>들이 주어졌을 때는 반드시! **관련된 주제**를 파악해줘야 합니다. 그래야 선지에서도 핵심을 짚어낼 수 있어요!

문제 풀어봅시다.

1. 서술적 특징을 물어보고 있습니다. 소설을 읽는 중에는 언급하지 않았겠지만, 앞에서 시점과 시각에 대한 설명을 읽었더라면 이 소설의 시점이 1인칭 주인공 시점이며 그 중에서도 내면 의식 서술에 아주 집중하고 있다는 점을 느끼셨을 겁니다. 거기에 맞춰 답을 골라봅시다.
㉠ 독백적인 어조로 현실과는 단절된 지식인의 내면을 보여주고 있으니 맞는 선지입니다.
㉡ 내면 의식을 서술하는데 단정적이고 객관적일 수 있을까요? 틀렸죠. 불가능합니다.
㉢ 현재와 과거의 화해? 뜬금없습니다. 주제와 상관없네요.
㉣ 비유적인 표현은 맞겠습니다. 다른 건 몰라도 금붕어는 기억하셔야겠죠.
답은 ②이네요.

3. 정오의 사이렌은 어떤 효과를 주었죠? '나'가 현대 문명 속에서 어떻게 지식인으로서 살아가야할지 고민하던 중 각성하는 계기가 됩니다. 거기에 맞춰서 선지들을 읽어봅시다.
① '나'의 의식 상태는 각성 전후로 명백히 다릅니다. 맞겠습니다. (O)
② 각성의 계기, 재생의 계기가 됩니다. 따라서 맞겠습니다. (O)
③ 정오의 사이렌을 계기로 '나'의 내면 상태가 바뀝니다. 그러면 당연히 어조, 분위기도 바뀌게 되겠죠. (O)
④ '나'가 고민하던 문제는 애초에 자아와 사회 사이에서 생긴 문제였습니다. 자아만의 문제이던 적도 없고, 사회만의 문제이던 적도 없었습니다. (X)
⑤ <보기>에서 시간을 물리적인 시간보다 심리적인 시간에 강조하여 읽어달라고 말해주고 있습니다. <보기>와의 일치로도 풀리네요. (O)

4. <보기>를 바탕으로 우리는 '비유와 상징'을 이용하면서 독해했었죠. 이에 근거해봅시다.
① '아내'가 '나'를 의심하고 따지는 것을 대응시키면 '현대 문명'이 '지식인의 내면'을 의심하고 따지는 것으로 볼 수 있겠죠. 따라서 맞는 선지가 되겠습니다. (O)
② '아내'로부터 몰래 집으로 나온 것이 적극적인 대결 의지가 될 수 있겠나요? 적극적으로 대결하려면 '너는 그야말로 나를 살해하려던 것이 아니냐'라고 말했겠죠. 이런 생각이 아니더라도, 현대 물질문명과 적극적으로 현대인이 싸우는 것은 주제와도 맞지 않고, 할 수 있는 현대인은 존재하지도 않습니다... 따라서 답은 명백히 ②입니다. (X)
③ '나'는 회탁의 거리 속으로 들어가지 않을 수도 없다고 합니다. 현대 문명 속에서 결국 살고 있는 지식인의 모습이 되겠죠. '아내'에게서 완전히 떠날 수 없는 것도 같은 맥락에서 볼 수 있겠습니다. 따라서 맞는 선지입니다. (O)
④ '아달린'은 수면제 즉, 안정제입니다. 각성제와는 정반대이니 각성을 막는 것이죠. 조금의 의미를 더하면, 이성이 길들여지고 있는 지식인의 내면을 상징하니 적절하네요. (O)

⑤ 각성이후 '나'는 현대 문명에 대한 비판 의식을 회복하려고 합니다. 즉, 지식인으로서 주체적인 삶을 회복하고 싶어하죠. (O)

이렇게 <보기>가 **내용**과 관련된 경우 본문을 거기에 맞춰서 읽어주고 반드시 **주제**를 파악해내야 합니다. 사실 이는 우리가 현대시에서 이미 많이 해오던 것들이죠. <보기>에 나온 비평을 바탕으로 작품에 대응시키며 독해하는 것, 이때 <보기>의 종류를 크게 둘로 나누자면, '소설가 구보 씨의 일일'에서 보았던 것처럼 소설이라는 갈래의 형식적인 특징과 관련된 것이 있고 '날개'에서 지금 본 것처럼 내용 자체에 관련된 것이 있을 겁니다. 둘 모두 종류의 구분과 상관없이 작품의 주제 파악(인물과 사건 파악)에 지대한 영향을 끼치니 반드시 먼저 보고 작전을 세운 뒤 독해에 임하시길 권합니다.

지식인인 주인공이 아내와의 갈등과 현대 사회에 살아간다는 사건을 겪으며 진행되는 성찰이 주 내용이므로 풍자적 유형보다는 **일반적 유형**이라고 보는 것이 더욱 맞을 겁니다. **풍자적 유형**이었다면 주인공의 현대인적 '면모'에 관해 문제가 나와야 하는데, 각성에 영향을 준 사건들이 문제로 나왔다는 점에서도 알 수 있겠습니다. 이러한 구분을 날카롭게 할 수 있다면 문제의 경향에 대해 자세히 파악할 수 있을 겁니다. 이제 임의의 순서로 배열된 여러 작품을 풀어보겠습니다.

(가) 그맘쯤에 웬 난데없는 비렁뱅이 가객(歌客) 하나 이 구부러진 등에 거문고 엇비슷이 메고 진창에 맨발을 축축 담그면서, 제가 아직 어찌 될 줄 모르고서 저자의 가운뎃길로 하염없이 내려왔던 것이었다. 거문고를 메었으니 노래라도 할 줄 알겠구나 싶었으되, 꼬락서니가 내 사촌이 틀림없었다. 나는 다리 아래 쪼그리고 앉아 이제 막 살얼음이 풀리기 시작한 또랑물 속으로 싸락눈이 떨어져 녹아 사라지는 모양을 내려다보는 중이었다. 나는 무슨 소리인가를 들었으며, 이상한 가락이 내 어깨 위에 미풍같이 나부끼며 얹히고, 다시 목덜미로 깊숙이 꽂히더니 정수리에서 발뒤꿈치로 뚫고 들어와 맴돌아 나가는 것이 아닌가.

나직하고 힘찬 목소리가 가락 위에 턱 걸쳐서는 이 싸늘하고 구죽죽한 저자를 따듯하게 덮히는 것만 같았다. 나만 일어섰는가? 아니다. 내가 뒤가 급해진 느낌으로 안달을 온몸에 싣고서 다리 위로 올라갔을 때에, 저자의 술집 창문마다 가게 빈지문마다 사람들의 머리가 하나 둘씩 끄집어내어지는 중이었다. 다리 위에서 비렁뱅이 가객은 거문고를 무릎에 올려놓고 앉아서 고개를 푹 숙여 머리가 없는 자처럼 땅속에다 소리를 심고 있었다. 술 먹던 사람들과 수다쟁이 떡장수 아낙네며 나들이 나온 처자들이 모두 한두 발짝씩 모여들어 다리 위에는 음률에 끌린 사람들로 가득 찼다.

"사람을 못 견디게 하는 소리로구나. 저런 소리는 이 저자가 생겨난 이래로 처음 들었다."

한 곡조가 끝나자마자 사람들은 제각기 허리춤을 끄르고 돈을 내던지는 것이었다. 돈이 떨어지는 소리가 잦아질 제 나는 새암과 선망으로 이를 악물었고 다음에는 저 신묘한 소리로 돈을 벌게 하는 거문고를 박살 내 버리고 싶었다.

"하나 더 해라."

"이번에는 긴 것을 해 보아라."

사람들이 제각기 아우성을 치는데, 가객은 고개를 가슴팍에 콱 처박고 잠잠히 앉아 있었다. 그는 부지깽이처럼 길고도 여윈 손을 뻗쳐서 무릎 근처에 흩어진 돈들을 긁어모아서는 제 자리 밑에다 쓸어 넣는 것이었다.

"노래를 한 가지밖에 모르느냐."

"얼굴을 들고 해라, 안 보인다." "고개를 들어라."

내던진 밑천을 뽑으려고 주변에 옹기중기 모여 앉은 사람들은 비렁뱅이 가객의 얼굴을 보려고 자꾸만 재촉했다. 고개를 처박고 있던 그가 작심했다는 듯이 천천히 고개를 들었다. 그러고는 제 앞에 모인 사람들을 한 바퀴 휘이 둘러보았던 것이다.

나는 그의 얼굴을 본 순간 어쩐지 가슴이 답답해지면서 회가 동했을 때처럼 속이 뒤틀리고 구역질이 날 지경이었다. 가객은 이 세상에서는 어디서든 찾아볼 수 없을 정도로 추한 얼굴을 가지고 있었다. 사람들 사이에서 웅성거리는 소리가 일어났는데, 가객이 노래를 부르기 시작하자 그 더러운 얼굴은 더욱 흉하게 일그러져 가락의 신

묘한 아름

다움은 그 추한 얼굴에 씌워 사그라지고 말았다. 눈도 코도 입도, 제자리에 붙어 있건만, 어쩐지 얼굴이 자아내는 분위기가 사람들의 가슴속에 깊은 증오를 불러일으키고, 증오는 곧 심한 역증이 나게끔 했다.

[중략 줄거리] 가객 '수추'는 저자를 떠나 강을 건너간 뒤, 시냇가에서 음률을 완성했던 과거를 떠올린다.

(나) 그는 도저히 믿어지지 않았다. 수추는 물을 마구 헤쳐 놓고는 다시 들여다보았지만, 음률을 완성한 자의 얼굴이 아니었다. 그는 그 얼굴을 미워하였다. 따라서 ㉠시냇물도 미워하였다. 미워할수록 그의 얼굴은 추악하게 떠올랐다. 수추는 그럴수록 노래를 끝없이 부르지 않고는 살아갈 수 없는 자가 되어 버렸던 것이다.

그러나 수추는 강 건너편 광야에서 몇 날 몇 밤을 짐승들이 일시에 몸서리치면서 달아났다가, 다시 밤이 되면 그의 노래를 들으려고 모여들고, 또 해가 떠오르면 그의 곁에서 달아나는 일을 헤일 수도 없이 겪었다. 그는 이러한 애증(愛憎)에 시달려서 자꾸만 여위어 갔다.

어느 날 그는 아무도 찾아와 주지 않는 훤한 대낮에 혼자서 노래를 불렀다. 그의 노래가 이제 막 거문고의 가락에 얹히려는 참에 줄이 탁 끊겼다. 이 끊긴 줄이 울어대는 무참한 소리가 그의 노래를 산산이 으스러뜨리고 말았으며, 그는 저도 모르게 벌떡 일어나서 거문고를 계단 위에 내동댕이치고 말았다. 자르릉 하는 괴상한 소리를 내면서 악기가 부서지고 그의 노래마저 함께 부서져 버렸다. 그의 발밑에는 살해된 가락의 시체만이 즐비하게 널려 있을 뿐이었다. 그는 노래를 부를 수가 없었다.

수추는 아무도 찾아오지 않는 밤 가운데서 진실로 오랜만에 평화로운 잠을 잤다. 그는 노래로부터 놓여난 것이다. 수추는 파괴된 악기와 버려진 노래를 회상할 뿐이었다. 수추는 이 죽음과 같은 휴식 안에서 비로소 노래만을 사랑하고 모든 것을 미워했던 제 모습이 이제는 변화된 것을 알았다.

그가 물을 마시려고 ㉡시냇물에 구부렸을 적에 수추는 환희의 얼굴을 만났다. 그의 눈은 삶의 경이로움이 가득 차 있었고, 그의 입은 웃고 있었고, 뺨에는 땀이 구슬처럼 매달려 있었다. 그는 모든 산 것들이 그러하듯 이 만물의 소멸에 대하여 겸손하였다.

- 황석영, 「가객」 -

1. 위 글의 서술상 특징으로 가장 적절한 것은?

① 시대적 배경을 드러내는 소재를 통해 시간의 역전을 보여 주고 있다.
② 동일한 사건을 여러 번 서술하여 그 사건의 의미를 강조하고 있다.
③ 서술자가 사건을 이야기 속에서 전달하다가 이야기 밖에서 전달하고 있다.
④ 인물의 표정 변화와 내면 변화를 반대로 서술하여 그 인물의 특성을 부각하고 있다.
⑤ 서술자가 관찰자의 입장에서 사건을 객관적으로 전달함으로써 사실성을 높이고 있다.

2. (가)와 (나)에 대한 설명으로 적절한 것은?

① (가)에서는 두 인물 간의 대립을 통해 갈등이 고조되고 있다.
② (나)에서 인물이 겪는 갈등은 타인과의 관계를 통해 해결되고 있다.
③ (가)와 (나)에 내재되어 있는 인물의 내적 갈등이 (나)에서 해소되고 있다.
④ (나)에 비해 (가)에서 인물의 성격 변화가 두드러지게 드러나고 있다.
⑤ (가)의 저자 사람들과 (나)의 짐승들은 서로 다른 이유로 모여들고 있다.

3. ㉠과 ㉡의 공통적 기능으로 적절한 것은?

① 수추의 자기 확인을 매개한다.
② 수추가 처한 고난을 상징한다.
③ 수추의 과거 회상을 유도한다.
④ 수추를 세상으로부터 격리한다.
⑤ 수추의 불가피한 운명을 암시한다.

4. <보기>를 참고하여 위 글 속의 '예술가 · 작품 · 사회 · 수용자'의 관계를 이해한 내용으로 적절하지 <u>않은</u> 것은?

> <보   기>
>
> 예술 작품의 수용은 예술가와 작품, 예술가와 수용자, 작품과 사회, 작품과 수용자 사이의 관계와 작품 자체에 대한 종합적 이해를 통해 이루어진다.

① 다리 아래에서 '수추'의 첫 노래를 들은 '나'는 수용자로서 작품 자체에 자극받아 예술가에 대한 관심을 보이고 있군.
② '수추'의 첫 노래를 듣고 저자 사람들이 돈을 내던지는 것을 본 '나'는 작품이 수용자에게 끼치는 영향력을 깨닫고 있군.
③ '수추'의 얼굴을 보고 난 뒤에 그의 두 번째 노래를 들은 저자 사람들은 작품을 예술가와 연계하여 수용하고 있군.
④ 강을 건너간 뒤에 노래를 부르는 '수추'는 자기 작품 속에 형상화된 사회에 대해 수용자가 보인 반응을 의식하고 있군.
⑤ 강을 건너간 뒤에 거문고를 부숴 버린 후, '수추'는 예술가인 자신의 용모와 자기 작품의 관계에 집착하지 않게 되었군.

─ <보　기> ─

예술 작품의 수용은 예술가와 작품, 예술가와 수용자, 작품과 사회, 작품과 수용자 사이의 관계와 작품 자체에 대한 종합적 이해를 통해 이루어진다.

<보기>에서 예술 작품의 수용은 '관계'와 '작품 자체'에 대한 종합적 이해를 통해 이루어진다고 합니다. 따라서 이 작품의 제목이 가객인 것으로 보아 노래라는 예술에 대해 나올 것 같습니다. 그렇다면 **내용적으로** 이 노래라는 예술이 어떻게 수용될지 우리는 관계와 작품 자체에 초점을 맞춰서 읽어야겠네요! 따라서 이 두 가지에 근거해서 독해해보도록 하겠습니다.

<소설 독해>

(가) #1 그맘쯤에 웬 난데없는 비렁뱅이 가객(歌客) 하나이 구부러진 등에 거문고 엇비슷이 메고 진창에 맨발을 축축 담그면서, 제가 아직 어찌 될 줄 모르고서 저자의 가운뎃길로 하염없이 내려왔던 것이었다. 거문고를 메었으니 노래라도 할 줄 알겠구나 싶었으되, 꼬락서니가 내 사촌이 틀림없었다. 나는 다리 아래 쪼그리고 앉아 이제 막 살얼음이 풀리기 시작한 또랑물 속으로 싸락눈이 떨어져 녹아 사라지는 모양을 내려다보는 중이었다. 나는 무슨 소리인가를 들었으며, 이상한 가락이 내 어깨 위에 미풍같이 나부끼며 얹히고, 다시 목덜미로 깊숙이 꽂히더니 정수리에서 발뒤꿈치로 뚫고 들어와 맴돌아 나가는 것이 아닌가.
　나직하고 힘찬 목소리가 가락 위에 턱 걸쳐서는 이 싸늘하고 구죽죽한 저자를 따뜻하게 덥히는 것만 같았다. 나만 일어섰는가? 아니다. 내가 뒤가 급해진 느낌으로 안달을 온몸에 싣고서 다리 위로 올라갔을 때에, 저자의 술집 창문마다 가게 빈지문마다 사람들의 머리가 하나 둘씩 끄집어내어지는 중이었다. 다리 위에서 비렁뱅이 가객은 거문고를 무릎에 올려놓고 앉아서 고개를 푹 숙여 머리가 없는 자처럼 땅속에다 소리를 싣고 있었다. 술 먹던 사람들과 수다쟁이 떡장수 아낙네며 나들이 나온 처자들이 모두 한두 발짝씩 모여들어 다리 위에는 음률에 끌린 사람들로 가득 찼었다.
　"사람을 못 견디게 하는 소리로구나. 저런 소리는 이 저자가 생겨난 이래로 처음 들었다."

가객, 그러니까 노래 부르는 비렁뱅이가 처음에 등장하고 있습니다. '나'는 이 가객을 바라보고 있고요. 이렇게 두 사람이 주요한 것처럼 초반에 소개되고 있으니 두 사람에 대한 판단을 해야 합니다. 처음 보았을 때는 꼬락서니가 사촌인 줄 알았다고 합니다. 이때 판단의 근거가 거문고를 멘 것이니 자신도 음악하는 사람인가 봅니다. 동류라는 말로 사촌을 쓴 듯 하네요. 그런데 가객의 연주 실력이 심상치 않은가 봅니다. 즉, **작품 자체**는 정말 훌륭한가 봅니다.

#2 한 곡조가 끝나자마자 사람들은 제각기 허리춤을 끄르고 돈을 내던지는 것이었다. 돈이 떨어지는 소리가 잦아질 제 나는 새암과 선망으로 이를 악물었고 다음에는 저 신묘한 소리로 돈을 벌게 하는 거문고를 박살 내 버리고 싶었다.
　"하나 더 해라." "이번에는 긴 것을 해 보아라."
　사람들이 제각기 아우성을 치는데, 가객은 고개를 가슴팍에 콱 처박고 잠잠히 앉아 있었다. 그는 부지깽이처럼 길고도 여윈 손을 뻗쳐서 무릎 근처에 흩어진 돈들을 긁어모아서는 제 자리 밑에다 쓸어 넣는 것이었다.
　"노래를 한 가지밖에 모르느냐." "얼굴을 들고 해라, 안 보인다." "고개를 들어라."
　내던진 밑천을 뽑으려고 주변에 옹기중기 모여 앉은 사람들은 비렁뱅이 가객의 얼굴을 보려고 자꾸만 재촉했다. 고개를 처박고 있던 그가 작심했다는 듯이 천천히 고개를 들었다. 그러고는 제 앞에 모인 사람들을 한 바퀴 휘이 둘러보았던 것이다.
　나는 그의 얼굴을 본 순간 어쩐지 가슴이 답답해지면서 회가 동했을 때처럼 속이 뒤틀리고 구역질이 날 지경이었다. 가객은 이 세상에서는 어디서든 찾아볼 수 없을 정도로 추한 얼굴을 가지고 있었다. 사람들 사이에서 웅성거리는 소리가 일어났는데, 가객이 노래를 부르기 시작하자 그 더러운 얼굴은 더욱 흉하게 일그러져 가락의 신묘한 아름다움은 그 추한 얼굴에 씌워 사그라지고 말았다. 눈도 코도 입도, 제자리에 붙어 있건만, 어쩐지 얼굴이 자아내는 분위기가 사람들의 가슴속에 깊은 증오를 불러일으키고, 증오는 곧 심한 역증이 나게끔 했다.

앞서 노래를 불렀을 때는 얼굴을 드러내지 않았었습니다. 그때 '나'는 뛰어난 노래를 듣고 돈을 던지는 다른 사람들과 달리, 시샘(새암), 선망으로 거문고를 박살내고 싶다는 생각까지 합니다. 아무래도 처음의 추측처럼 '나'도 예술인이기에 가객의 노래가 부러운 것 같습니다.

그런데 여기서 문제가 하나 생깁니다. 얼굴을 보인 가객, 너무나도 추한 얼굴 때문에 노래마저 신묘한 아름다움을 잃고 사람들에게 화를 일으켰다고 하네요. 비현실적일 정도로 강조되고 있는 '추함'을 보며, 이 '추함'에는 어떤 의미가 있을까 고민하며 앞으로 읽었어야 합니다. 여전히 '가객'과 '나'라는 사람에 대한 파악이 되지 않았으니 이들에 대한 판단도 해야 겠고요. 무엇보다도 <보기>에서 말한 **관계**가 나오고 있습니다. 작품 자체는 훌륭했으니 여러 관계 중 무엇에 문제가 있어 노래가 이상해졌나봅니다. 그렇다면 가객의 추한 얼굴은 다양한 관계 중 **어떤 관계**를 상징할지 찾으려고 뒷내용을 살펴야겠습니다.

#3 [중략 줄거리] 가객 '수추'는 저자를 떠나 강을 건너간 뒤, 시냇가에서 음률을 완성했던 과거를 떠올린다.

(나) 그는 도저히 믿어지지 않았다. 수추는 물을 마구 헤쳐 놓고는 다시 들여다보았지만, 음률을 완성한 자의 얼굴이 아니었다. 그는 그 얼굴을 미워하였다. 따라서 ⊙시냇물도 미워하였다. 미워할수록 그의 얼굴은 추악하게 떠올랐다. 수추는 그럴수록 노래를 끝없이 부르지 않고는 살아갈 수 없는 자가 되어 버렸던 것이다.
그러나 수추는 강 건너편 광야에서 몇 날 몇 밤을 짐승들이 일시에 몸서리치면서 달아났다가, 다시 밤이 되면 그의 노래를 들으려고 모여들고, 또 해가 떠오르면 그의 곁에서 달아나는 일을 헤일 수도 없이 겪었다. 그는 이러한 애증(愛憎)에 시달려서 자꾸만 여위어 갔다.

[중략 줄거리]는 소설 지문에서 유일하게 '출제자'가 직접 쓴 부분입니다. 따라서 가장 출제자의 의도가 압축적으로 드러나는 부분인 셈이죠. 그러므로 여기서 우리는 '수추'의 **과거**가 중요할 것이라고 알 수 있습니다. 그만큼 강력한 게 (중략)인 걸 꼭 기억해주세요!!!

<보기>에서 말한 다양한 관계 중 '예술가와 작품' 사이의 **관계**가 드러나고 있습니다. 엄청난 음률 즉, 작품을 완성했지만 '수추'는 자신의 얼굴을 받아들이지 못합니다. 자신조차 수용하지 못하는 '예술가', 이는 자신의 얼굴에 한정되지 않고 그 얼굴을 담는 시냇물 즉 외부 환경까지 확장됩니다. 심지어 미워할수록 점점 더 추악해진다고 합니다. 그럼 과연 생긴 것이 정말 추악한 걸까요? 아니면 미워하는 감정이 얼굴로 드러난 걸까요. 수추는 여기서 한 번 더 악수를 둡니다. 마음을 고쳐먹을 생각은 안 하고 계속해서 작품에만 의존하게 되죠. 얼굴을 가리고 노래를 부르면 좋아해주니 계속 노래만 부르는 겁니다. 그래서 수추는 엄청난 괴리감에 휩싸이게 되죠. '애증'으로 요약된 낮과 밤의 괴리를 느끼며 점점 자신이 누구인지를 잃어갑니다.

#4 어느 날 그는 아무도 찾아와 주지 않는 훤한 대낮에 혼자서 노래를 불렀다. 그의 노래가 이제 막 거문고의 가락에 얹히려는 참에 줄이 탁 끊어졌다. 이 끊긴 줄이 울어 대는 무참한 소리가 그의 노래를 산산이 으스러뜨리고 말았으며, 그는 저도 모르게 벌떡 일어나서 거문고를 계단 위에 내동댕이치고 말았다. 자르릉 하는 괴상한 소리를 내면서 악기가 부서지고 그의 노래마저 함께 부서져 버렸다. 그의 발밑에는 살해된 가락의 시체만이 즐비하게 널려 있을 뿐이었다. 그는 노래를 부를 수가 없었다.
수추는 아무도 찾아오지 않는 밤 가운데서 진실로 오랜만에 평화로운 잠을 잤다. 그는 노래로부터 놓여난 것이다. 수추는 파괴된 악기와 버려진 노래를 회상할 뿐이었다. 수추는 이 죽음과 같은 휴식 안에서 비로소 노래만을 사랑하고 모든 것을 미워했던 제 모습이 이제는 변화된 것을 알았다.
그가 물을 마시려고 ⓒ시냇물에 구부렸을 적에 수추는 환희의 얼굴을 만났다. 그의 눈은 삶의 경이로움이 가득 차 있었고, 그의 입은 웃고 있었고, 뺨에는 땀이 구슬처럼 매달려 있었다. 그는 모든 산 것들이 그러하듯 이 만물의 소멸에 대하여 겸손하였다.

아이러니하게도 거문고가 부서지면서, 유일하게 수추가 삶을 살아가도록 해주는 것 같았던 노래가 없어지면서 수추의 괴리감은 해소가 되었습니다. 노래가 없으니 아무도 찾아오지 않게 되었고 그 덕에 오히려 편한 잠을 자며 괴리가 해소됩니다. 시냇물에 비친 얼굴에도 그런 것이 드러나죠.

노래가 없어지면서 수추의 문제가 해결되었으니, 정리하자면 **노래**가 수추의 문제였습니다. 이를 통해 이상에 대한 과한 집착은 자아의 파괴로 이어질 수 있음을 볼 수 있었습니다. 또한, 아무리 작품 자체가 훌륭해도 '예술가'가 부족하면 수용자들에게 수용되지 못함도 확인할 수 있었습니다. 노래와 예술가가 무관하면 사람들이 수추의 얼굴을 보고도 노래를 감상할 수 있었어야 했는데 말이죠. 이런 해석을 어떻게 하냐고 다시 물으시면 안 됩니다. <보기>에서 강력한 hint를 주었기에 이에 꺼맞추어 해석을 해야 하므로 이렇게까지 연결할 수 있는 겁니다.

아울러 실제로 2022학년도 수능의 헤겔 지문 <보기>에서도 나오듯이 내면의 성숙은 예술의 전제입니다. 허울뿐인 말로는 좋은 작품을 만들 수 없죠. 그저 감성 문구와 진짜 시인의 시가 담는 의미가 꽤나 차이가 나는 것처럼 말이에요. 따라서 이 모든 것을 한 줄로 정리해보면,

'내적 성숙없는 예술에 대한 집착은 자아의 파괴로 이어진다'

이제 문제에 들어가기 앞서 (가)와 (나)의 차이를 잠깐 되짚어보려 합니다. 독서 영역이나 문학 영역이나 같은 (가), (나) 복합은 둘 사이의 연결성에 대해 고민을 해보아야 합니다. (가)에서는 작품과 수용자 사이의 관계에도 예술가가 영향을 줄 수 있음이 드러났습니다. 반면, (나)에서는 작품과 수용자만으로 한정된 공간인 '강 건너'가 나오면서 마침내 작품에 대한 집착으로부터 벗어난 예술가를 볼 수 있었습니다. 역시나 <보기>에 근거해서 분석한 것이니 따라하려고 노력해주세요!

1. '나'가 '수추'의 얘기를 하기 때문에 꽤나 객관적인 수추에 대한 시각을 볼 수 있었습니다. 처음 (중략) 이전에서는 새암과 선망이라는 말처럼 주관적인 시각을 보여주다가, (중략) 이후부터는 '수추'에 대한 객관적인 관찰 내용을 말하며 이야기 속에서 밖으로 물러나고 있는 것을 알 수 있었습니다. 항상 **시각**은 생각하면서 읽어야 하는 것 명심해주세요! 답 : ③
조금 더 부연 설명을 하자면 (가)에서 (나)로 넘어가며 '작품-수용자-예술가'에서 '작품-예술가'가 되었기에 (가)에서 수용자로 기능한 '나'는 (나)에서 본질적으로 자리가 없어질 수밖에 없었습니다.

2. (가)는 수추의 문제 상황, (나)는 그런 괴리가 해소되는 과정이 나타났었죠. 이를 적절하게 선지에서 말하고 있는 게 딱 하나 보이네요. 이 소설은 두 인물의 대립보다는 한 인물의 내면에서 일어난 문제가 해소되는 내적 갈등에 관한 내용이었었죠. 답 : ③

3. ㉠에서는 괴리에 둘러싸인 수추의 얼굴, ㉡에서는 괴리가 해소된 수추의 얼굴이 보였습니다. 따라서 공통적인 기능은 수추의 내면을 보여준다는 것이겠죠. 답 : ①

4. <보기>에서 수추, 노래, 저잣거리 사람들과 동물들을 포함한 세상, '나'의 관계에 대해 말하고 있습니다. 예술가인 수추의 영향이 없을 때는 수추의 노래가 사회와 수용자에게는 좋게 들렸지만, 수추 자신에게는 괴리감을 유발한 주범이었죠. '강 건너'는 (나)의 배경으로 괴리가 해소된 곳입니다. 노래가 없으면 타인에 대한 의식도, 자신의 얼굴에 대한 추함도 없었죠. 괴리감에 대한 서술을 괴리가 해소된 이후에 연결한 선지가 적절하지 않네요. 답 : ④
이 역시 조금 더 부연설명을 하겠습니다. <보기>가 예술가, 작품, 사회, 수용자를 강조했기에 우리는 이에 근거하여 작품을 독해했습니다. 이때 가장 중요했던 **관계**는 이 작품에서는 역시 작품-예술가였죠. 따라서 작품-예술가에 대해

서술하고 있던 (나)의 '강 건너'라는 공간에 (가)의 관계였던 '수용자'를 배치함으로써 오답 이유를 만든 선지입니다. (가)와 (나)의 차이를 <보기>에 근거해 '수용자'의 유무로 보았다면, 바로 눈에 보이는 선지였던 것입니다!

역시나 **시각**과 **현실과 이상의 괴리**는 현대 소설에 주요한 역할을 한다는 것을 다시 한 번 확인할 수 있었습니다. 계속해서 연습해봅시다.

"도대체 박준은 어째서 꼭 불을 밝혀 놓아야 잠이 들 수 있었을까요. 그리고 전짓불을 보고는 왜 갑자기 발작을 일으킨 것입니까?"

"중요한 걸 물으시는군요."

잠시 입을 다물고 있던 김 박사는 그동안 나에게서 그런 질문을 기다리고 있었기라도 한 듯 이번에는 박준의 버릇에 대해 다시 설명을 시작했다.

"글쎄, 나 역시도 어젯밤 우연히 그런 발작이 나기 전까지는 환자가 특히 어둠을 싫어하는 이유를 알아내지 못하고 있었거든요. 그야 물론 앞서도 말씀드렸듯이 그것도 다른 환자들에게서 볼 수 있는 일반적인 병증의 하나임엔 틀림없지요. 하지만 이제까지의 관찰로는 영 그 원인을 분석해 낼 재간이 없었단 말입니다. 한데 어젯밤 발작을 보고는 비로소 어떤 힌트를 얻을 수 있었어요. 무슨 얘기냐 하면, 환자가 그토록 어둠을 싫어하게 된 것은 직접적으로 그 어둠 자체를 싫어하기 때문이 아니라, 그 어둠으로부터 연상되는 어떤 다른 공포감이 있었기 때문이라는 겁니다. 이를테면 그 전짓불 같은 것이 바로 그런 거지요. 환자가 진짜 발작을 일으키도록 심한 공포감을 유발시킨 것은 어둠이 아니라 그 어둠 속에 나타난 전짓불이었단 말씀입니다. 환자에겐 그 어둠이라는 것이 늘 전짓불을 연상시키는 공포의 촉매물이었지요."

"그렇다면 앞으로의 문제는 박준이 무엇 때문에 그 전짓불에 공포를 느끼게 되는지 그걸 알아내는 것이겠군요. 그게 바로 박사님께서 자주 말씀하신 최초의 갈등 요인이 아니겠습니까."

"옳은 말씀이에요. 전짓불의 비밀이야말로 박준 씨의 치료에는 무엇보다 중요한 열쇠가 되고 있지요."

"하지만 어젯밤 박준이 전짓불을 보고 놀랐던 것만으로는 그가 어째서 그것에 대해 공포감을 지니게 되었는지, 그리고 그 **전짓불의 공포**라는 것이 박준에게 어떤 의미를 지니고 있는 것인지 아직 설명하실 수가 없으신 것 아닙니까."

"아직까지는 그런 셈이지요."

"역시 그의 소설에 대해 관심을 좀 가져 보시는 게 어떨까요?"

나는 필시 박준의 소설들과 전짓불 사이엔 뭔가 썩 깊은 상관이 있는 듯한 예감에 사로잡히며 은근히 김 박사를 권해 보았다. 그러나 김 박사는 박준의 소설에 대해서는 여전히 관심을 보이려 하지 않았다.

"역시 그럴 필요는 없어요. 별로 기분 좋은 방법이 아니기는 하지만, 이젠 최소한 환자로 하여금 전짓불의 내력을 포함한 모든 비밀을 털어놓게 할 마지막 방법은 찾아 놓고 있는 셈이니까요."

(중략)

―이 달의 화제작, 화제 작가.

신문지는 벌써 이태쯤 전에 발간된 어떤 주간지의 한 조각이었는데, 거기엔 우선 그런 제호가 크게 눈에 띄었다. 그리고 그 제호 한쪽으로 그 달에 발표된 박준의 소설이 한 편 몇몇 평론가들로부터 합평되어 있고, 다른 한쪽엔 그 달의 화제 작가로서 박준을 인터뷰한 기사가 실려 있었다.

나는 정신이 번쩍 들었다. 신문지 조각을 못에서 빼어 냈다. 그러나 금세 실망이 되고 말았다. 기사는 별로 읽을 만한 곳이 남아 있지 않았다. 대부분의 기사가 다른 조각으로 찢어져 나가 버리고 없었다. 찢어져 나간 조각들은 찾아낼 수가 없었다. 이미 휴지로 사용이 되고 만 모양이었다. 남아 있는 것은 그의 인터뷰 기사 중의 몇 마디뿐이었다. 나는 그것이나마 찢어지다 남은 데서부터 기사를 읽어 내려가기 시작했다.

-당신은 아까 내가 **위험한 질문**이라고 한 말의 뜻을 아직 잘 알아듣지 못한 모양이다. 그렇다면 내가 좀 더 설명을 하겠다…….

아마 기자의 어떤 질문에 대한 답변을 부연하고 있는 모양이었다. 박준은 이야기를 꽤 길게 계속하고 있었다.

[A]
-어렸을 때 겪은 일이지만 난 아주 기분 나쁜 기억을 한 가지 가지고 있다. 6·25가 터지고 나서 우리 고향에는 한동안 우리 경찰대와 지방 공비가 뒤죽박죽으로 마을을 찾아드는 일이 있었는데, 어느 날 밤 경찰인지 공빈지 알 수 없는 사람들이 또 마을을 찾아 들어왔다. 그리고 그 사람들 중의 한 사람이 우리 집까지 찾아 들어와 어머니하고 내가 잠들고 있는 방문을 열어젖혔다. 눈이 부시도록 밝은 전짓불을 얼굴에다 내리비추며 어머니더러 당신은 누구의 편이냐는 것이었다. 하지만 어머니는 그때 얼른 대답을 할 수가 없었다. 전짓불 뒤에 가려진 사람이 경찰대 사람인지 공비인지를 구별할 수 없었기 때문이다. 대답을 잘못했다가는 지독한 복수를 당할 것이 뻔한 사실이었다. 하지만 어머니는 상대방이 어느 쪽인지 정체를 모른 채 대답을 해야 할 사정이었다. 어머니의 입장은 절망적이었다. 나는 지금까지도 그 절망적인 순간의 기억을, 그리고 사람의 얼굴을 가려 버린 전짓불에 대한 공포를 생생하게 간직하고 있다.

그런데 나는 요즘 나의 **소설 작업** 중에도 가끔 그 비슷한 느낌을 경험하곤 한다. 내가 소설을 쓰고 있는 것이 마치 그 얼굴이 보이지 않는 전짓불 앞에서 일방적으로 나의 진술만을 하고 있는 것 같다는 말이다. 문학 행위란 어떻게 보면 한 작가의 가장 성실한 **자기 진술**이라고 할 수 있다. 그런데 나는 지금 어떤 전짓불 아래서 나의 진술을 행하고 있는지 때때로 엄청난 공포감을 느낄 때가 많다. 지금 당신 같은 질문을 받게 될 때가 바로 그렇다…….

박준의 말은 거기서 일단 끝나고 있는 듯 보였다. 그리고 신문이 찢어져 나가 버린 것도 거기서부터였다.

-이청준, 「소문의 벽」-

1. 윗글에 대한 이해로 가장 적절한 것은?

① '김 박사'는 '박준'이 느끼는 공포감의 비밀을 밝힐 방법을 찾았다고 믿는다.
② '김 박사'의 말을 들은 '나'는 그의 치료 방안에 대해 전적으로 신뢰하게 된다.
③ '박준'이 어둠 때문에 발작을 일으킨 일이 있음을 '김 박사'는 알지 못하고 있다.
④ '어머니'의 입장이 절망적인 것은 아들의 안전을 지키지 못했다는 자괴감 때문이다.
⑤ 신문지 조각을 읽은 '나'는 궁금해 하는 사실과 기사의 내용이 거리가 있어서 실망한다.

2. [A]의 서사적 기능으로 가장 적절한 것은?

① 특정 지역을 배경으로 설정하여 공간의 상징적 의미를 부각한다.
② 인물의 행동을 객관적 시점에서 묘사하여 인물의 성격을 짐작하게 한다.
③ 주인공의 두 경험을 연관 지어 사건의 의미를 이해하는 데 단서를 제공한다.
④ 동일한 사건을 다각적으로 구성하여 사건에 대한 해석의 여지를 열어 놓는다.
⑤ 이질적인 시선을 대비해 가며 역사적인 사건의 전모가 총체적으로 드러나도록 한다.

3. <보기>를 참고하여 윗글을 감상한 내용으로 적절하지 않은 것은?

---<보 기>---

정신적 외상(trauma)은 충격적 경험의 기억이 무의식에 잠재되었다가 정신적 병증의 요인으로 작용하면서 모습을 드러낸다. 그 기억은 떠올리는 것만으로도 고통스러울 수 있는데, 이를 들추어 '말문'을 트게 하는 것은 정신적 병증의 치유에서 중요한 과정이다. 개인뿐만 아니라 사회에서도 공동체의 위기 상황으로 인해 발생한 정신적 외상에 대해 '말문 트기'가 요구된다. 이런 점에서 소설은 개인의 아픔은 물론 사회적 병증을 치유해주는 개인적 · 사회적 말문 트기의 하나라 할 수 있다.

① '전짓불의 공포'를 강하게 느끼는 '박준'은, 일방적 진술을 강요하는 듯한 사회적 상황에 직면하여 고통 받는 이들을 상징하는 인물이겠군.
② '전짓불의 공포'와 '소설 작업'의 관계에 주목해 보면, 소설 쓰기를 통한 '박준'의 '자기 진술'은 치유 방법으로서의 말문 트기에 상응하는 것이겠군.
③ '자기 진술'을 어렵게 만드는 상황에 직면했다는 '박준'의 고백은, 일방적일 수밖에 없는 '자기 진술'의 상황 속에서 정신적 외상이 환기된다는 점을 드러내는 것이겠군.
④ 유년의 '기분 나쁜 기억'이 전쟁으로 인한 공동체의 위기 상황과 관련되었다는 설정을 통해, '박준'의 정신적 외상이 사회적 차원의 문제와 관련이 있다는 점을 알 수 있겠군.
⑤ 정신적 외상의 최초 원인을 밝히기 위해 '김 박사'가 '박준'의 과거 기억을 진술하게 할 계획을 세웠다면, 이는 '위험한 질문'을 회피하기 위한 말문 트기 방법을 모색한 결과이겠군.

정신적 외상에 관한 소설인가 봅니다. 그런데 이런 정신적 외상은 개인에만 해당되는 것이 아닌가 봅니다. 사회에서도 공동체의 위기 상황으로 인해서 그 사회가 받은 정신적 외상이 존재한다고 말하고 있습니다. 이에 대한 치료로 이 작품에서는 '말문 트기'가 나오며 그 중 하나로 소설을 들고 있습니다. 따라서, 우린 <보기>를 통해 이 작품에서 개인적, 사회적 정신적 외상과 그에 대한 치료를 확인해야겠다고 작전을 세웠어야 했네요!

<소설 독해>

　#1 "도대체 박준은 어째서 꼭 불을 밝혀 놓아야 잠이 들 수 있었을까요. 그리고 전짓불을 보고는 왜 갑자기 발작을 일으킨 것입니까?"

　"중요한 걸 물으시는군요."

　잠시 입을 다물고 있던 김 박사는 그동안 나에게서 그런 질문을 기다리고 있었기라도 한 듯 이번에는 박준의 버릇에 대해 다시 설명을 시작했다.

　"글쎄, 나 역시도 어젯밤 우연히 그런 발작이 나기 전까지는 환자가 특히 어둠을 싫어하는 이유를 알아내지 못하고 있었거든요. 그야 물론 앞서도 말씀드렸듯이 그것도 다른 환자들에게서 볼 수 있는 일반적인 병증의 하나임엔 틀림없지요. 하지만 이제까지의 관찰로는 영 그 원인을 분석해 낼 재간이 없었단 말입니다. 한데 어젯밤 발작을 보고는 비로소 어떤 힌트를 얻을 수 있었어요. 무슨 얘기냐 하면, 환자가 그토록 어둠을 싫어하게 된 것은 직접적으로 그 어둠 자체를 싫어하기 때문이 아니라, 그 어둠으로부터 연상되는 어떤 다른 공포감이 있었기 때문이라는 겁니다. 이를테면 그 전짓불 같은 것이 바로 그런 거지요. 환자가 진짜 발작을 일으키도록 심한 공포감을 유발시킨 것은 어둠이 아니라 그 어둠 속에 나타난 전짓불이었단 말씀입니다. 환자에겐 그 어둠이라는 것이 늘 전짓불을 연상시키는 공포의 촉매물이었지요."

여러 사람이 나오고 있습니다. 우선 '박준'의 전짓불과 발작에 대한 반응으로 지문이 시작되고 이에 대해 대화하는 사람은 김 박사와 '나'였습니다. '김 박사'는 박준을 환자라고 부르는 걸 보면 의사인 것 같고, 박준은 <보기>의 정신적 외상이 있는 것 같습니다. <보기>에서 말한 충격적 경험의 기억이 지문에서는 '공포'라고 나오며, 이의 촉매물이 **어둠**이라고 하네요. 그러므로 우리는 <보기>의 내용대로 어둠이 '정신적 병증의 요인'을 유발하는 촉매가 되어 박준에게 연상시키는 것은 '전짓불'이었습니다. 즉, 직접적인 정신적 외상의 이유가 전짓불과 관련한 기억인 것이죠. <보기>를 통해서 '박준'에게 해당되는 이 개인적 트라우마가 사회적 트라우마와도 관련이 있을 것임을 추측하면 좋을 것 같습니다.

#2 "그렇다면 앞으로의 문제는 박준이 무엇 때문에 그 전짓불에 공포를 느끼게 되는지 그걸 알아내는 것이겠군요. 그게 바로 박사님께서 자주 말씀하신 최초의 갈등 요인이 아니겠습니까."

"옳은 말씀이에요. 전짓불의 비밀이야말로 박준 씨의 치료에는 무엇보다 중요한 열쇠가 되고 있지요."

"하지만 어젯밤 박준이 전짓불을 보고 놀랐던 것만으론 그가 어째서 그것에 대해 공포감을 지니게 되었는지, 그리고 그 전짓불의 공포라는 것이 박준에게 어떤 의미를 지니고 있는 것인지 아직 설명하실 수가 없으신 것 아닙니까."

"아직까지는 그런 셈이지요."

"역시 그의 소설에 대해 관심을 좀 가져 보시는 게 어떨까요?"

나는 필시 박준의 소설들과 전짓불 사이엔 뭔가 썩 깊은 상관이 있는 듯한 예감에 사로잡히며 은근히 김 박사를 권해 보았다. 그러나 김 박사는 박준의 소설에 대해서는 여전히 관심을 보이려 하지 않았다.

"역시 그럴 필요는 없어요. 별로 기분 좋은 방법이 아니기는 하지만, 이젠 최소한 환자로 하여금 전짓불의 내력을 포함한 모든 비밀을 털어놓게 할 마지막 방법은 찾아 놓고 있는 셈이니까요."

이 사람들에게 박준이 왜 정신적 외상을 갖게 되었는지는 의문의 대상입니다. 치유에 중요한 열쇠이니까요! 어둠을 싫어해서 불을 밝혀놓아야 했던 박준이, 전짓불만큼은 싫어하는 걸 보면 박준에게 정신적 외상을 심어준 기억은 어둠 속의 전짓불이었던 것임을 알 수 있습니다. 이 기억에 대해 구체적으로 알기 위해 '나'는 김 박사에게 박준(환자)의 소설을 읽어 보기를 권하지만, 박사는 관심을 보이지 않았습니다. '나'는 <보기>에 따르면 제대로 된 말문트기를 이해하고 있는 것 같습니다. '박준'의 소설은 결국 그의 개인적인 트라우마에 대한 말문트기이고 이를 읽는 것이 그의 트라우마를 이해하는 길이라고 생각하고 있죠. 하지만, '김 박사'는 그렇게 생각하지 않습니다.

#3 (중략)
－이 달의 화제작, 화제 작가.

신문지는 벌써 이태쯤 전에 발간된 어떤 주간지의 한 조각이었는데, 거기엔 우선 그런 제호가 크게 눈에 띄었다. 그리고 그 제호 한쪽으로 그 달에 발표된 박준의 소설이 한 편 몇몇 평론가들로부터 합평되어 있고, 다른 한쪽엔 그 달의 화제 작가로서 박준을 인터뷰한 기사가 실려 있었다.

나는 정신이 번쩍 들었다. 신문지 조각을 못에서 빼어 냈다. 그러나 금세 실망이 되고 말았다. 기사는 별로 읽을 만한 곳이 남아 있지 않았다. 대부분의 기사가 다른 조각으로 찢어져 나가 버리고 없었다. 찢어져 나간 조각들은 찾아낼 수가 없었다. 이미 휴지로 사용이 되고 만 모양이었다. 남아 있는 것은 그의 인터뷰 기사 중의 몇 마디뿐이었다. 나는 그것이나마 찢어지다 남은 데서부터 기사를 읽어 내려가기 시작했다.

-당신은 아까 내가 위험한 질문이라고 한 말의 뜻을 아직 잘 알아듣지 못한 모양이다. 그렇다면 내가 좀 더 설명을 하겠다…….

아마 기자의 어떤 질문에 대한 답변을 부연하고 있는 모양이었다. 박준은 이야기를 꽤 길게 계속하고 있었다.

(중략)이 나오면 줄거리를 따로 제시해주지 않는 한 새로운 장면에 대한 파악을 해야 합니다. 따라서 소설 지문의 첫 부분을 읽을 때처럼 인물, 사건, 배경에 대한 정보를 끌어 모아야 합니다. 김 박사와 달리 '나'는 결국 박준의 소설을 찾아보았습니다. 거기에 나온 기사에서 박준이 '위험한 질문'에 대한 답변을 하는 것을 알고 있죠. '위험한 질문'에 대한 이야기가 길게 나온다고 하니 '나'가 의심했던 박준의 정신적 외상과 관련한 질문이 아니었을까 생각하면서 구체적인 내용을 이제 확인해봅시다.

#4 -어렸을 때 겪은 일이지만 난 아주 기분 나쁜 기억을 한 가지 가지고 있다. 6·25가 터지고 나서 우리 고향에는 한동안 우리 경찰대와 지방 공비가 뒤죽박죽으로 마을을 찾아드는 일이 있었는데, 어느 날 밤 경찰인지 공비인지 알 수 없는 사람들이 또 마을을 찾아 들어왔다. 그리고 그 사람들 중의 한 사람이 우리 집까지 찾아 들어와 어머니하고 내가 잠들고 있는 방문을 열어젖혔다. 눈이 부시도록 밝은 전짓불을 얼굴에다 내리비추며 어머니더러 당신은 누구의 편이냐는 것이었다. 하지만 어머니는 그때 얼른 대답을 할 수가 없었다. 전짓불 뒤에 가려진 사람이 경찰대 사람인지 공비인지를 구별할 수 없었기 때문이다. 대답을 잘못했다가는 지독한 복수를 당할 것이 뻔한 사실이었다. 하지만 어머니는 상대방이 어느 쪽인지 정체를 모른 채 대답을 해야 할 사정이었다. 어머니의 입장은 절망적이었다. 나는 지금까지도 그 절망적인 순간의 기억을, 그리고 사람의 얼굴을 가려 버린 전짓불에 대한 공포를 생생하게 간직하고 있다.

역시 '나'의 짐작대로 박준의 정신적 외상이 된 아픈 기억이 소설과 관련한 인터뷰 기사에 있었습니다. 박준의 고향에서 어머니와 어린 자신에게 정치적 사상에 따라(남 vs 북) 목숨이 오갈 뻔한 상황을 겪었던다고 합니다. 그때 어머니와 같이 느꼈던 절망감이, 당시 잠들었을 때 밝은 전짓불을 경찰인지 공비인지가 들이댔던 경험이 박준의 정신적 외상의 대상이었습니다. <보기>를 통해서 추측했던 개인적 트라우마가 사회적인 트라우마와 연결되어 있을 것이라는 추측이 맞아떨어졌습니다. 그리고, '박준'의 소설에도 이와 관련된 이야기들이 나와 있었겠죠.

<보기>에 따르면 소설쓰기란 일종의 '말문 트기'입니다. 트라우마에 대한 이야기를 소설로 끄집어 내면서 트라우마를 치료하는 행위이죠. 그러니까, '박준'의 소설은 경찰과 공비, 남과 북, 정치적 사상에 따른 갈등과 같은 사회적 차원의 트라우마를 드러내면서 치료함과 동시에 개인적인 트라우마를 끄집어내 치료하는 소설 쓰기였음을 보기를 통해서 추론할수 있겠습니다.

> #5 그런데 나는 요즘 나의 소설 작업 중에도 가끔 그 비슷한 느낌을 경험하곤 한다. 내가 소설을 쓰고 있는 것이 마치 그 얼굴이 보이지 않는 전짓불 앞에서 일방적으로 나의 진술만을 하고 있는 것 같다는 말이다. 문학 행위란 어떻게 보면 한 작가의 가장 성실한 자기 진술이라고 할 수 있다. 그런데 나는 지금 어떤 전짓불 아래서 나의 진술을 행하고 있는지 때때로 엄청난 공포감을 느낄 때가 많다. 지금 당신 같은 질문을 받게 될 때가 바로 그렇다…….
> 박준의 말은 거기서 일단 끝나고 있는 듯 보였다. 그리고 신문이 찢어져 나가 버린 것도 거기서부터였다.

하지만 치료를 목적으로 한 '말문 트기'의 일종인 소설쓰기가 박준에게 이제는 마치 '전짓불 앞에서 일방적으로 나의 진술만을 하고 있는' 것처럼 느껴진다고 합니다. 이것은 아마도 가장 성실한 자기 진술조차도 전짓불에서 벗어나 진행할 수 없는 사회적 배경 때문이겠네요. 문학 사상에 대한 정치적인 통제가 이루어지고 있는 상황이 '박준'에게는 아마도 전짓불 아래에서 진술을 하고 있는 것과 같다고 느껴지는 것이죠. 그리고, 이런 인터뷰 상황도 정치적인 사상 아래에서 진행되다 보니 '박준'은 트라우마를 떠올리게 되어 공포를 느끼게 되는 것이겠습니다. 자, 그러면 '나'는 소설을 읽어보면서 '박준'의 트라우마를 치료하자고 했었고, '김 박사'는 그것 대신에 다른 마지막 방법을 가지고 있다고 했습니다.

그렇다면 김 박사는 소설로부터 찾아낸 '말문 트기'가 아닌 어떤 '마지막 방법'을 갖고 있길래 '나'와는 다르게 소설에 대해 관심이 없는 걸까요? 기분이 좋은 방법이 아니라고 한 것을 보면 결국 김 박사는 전짓불을 박준에게 들이대려는 것입니다. 발작을 일으키더라도 그것이 가장 확실하게 비밀을 털어 놓게 할 방법임을 추론할 수 있겠습니다. 김 박사도 강요하네요...

"'나'를 제외한 사회에게 대답을 강요받고 있는 박준의 정신적 외상'

이 되겠네요. 그리고 이청준의 '소문의 벽'조차 일종의 '말문 트기'로도 볼 수 있겠죠...!
이처럼 주제를 한 줄로 요약할 때 이 지문은 박준에 대한 내용이 주어서 '나'를 빼먹는 경우가 많습니다. 그러나 이 지문에 실질적으로 등장한 인물은 '나'와 '김 박사'이며 하물며 '나'는 엄연히 1인칭 서술자입니다. '나'는 박준에게 있어서 유일하게 대답을 강요하지 않고, 소설이라는 간접적인 방법으로 치료를 탐색해주는 고마운 존재입니다. '김 박사'마저도 전짓불을 강제로 들이대려 했기에 이와 구분되는 '나'의 특징을 꼭 주제에 반영했어야 합니다.

1. '나'와 '김 박사'의 차이는 소설에 대한 관심이었으며, 박준을 치료하는 데에 있어서 박준의 기억을 알아내는 것이 중요하다고 생각했다는 공통점이 있었습니다. 이 **내용**은 두 인물의 **시각**이자 주관적인 표현이니 중요했습니다. '김 박사'의 '마지막 방법'이네요. 답 : ①

2. [A]는 박준의 인터뷰 기사 즉, 정신적 외상의 원인에 대한 정체가 밝혀지는 부분입니다. 특히 과거의 사건이었던 '전짓불에 대한 공포'가 과거에 머무르지 않고, 현재의 소설 쓰기에도 영향을 주며 악화되었다는 것이 핵심이었습니다. 힘든 기억에 그치지 않고, 이후에도 사회로부터 강요당하며 악화된 박준의 정신적 외상이라는 주제를 담은 선지가 보이네요. 답 : ③

3. '박준'은 이 소설에서 6 · 25로 상처받은 사람들을 상징하고 있습니다. **일반적 유형**에 해당하겠죠. 평범한 사람이지만 누구나 그 전쟁을 겪었다면 이럴 수 있고, 그에 대한 간접 경험으로써 소설이 쓰인 것이니까요. 그래서 어떤 특정 면모보다는 사건 중심으로 문제가 나오고 있음을 역시나 확인할 수 있습니다. '소설 쓰기'는 박준에게 '말문 트기'의 과정이기도 했죠. 자기 진술의 시간이니까요. 하지만 이마저도 인터뷰를 거치며 나오는 사회 분위기가 박준에게는 전짓불처럼 다가왔다고 합니다. 끊임없이 대답을 강요받는 느낌이 과거의 트라우마와 연결되며, 더 이상 소설 쓰기마저 박준에게는 치료 수단으로 쓰일 수가 없었던 것이네요.

'김 박사'가 소설에 관심을 갖지 않았던 이유도 나오고 있습니다. 이 지문에서 박준의 기억을 제하고 가장 중요한 부분은 '나'와 '김 박사'의 대화입니다. 그 대화에서 가장 중요한 것은 결국 둘의 입장 차가 있다는 것이었죠. 소설에 '김 박사'가 관심 없었던 이유는 앞서 보았던 것처럼 최후의 수단인 '강제로 말문 트기' 즉, '전짓불 들이대기'였습니다. 이는 자연스럽게 생각을 드러내는 소설과는 달리 '위험한 질문' 그 자체라고 보는 것이 맞겠죠. 답 : ⑤ 지문에서는 '나'를 제외한 모두가 박준에게 강요했다는 주제가 계속해서 정답의 근거로 쓰이고 있네요.

이처럼 소설에 나오는 인물들의 **시각**과 <보기>에 따라 작품에 의미 부여하며 읽는 것을 계속 신경 쓰면서 다른 예제도 풀어주시기 바랍니다.

나는 집에 도착한 그 첫 순간에 베일에 가린 듯이 ⓐ 모든 사물, 모든 사람들로부터 차단된 나 자신을 느꼈다. 집에서 맞는 첫날 아침을 나는 이상한 비현실감 속에서 맞았다. "이런 전선에서 두부 장수 종소리, TV에서 흘러나오는 노랫소리, 수돗물이 넘치는 소리가 웬일일까?"라고 중얼거리며 주위를 둘러보았던 것이다. '이런 전선에서'란 느낌은 어떤 긴박한 위기에 대처한 생생한 의지였다. 그것은 아직도 내 몸에 밴 전쟁 냄새였다. 그런데 두부 장수 종소리, 유행가 소리 따위를 의식했을 때 나는 뭔가 맥이 탁 풀리는 것 같았다. 나의 안에 있는 긴박감에 비해서 밖은 너무도 무의미하고 태평스럽고 어쩌면 패덕스럽기까지 했다. 나미도, 학교 공부도, 또 나로부터 그토록 수많은 밤을 앗아 갔던 아틀리에도 예외일 수는 없었다. 나는 그것들과의 관계를 다시 시작할 하등의 흥미도 관심도 없었다. 나날이 권태스럽고 짜증스럽기만 했다. 이따금 나는 내 안의 긴장에 대해서, 적어도 숨김없는 그 진실에 대해서 누군가에게 말하려 애써 보았다. 그러나 이해하는 사람은 아무도 없었다.

그렇다. 이제 생각이 난다. 며칠 전 다방에서의 일이. 실내엔 담배 연기가 꽉 차 있었고 선정적인 허스키로 어떤 여자가 느린 곡조로 노래를 들려주고 있었다. 어쩌다가 내가 나미에게 그 얘기를 들려주려고 했는지 알 수가 없다. 나는 다음과 같이 그 얘기를 시작했다.

나는 D 고지에서 전투 중인 ○○ 연대 근처까지 물을 실어다 주라는 명령을 받았어. 음료수가 떨어져서 전 연대원이 전투는 고사하고 타는 듯한 갈증과 싸우고 있다는 소식이었어. T에서 거기까진 팔십 킬로 거리였지. 나와 한병장은 밤중에 급수차를 몰아 T를 떠났어. 한 치 앞도 가릴 수 없는 어둠과 정적. 목쉰 듯한 엔진 소리는 어둠과 정적의 벽에 부딪혀 바로 우리의 귓가에서 부서지고, 부챗살 모양으로 어둠이 지워진 헤드라이트의 반경 속에선 사물이 극도로 정밀해져 마치 입체 영화에서처럼 눈 속으로 뛰어들었지. 그 정밀함이란 길바닥에 뒹구는 돌에 묻은 티, 풀포기에 매달려 잠자는 벌레 따위의 미세한 것들까지도 죄다 눈에 잡히는 듯했어. 나는 온갖 사물들이 바로 내 심장에 맞닿아 있는 듯한 그런 느낌을 이전엔 한 번도 가져 보지 못했어. 이따금씩 여우나 늑대 따위들이 길을 횡단하여 쏜살같이 사라지곤 했어. 어둠 속에서 한가로이 떠돌던 나방이 떼들은 갑작스런 불빛에 방향 감각을 잃고 윈도에 머리를 부딪혀 빗방울처럼 떨어져 죽었고, 나는 운전하고 있는 한병장의 팔을 건드리며 유리창을 가리켰지. 그는 겁에 질린 해쓱한 표정으로 나를 힐끔 곁눈질했을 뿐이야. 그렇지, 혈관 속을 움직이는 피의 선회마저 느낄 듯한 이 비상한 감각, 그리고 심연에서 샘처럼 솟아오르는 넘칠 듯한 생동감이 없이는, 저 유리창에 부딪혀 죽는 나방이 따위야 아무것도 신기할 것이 없지, 라고 생각하며 나는 혼자서 빙긋 웃었어.

[A]
한병장이 다시 얼굴을 힐끔 돌리며 잡아 늘이는 듯한 목소리로 말했어. "차일병은 무섭지 않나?" "아뇨, 전연." "대단하군. 여기선 적이 언제 어디서라도 나타날 수 있지." "저는 적보다 진정으로 무서운 건 무감각이라고 깨달았습니다." "나는 제대하면 곧장 결혼할 거야." "언젭니까, 제대가?" "석 달 남았지." "저는 지금까지 마치 꿈을 꾸다가 깨어난 것 같아요. 이곳에 온 뒤론 바로 생명의 한가운데를 관통하는 느낌입니다." 그런데 중간에서 엔진이 고장났지. 몇 시간 지체하고 나니 벌써 동이 트더군. 이제부터 정말 위험이 시작된 것이라 싶더군. 왜냐하면 적의 정찰 비행에 발견되면 공중 사격을 받을 우려가 있는 데다 불볕 같은 폭염이 사정없이 쏟아져 그도 또한 견디기 어려운 문제였지.

(중략)

아까부터 나는 창 옆에서 노인이 나타나기를 기다리고 있었다. 오늘도 그가 그토록 진지한 얼굴로 잃어버린 물건을 계속 찾을 것인지. 대체로 그렇지 못할 것이라고 나는 믿고 있다. 그러나 만에 하나라도 노인이 어제와 같은 모습으로 내 앞에 나타난다면 무료한 가운데서도 어떤 안정성을 획득하고 있던 나의 생활은 송두리째 무너질지도 모른다. 그가 창밖에서 뭔가 열심히 찾고 있는 한 나는 계속 도전을 받는 셈이기에. 때문에 사실을 좀 더 명확하게 파악할 필요가 있다. 노인이 찾고 있는 ⓑ 물건의 정체가 무엇인지, 그런저런 것을 알아보노라면 노인의 그와 같은 숙연한 태도와 잃어버린 물건 사이의 상관관계도 알게 될 것이다. 아무튼 이제 나는 그와 한마디 얘기라도 나눠 보지 않으면 못 견딜 것 같은 심정이다.

[B]
드디어 자전거에 짐을 싣고 공터 안으로 들어오는 노인의 모습이 눈에 잡힌다. 그 곁엔 개가 종종걸음으로 따르고 있다. 어제와 거의 같은 장소에서 노인은 자전거를 멈추고 짐을 내린다. 비치파라솔・궤짝・연탄불 따위들이 착착 있을 곳에 놓여진다. 그런데 얼마 후에 나를 놀라게 하는 일이 벌어진다. 준비를 끝낸 노인은 이내 포장 안에서 빠져나와 개를 데리고 물웅덩이 쪽으로 가는 게 아닌가. 개는 하루 사이 아주 눈에 띄게 쇠약한 모습이고, 노인도 피곤하고 지친 모습이긴 하나 끈질긴 어떤 힘이 그의 전신에서 면면히 솟아 나오고 있는 듯하다. 나는 완전히 안정을 잃고 방 안을 오락가락했다. 믿어지지 않는다. 거짓말이다. 무엇이 노인에게 저토록 소중하게 여겨진단 말인가. 아니, 노인은 무슨 실없는 망상을 하고 있는 걸까. 나는 방에서 뛰쳐나왔다.

— 서영은, 『사막을 건너는 법』 —

1. [A]와 [B]의 서술상 특징에 대한 설명으로 가장 적절한 것은?

① [A]는 회상 장면을 삽입하여, [B]는 시간의 흐름에 따라 사건을 서술하여 인물들이 처한 상황을 객관적으로 전달하고 있다.

② [A]는 구어체를 활용하여 경험한 사실을, [B]는 현재형 시제를 활용하여 관찰하고 있는 사실을 생생하게 나타내고 있다.

③ [A]는 공간 이동에 따라 일어나는 사건을 통해, [B]는 공간에 대한 묘사를 통해 인물들의 외적 갈등을 심화하고 있다.

④ [A]는 인물 간의 대화를 삽입하여, [B]는 인물들의 반복되는 행동을 제시하여 갈등 해소 과정을 보여 주고 있다.

⑤ [A]는 중심인물의 말을 제시하여, [B]는 주변 인물의 말을 제시하여 사건들의 인과 관계를 드러내고 있다.

2. 윗글에 대한 이해로 가장 적절한 것은?

① '나'는 일상을 권태롭고 짜증스럽게 느끼는 상황에서 '나미'를 만나 전쟁의 경험담을 전한다.

② '나'는 D 고지로 향하는 도중 음료수가 떨어져 곤란함이 가중된 상황에 처한다.

③ '나'와 '한병장'은 어둠을 밝히는 헤드라이트로 인해 적의 정찰 비행에 발견되어 공격을 받는다.

④ '나'는 임무 수행 중에 결혼할 계획을 밝히며 귀환 후의 꿈같은 생활에 대한 기대를 갖는다.

⑤ '나'는 전장에서 귀환한 후 자신의 긴장감을 이해해 주는 사람들을 만난다는 사실에 생동감을 느낀다.

3. ⓐ, ⓑ에 대한 이해로 적절하지 **않은** 것은?

① '나'는 '노인'의 변화된 모습을 통해 ⓑ를 찾는 '노인'의 행위가 중단될 것임을 예감한다.

② '나'는 ⓑ의 정체와 '노인'이 ⓑ를 찾는 태도 사이의 상관관계를 알고 싶어한다.

③ '나'는 '노인'이 ⓑ를 가치 있는 대상으로 여기고 있다고 판단한다.

④ '나'는 자신과 ⓐ의 관계에 대해 타인들은 이해하지 못한다고 생각한다.

⑤ '나'는 ⓐ로부터 소외된 상태에, '노인'은 ⓑ를 상실한 상태에 있다.

4. <보기>를 참고하여 윗글을 감상한 내용으로 적절하지 **않은** 것은?

> ─────── <보 기> ───────
>
> 이 작품은 신체의 감각을 활용해 '나'의 체험을 다양하게 형상화한다. 청각을 통해 현실에 대한 타인과의 인식 차이를 나타내거나, 과거 경험을 후각화하여 상징적으로 표현한다. 시각을 통해서는 긴장 상태에서 극대화된 감각 체험을 보여주는 한편 전쟁의 실상을 체험하면서 갖게 된, 현실에 대한 체념을 드러낸다. 또한 체념 상태를 흔드는 사건을 주시하면서 생기는 번민을, 행동을 통해 제시한다. 이는 '나'가 사막 같은 현실에 발을 내딛는 계기로 작용한다.

① '집에서 맞는 첫날 아침'의 느낌을 '나'가 '전선에서' 느끼는 '전쟁 냄새'라고 지각하는 데에서, 과거의 경험이 상징적 감각으로 표현되고 있군.

② '두부 장수 종소리, 유행가 소리'를 듣고 '밖'은 '무의미하고 태평스럽'다고 생각하는 데에서, '나'의 현실 인식이 타인과 다르다는 것을 의식하고 있음이 드러나고 있군.

③ '돌', '벌레' 같은 것들을 '입체 영화'처럼 보며 '심장에 맞닿아 있는 듯' 체감하는 데에서, 전장의 긴장 속에서 '나'의 감각이 극대화되고 있음이 나타나고 있군.

④ '방향 감각'을 잃은 '나방이 떼들'이 차창에 '부딪혀' 죽는 것을 목격하는 데에서, '나'가 전쟁의 실상을 깨달음으로써 체념적 현실 인식을 갖게 된다는 것이 나타나고 있군.

⑤ '믿어지지' 않는 '노인'의 행위를 지켜보고 '방 안을 오락가락'하는 데에서, 현실 인식에 대한 '나'의 번민이 행동을 통해 제시되고 있군.

<보   기>

이 작품은 신체의 감각을 활용해 '나'의 체험을 다양하게 형상화한다. 청각을 통해 현실에 대한 타인과의 인식 차이를 나타내거나, 과거 경험을 후각화하여 상징적으로 표현한다. 시각을 통해서는 긴장 상태에서 극대화된 감각 체험을 보여주는 한편 전쟁의 실상을 체험하면서 갖게 된, 현실에 대한 체념을 드러낸다. 또한 체념 상태를 흔드는 사건을 주시하면서 생기는 번민을, 행동을 통해 제시한다. 이는 '나'가 사막 같은 현실에 발을 내딛는 계기로 작용한다.

'나'의 체험이 여러 감각을 통해 형상화된다고 합니다. 그때 청각은 현실에서 타인과 자신의 차이를 나타내고, 후각은 과거의 경험을, 시각은 긴장 상태와 체념을 드러낸다고 합니다. <보기>를 보니 전쟁의 실상으로 인해 체념하게 되는 '나'라는 사람이 나온다는 것을 알 수 있습니다.

그러나 이 '나'의 생각을 뒤집는 '번민'이 나온다고 합니다. 어떤 사건으로부터 번민이 생기는지는 '행동'에 나타난다고 하니 그 행동을 찾아야겠습니다. 사막 같은 현실에 발을 내딛는 계기라고 하니 결국 '나'는 체념에 그치지 않고 극복까지 나아가며, 그 극복을 도와주는 번민과 그에 해당하는 사건을 찾는 것이 목표가 되면 되겠습니다! <보기>만 보아도 전쟁이라는 경험을 통해 인물이 겪는 일을 서술하는 소설이니 **일반적 유형**이므로 사건 위주로 인물을 해석해봅시다 :)

<소설 독해>

#1 나는 집에 도착한 그 첫 순간에 베일에 가린 듯이 ⓐ 모든 사물, 모든 사람들로부터 차단된 나 자신을 느꼈다. 집에서 맞는 첫날 아침을 나는 이상한 비현실감 속에서 맞았다. "이런 전선에서 두부 장수 종소리, TV에서 흘러나오는 노랫소리, 수돗물이 넘치는 소리가 웬일일까?"라고 중얼거리며 주위를 둘러보았던 것이다. '이런 전선에서'란 느낌은 어떤 긴박한 위기에 대처한 생생한 의지였다. 그것은 아직도 내 몸에 밴 전쟁 냄새였다. 그런데 두부 장수 종소리, 유행가 소리 따위를 의식했을 때 나는 뭔가 맥이 탁 풀리는 것 같았다. 나의 안에 있는 긴박감에 비해서 밖은 너무도 무의미하고 태평스럽고 어쩌면 패덕스럽기까지 했다. 나미도, 학교 공부도, 또 나로부터 그토록 수많은 밤을 앗아 갔던 아틀리에도 예외일 수는 없었다. 나는 그것들과의 관계를 다시 시작할 하등의 흥미도 관심도 없었다. 나날이 권태스럽고 짜증스럽기만 했다. 이따금 나는 내 안의 긴장에 대해서, 적어도 숨김없는 그 진실에 대해서 누군가에게 말하려 애써 보았다. 그러나 이해하는 사람은 아무도 없었다.

그렇다. 이제 생각이 난다. 며칠 전 다방에서의 일이. 실내엔 담배 연기가 꽉 차 있었고 선정적인 허스키로 어떤 여자가 느린 곡조로 노래를 들려주고 있었다. 어쩌다가 내가 나미에게 그 얘기를 들려주려고 했는지 알 수가 없다. 나는 다음과 같이 그 얘기를 시작했다.

'나'는 타인과의 인식 차이를 갖고 있었습니다. <보기>에서 말한 대로 청각에서 말이죠. 전선에서의 스트레스로 인한 여파인지 일상의 평화로움을 즐기지 못했습니다. 이에 대해 지극히 주관적인 표현들이 나오죠. 자신의 내면에 있는 긴박감과 다른 '태평스러움, 패덕' 등 말이에요.

'나미'와의 관계도 변화가 생겼네요. 그래서 자신이 왜 이렇게 변했는지 얘기를 해주려고 합니다. 왜 이런 체념을 가지게 된 걸까요?

#2 나는 D 고지에서 전투 중인 ○○ 연대 근처까지 물을 실어다 주라는 명령을 받았어. 음료수가 떨어져서 전 연대원이 전투는 고사하고 타는 듯한 갈증과 싸우고 있다는 소식이었어. T에서 거기까진 팔십 킬로 거리였지. 나와 한병장은 밤중에 급수차를 몰아 T를 떠났어. 한 치 앞도 가릴 수 없는 어둠과 정적. 목쉰 듯한 엔진 소리는 어둠과 정적의 벽에 부딪혀 바로 우리의 귓가에서 부서지고, 부챗살 모양으로 어둠이 지워진 헤드라이트의 반경 속에선 사물이 극도로 정밀해져 마치 입체 영화에서처럼 눈 속으로 뛰어들었지. 그 정밀함이란 길바닥에 뒹구는 돌에 묻은 티, 풀포기에 매달려 잠자는 벌레 따위의 미세한 것들까지도 죄다 눈에 잡히는 듯했어. 나는 온갖 사물들이 바로 내 심장에 맞닿아 있는 듯한 그런 느낌을 이전엔 한 번도 가져 보지 못했어. 이따금씩 여우나 늑대 따위들이 길을 횡단하여 쏜살같이 사라지곤 했어. 어둠 속에서 한가로이 떠돌던 나방이 떼들은 갑작스런 불빛에 방향 감각을 잃고 윈도에 머리를 부딪혀 빗방울처럼 떨어져 죽었고. 나는 운전하고 있는 한병장의 팔을 건드리며 유리창을 가리켰지. 그는 겁에 질린 해쓱한 표정으로 나를 힐끔 곁눈질했을 뿐이야. 그렇지, 혈관 속을 움직이는 피의 선회마저 느낄 듯한 이 비상한 감각, 그리고 심연에서 샘처럼 솟아오르는 넘칠 듯한 생동감이 없이는, 저 유리창에 부딪혀 죽는 나방이 따위야 아무것도 신기할 것이 없지, 라고 생각하며 나는 혼자서 빙긋 웃었어.

한병장이 다시 얼굴을 힐끔 돌리며 잡아 늘이는 듯한 목소리로 말했어. "차일병은 무섭지 않나?" "아뇨, 전연." "대단하군. 여기선 적이 언제 어디서라도 나타날 수 있지." "저는 적보다 진정으로 무서운 건 무감각이라고 깨달았습니다." "나는 제대하면 곧장 결혼할 거야." "언젭니까, 제대가?" "석 달 남았지." "저는 지금까지 마치 꿈을 꾸다가 깨어난 것 같아요. 이곳에 온 뒤론 바로 생명의 한가운데를 관통하는 느낌입니다." 그런데 중간에서 엔진이 고장났지. 몇 시간 지체하고 나니 벌써 동이 트더군. 이제부터 정말 위험이 시작된 것이라 싶더군. 왜냐하면 적의 정찰 비행에 발견되면 공중 사격을 받을 우려가 있는 데다 불볕 같은 폭염이 사정없이 쏟아져 그도 또한 견디기 어려운 문제였지.

역시나 <보기>에서 말한 것처럼 시각으로 극한의 긴장 상황이 드러나고 있습니다. T로 가면서까지 보이는 일종의 각성 상태가 드러나죠. 또한 이 장면의 두 번째 문단에 해당하는 [A]에서는 '나(차일병)'가 '한병장'과 나눈 대화가 나옵니다. 안 그래도 힘든 상황에서 차까지 고장나며 겪었던 문제 상황이 나오고 있죠. 극한의 스트레스를 이때 받아서인지, 갑작스레 자신에게 돌아온 평화로운 일상이 이해가 안 갈 만도 하네요. 자신은 목숨 걸고 싸우고 있었는데, 현재의 자신은 너무나도 평화로우니 여기서 **괴리**가 발생한 것이네요. 현실과 이상 간의 괴리는 아니지만, 극한 상황과 일상 사이의 **괴리**로 인해 화자는 무기력한 체념을 느낀 것이었습니다. 이제 <보기>에서 남은 것이라곤 '번민'과 그로 인한 '극복'뿐이네요.

#3 (중략)
아까부터 나는 창 옆에서 노인이 나타나기를 기다리고 있었다. 오늘도 그가 그토록 진지한 얼굴로 잃어버린 물건을 계속 찾을 것인지. 대체로 그렇지 못할 것이라고 나는 믿고 있다. 그러나 만에 하나라도 노인이 어제와 같은 모습으로 내 앞에 나타난다면 무료한 가운데서도 어떤 안정성을 획득하고 있던 나의 생활은 송두리째 무너질지도 모른다. 그가 창밖에서 뭔가 열심히 찾고 있는 한 나는 계속 도전을 받는 셈이기에. 때문에 사실을 좀 더 명확하게 파악할 필요가 있다. 노인이 찾고 있는 ⓑ물건의 정체가 무엇인지, 그런저런 것을 알아보노라면 노인의 그와 같은 숙연한 태도와 잃어버린 물건 사이의 상관관계도 알게 될 것이다. 아무튼 이제 나는 그와 한마디 얘기라도 나눠 보지 않으면 못 견딜 것 같은 심정이다.

드디어 자전거에 짐을 싣고 공터 안으로 들어오는 노인의 모습이 눈에 잡힌다. 그 곁엔 개가 종종걸음으로 따르고 있다. 어제와 거의 같은 장소에서 노인은 자전거를 멈추고 짐을 내린다. 비치파라솔·궤짝·연탄불 따위들이 착착 있을 곳에 놓여진다. 그런데 얼마 후에 나를 놀라게 하는 일이 벌어진다. 준비를 끝낸 노인은 이내 포장 안에서 빠져나와 개를 데리고 물웅덩이 쪽으로 가는 게 아닌가. 개는 하루 사이 아주 눈에 띄게 쇠약한 모습이고, 노인도 피곤하고 지친 모습이긴 하나 끈질긴 어떤 힘이 그의 전신에서 면면히 솟아 나오고 있는 듯하다. 나는 완전히 안정을 잃고 방 안을 오락가락했다. 믿어지지 않는다. 거짓말이다. 무엇이 노인에게 저토록 소중하게 여겨진단 말인가. 아니, 노인은 무슨 실없는 망상을 하고 있는 걸까. 나는 방에서 뛰쳐나왔다.

(중략) 전후의 상황 파악이 중요하다고 했습니다. 우선 두 줄 정도 읽어보면 전쟁 상황이 아니라는 점에서 과거는 아님을 알 수 있습니다. 또한 <보기>에서 말한 번민이 '나'의 체념에 대한 해결책이 되려면 당연히 과거가 아닌 현재의 상황이 나와야 하겠죠.

'노인'이 계속해서 잃어버린 물건을 진지하게 찾고 있습니다. '나'는 체념(무료)을 느끼는 것에 어느새 익숙해져 일종의 '안정성(괴리의 지속)'을 느끼고 있었습니다. 그런데 그런 괴리가, 노인이 계속해서 어제나 오늘이나 어떤 물건을 찾으려 온다면 깨져버릴 것이라고 하고 있습니다. 도대체 무얼 찾길래 이토록 열심히 찾는 걸까요? 물건과 노인은 어떤 관계이기에 자신이 권태롭다고 생각한 이 일상에서도 저리 간절한 것이 있는 걸까요?

<보기>에서 말한 대로 나의 번민이 행동으로 나타납니다. 결국 안정을 완전히 잃고 방을 오락가락하며 끝내는 방에서 뛰쳐나오니 말이죠. 이렇게 '나'에게 번민이 찾아왔습니다. 전쟁과 일상 속의 괴리로 인해 그 무엇도 소중하게 보이지 않던 '나'에게는 노인이 어떤 물건을 찾기 위해 매일같이 나오는 모습이 손수 이해가 되지 않았기 때문이죠. 지문은 여기서 끝났지만, 결국 노인과 물건의 관계를 '나'가 알게 되면서 일상의 소중함을 되찾아 자신의 괴리를 해소할 것임을 알 수 있겠어요. 그게 제목과 <보기>에 나온 사막(인생)을 건너는 법일 겁니다.

'전쟁과의 괴리감으로 인해 잃어버린 일상의 소중함을 되찾는 과정'

1. [A]는 한병장과의 대화로 나타나는 당시 전쟁 상황의 긴박함과 '나'가 받은 스트레스가 표현되고, [B]는 '노인'으로 인해 완전히 안정을 잃어버린 '나'의 번민이 주 내용이었습니다.
   '나'와 '노인'은 어떠한 갈등도 없습니다. 다만, '나'가 노인의 행동을 보며 자신이 느꼈던 괴리에 대한 괴리를 느낀 즉, 안정을 잃어버렸을 뿐입니다.
   이를 한 문장으로 나타내면 [A]는 경험한 사실을, [B]는 관찰 내용을 제시하고 있네요. 답 : ②

2. '나'는 다른 부대를 도우려 갔다가 차가 망가졌습니다. 적에게 발견됐다면 엄청 큰일 났겠지만 그러지는 않았고, 생활과 전쟁의 괴리로 기대는 없어지고 체념해버립니다. 이는 타인과 자신은 다르다는 인식으로부터 점점 '나'를 외롭게 만들었었죠. 이에 '나미'에게 자신의 경험담을 말하며 왜 자신이 이런 문제를 겪고 있는지 전달합니다. 답 : ①

3. ⓐ는 전쟁과 일상의 차이로 인해 '나'가 괴리를 느끼는 대상, ⓑ는 '노인'으로 인해 생긴 번민의 대상입니다. 이때 번민의 내용은 노인의 ⓑ에 대한 '일관된' 간절함이었죠. 자신이 생각할 때, 전쟁과 달리 이렇게 loose한 일상은 무슨 의미가 있는지 체념하고 있는 '나'에게 '노인'의 간절함은 큰 충격이 되어 번민으로 다가왔습니다. 정확히 반대인 선지가 있네요. 답 : ①

4. 청각 - 전쟁과 괴리된 일상, 후각 - 과거의 경험, 시각 - 전쟁에서 느낀 극한의 긴장
   ④ : 시각에 대한 얘기이므로 과거에 느낀 전쟁의 극한 상황이어야 합니다. 그런데 '체념'을 말하고 있네요. 얼마나 이상한 것이냐면, 체념의 이유가 전쟁과 일상의 괴리였는데, 전쟁에서 극한의 긴장상황에 놓였을 때 체념을 했다고 말하고 있는 겁니다.
   전쟁을 겪고 일상에 돌아오니, 이전과 달리 일상의 loose함이 당연하게 안 느껴지고 전쟁과 달리 싱겁고 허탈하게 느껴져서 체념했었죠. 즉, 괴리 지점을 잘못 서술하고 있습니다. 마치 이상의 <날개> 문제에서 각성 지점에 대해 물어보았던 문제처럼 말이에요.

역시 현대소설도 현대시처럼 계속해서 일관되게 풀리고 있는 것 보이시나요?
문제 풀이뿐만 아니라 독해할 때 제가 챙기는 부분들을 잘 확인하세요. 세세한 내용을 일일이 보지 않고 <보기>에 근거한 중요한 내용만 후루룩 챙기는 것을요. 이렇게 하지 않으면 산문에서 시간을 절대 줄일 수 없을 겁니다.

이제 현대시와 현대소설에 대한 일관되고 명확한 기준들을 충분히 확인하셨을 거라 믿습니다.
여러 작품들을 보았지만, 그래도 수험생에게 필요한 것은 정말 모든 작품, 수능에서 새로 나올 작품에도 통하는지에 대한

확신일 것입니다. 그렇기 때문에 이제부터 최대한 아끼고 아껴 놓은 최근 기출들을 '모두' 풀어보며 위력을 확인할 것입니다.

가장 컴팩트한 해설, 그렇기에 제일 정확한 해설을 여러분들이 직접 해내실 수 있기를 바라며 이 책의 마지막으로 가보겠습니다.

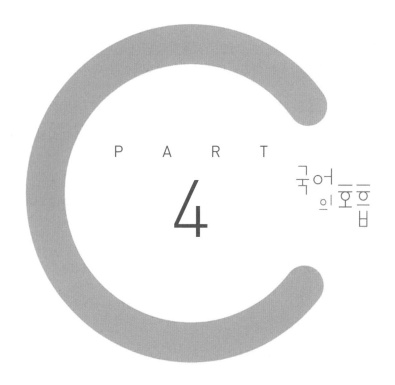

PART

4

국어의 호흡

실전 풀이

22-24 평가원 기출

PART 4. **실전 풀이 22-24 평가원 기출**

자 이제 최근 기출을 통해 여태 배운 것들을 실전적으로 적용할 것입니다. 해설은 기존의 방식대로 한 세트마다 바로 뒤에 적어놓을 것입니다! 이 부분은 정말 실전 마무리용이므로 앞선 내용이 숙지가 되지 않았다면 아껴 놓았다가 나중에 푸시기를 바랍니다.

앞에서 배웠던 현대시의 다섯 가지 Step과 여러 빈출 소재들, 현대소설의 독해법을 명심하고 지문 독해와 문제 풀이에 참여해주시기 바랍니다! :)

지금까지 해온 것들이 일부 지문에만 통하거나, 옛날에만 있었던 경향이 아님을 증명해드리기 위해 최근 기출들을 모두 풀어보면서 우리의 공부에 대한 확신을 드리겠습니다.

진정한 **현대 문학의 본질**을 여러분이 얻었음을 체감하시길 바라며 단원 열겠습니다.

[앞부분의 줄거리] 나는 기범이 죽기 전에 무슨 일이 있었는지 알기 위해, 그가 살았던 구천동을 찾아간다. 기범의 행적을 잘 알고 있는 '임씨'를 만나 사연을 듣기 전에, 일규의 장례식 후에 있었던 기범과의 과거 일을 회상한다.

"네가 일규를 어떻게 아냐? 네깐 게 뭘 안다구 감히 일규를 입에 올리냐?"

기범은 순간 잔을 던지고 미친 듯이 웃기 시작했다. 너무나 돌연한 웃음이어서 나는 그때 꽤나 놀랐다. 기범이 그처럼 미친 듯이 웃는 것을 나는 그날 처음 보았다.

"그래, 네 말이 맞다. 나는 그놈을 **입에 올릴 자격이 없다.** 허지만 누가 그놈을 진심으로 사랑한 줄 아냐? 너희냐? 너희가 그놈을 사랑한 줄 아냐?"

㉠나는 긴장했다. 그의 눈에서 번쩍이는 눈물을 보았기 때문이다.

"너는 그놈이 아깝다구 했지만 나는 그놈이 죽어 세상 살맛이 없어졌다. 나는 살기가 울적할 때마다 허공에서 그놈의 쌍판을 찾았다. 나는 그놈을 통해서만 살아가는 재미와 기쁨을 느꼈다. 그러나 그놈 역시 사정은 나하구 똑같았다. 나를 발길로 걷어찼지만 그놈은 나를 잊은 적이 없다. 우리는 서로 사랑했지만 사랑하는 방법이 달랐을 뿐이다."

(중략)

"원래 그 사람은 도회지에서 살던 사람인데 왜 그때 도시를 버리구 깊은 산골을 찾았는지 모르겠군."

"처음엔 저두 많이 궁금하게 생각했습니다. 뭔가 세상에 죄를 짓구 숨어 사는 분이 아닌가 했습니다. ㉡더구나 이리루 들어오시자 머리를 깎구 수염까지 기르셨거든요. 그러나 오래 뫼시구 살다 보니 저대루 차츰 납득이 갔습니다. 한마디로 말하기는 어렵지만 세상에 뭔가 실망을 느끼신 게 아닌가 싶습니다."

"본인이 그런 말을 한 적이 있소?"

"과거 얘기는 좀체 안 하시는 편이었는데 언젠가는 내게 그 비슷한 말씀을 하시더군요. 듣기에 따라서는 궤변 같지만 그분은 남하구 다른 ⓐ묘한 철학을 지니구 계셨습니다."

"그걸 한번 들려줄 수 없소?"

"그분은 세상이 어지럽구 더러울 때는 그것을 구하는 방법이 한 가지밖에 없다구 하셨습니다. 세상을 좀 더 썩게 해서 더 이상 그 세상에 썩을 것이 없도록 만들어야 한다는 것입니다. 그걸 썩지 않게 고치려구 했다가는 공연히 사람만 상하구 힘만 배루 든다는 것입니다. ㉢'모두 썩어라, 철저히 썩어라'가 그분이 세상을 보는 이상한 눈입니다. 제 나름의 어설픈 추측입니다만 그분은 사람만이 지닌 이상한 초능력을 믿으시는 것 같았습니다. 사람은 온갖 악행에도 불구하고 자기 스스로를 송두리째 포기하지는 않는다는 것입니다. 세상이 철저히 썩어서 더 썩을

것이 없게 되면 사람은 살아남기 위해 언젠가는 스스로 자구책을 쓴다는 것입니다. 당신은 바로 그걸 믿으셨고, 이러한 자기 생각을 부정(不正)의 미학이라는 묘한 말루 부르시기두 했습니다."

나는 순간 가슴 한구석에 뭔가가 미미하게 부딪쳐 오는 진동을 느꼈다. 진동의 진상은 확실치 않지만, 나는 그것이 기범을 이해하는 어떤 열쇠가 아닌가 생각했다. 그의 온갖 기행과 궤변들이 어지러운 혼란 속에서 그제야 언뜻 한 가닥의 질서 위에 어렴풋이 늘어서는 것이었다.

"헌데 세상에 대해 그런 생각을 지닌 사람이 갑자기 왜 세상을 등지구 이런 산속에 박혀 사는 거요?"

"당신께서 아끼시던 친구 한 분이 갑자기 세상을 버리셨다구 하시더군요. 그때 아마 충격을 받으시구 이리루 들어오신 게 아닌가 싶습니다."

"누구랍니까, 그 친구가?"

"이름은 말씀 안 하시구 그분을 언제나 '미련한 놈'이라구만 부르셨습니다."

오일규다. 나는 그제야 오일규의 장례식 후에 기범이 격렬하게 지껄인 저 시끄럽던 요설들이 생각났다. 어쩌면 기범은 그 때 이미 세상을 등질 결심을 했는지도 알 수 없다. ㉣아니 그는 그 얼마 후에 내 앞에서 정말로 깨끗하게 사라져 버린 것이다.

"그래 그 친구가 죽은 후로 왜 세상을 등졌답디까?"

"세상 살 재미가 없어졌다구 하시더군요. 아마 친구분을 꽤 나 좋아하셨던 모양입니다. 그 미련한 놈이 죽어 버렸으니 자 기두 앞으로는 미련하게 살밖에 없노라구 하셨습니다. ㉤당신이 미련하다고 말씀하는 건 우습게 들리시겠지만 착한 일을 뜻 하시는 것이었습니다."

"그래서 이곳에 온 후 사람이 갑자기 달라진 거요?"

"전 그분의 과거를 몰라서 어떻게 달라졌는지는 잘 모릅니다. 허지만 이곳에 오신 후로는 그분은 거의 남을 위해서만 사셨습니다. 제가 생명을 구한 것두 순전히 그분의 덕입니다."

[A]
나는 다시 기범이 지껄였던 과거의 ⓑ요설들이 생각난다. 세상을 항상 역(逆)으로만 바라보던 그의 난해성이 또 한 번 나를 혼란 속에 빠뜨린다. 그는 어쩌면 이 세상을 역순(逆順)과 역행(逆行)에 의해 누구보다 열심으로 가장 솔직하게 살다 간 것 같다. 그에게 악과 선은 등과 배가 서로 맞붙은 동위(同位) 동질(同質)의 것이었는지도 알 수 없다. 그는 악과 선 중 아무것도 믿지 않았고 오직 믿은 것이라고는 세상에는 아무것도 믿을 것이 없다는 사실뿐이었다. 그와 오일규가 맞부딪쳤을 때 오일규가 해체되는 것은 너무나 당연하다. 그것은 가장 비열한 삶이 가장 올바른 삶을 해체시키는 역설적인 예인 것이다.

- 홍성원, 「무사와 악사」

1. [A]의 서술상 특징으로 가장 적절한 것은?

① 이야기 내부의 서술자가 인물의 행동을 객관적으로 서술하고 있다.

② 이야기 내부의 서술자가 인물에 대한 평가를 관념적으로 서술하고 있다.

③ 이야기 외부의 서술자가 인물의 체험을 바탕으로 사건의 배경을 실감나게 서술하고 있다.

④ 이야기 외부의 서술자가 인물의 회상을 중심으로 사건의 전개를 지연시키며 서술하고 있다.

⑤ 이야기 외부의 서술자가 인물의 내면을 묘사하여 인물 간의 갈등이 지속되고 있음을 서술하고 있다.

2. 서사의 흐름을 고려하여 ㉠~㉤에 대해 이해한 내용으로 적절하지 않은 것은?

① ㉠ : 돌연한 웃음을 보이다가 눈물을 보이는 식으로 갑작스러운 감정 변화를 보인 데 대한 반응이다.

② ㉡ : 신원이 미심쩍다고 의심하는 상황에서 그 외모가 의심을 가중했다는 생각이 담긴 말이다.

③ ㉢ : 세상에 대한 관점이 상식적이지 않아 일반적으로는 수긍하기 어렵다는 생각을 드러낸 판단이다.

④ ㉣ : 약속을 곧바로 실행에 옮긴 행위에 대한 놀라움을 드러낸 표현이다.

⑤ ㉤ : 말의 표면적인 뜻과 달리 그 속에 숨은 뜻을 파악한 우호적인 해석이다.

3. ⓐ, ⓑ에 대한 설명으로 가장 적절한 것은?

① ⓐ에 대한 '나'의 이해는 기범에 대한 '나'의 인식이 전환되는 데에 기여한다.

② ⓐ에 대한 얘기를 '나'가 꺼낸 것은 기범에 대한 '저'의 오해를 풀 목적에서이다.

③ '저'는 '나'가 기범에 대해 품은 의문이 ⓑ를 바탕으로 하고 있음을 알게 된다.

④ '저'가 ⓐ로 인해 기범을 오해한다면, '나'는 ⓑ에 의해 기범을 이해한다.

⑤ '저'는 기범이 선행을 베풀며 보인 변화가 ⓑ에서 ⓐ로 변화된 과정과 일치함을 알고 있다.

4. <보기>의 관점에서 윗글을 감상한 내용으로 적절하지 않은 것은?.

> ─────── <보   기> ───────
>
> 사람들은 존경하거나 사랑하는 사람을 닮아 가며 그와 자신을 동일시하려는 경향이 있다. 이를 통해 심리적 위안이나 성취감을 느끼기도 하지만 그 상대로부터 외면받거나 그가 부재한 상황에서는 마음에 상처를 입는다. 이때 동일시의 상대를 부정하거나, 외면당하지 않았다고 자신의 처지를 합리화한다. 또는 관심을 다른 데로 돌려 그 상황에서 아예 벗어나고자 한다. 「무사와 악사」에서 '기범'이 보이는 기행과 궤변은 '일규'를 동일시하려는 상대로 의식한 데서 비롯한 것으로도 볼 수 있다.

① 일규의 죽음에 '충격을 받'고 '세상 살 재미'가 없어졌다'는 기범의 말이 사실이라면, 동일시하려던 상대의 부재가 가져오는 심리적 영향이 컸다는 것이겠군.

② 기범이 자신을 '발길로 걷어찼'던 일규로부터 외면받았다고 본다면, 일규와 '서로 사랑했'다고 믿는 기범의 진술은 외면당한 자신의 처지를 합리화하려는 의도에서 나온 것이겠군.

③ '울적할 때마다' 일규를 떠올리며 삶의 '재미와 기쁨'을 얻었다는 기범의 고백을 동일시의 결과로 이해한다면, 일규를 통해 기범이 심리적 위안을 얻었음을 추측할 수 있겠군.

④ 일규의 죽음이 기범이 도시를 떠나 '깊은 산골'에 정착한 계기였다고 본다면, 이는 동일시하려던 상대가 사라진 상황에서 관심을 다른 데로 돌려 그 상황을 벗어나기 위해서였겠군.

⑤ 기범이 일규를 '입에 올릴 자격이 없다'는 것이 동일시의 대상에 대한 존경심의 표현이라면, '사람만이 지닌 이상한 초능력'에 대한 기범의 믿음은 동일시를 통한 성취감에 해당되겠군.

'기범'이라는 인물이 '일규'라는 인물을 존경하나 봅니다. 그렇기에 닮아 가는 과정에서 '기범'은 기행을 보인다고 하니 이를 확인해야겠어요. 또한, '일규'가 부재한 상황이 나온다면 '일규'를 부정하거나, 외면당하지 않았다고 합리화하는 '기범'을 볼 수 있을 겁니다. 아니면 아예 관심을 돌리거나 상황에서 벗어나려고 한다고 하니 '기범'이 어떻게 '일규'의 부재를 대응하는지에 초점을 맞추어 읽어봅시다!

<소설 독해>

[앞부분의 줄거리] 나는 기범이 죽기 전에 무슨 일이 있었는지 알기 위해, 그가 살았던 구천동을 찾아간다. 기범의 행적을 잘 알고 있는 '임씨'를 만나 사연을 듣기 전에, 일규의 장례식 후에 있었던 기범과의 과거 일을 회상한다.

#1 "네가 일규를 어떻게 아냐? 네깐 게 뭘 안다구 감히 일규를 입에 올리냐?"
기범은 순간 잔을 던지고 미친 듯이 웃기 시작했다. 너무나 돌연한 웃음이어서 나는 그때 꽤나 놀랐다. 기범이 그처럼 미친 듯이 웃는 것을 나는 그날 처음 보았다.
"그래, 네 말이 맞다. 나는 그놈을 입에 올릴 자격이 없다. 허지만 누가 그놈을 진심으로 사랑한 줄 아냐? 너희냐? 너희가 그놈을 사랑한 줄 아냐?"
㉠나는 긴장했다. 그의 눈에서 번쩍이는 눈물을 보았기 때문이다.
"너는 그놈이 아깝다구 했지만 나는 그놈이 죽어 세상 살맛이 없어졌다. 나는 살기가 울적할 때마다 허공에서 그놈의 쌍판을 찾았다. 나는 그놈을 통해서만 살아가는 재미와 기쁨을 느꼈다. 그러나 그놈 역시 사정은 나하구 똑같았다. 나를 발길로 걸어찼지만 그놈은 나를 잊은 적이 없다. 우리는 서로 사랑했지만 사랑하는 방법이 달랐을 뿐이다."

'일규'가 먼저 죽었고, '기범'은 '일규'없는 삶을 살다가 최근에 죽었다고 합니다. 이를 '나'는 추적하려 한다고 합니다. '기범'의 행적에 대한 추적에 앞서 회상이 나오고 있네요. 항상 **회상**이 시작되면 종결 지점도 명확히 찾아야 합니다. 또한 '기범'이 '일규'에 대해 말하길, '일규'에게 자신이 발길로 걸어차졌지만 그렇다고 둘의 관계가 끝난 것은 아니라고 하고 있습니다. <보기>에서 말한 외면당했지만 아니라고 합리화하는 모습이 보이네요.

결국 '기범'의 롤모델은 일규였고, 끊임없이 동일시하려했으나 '일규'가 죽어버리니 이제 '기범'은그가 부재하므로 상처를 받았거나 아니면 다른 데로 관심을 돌릴 것입니다. 계속해서 <보기>를 대응합시다!

(중략)

#2 "원래 그 사람은 도회지에서 살던 사람인데 왜 그때 도시를 버리구 깊은 산골을 찾았는지 모르겠군."

"처음엔 저두 많이 궁금하게 생각했습니다. 뭔가 세상에 죄를 짓구 숨어 사는 분이 아닌가 했습니다. ⓒ더구나 이리루 들어오시자 머리를 깎구 수염까지 기르셨거든요. 그러나 오래 뫼시구 살다 보니 저대루 차츰 납득이 갔습니다. 한마디로 말하기는 어렵지만 세상에 뭔가 실망을 느끼신 게 아닌가 싶습니다."

"본인이 그런 말을 한 적이 있소?"

"과거 얘기는 좀체 안 하시는 편이었는데 언젠가는 내게 그 비슷한 말씀을 하시더군요. 듣기에 따라서는 궤변 같지만 그분은 남하구 다른 ⓐ묘한 철학을 지니구 계셨습니다."

"그걸 한번 들려줄 수 없소?"

"그분은 세상이 어지럽구 더러울 때는 그것을 구하는 방법이 한 가지밖에 없다구 하셨습니다. 세상을 좀 더 썩게 해서 더 이상 그 세상에 썩을 것이 없도록 만들어야 한다는 것입니다. 그걸 썩지 않게 고치려 했다가는 공연히 사람만 상하구 힘만 배루든다는 것입니다. ⓒ'모두 썩어라, 철저히 썩어라'가 그분이 세상을 보는 이상한 눈입니다. 제 나름의 어설픈 추측입니다만 그분은 사람만이 지닌 이상한 초능력을 믿으시는 것 같았습니다. 사람은 온갖 악행에도 불구하고 자기 스스로를 송두리째 포기하지는 않는다는 것입니다. 세상이 철저히 썩어서 더 썩을 것이 없게 되면 사람은 살아남기 위해 언젠가는 스스로 자구책을 쓴다는 것입니다. 당신은 바로 그걸 믿으셨고, 이러한 자기 생각을 부정(不正)의 미학이라는 묘한 말루 부르시기두 했습니다."

나는 순간 가슴 한구석에 뭔가가 미미하게 부딪쳐 오는 진동을 느꼈다. 진동의 진상은 확실치 않지만, 나는 그것이 기범을 이해하는 어떤 열쇠가 아닌가 생각했다. 그의 온갖 기행과 궤변들이 어지러운 혼란 속에서 그제야 언뜻 한 가닥의 질서 위에 어렴풋이 늘어서는 것이었다.

조금 길게 잘라보았습니다. 전부 같은 얘기만을 하고 있거든요. (중략)이 나왔으니 얼른 상황 파악을 해야 합니다. '나'가 [앞부분의 줄거리]에서 보았듯이 '임 씨'에게 기범의 행적을 묻고 있음을 알 수 있습니다. 계속해서 '그분'에 대한 정보를 캐묻고 있으니까요.

'기범'이 안 하던 짓을 하고 있다고 합니다. 산에 들어오질 않나, 머리 깎고 수염도 기르고요. 앞에서 보았듯이 동일시의 상대가 부재하니 '기범'이 할 수 있는 것은 관심을 다른 데로 돌리는 것 밖에 없었습니다. 아니면 죽음마저 동일시해야 하니까요... 근데 여기서 '임 씨'가 특이한 말을 하기 시작합니다. 밑줄이 쳐져 있으면 그에 맞추어 읽어야 한다고 말씀드린 것처럼 '묘한 철학'이라는 추상적이고 주관적인 표현이 나왔으니 이를 독해하면서 구체화해야겠다고 생각했어야 합니다. 세상을 완전히 썩게 하면, 너무 썩어버린 나머지 사람들이 정신 차리고 자구책을 쓸 것이라는 얘기, 묘한 철학 - 세상을 보는 이상한 눈 - 부정의 미학이 모두 똑같은 것을 달리 표현한 것이었네요.

이런 '임 씨'의 말은 '나'의 생각을 바꿉니다. '기범'의 기행과 궤변이라고 생각한 것들이 모두 <보기>에서 말한 '일규'를 의식한 행동이었음을 '나'도 알아채고 있습니다. '기범'의 행적을 조사하기 위해 온 '나'인 만큼 계속해서 '기범'을 이해하려고 하고 있네요.

#3 "헌데 세상에 대해 그런 생각을 지닌 사람이 갑자기 왜 세상을 등지구 이런 산속에 박혀 사는 거요?"

"당신께서 아끼시던 친구 한 분이 갑자기 세상을 버리셨다구 하시더군요. 그때 아마 충격을 받으시구 이리루 들어오신 게 아닌가 싶습니다."

"누구랍니까, 그 친구가?"

"이름은 말씀 안 하시구 그분을 언제나 '미련한 놈'이라구만 부르셨습니다."

오일규다. 나는 그제야 오일규의 장례식 후에 기범이 격렬하게 지껄인 저 시끄럽던 요설들이 생각났다. 어쩌면 기범은 그 때 이미 세상을 등질 결심을 했는지도 알 수 없다. ⓓ아니 그는 그 얼마 후에 내 앞에서 정말로 깨끗하게 사라져 버린 것이다.

"그래 그 친구가 죽은 후로 왜 세상을 등졌답디까?"

"세상 살 재미가 없어졌다구 하시더군요. 아마 친구분을 꽤 나 좋아하셨던 모양입니다. 그 미련한 놈이 죽어 버렸으니 자기도 앞으로는 미련하게 살밖에 없노라구 하셨습니다. ⓔ당신이 미련하다고 말씀하는 건 우습게 들리시겠지만 착한 일을 뜻 하시는 것이었습니다."

"그래서 이곳에 온 후 사람이 갑자기 달라진 거요?"

"전 그분의 과거를 몰라서 어떻게 달라졌는지는 잘 모릅니다. 허지만 이곳에 오신 후로는 그분은 거의 남을 위해서만 사셨습니다. 제가 생명을 구한 것두 순전히 그분의 덕입니다."

우리가 추측만 하던 '기범'이 산에 들어온 이유가 적나라하게 나오고 있습니다. 역시 자신의 롤모델의 죽음 즉, 부재로 인한 충격을 견디려면 다른 데로 관심을 돌릴 수밖에 없었죠. 이때 '기범'이 '일규'를 미련한 놈이라고 부르는데, 미련함의 뜻이 착한 일이라고 나와 있으니 '기범'은 '일규'의 선행마저 따라하고 싶었던 겁니다. 세상에 사라져 버린 '일규'를 대신해서 산속으로 들어와 '기범'이 하고 있었던 것이죠. 하물며 이 말을 '나'에게 해주고 있는 '임 씨'조차도 이러한 '기범'의 선행으로 목숨을 구한 적도 있다고 하네요.

힘들게 길게 생각 안 해도 됩니다. 간단히 '죽은 일규 대신 선행을 해온 기범' 정도로 받아들이면 충분합니다.

#4 나는 다시 기범이 지껄였던 과거의 ⓑ요설들이 생각난다. 세상을 항상 역(逆)으로만 바라보던 그의 난해성이 또 한 번 나를 혼란 속에 빠뜨린다. 그는 어쩌면 이 세상을 역순(逆順)과 역행(逆行)에 의해 누구보다 열심으로 가장 솔직하게 살다 간 것 같다. 그에게 악과 선은 등과 배가 서로 맞붙은 동위(同位) 동질(同質)의 것이었는지도 알 수 없다. 그는 악과 선 중 아무 것도 믿지 않았고 오직 믿은 것이라고는 세상에는 아무것도 믿을 것이 없다는 사실뿐이었다. 그와 오일규가 맞부딪쳤을 때 오일규가 해체되는 것은 너무나 당연하다. 그것은 가장 비열한 삶이 가장 올바른 삶을 해체시키는 역설적인 예인 것이다.

이제 [A]에 해당하는 내용입니다. ⓑ는 ⓐ를 '기범'이 설명했던 것이었습니다. 세상을 逆(역)으로 받아들인다고 하니 일반적인 통념과 다른 '기범'만의 생각과 철학을 여기서 찾아내야 합니다. 그에게 악과 선은 대립되는 것이 아니고, 하나의 동전의 앞뒷면 같은 존재였음이 나옵니다. '기범'은 나빠서 악한 짓을 한 것도, 착해서 착한 짓을 한 것도 아니고, 세상에 믿을 것이 없다는 것만을 믿었답니다. 앞선 #2도 '기범'의 철학에 관한 내용이었으니 연관지어야 합니다.

#2에서 세상이 완전히 썩으면 사람들이 더 이상 세상을 나쁘게 만들지 않고 자구책을 만들어 세상을 정화할 거라는 '기범'의 말을 떠올려 봅시다. 즉, '가장 비열한 삶(악의 삶)'으로 '가장 올바른 삶(선의 삶 of 일규)'을 해체시켰다고 하네요. 오일규는 결국 먼저 죽었고, 가장 나쁜 사람처럼 보였던 '기범'이 착한 삶마저 살아버리니 더 이상 선과 악의 이분법적 구분은 상관 없을 것 같습니다.

이러한 해석까지 안 하더라도 중요한 것은, '나'는 기범의 행적을 쫓아 여기까지 왔고 '기범'은 '일규'의 삶을 좇아 여기까지 왔었다는 겁니다. [A]는 '기범'과 '일규'의 복잡한 얽힘에 대한 '나'의 개인적인 의견이었다는 것까지 알았으면 충분합니다.

"임 씨"를 만나 기범에 대한 이해도가 깊어진 나의 시각

사실 제목을 생각해보면 조금 더 구체적으로 주제를 잡을 수 있습니다. 허나, <보기>에 제시가 되지 않았기에 위에서는 얘기하지 않았습니다. 이 소설이 수능 연계 교재에 있던 작품이기에 <보기>에 이런 설명이 생략된 것이기도 하고요.

무사는 칼을 뽑는, 악사는 옆에서 무사를 칭송하는 존재죠. 기범은 일규라는 무사를 빛나게 해주는 악사 존재였는데, '일규'가 없어지니 '기범'은 삶의 목적을 잃은 듯 했습니다. 이에 '일규'가 하던 삶의 방식을 따라해 보며 일규의 삶을 해체시켰네요. 비열하게 산 것으로 보이는 '기범'이 '일규'가 죽은 뒤에 선행을 하는 것이 참 아이러니 합니다.

'무사의 삶과 악사의 삶을 이분법적으로 선과 악으로 나눌 수는 없다'

마지막으로 한 번만 더 정리할게요. **시각**은 '나'의 시각이 드러났으니 그 부분을 반드시 생각하면서 문제 풉시다.

1. 시각에 관해서 묻고 있는 문항입니다. '나'라는 이야기 내부의 서술자가 '기범'이라는 인물에 대한 평가를 관념적으로 서술하고 있었죠. 앞에 나왔던 주제인

"임 씨'를 만나 기범에 대한 이해도가 깊어진 나의 시각'

에 근거하여 풀었으면 됩니다. 답 : ②

2. '나'는 '기범'의 기행과 궤변이 무슨 뜻인지 모르다가 '임 씨'의 얘기를 듣고 나서야, 아 이래서 이랬던 거구나 하며 이해하고 있습니다. 그런데 ④은 마치 '나'가 원래 '기범'을 알고 있고, '일규'가 죽으면 '기범'이 산으로 가겠다고 약속한 것처럼 말하고 있으니 또 **지점**에 대한 문제가 나왔음을 알 수 있네요. 답 : ④

3. ⓐ는 '저(임 씨)'가 이해한 '기범'의 철학을, ⓑ는 ⓐ를 공유받은 '나'가 그제야 뜻을 알게 된 '기범'의 궤변을 뜻했었죠. '나'는 전혀 모르고 있다가 '임 씨'와의 대화를 통해 알게 되는 것이라고 누차 말씀드렸었습니다.
여기에는 오해도 없었고, '저'는 '나'가 '기범'과 어떤 관계인지도 모른 채 그냥 말해준 것이었으며, ⓐ와 ⓑ는 상통하다는 것으로 다른 선지들은 모두 걸러지네요.
중요한 것은 자잘한 정보가 아니라, 이 소설 자체가 '임 씨'를 만나며 '기범'에 대한 이해가 깊어진 '나'의 **시각**이므로 이에 대해 서술하고 있는 ①이 눈에 바로 들어왔어야 합니다.
역시나 주제네요! 답 : ①

4. <보기>에 나온 정보 중 '일규'와 '기범'에 부합한 것은, 결국 부재 상황이 '일규'의 죽음으로 벌어졌고, 이에 대해 '기범'이 동일시를 하지 못해 산속 선행이라도 하게 됩니다. 애초에 **동일시**는 추구하는 것이지 성취가 불가능하죠. 롤모델과 완벽히 일치할 수는 없는데 이를 거스르는 선지가 있네요. ⑤의 '성취감'은 잘못되었습니다. 답 : ⑤

앞에서 본 것처럼 전형적으로 풀렸습니다. 유형을 나누자면 **일반적 유형**에 해당하겠네요. '나'가 **회상**의 내용을 이제야 이해하며, 그 이해에 대해 문제가 다수 나왔었음을 기억합시다.

(가)

　향아 너의 고운 얼굴 조석으로 우물가에 비최이던 오래지 않은 옛날로 가자

　수수럭거리는 수수밭 사이 걸찍스런 웃음들 들려 나오며 호미와 바구니를 든 환한 얼굴 그림처럼 나타나던 석양……

　구슬처럼 흘러가는 냇물가 맨발을 담그고 늘어앉아 빨래들을 두드리던 전설같은 풍속으로 돌아가자

　눈동자를 보아라 향아 회올리는 무지갯빛 허울의 눈부심에
　넋 빼앗기지 말고 철따라 푸짐히 두레를 먹던 ㉠ 정자나무 마을로 돌아가자 미끈덩한 기생충의 생리와 허식에 인이 배기기 전으로 눈빛 아침처럼 빛나던 우리들의 고향 병들지 않은 젊음으로 찾아 가자꾸나
　향아 허물어질까 두렵노라 얼굴 생김새 맞지 않는 발돋움의 흉낼랑 그만 내자
　들국화처럼 소박한 목숨을 가꾸기 위하여 맨발을 벗고 콩바심 하던 차라리 그 미개지에로 가자 달이 뜨는 명절밤 비단치마를 나부끼며 떼지어 춤추던 전설같은 풍속으로 돌아가자 냇물 굽이치는 싱싱한 마음밭으로 돌아가자.

- 신동엽, 『향아』 -

(나)

이사온 그는 이상한 사람이었다
그의 집 담장들은 모두 빛나는 유리들로 세워졌다

골목에서 놀고 있는 부주의한 아이들이
잠깐의 실수 때문에
풍성한 햇빛을 복사해내는
그 유리 담장을 박살내곤 했다

그러나 얘들아, 상관없다
유리는 또 갈아 끼우면 되지
마음껏 이 골목에서 놀렴

유리를 깬 아이는 얼굴이 새빨개졌지만
이상한 표정을 짓던 다른 아이들은
아이들답게 곧 즐거워했다
견고한 송판으로 담을 쌓으면 어떨까
주장하는 아이는, 그 아름다운
골목에서 즉시 추방되었다

유리 담장은 매일같이 깨어졌다

필요한 시일이 지난 후, 동네의 모든 아이들이
충실한 그의 부하가 되었다

어느 날 그가 유리 담장을 떼어냈을 때, ㉡ 그 골목은
가장 햇빛이 안 드는 곳임이
판명되었다, 일렬로 선 아이들은
묵묵히 벽돌을 날랐다

- 기형도, 『전문가』 -

1. (가), (나)에 대한 설명으로 가장 적절한 것은?
① (가)는 과거를 회상하며 현실을 관망하는 태도를 드러내고 있다.
② (나)는 상징성을 띤 사건의 전개를 통해 주제를 암시하고 있다.
③ (가)와 (나)는 모두 음성 상징어를 활용하여 상상 세계의 경이로움을 나타내고 있다.
④ (가)와 (나)는 모두 동일한 시구의 반복과 변주를 통해 시적 분위기를 고조하고 있다.
⑤ (가)는 위로하는 어조로, (나)는 충고하는 어조로 시적 청자에게 말을 건네고 있다.

2. ㉠과 ㉡을 비교한 내용으로 가장 적절한 것은?
① ㉠은 '향'에게 귀환이 금지된 공간이고, ㉡은 '아이들'에게 이탈이 금지된 공간이다.
② ㉠은 '향'이 자기반성을 수행하는 공간이고, ㉡은 '아이들'이 '그'의 요청을 수행하는 공간이다.
③ ㉠은 '향'이 본성을 찾아가는 낯선 공간이고, ㉡은 '아이들'이 개성을 박탈당한 상실의 공간이다.
④ ㉠은 '향'의 노동과 놀이가 공존하던 공간이고, ㉡은 '아이들'의 놀이가 사라지고 노동만 남은 공간이다.
⑤ ㉠은 '향'과 화자의 우호적 관계가 드러나는 공간이고, ㉡은 '아이들'과 '그'의 상생 관계가 드러나는 공간이다.

3. <보기>를 참고하여 (가), (나)를 감상한 내용으로 적절하지 <u>않은</u> 것은?

> ──────────< 보   기 >──────────
>
>   (가)와 (나)는 모두 부정적 현실을 비판한 작품이다. (가)는 물질문명의 허위와 병폐에 물들어 가는 공동체가 농경 문화의 전통에 바탕을 두고 건강한 생명력과 순수성을 회복하기를 소망하는 작가 의식을 담고 있다. (나)는 환영(幻影)을 통해 대중의 이성을 마비시키고 대중을 획일적으로 길들이는 권력의 기만적 통치술에 대한 비판 의식을 담고 있다.

① (가)에서 '차라리 그 미개지에로 가자'라는 화자의 권유는 공동체의 터전을 확장하여 순수성을 지켜 나가려는 의식을 보여 주는군.

② (나)에서 골목이 '가장 햇빛이 안 드는 곳'으로 판명되었다는 것은 '유리 담장'이 대중을 기만하는 환영의 장치였음을 보여 주는군.

③ (가)에서 '기생충의 생리'는 자족적인 농경 문화 전통에 반하는 문명의 병폐를, (나)에서 '주장하는 아이'의 추방은 획일적으로 통제된 사회의 모습을 보여 주는군.

④ (가)에서 '발돋움의 흉내'를 낸다는 것은 물질문명에 물들어 가는 상황을, (나)에서 '곧 즐거워했다'는 것은 권력의 술수에 대중이 길들여지고 있는 상황을 보여 주는군.

⑤ (가)에서 '떼지어 춤추던' 모습은 농경 문화 공동체의 건강한 생명력을, (나)에서 '일렬로', '묵묵히' 벽돌을 나르는 모습은 권력에 종속된 대중의 형상을 보여 주는군.

<보   기>

(가)와 (나)는 모두 부정적 현실을 비판한 작품이다. (가)는 물질문명의 허위와 병폐에 물들어 가는 공동체가 농경 문화의 전통에 바탕을 두고 건강한 생명력과 순수성을 회복하기를 소망하는 작가 의식을 담고 있다. (나)는 환영(幻影)을 통해 대중의 이성을 마비시키고 대중을 획일적으로 길들이는 권력의 기만적 통치술에 대한 비판 의식을 담고 있다.

(가) 시에 대해 먼저 해석해보겠습니다. 주제는 <보기>에서 다 주고 있습니다. Part2를 열심히 공부했다면 시를 읽기도 전에 무슨 이야기를 할지 예측이 될 겁니다. 현대 물질문명의 획일화, 효율, 물질적 가치 추구, 쾌락 추구 (+허위, 병폐에 물든 공동체 by <보기>)등을 비판하고, 전통 농경문화의 다양성, 연대, 생명력, 순수성을 회복하자는 이야기가 나올 것입니다. 이런 핵심 주제를 어떻게 시인이 비유와 상징을 통해서 시에 녹여냈을지 확인해봅시다.

> 향아 너의 고운 얼굴 조석으로 우물가에 비최이던 오래지않은 옛날로 가자

향이라는 사람에게 말을 건네는 방식으로 시를 전개하고 있습니다. 화자는 '향'에게 옛날로 가자고 이야기합니다. 이는 <보기>를 바탕으로 해석했을 때, '옛날=전통 농경문화를 간직한 시절'이라는 것을 쉽게 파악할 수 있었을 것입니다. 그리고 자연스럽게 '현재는?'이라는 생각이 들 것입니다. 이에 따라 당연히 '현재=문질문명'을 추론할 수 있습니다. 앞으로는 과거를 어떻게 표현하며 예찬하고, 현재를 어떻게 비판하는지를 주목하면서 시를 읽어나가면 됩니다.

> 수수럭거리는 수수밭 사이 걸쩍스런 웃음들 들려 나오며 호미와 바구니를 든 환한 얼굴 그림처럼 나타나던 석양……

상상이 가시나요? 석양에서 웃음소리가 들리며 환하게 웃는 모습이 떠오르죠. 분명히 과거의 모습인 것 같습니다.

> 구슬처럼 흘러가는 냇물가 맨발을 담그고 늘어앉아 빨래들을 두드리던 전설같은 풍속으로 돌아가자

맨발은 무언가를 신지 않은 본연의 모습이죠. 순수한 모습을 나타내는 것 같습니다. 과거의 순수했던 시절을 생각하며 그때로 돌아가자고 거듭 반복하고 있습니다. 그러면서도 전설같은 풍속이라고 이야기하는 것은 순수했던 과거가 이제는 전설과 다름없이 멀어졌다는 생각이 느껴지기도 합니다.

> 눈동자를 보아라 향아 회올리는 무지갯빛 허울의 눈부심에 넋 빼앗기지 말고

시가 전개되면서 자연스럽게 청유형에서 명령형으로 바뀌고 있습니다. 이렇게 어조가 달라지면 분위기가 달라진다는 의미이므로 집중해야 합니다. 명령형으로 된 걸 보면 화자의 생각이 견고해져 확신이 생기고 있다는 뜻이겠죠. '무지갯빛 허울의 눈부심'은 아마도 본질을 가리는 물질문명의 허위로 생각하면 될 것 같습니다. 눈동자는 그 반대의 의미 즉, '본질'이겠죠.

> 철따라 푸짐히 두레를 먹던 ㉠정자나무 마을로 돌아가자
> 미끄덩한 기생충의 생리와 허식에 인이 배기기 전으로 눈빛 아침처럼 빛나던 우리들의 고향 병들지 않은 젊음으로 찾아 가자꾸나

이제부터는 비슷한 내용이 계속 반복되고 있습니다. 정자나무 마을, 병들지 않은 젊음은 과거의 모습, 미끄덩한 기생충의 생리와 허식은 물질문명의 부정적인 속성으로 이해할 수 있겠습니다.

향아 허물어질까 두렵노라 얼굴 생김새 맞지 않는 발돋움의 흉낼랑 그만내자

본질 없이 허위와 병폐만 가득한 물질 문명이 허물어질까 두렵다고 말하고 있습니다. 어쩌면, 공동체의 연대가 부족한 현대 사회가 무너지는 것을 염려한 표현일지도 모르죠. 어찌 됐든 개개인의 개성을 상실하고 획일화된 모습을 '얼굴 생김새 맞지 않는 발돋움의 흉내'라고 표현한 것 같습니다. <보기>에서 말한 두 개의 축으로 계속 나눠서 읽으면 됩니다. 간단하죠?

들국화처럼 소박한 목숨을 가꾸기 위하여 맨발을 벗고 콩바심하던 차라리 그 미개지에로 가자 달이 뜨는 명절밤 비단치마를 나부끼며 떼지어 춤추던 전설같은 풍속으로 돌아가자 냇물 굽이치는 싱싱한 마음밭으로 돌아가자.

과거의 순수함과 생명력을 회복하자는 소망을 다시 한번 강조하고 있습니다.

"물질문명에서 벗어나 농경문화의 순수함 회복 소망"

바로 이어서 (나) 시를 해석해봅시다.
<보기>를 다시 확인해 보면 환영을 통해서 대중을 길들이는 권력의 통치술에 대한 비판이 주제라고 이야기해주고 있습니다. 주제가 이미 잡혔으니 환영, 대중, 권력이 어떻게 시에서 구현되고 있는지를 파악하면서 읽어봅시다!

이사온 그는 이상한 사람이었다
그의 집 담장들은 모두 빛나는 유리들로 세워졌다

이상한 사람인 '그'가 이사를 왔고, 그의 집 담장이 유리로 세워졌다고 하고 있습니다. 그가 어떤 인물인지에 집중하며 더 읽어봅시다.

골목에서 놀고 있는 부주의한 아이들이
잠깐의 실수 때문에
풍성한 햇빛을 복사해내는
그 유리 담장을 박살내곤 했다

그러나 얘들아, 상관없다
유리는 또 갈아 끼우면 되지
마음껏 이 골목에서 놀렴

3연은 아마 '그'의 발화가 직접적으로 드러난 것 같습니다. 아이들이 골목에서 놀다가 유리 담장을 박살냈을 때, '그'는 유리는 갈아 끼울 수 있으니 이 골목에서 마음껏 놀라고 말하고 있습니다. 이 부분을 읽으면서도 계속 생각해야 합니다. <보기>에서 말하는 기만적 통치술, 권력자, 대중이 과연 누구일까…

유리를 깬 아이는 얼굴이 새빨개졌지만
이상한 표정을 짓던 다른 아이들은
아이들답게 곧 즐거워했다
견고한 송판으로 담을 쌓으면 어떨까
주장하는 아이는, 그 아름다운
골목에서 즉시 추방되었다

슬슬 느낌이 오셨어야 합니다. 권력자의 생각과 다른 의견을 내놓은 아이는 골목에서 추방당합니다. 이것은 아마도 획일적으로 통제된 사회를 의미하겠죠. '그'='권력자', '아이들'='대중'이라는 점을 여기서는 잡았어야 합니다. 그리고, <보기>의 환영은 아마도 2연에서 말하는 '풍성한 햇빛을 복사해내는 유리 담장'인 것 같습니다. 햇빛이 잘 드는 곳은 놀기에 아주 좋은 곳 즉, 사람들이 살기 좋아 보이는 곳이죠. 진짜 햇빛이 아닌 거울이 복사해내는 거짓된 햇빛에 속아서 아이들(대중)은 그곳에서 놀고 있는 것입니다.

유리 담장은 매일같이 깨어졌다
필요한 시일이 지난 후, 동네의 모든 아이들이
충실한 그의 부하가 되었다

어느새 아이들은 권력자의 통치술에 길들여졌습니다.

어느 날 그가 유리 담장을 떼어냈을 때, 그 골목은
가장 햇빛이 안 드는 곳임이
판명되었다, 일렬로 선 아이들은
묵묵히 벽돌을 날랐다

이제는 유리 담장이 필요가 없어졌습니다. 더 이상 대중들을 속일 필요조차 없어진 것이죠. 유리 담장을 떼어내고 보니 그 골목은 햇빛이 잘 드는 곳이 아니라 가장 햇빛이 안 드는 곳임이 드러나고 있습니다. 또, 이성이 마비된 대중들은 권력 아래에서 벽돌을 나르고 있습니다.

"대중의 이성을 마비시키고 획일적으로 길들이는 권력의 기만적 통치술 비판"

1번 먼저 해결해봅시다.
① 관망이라는 용어는 관조랑은 살짝 구분해야할 것 같네요.
관조 : 고요한 마음으로 사물이나 현상을 관찰하거나 비추어 봄.
관망 : 한발 물러나서 어떤 일이 되어 가는 형편을 바라봄.

그러니까 관조는 보통 정말로 바라보기만 해야 합니다. 마음이 고요해야하니까요. 어떤 생각이나 감정이 개입해서는 안돼요. 관망은 일이 되어가는 형편을 바라보는 정도입니다. 예시를 들자면 "수시 합격한 사람이 정시러들을 관망한다" 정도로 생각해봅시다. 수시 합격한 사람이 정시러들을 보면서 힘들겠다.. 고생하네.. 아니면, ur독존의 글들을 보고 공부법을 다시 잡아야겠네 등의 조언이나 공감이 가능한 정도로 생각해주면 되겠습니다. 이 시에서는 관망을 넘어서서 우리는 과거로 다시 돌아가서 순수성을 회복해야 해! 라고 말하고 있으니까 현실을 관망한다는 옳지 않은 선지가 되겠습니다. 과거 회상까지는 맞다고 볼 수 있겠습니다. (X)

② 이 시에서 아이들이 대중을 상징하고, 벽돌을 나르는 행위가 획일적으로 길들여져 노동하는 모습을 상징하는 행동인

점들을 이해한다면 주제를 읽어낼 수 있었어서 이 선지가 옳다고 해도 됩니다. 하지만, 선지대로 사건의 전개가 나오기만 했다면, 시라는 갈래 상 무조건 맞을 수밖에 없는 선지였습니다. '상징'은 시의 조건이니까요. (O)

③ 상상 세계의 경이로움? 뜬금없네요.. 음성 상징어를 찾으러 가는 것보다 이렇게 주제와 연결될 수 있는지를 파악하는 것이 더 빠른 해결책이 될 수도 있겠습니다. (X)

④ 동일한 시구는 보이지 않을뿐더러 주제와 상관도 없습니다. (X)

⑤ (가)가 위로하는 어조, (나)가 충고하는 어조 그 무엇도 적절하지 않습니다. (X)

2번에서 ㉠은 과거의 순수성과 생명력을 가진 마을, ㉡은 대중들이 길들여진 사회 정도로 해석할 수 있을 것 같습니다. ㉠과 관련된 부분 먼저 확인했을 때 다른 선지들은 모두 주제와 거리가 있고, 4번만 적절하다고 볼 수 있겠습니다. ㉡과 관련된 부분을 보면, 명확히 맞다고 볼 수 있는 선지는 ③, ④ 정도로 볼 수 있습니다. '아이들'은 획일적인 노동을 반복하므로 개성이 박탈당했고, 놀이가 사라지고 노동만 남은 점도 맞다고 볼 수 있습니다. ②의 밑줄 쳐진 부분을 보면 아이들이 '그'의 요청을 수행(스스로가 판단해서 행하는 능동적인 행위)한다기 보다는, 이미 획일적으로 길들여져서 노동하게 되었다고 문맥상 적절해 보입니다. 수행의 의미를 넓게 보면 맞다고는 볼 수 있으나 답이 되기에는 부족합니다. ①에서 이탈이 금지되었기 때문에 아이들이 그 골목을 벗어나지 못하는 것은 아닌 것처럼 보이나 그렇다고 이탈한 사람이 한 명이라도 있는 것은 아니니 애매합니다. 평가원에서는 이런 애매한 부분을 정답 선지로 내지는 않기에 판단을 보류하고 (가)에서 명확한 판단을 내리는 것이 적절합니다.

⑤에서 상생 관계라고 하기에는 '그'와 '아이들'은 수직적입니다. 따라서 답은 ④입니다.

3번 확인해봅시다.

① 공동체의 터전을 확장하는 것이 아니라 과거의 순수성과 생명력을 가진 전통으로 돌아가는 것입니다. 새로운 미개지를 확장하자는 이야기는 주제와는 맞지 않습니다. (X)

② 유리 담장이 그 곳을 빛나게 만들었으나 사실은 그 곳은 햇빛이 안 드는 곳이었다는 이야기입니다. 환영을 통해서 이성을 마비시키고 대중들을 길들이는 장치로 볼 수 있겠죠. 따라서 맞는 선지입니다. (O)

③④⑤ (가), (나) 모두 맞다고 볼 수 있겠습니다. (O) ∴ 답은 ①입니다. 전형적인 시였습니다.

(가)

아아 아득히 내 첩첩한 산길 왔더니라. 인기척 끊이고 새도 짐승도 있지 않은 한낮 그 화안한 골 길을 다만 아득히 나는 머언 생각에 잠기어 왔더니라.

백화(白樺) 앙상한 사이를 바람에 백화같이 불리우며 물소리에 흰 돌 되어 씻기우며 나는 총총히 외롬도 잊고 왔더니라

살다가 오래여 삭은 장목들 흰 팔 벌리고 서 있고 풍설(風雪)에 깎이어 날선 봉우리 홀 홀 홀 창천(蒼天)에 흰 구름 날리며 섰더니라

좌아 ─ 한종일내 ─ 쉬지 않고 부는 물소리 안은 바람소리 …… 구월 고운 낙엽은 날리어 푸른 담(潭) 위에 호르르르 낙화 같이 지더니라.

어젯밤 잠자던 동해안 어촌 그 검푸른 밤하늘에 나는 장엄히 뿌리어진 허다한 바다의 별들을 보았느니,

이제 나의 이 오늘밤 산장에도 얼어붙는 바람 속 우러르는 나의 하늘에 별들은 쓸리며 다시 꽃과 같이 난만(爛漫)하여라.

- 박두진, 「별 ─ 금강산시 3」 -

(나)

사람들은 자기들이 길을 만든 줄 알지만 **[A]**
길은 순순히 사람들의 뜻을 좇지는 않는다
사람을 끌고 가다가 문득
벼랑 앞에 세워 낭패시키는가 하면
큰물에 우정 제 허리를 동강 내어 **[B]**
사람이 부득이 저를 버리게 만들기도 한다
사람들은 이것이 다 사람이 만든 길이 **[C]**
거꾸로 사람들한테 세상 사는
슬기를 가르치는 거라고 말한다
길이 사람을 밖으로 불러내어
온갖 곳 온갖 사람살이를 구경시키는 것도
세상 사는 이치를 가르치기 위해서라고 말한다
그래서 길의 뜻이 거기 있는 줄로만 알지 **[D]**
길이 사람을 밖에서 안으로 끌고 들어가
스스로를 깊이 들여다보게 한다는 것은 모른다
길이 밖으로가 아니라 안으로 나 있다는 것을 **[E]**
아는 사람에게만 길은 고분고분해서
꽃으로 제 몸을 수놓아 향기를 더하기도 하고
그늘을 드리워 사람들이 땀을 식히게도 한다
그것을 알고 나서야 사람들은 비로소 **[F]**
자기들이 길을 만들었다고 말하지 않는다

- 신경림, 「길」 -

(다)

고요하니 즐거운 이 밤 초롱초롱 맑게 고인 샘물 같은 눈으로 나는 지금 당신께서 보내 주신 맑고 고운 수선화 한 폭을 들여다봅니다. 들여다보노라니 그윽한 향기와 새파란 꿈이 안개같이 오르고 또 노란 슬픔이 연기같이 오릅니다. 나는 이제 이 긴긴밤을 당신께 이 노란 슬픔의 이야기나 해서 보내도 좋겠습니까.

남쪽 바닷가 어떤 낡은 항구의 처녀 하나를 나는 좋아하였습니다. 머리가 까맣고 눈이 크고 코가 높고 목이 패고 키가 호리낭창하였습니다.

(중략)

어느 해 유월이 저물게 실비 오는 무더운 밤에 처음으로 그를 안 나는 여러 아름다운 것에 그를 견주어 보았습니다 ─ 당신께서 좋아하시는 산새에도 해오라비에도 또 진달래에도 그리고 산호에도……. 그러나 나는 어리석어서 아름다움이 닮은 것을 골라낼 수 없었습니다.

총명한 내 친구 하나가 그를 비겨서 수선이라고 하였습니다. 그제는 나도 기뻐서 그를 비겨 수선이라고 하였습니다. 그러한 나의 수선이 시들어 갑니다. 그는 스물을 넘지 못하고 또 가슴의 병을 얻었습니다. 이 이야기는 이만하고 나의 노란 슬픔이 더 떠오르지 않게 나는 당신의 보내 주신 맑고 고운 수선화의 폭을 치워 놓아야 하겠습니다.

밤이 아직 샐 때가 멀고 또 복밤을 먹을 때도 아직 되지 않았습니다. 이제 나는 어머니의 바느질 그릇이 있는 데로 가서 무새 헝겊이나 얻어다가 알룩달룩한 각시나 만들면서 이 남은 밤을 당신께서 좋아하실 내 시골 육보름* 밤의 이야기나 해서 보내도 좋겠습니까.

육보름으로 넘어서는 밤은 집집이 안간으로 사랑으로 웃간에도 맏웃간에도 다락방에도 허텅에도 고방에도 부엌에도 대문간에도 외양간에도 모두 째듯하니 불을 켜 놓고 복을 맞이하는 밤입니다. 달 밝은 마을의 행길 어데로는 복덩이가 돌아다닐 것도 같은 밤입니다. 닭이 수잠을 자고 개가 밤물을 먹고 도야지 깃을 들썩이는 밤입니다. 새악시 처녀들은 새 옷을 입고 복물을 긷는다고 벌을 건너기도 하고 고개를 넘기도 하여 부잣집 우물로 가서 반동이에 옹패기에 찰락찰락 물을 길어 오며 별 같은 이야기를 자깔자깔 하는 밤입니다. 새악시 처녀들은 또 복을 가져오노라고 달을 보고 웃어 가며 살쾡이같이 여우같이 부잣집으로 가서는 날쌔기도 하게 기왓골의 기왓장을 벗겨 오고 부엌의 솥뚜껑을 들어 오고 곱새담의 짚날을 뽑아 오고……. 이렇게 허물없는 즐거움 속에 끼득깨득 하는 그들은 산에서 내린 무슨 암짐승이 되어 버리는 밤입니다.

- 백석, 「편지」 -

*육보름 : 정월 대보름 다음날.

1. (가)~(다)의 공통점으로 가장 적절한 것은?
① 빗대어 표현하는 방식으로 대상의 속성을 드러내고 있다.
② 과거를 회상하는 방식으로 현재의 의미를 나타내고 있다.
③ 영탄적인 어조로 대상에서 촉발된 인상을 표현하고 있다.
④ 예스러운 종결 표현으로 고풍스러운 느낌을 자아내고 있다.
⑤ 계절감을 드러내는 표현으로 시간의 경과를 보여 주고 있다.

2. <보기>를 참고하여 (가), (나)를 감상한 내용으로 적절하지 않은 것은?

<보 기>

(가)에서 화자는 금강산으로 가는 길에서 만난 자연의 모습을 자신의 내면에 투영하여 형상화하고 있다. 자연의 외적 모습을 바라보는 데 그치지 않고 주관적 대상으로 묘사하여, 화자와 자연의 정서적 교감을 드러낸다.
(나)에서 화자는 길에 대한 사람들의 생각이 자신의 관점에만 치우쳐 있어서 내면의 길을 찾지 못하고 있음을 일깨우고 있다. '밖'과 '안'을 대비하여 내적 성찰의 중요성을 이끌어 내는 길의 상징적 의미를 진술함으로써, 길에 대해 사람들이 깨달음을 얻어 가는 과정을 보여 준다.

① (가)는 '화안한 골 길'과 '백화 앙상한 사이'를 통해, 화자가 여정 속에서 만난 자연의 모습을 묘사하고 있군.
② (가)는 '바다의 별들'과 '하늘에 별들'을 통해, 화자의 내면에 투영된 자연에 대한 주관적 인상을 형상화하고 있군.
③ (나)는 '벼랑 앞에'서 '낭패'를 겪는 사람들의 상황을 보여줌으로써, 자신의 관점으로만 길을 이해한 사람들을 일깨우려 하고 있군.
④ (나)는 '세상 사는 이치'에서, 내면의 길을 찾아내어 내적 성찰을 이끌어 낸 사람들의 생각을 담아내고 있군.
⑤ (가)는 '꽃과 같이 난만하여라'에서, (나)는 '꽃으로 제 몸을 수놓아 향기를 더하기도 하고'에서, 대상에 대한 화자의 긍정적인 태도를 엿볼 수 있군.

3.. (가), (다)에 대한 이해로 가장 적절한 것은?
① (가)의 '구월'은 화자의 고뇌가 심화되는 시간으로 볼 수 있다.
② (다)의 '고요하니 즐거운 이 밤'은 '당신'과의 재회에 대한 기대감이 고조되는 시간으로 볼 수 있다.
③ (가)의 '어젯밤'은 화자가, (다)의 '복덩이가 돌아다닐 것도 같은 밤'은 글쓴이가 고독감을 느끼는 시간으로 볼 수 있다.
④ (가)의 '오늘밤'은 화자가 고향에 대한 기억을 되살리는, (다)의 '실비 오는 무더운 밤'은 글쓴이가 지난날을 후회하는 계기로 볼 수 있다.
⑤ (가)의 '인기척 끊긴' '한낮'은 화자가 생각에 잠길 만한, (다)의 '아직 샐 때가' 먼 '이 남은 밤'은 글쓴이가 이야기를 계속할 만한 시간으로 볼 수 있다.

4. (가)에 대한 이해로 적절하지 않은 것은?
① 1연에서 '아득히', '왔더니라'를 반복하여, '첩첩한 산길'과 '머언 생각에 잠기'는 화자의 내면을 조응시키고 있다.
② 2연의 '물소리에 흰 돌 되어 씻기우며'에서, 자연과의 관계에서 느끼는 화자의 정서를 드러내고 있다.
③ 3연의 '오래여 삭은 장목들'과 '풍설에 깎이어 날선 봉우리'를 통해, 자연의 유구함에서 풍기는 분위기를 표상하고 있다.
④ 3연의 '훌 훌 훌', 4연의 '쏴아', '호르르르'와 같은 표현으로, 자연의 풍경을 생동감 있게 형상화하고 있다.
⑤ 5연의 '동해안'과 6연의 '산장'이라는 공간의 대조를 통해, 장소의 이동에 따른 화자의 태도 변화를 부각하고 있다.

5. [A]~[F]에 대한 이해로 적절하지 않은 것은?
① [A]에서 '길'이 '사람들의 뜻'을 좇지 않는다는 진술의 구체적인 양상을 [B]에서 확인할 수 있다.
② [B]에서의 경험을 [C]에서 '사람들'이 어떻게 수용하는지를 밝히고 있다.
③ [C]의 '사람들'이 미처 깨닫지 못한 바가 무엇인지를 [D]에서 밝히고 있다.
④ [E]와 같이 제 뜻을 굽혀 '사람'에게 복종하는 '길'의 모습은 [B]와 대비되고 있다.
⑤ [F]에서 깨달음을 얻은 '사람들'의 태도는 [A]의 '사람들'의 태도와 대비되고 있다.

6. <보기>를 참고하여 (다)를 감상한 내용으로 적절하지 않은 것은?

<보 기>

'당신'에게 쓰는 편지 형식의 이 수필에서 글쓴이는 개인적 경험과 공동체적 경험으로 대비되는 두 가지 이야기를 들려준다. 수선화에서 연상된 이야기가 글쓴이에게 슬픔을 환기하는 기억이라면, 고향의 풍속 이야기는 일탈이 용인되는 유쾌한 축제로 그려진다. 이를 통해 독자는 슬픔과 즐거움이라는 삶의 양면성을 경험하게 된다.

① 글쓴이가 '당신'에게 말하는 형식으로 되어 있어 독자는 자신이 편지의 수신인이 된 것처럼 친근함을 느낄 수 있겠군.
② '노란 슬픔의 이야기'는 '가슴의 병'을 얻은 여인과 관련된 개인적 경험으로 볼 수 있겠군.
③ '육보름'에 대한 '당신'과 글쓴이의 경험을 대비한 것은 삶의 양면성을 보여 주려는 의도로 볼 수 있겠군.
④ '부잣집'의 '기왓장을 벗겨 오는' '새악시 처녀들'의 행동은 축제 같은 분위기 속에 일시적으로 용인된 것이겠군.
⑤ '자갈자갈', '끼득깨득'과 같은 음성 상징어에서 '새악시 처녀들'의 '허물없는 즐거움'과 쾌감을 느낄 수 있겠군.

<시 독해>

━━━━━━━━━━━━ <보   기> ━━━━━━━━━━━━

(가)에서 화자는 금강산으로 가는 길에서 만난 자연의 모습을 자신의 내
면에 투영하여 형상화하고 있다. 자연의 외적 모습을 바라보는 데 그치지
않고 주관적 대상으로 묘사하여, 화자와 자연의 정서적 교감을 드러낸다.
  (나)에서 화자는 길에 대한 사람들의 생각이 자신의 관점에만 치우쳐 있
어서 내면의 길을 찾지 못하고 있음을 일깨우고 있다. '밖'과 '안'을 대비
하여 내적 성찰의 중요성을 이끌어 내는 길의 상징적 의미를 진술함으로
써, 길에 대해 사람들이 깨달음을 얻어 가는 과정을 보여 준다.

(가) 시 먼저 보겠습니다. <보기>를 읽어보면 금강산으로 가는 길에서 만난 자연의 모습을 내면화하고 있다고 합니다. 저희가 앞에서 공부한 **자아와 세계**에 관한 <보기>같습니다. 당연한 이야기를 하고 있네요. 화자는 당연히 **자신의 관점에 서 자연을 새롭게 해석**해 낼 것입니다. <보기>에서 이렇게 짚어주고 있으니 화자가 어떻게 자연을 주관적 대상으로 새롭 게 묘사하는지 포커스를 맞춰줍시다. 제목 확인합시다. 금강산으로 가는 길이라는 것은 <보기>에서 확인했고, 별이라는 시적 대상이 중요하게 사용되나 봅니다. 나오면 집중해서 봐줍시다.

아아 아득히 내 첩첩한 산길 왔더니라. 인기척 끊이고 새도 짐승도 있지 않은 한낮 그 화안한 골 길을 다만 아득 히 나는 머언 생각에 잠기어 왔더니라.

화자가 금강산으로 가는 길은 꽤나 멀었나봅니다. '첩첩한', '아득히'와 같은 표현이 사용되고 있습니다. 인기척도 없고, 새도 짐승도 없는 조용한 환한 골 길을 사색하며 지나온 것 같습니다.

백화(白樺) 앙상한 사이를 바람에 백화같이 불리우며 물소리에 흰 돌 되어 씻기우며 나는 총총히 외롬도 잊고 왔 더니라.

화자는 금강산으로 가는 길을 마치 백화가 된 듯한 느낌, 흰 돌이 된 듯한 느낌을 받으면서 왔다고 합니다. 마치 자연과 하나된 기분을 느낀 것이죠.

살다가 오래여 삭은 장목들 흰 팔 벌리고 서 있고 풍설(風雪)에 깎이어 날선 봉우리 훌 훌 훌 창천(蒼天)에 흰 구 름 날리며 섰더니라

금강산으로 가는 길에서 본 풍경을 묘사하고 있습니다. 장목은 긴 나무들을 말하는 것이고 눈과 바람에 깎인 날카로운 봉우리와 구름도 화자의 시각에서 표현하고 있습니다.

쏴아 - 한종일내 - 쉬지 않고 부는 물소리 안은 바람소리 …… 구월 고운 낙엽은 날리어 푸른 담 (潭) 위에 호르르 르 낙화같이 지더니라.

계절적 배경은 가을이네요. 물소리와 바람소리가 들리고 낙엽이 날리는 풍경을 상상합시다.

어젯밤 잠자던 동해안 어촌 그 검푸른 밤하늘에 나는 장엄히 뿌리어진 허다한 바다의 별들을 보았느니,

화자는 어젯밤에는 동해안 어촌에 있었나 봅니다. 거기서 웅장하게 뿌려진 무수한 바다의 별들을 보았다고 합니다. 바다의 별들은 아마 별들이 바다에 비춰서 반짝이는 별들이나 그와 유사한 어떤 이미지를 의미하겠죠.

이제 나의 이 오늘밤 산장에도 얼어붙는 바람 속 우러르는 나의 하늘에 별들은 쏠리며 다시 꽃과 같이 난만(爛熳)하여라.

난만하다는 꽃이 활짝 피어 화려하다는 의미입니다. 오늘밤 산장에서 보는 하늘의 별들이 마치 꽃처럼 아름답게 떠 있는 모습을 화자가 비유하여 나타낸 것이죠. <보기>에서 말하는 **주관적 표현**, 자연과 화자의 교감이 드러납니다. 좀 더 나아가서 '나의 하늘'에 주목해보겠습니다. '나의 하늘'에 꽃처럼 핀 별들은 화자가 바라는 이상향으로 해석할 수 있겠죠. 그러니까 화자의 미래가 금강산, 어젯밤 바다에서 본 별들과 같은 모습이기를 바라는 '난만하여라'라고 해석할 수도 있겠습니다.

'금강산의 자연과 동화되며 별들과 같은 모습 소망'

문제 보고 가겠습니다. 3번에서 먼저 ①선지를 봅시다. 고뇌가 심화? 음… 저희가 잡은 주제인 "금강산의 자연과 동화되며 별들과 같은 모습을 소망"과는 아주 거리가 있어 보이죠. 화자가 인생의 목적에 대한 고민을 하면서 산을 올라왔으면 모를까 너무 뜬금없습니다. ③에서 화자는 고독감을 느끼지도 않고 오히려 자연으로부터 외로움도 잊고 있습니다. ⑤에서 '인기척 끊'긴 '한낮'은 화자가 생각에 잠기게 하는 계기가 됩니다. 주변에 사람들이 있었다면 스스로의 내면에 집중하기 어려웠겠죠.

4번에서 ②선지를 보시면 자연과의 관계에서 느끼는 화자의 정서가 드러난다고 합니다. 정서가 어디 있을까요? 자아는 세계를 내면화한다고 했죠. 그 과정에서 화자의 정서가 드러나지 않을 수가 없습니다. 구체적으로 이 경우에서는 자연과 동화되는 느낌을 드러내고 있는 것입니다.
답은 ⑤임이 바로 보여야 합니다. 어젯밤의 '동해안'과 오늘밤의 '산장'은 애초에 별들을 볼 수 있는 자연이라는 점에서 유사한 공간입니다. 따라서 대조라고 말하기 어렵습니다. 그리고 '그러한 대조를 통한 태도 변화를 부각했다'도 맞다고 보기 어렵습니다. 현실과 이상을 잘 구분할 수 있는지 묻는 문항인데, 이 시에서는 딱히 현실이 등장하지 않았으니 대조라는 단어 보자마자 고를 수 있었습니다!

(나) 시로 넘어갑시다. <보기>를 다시 보면, 화자가 내면의 길을 중요시한다고 말하고 있습니다. 그리고 '밖'과 '안'을 대비하여 내적 성찰의 중요성을 이끌어낸다고 말합니다. 굉장히 추상적인 <보기>입니다. 내면의 길이 무엇인지, '밖', '안'이 무엇을 의미하는지, 길이 무엇을 상징하고 있는지는 본문으로 가야 잡을 수 있을 것 같습니다. 집중해서 본문을 읽어봅시다.

사람들은 자기들이 길을 만들 줄 알지만
길은 순순히 사람들의 뜻을 좇지는 않는다
사람을 끌고 가다가 문득
벼랑 앞에 세워 낭패시키는가 하면
큰물에 우정 제 허리를 동강 내어
사람이 부득이 저를 버리게 만들기도 한다

첫 번째로 사람들이 길을 만든 것이 아니라는 점을 제시하고 있습니다. 아주 원초적인 단계의 통념입니다. 화자는 이것을 우선 부인하고 있습니다. 길이 사람들이 원하는 대로 가지 않는다는 것이죠. 여기서는 구체적으로 '길'이 어떤 것을 상징하고 있는지 잡기가 어렵습니다. 그냥 물리적인 길이라고 해도 충분히 이해가 가는 내용들이기 때문입니다. 좀 더 읽어보면서 잡아봅시다. 길은 제목에서도 중요한 시적 대상이라고 이야기해주고 있기 때문에 그 의미를 꼭 파악하려고 노력해야합니다.

사람들은 이것이 다 사람이 만든 길이
거꾸로 사람들한테 세상 사는
슬기를 가르치는 거라고 말한다
길이 사람을 밖으로 불러내어
온갖 곳 온갖 사람살이를 구경시키는 것도
세상 사는 이치를 가르치기 위해서라고 말한다

첫 번째 통념에서 벗어나 사람들은 길이 오히려 사람들에게 세상 사는 이치를 가르치기 위해서 있다고 말합니다. 슬슬 길의 의미가 저희가 일반적으로 생각하는 물리적인 road에서 벗어나고 있다는 것을 느껴야 합니다. 아마도 이 길은 저희의 인생길을 의미하는 것 같습니다. 그러니까 사람이 인생을 살면서 그 인생을 스스로 개척해 나가지만 그 와중에 여러 구경을 시키면서 '세상 사는 이치를 알려준다'라는 이야기죠.

그래서 길의 뜻이 거기 있는 줄로만 알지
길이 사람을 밖에서 안으로 끌고 들어가
스스로를 깊이 들여다보게 한다는 것을 모른다

두 번째 길(인생)에 대한 관점도 한계가 있다고 말합니다. 인생 속에서 여러 경험을 하고 이치를 배우는 것이 인생의 전부가 아니라는 이야기입니다. 슬슬 <보기>에서 언급한 '밖'과 '안'의 대비가 드러나는 부분이죠. 두 번째 관점은 '밖'에만 치중했다는 한계를 지적하는 것입니다. 예시를 들어볼까요? 굉장히 성공한 사업가가 있다고 해봅시다. 이 사람은 세상살이에 도가 텄습니다. 대인관계, 가족, 능력 모든 게 훌륭합니다. 하지만, 스스로의 내면을 들여다볼 줄은 모릅니다. 그러면 이 사람은 인생길을 훌륭하게 걸었다고 말할 수 있을까요? 화자는 이것이 아니라고 합니다. 스스로의 내면을 성찰하는 인생이야말로 진정한 인생길을 걸었다는 것을 이야기합니다. 인생은 계속해서 사람이 내면을 성찰하도록 유도한다고 합니다. 이것이 화자가 말하는 인생의 관점이죠.

길이 밖으로가 아니라 안으로 나 있다는 것을
아는 사람에게만 길은 고분고분해서
꽃으로 제 몸을 수놓아 향기를 더하기도 하고
그늘을 드리워 사람들이 땀을 식히게도 한다

화자가 말하는 관점으로 인생길을 바라본다면 이 인생은 인간의 내면에 향기가 가득하게도 해주고, 잠시 쉬어갈 수 있는 환경도 마련해줍니다.

그것을 알고 나서야 사람들은 비로소
자기들이 길을 만들었다고 말하지 않는다

첫 번째와 두 번째 관점은 길을 스스로가 만들었다고 합니다. 인생길을 스스로가 개척했다고 생각하죠. 하지만 화자의 관점을 깨우친 사람들은 끊임없이 스스로를 반성하고 성찰하기에 자만하지 않습니다. 절대 그 인생을 스스로가 개척했다고 생각할 수 없죠.

'인생의 참된 의미는 내적 성찰을 통해서 발견할 수 있다'

문제 보겠습니다. 2번에서 ④ '세상 사는 이치'는 '밖', 내적 성찰은 '안'이라고 생각할 수 있습니다. 그러니까 이 선지는 '<보기>의 '안', '밖'의 대비를 시에서 찾았니?'라고 물어보는 선지입니다. 당연히 틀렸죠.
5번에서 [E]에서 '길'이 제 뜻을 굽혀 '사람'에게 복종했나요? 글의 흐름 속에서 이해하면 절대 맞을 수가 없습니다. 답은 ④입니다. 길 즉, 내면이 소중하다는 시의 주제와 전혀 반대됩니다.

(다)와 같은 수필은 결국 경험에 대한 필자의 느낀 점, 생각을 읽어내면 됩니다.

> <보 기>
>
> '당신'에게 쓰는 편지 형식의 이 수필에서 글쓴이는 개인적 경험과 공동체적 경험으로 대비되는 두 가지 이야기를 들려준다. 수선화에서 연상된 이야기가 글쓴이에게 슬픔을 환기하는 기억이라면, 고향의 풍속 이야기는 일탈이 용인되는 유쾌한 축제로 그려진다. 이를 통해 독자는 슬픔과 즐거움이라는 삶의 양면성을 경험하게 된다.

이 편지 형식의 수필에는 두 가지 경험이 있다고 하니 각각 개인적 경험과 공동체적 경험을 찾아주시면 됩니다. 그리고 이 두 이야기가 전자는 수선화에서 연상된 슬픈 경험, 후자는 고향의 풍속에 관한 즐거운 축제 이야기라고 내용을 던져주고 있습니다. 본문으로 갑시다.

고요하니 즐거운 이 밤 초롱초롱 맑게 고인 샘물 같은 눈으로 나는 지금 당신께서 보내 주신 맑고 고운 수선화 한 폭을 들여다봅니다. 들여다보노라니 그윽한 향기와 새파란 꿈이 안개같이 오르고 또 노란 슬픔이 연기같이 오릅니다. 나는 이제 이 긴긴 밤을 당신께 이 노란 슬픔의 이야기나 해서 보내도 좋겠습니까.

필자는 당신께서 보내주신 수선화 한 폭을 보면서 과거의 슬픔을 이야기해주고 싶어 하는 것 같습니다. <보기>를 바탕으로 개인적으로 슬펐던 경험이 나올 것을 예측하면서 가봅시다.

남쪽 바닷가 어떤 낡은 항수의 처녀 하나를 나는 좋아하였습니다. 머리가 까맣고 눈이 크고 코가 높고 목이 패고 키가 호리낭창하였습니다.

(중략)

어느 해 유월이 저물게 실비 오는 무더운 밤에 처음으로 그를 안 나는 여러 아름다운 것에 그를 견주어 보았습니다. -당신께서 좋아하시는 산새에도 해오라비에도 또 진달래에도 그리고 산호에도……. 그러나 나는 어리석어서 아름다움이 닮은 것을 골라낼 수 없었습니다.

총명한 내 친구 하나가 그를 비겨서 수선이라고 하였습니다. 그제는 나도 기뻐서 그를 비겨 수선이라고 하였습니다. 그러한 나의 수선이 시들어 갑니다. 그는 스물을 넘지 못하고 또 가슴의 병을 얻었습니다. 이 이야기는 나의 노란 슬픔이 더 떠오르지 않게 나는 당신의 보내 주신 맑고 고운 수선화의 폭을 치워 놓아야 했겠습니다.

필자의 과거 연애 경험이 나오네요. 하지만 수선과 빗대어진 그 소녀는 스물을 넘지 못하고 병을 얻어서 시들어가고 있다고 합니다. 당신께서 보내주신 수선을 볼 때면, 그녀가 떠올라 필자는 슬픔을 느끼고 있는 것 같습니다. 노란 슬픔은 수선의 색이 반영된 표현으로 그녀와 수선의 연관을 보여주는 시어네요. **주관적인 표현**이니 확인하였습니다!

밤이 아직 샐 때가 멀고 또 복밥을 먹을 때도 아직 되지 않았습니다. 이제 나는 어머니의 바느질 그릇이 있는 데로 가서 무새 헝겊이나 얻어다가 알록달록한 각시나 만들면서 이 남은 밤을 당신께서 좋아하실 내 시골 육보름 밤의 이야기나 해서 보내도 좋겠습니까.

이번에는 <보기>에서 말했던 두 번째 고향의 풍속에 관한 즐거운 축제 이야기가 나오는 것 같습니다. 공동체적 경험이고, 즐거움이라는 감정이 드러날 것임을 예측하면서 읽어봅시다.

육보름으로 넘어서는 밤은 집집이 인간으로 사랑으로 웃간에도 맞웃간에도 다락방에도 허텅에도 고방에도 부엌에도 대문간에도 외양간에도 모두 째듯하니 불을 켜 놓고 복을 맞이하는 밤입니다. 달 밝은 마을의 행길 어데로는 복덩이가 돌아다닐 것도 같은 밤입니다. 닭이 수잠을 자고 개가 밤물을 먹고 도야지깃을 들썩이는 밤입니다. 새악시 처녀들은 새 옷을 입고 복물을 긷는다고 벌을 건너기도 하고 고개를 넘기도 하여 부잣집 우물로 가서 반동이에 옹패기에 찰락찰락 물을 길어 오며 별 같은 이야기를 자깔자깔 하는 밤입니다. 새악시 처녀들은 또 복을 가져 오노라고 달을 보고 웃어 가며 살쾡이같이 여우같이 부잣집으로 가서는 날쌔기도 하게 기왓골의 기왓장을 벗겨 오고 부엌의 솥뚜껑을 들어 오고 곱새담의 짚날을 뽑아 오고…… 이렇게 허물없는 즐거움 속에 끼득깨득 하는 그들은 산에서 내린 무슨 암짐승의 되어 버리는 밤입니다.

육보름으로 넘어서는 밤은 복을 맞이하는 밤이라고 합니다. 그리고, 다양한 일탈들이 용인되고 있는 즐거운 축제 분위기가 느껴집니다. 수필은 핵심을 파악했다면 이후 세세한 내용들은 가볍게 읽어주시면 되겠습니다.

(다)와 관련된 문제까지 이제 해결해봅시다. 3번에서 (다)와 관련된 선지를 봅시다.
② : (다)의 '고요하니 즐거운 이 밤'은 당신에게 편지를 쓰면서 수선화 한 폭을 들여다보는 시간입니다. '당신'과의 재회에 대한 기대감은 수필 전반에서 드러나지 않습니다. (X)
③ : 즐거운 축제 분위기에서 고독감은 뜬금없는 표현입니다. (X)
④ : 실비 오는 무더운 밤은 항구의 처녀를 처음 알게 된 시간입니다. 지난날을 후회하는 계기라고 볼 수 없죠. 글쓴이는 지난날을 애초에 후회하고 있지 않습니다. (X)
⑤ : 이 남은 밤에 글쓴이는 편지를 쓰고 있고, 그 밤이 오래 남았다고 하면 글쓴이가 이야기를 계속할 만한 시간으로 충분히 볼 수 있습니다. (O) 답은 ⑤입니다.

6번입니다.
① 당신에게 말하는 형식도 맞고, 독자가 그 편지를 읽으면서 수신인이 된 느낌도 듭니다. 맞는 선지네요. (O)
② 노란 슬픔의 이야기는 항구 처녀 이야기 맞네요. (O)
③ 육보름에 대한 '당신'과 글쓴이의 경험을 대비했나요? 항구 처녀 이야기와 육보름 이야기라고 해야 <보기>를 통해서 용인할 수 있는 선지 같습니다. (X)
④ 기왓장을 훔치는 것은 일반적으로 용인되는 것은 아닌 듯 합니다. (O)

⑤ 즐거움이라는 축제의 분위기와 매우 적절한 선지가 되겠습니다. (O)

결국 (다)는 <보기>에서 크게 나누어 놓은 두 파트를 구분했는지 테스트하는 문항이 나왔습니다. 앞선 슬픔의 부분과 즐거움의 부분을 교차로 배치한 선지가 잘못되었다는 것을 빠르게 확인할 수만 있었다면 그리 어렵지 않았을 겁니다. 결국 주제로 풀린다는 사실 계속해서 기억하며 자잘한 정보에 매몰되지 말고 크게, 크게 풀어주세요!

[앞부분의 줄거리] 해방 직후, 미군 소위의 통역을 맡아 부정 축재를 일삼던 방삼복은 고향에서 온 백 주사를 집으로 초대한다.

"서 주사가 이거 두구 갑디다."

들고 올라온 각봉투 한 장을 남편에게 건네어 준다.

"어디?"

그러면서 받아 봉을 뜯는다. 소절수 한 장이 나온다. 액면 만 원짜리다.

미스터 방은 성을 벌컥 내면서

"겨우 둔 만 원야?"

하고 소절수를 다다미 바닥에다 홱 내던진다.

"내가 알우?"

"우랄질 자식 어디 보자. 그래 전, 걸 십만 원에 불하 맡아다, 백만 원 하나 냉겨 먹을 테문서, 그래 겨우 둔 만 원야? 엠병헐 자식, ㉠ 내가 엠피*헌테 말 한마디문, 전 어느 지경 갈지 모를 줄 모르구서."

"정종으루 가져와요?"

"내 말 한마디에, 죽을 놈이 살아나구, 살 놈이 죽구 허는 줄은 모르구서. 흥, 이 자식 경 좀 쳐 봐라…… 증종 따근허게 데와. 날두 산산허구 허니."

새로이 안주가 오고, 따끈한 정종으로 술이 몇 잔 더 오락가락

하고 나서였다.

백 주사는 마침내, **진작부터 벼르던 이야기**를 꺼내었다.

백 주사의 아들 ㉡ 백선봉은, 순사 임명장을 받아 쥐면서부터 시작하여 8‧15 그 전날까지 칠 년 동안, 세 곳 주재소와 두 곳 경찰서를 전근하여 다니면서, 이백 석 추수의 토지와, 만 원짜리 저금통장과, 만 원어치가 넘는 옷이며 비단과, 역시 만 원어치가 넘는 여편네의 패물과를 장만하였다.

[A] **남들**은 주린 창자를 졸라맬 때 그의 광에는 옥 같은 정백미가 몇 가마니씩 쌓였고, 반년 일 년을 남들은 구경도 못 하는 고기와 생선이 끼니마다 상에 오르지 않는 날이 없었다.

[B] ××경찰서의 경제계 주임으로 있던 마지막 이 년 동안은 더욱더 호화판이었다. 8‧15 그날 밤, **군중**이 그의 집을 습격하였을 때에 쏟아져 나온 물건이 쌀 말고도

광목 여섯 필
고무신 스물세 켤레
지카다비 여덟 켤레
빨랫비누 세 궤짝
양말 오십 타
정종 열세 병
설탕 한 부대

[C] 이렇게 **있었더란다.** 만 원어치 여편네의 패물과, 만 원 어치의 옷감이며 비단과, 만 원짜리 저금통장은 고만두고 말이었다.

물건 하나 없이 죄다 빼앗기고, 집과 세간은 조각도 못 쓰게 산산 다 부수고, 백선봉은 팔이 부러지고, 첩은 머리가 절반이나 뽑히고, 겨우겨우 목숨만 살아, 본집으로 도망해 왔다.

[D] 일변 고을에서는, 백 주사가, 자식이 그런 짓을 해서 산 토지를 가지고, **동네 사람**한테 거만히 굴고, 작인들한테 팔 할 가까운 도지를 받고, 고리대금을 하고 하였대서, 백선봉이 도망해 와 눕는 그날 밤, 그의 본집인 백 주사네 집을 습격하였다.

[E] 집과 세간 죄다 부수고, 백선봉이 보낸 통제 배급 물자 숱한 것 죄다 빼앗기고, **가족들**은 죽을 매를 맞고, 백선봉은 처가로, 백 주사는 서울로 각기 피신하여 목숨만 우선 보전하였다.

백 주사는 비싼 여관 밥을 사 먹으면서, 울적히 거리를 오락가락, 어떻게 하면 이 분풀이를 할까, ⓐ 어떻게 하면 빼앗긴 돈과 물건을 도로 다 찾을까 하고 궁리를 하는 것이나, 아무런 묘책도 없었다.

그러자 오늘은 우연히 이 미스터 방을 만났다. 종로를 지향 없이 거니는데, 지나가던 자동차가 스르르 멈추면서, 서양 사람과 같이 탔던 신사 양반 하나가 내려서더니, 어쩌다 눈이 마주치자

"아, 백 주사 아니신가요?"

하고 반기는 것이었다.

자세히 보니, 무어 길바닥에서 신기료장수를 한다던 코 삐뚤이

삼복이가 분명하였다.

"자네가, 저, 저, 방, 방……."

"네, 삼복입니다."

"아, 건데, 자네가……."

"허, 살 때가 됐답니다."

그러고는 ⓑ 내 집으루 갑시다, 하고 잡아끄는 대로 끌리어 온 것이었다.

의표하며, 집하며, 식모에 침모에 계집 하인까지 부리면서 사는 것하며, 신수가 훤히 트여 가지고, 말도 제법 의젓하여진 것 같은 것이며, ⓒ 진소위 개천에서 용이 났다고 할 것인지.

옛날의 영화가 꿈이 되고, 일조에 몰락하여 가뜩이나 초상집 개처럼 초라한 자기가, ⓓ 또 한 번 어깨가 옴츠러듦을 느끼지 아니치 못하였다. 그런 데다 이 녀석이, 언제 적 저라고 무엄스럽게 굴어, 심히 불쾌하였고, 그래서 ⓔ

엔간히 자리를 털고 일어설 생각이 몇 번이나 나지 아니한 것도 아니었다. 그러나 참았다.

보아하니 큰 세도를 부리는 것이 분명하였다. 잘만 하면 그 힘을 빌려, 분풀이와, 빼앗긴 재물을 도로 찾을 여망이 있을 듯 싶었다.

- 채만식, 『미스터 방』 -

* 엠피(MP) : 미군 헌병.

1. 윗글의 대화를 중심으로 '방삼복'을 이해한 것으로 가장 적절한 것은?

① 자신이 꾸미고 있는 일에 관심 없는 상대에게 자기 업무를 떠넘기는 뻔뻔함을 보이고 있다.

② 질문에 대꾸하지 않음으로써 상대가 같은 질문을 반복하도록 거드름을 피우고 있다.

③ 눈앞에 없는 사람을 비난하고 위협함으로써 함께 있는 상대에게 자신의 위세를 드러내고 있다.

④ 차에서 내려 상대에게 먼저 알은체하며 동승자에게 자신의 인맥을 과시하고 있다.

⑤ 상대가 이름을 제대로 말하기 전에 말을 가로채 상대에 대한 열등감을 감추고 있다.

2. ㉠과 ㉡에 대한 설명으로 가장 적절한 것은?

① ㉠과 ㉡에는 모두 외세에 기대어 사익을 추구하는 인물의 부정적 모습이 드러난다.

② ㉠과 ㉡에는 모두 외세와 이를 돕는 인물 간의 권력 관계가 일시적으로 역전된 모습이 드러난다.

③ ㉠과 ㉡에는 모두 사회적 지위를 이용하여 타인의 권익을 침해하는 인물이 몰락하는 모습이 드러난다.

④ ㉠에는 권력을 향한 인물의 조바심이, ㉡에는 권력에 의한 인물의 좌절감이 드러난다.

⑤ ㉠에는 자신의 권위에 대한 인물의 확신이, ㉡에는 추락한 권위를 회복할 수 있다는 인물의 자신감이 드러난다.

3. ⓐ~ⓔ에 대한 이해로 적절하지 않은 것은?

① ⓐ : 스스로는 문제 해결이 불가능한 상태임을 강조하여 인물의 답답한 처지를 보여 준다.

② ⓑ : 방삼복의 제안에 엉겁결에 따라가는 모습을 통해 인물이 얼떨떨한 상태임을 보여 준다.

③ ⓒ : 신수가 좋고 재력이 대단해 보이는 방삼복의 모습에 고향 사람에 대한 자부심을 갖게 되었음을 보여 준다.

④ ⓓ : 자신의 처지를 방삼복과 비교하면서 주눅이 들었음을 보여 준다.

⑤ ⓔ : 방삼복에게 도움을 받을 수 있다는 기대감과 그에 대한 반감이 뒤섞여 있음을 보여 준다.

4. <보기>를 참고하여 [A] ~ [E]를 감상한 내용으로 적절하지 않은 것은?

<보 기>

'진작부터 벼르던 이야기'는 백 주사가 자신과 가족의 억울함을 하소연하는 부분이다. 그런데 서술자는 그 '이야기'를 서술자의 시선뿐 아니라 여러 인물들의 시선으로 초점화하여 서술함으로써 독자와 작중 인물 간의 거리를 조절한다. 또한 세부 항목을 하나씩 나열하여 장면의 분위기를 고조하고 정서를 확장하는 서술 방법으로 독자에게 현장감을 전해 준다. 이때 독자는 백 주사와 그의 가족에게 고통받았던 사람들의 입장에 서서 그들을 비판적으로 보게 된다.

① [A] : 백선봉의 풍요로운 생활을 '남들'의 굶주린 생활과 비교하여 서술함으로써 독자가 그를 비판적으로 보게 하고 있군.

② [B] : 부정하게 모은 많은 물건들을 하나씩 나열하여 습격 당시 현장의 들뜬 분위기를 환기함으로써 '군중'의 놀람과 분노를 독자에게 전하려 하고 있군.

③ [C] : '있었더란다'를 통해 누군가에게 들은 것처럼 전하면서도, 전하는 내용을 '군중'의 시선으로 초점화하여 독자가 '군중'의 입장에 서도록 유도하고 있군.

④ [D] : '동네 사람'의 시선으로 초점화하여 백 주사의 만행을 서술함으로써 백 주사가 습격의 빌미를 제공한 것처럼 독자가 느끼게 하고 있군.

⑤ [E] : 백 주사 '가족'의 몰락을 보여 주는 사건들을 백 주사의 시선으로 일관되게 초점화하여 그들에게 고통받았던 사람들의 편에 선 독자가 통쾌함을 느끼게 하고 있군.

<보   기>

'진작부터 벼르던 이야기'는 백 주사가 자신과 가족의 억울함을 하소연하는 부분이다. 그런데 서술자는 그 '이야기'를 서술자의 시선뿐 아니라 여러 인물들의 시선으로 초점화하여 서술함으로써 독자와 작중 인물 간의 거리를 조절한다. 또한 세부 항목을 하나씩 나열하여 장면의 분위기를 고조하고 정서를 확장하는 서술 방법으로 독자에게 현장감을 전해 준다. 이때 독자는 백 주사와 그의 가족에게 고통받았던 사람들의 입장에 서서 그들을 비판적으로 보게 된다.

시선은 **시각**과 동일한 뜻으로 쓰이고 있습니다. 이 <보기>에서뿐만 아닌 특징이니 챙겨가시길 바랍니다. 백 주사가 자신과 가족의 억울함을 '진작부터 벼르던 이야기'에서 말할 것인데, 이 억울함이 지극히 개인적이지 독자와 타인은 공감하기 어려울 것임을 <보기>에서 말해주고 있습니다. 따라서, 특정 세부 항목의 나열이 나오면 그 부분이 독자가 현장감을 느껴 백 주사와 가족이 아닌, 고통받았던 사람들의 **시각**으로 읽는 이유를 찾아야겠네요. 백 주사가 과연 어떤 인물인지 파악을 하겠다 작전을 짜며 읽어보도록 합시다!

<소설 독해>

[앞부분의 줄거리] 해방 직후, 미군 소위의 통역을 맡아 부정 축재를 일삼던 방삼복은 고향에서 온 백 주사를 집으로 초대한다.

#1 "서 주사가 이거 두구 갑디다."

들고 올라온 각봉투 한 장을 남편에게 건네어 준다.

"어디?"

그러면서 받아 봉을 뜯는다. 소절수 한 장이 나온다. 액면 만 원짜리다.

미스터 방은 성을 벌컥 내면서

"겨우 둔 만 원야?"

하고 소절수를 다다미 바닥에다 홱 내던진다.

"내가 알우?"

"우랄질 자식 어디 보자. 그래 전, 걸 십만 원에 불하 맡아다, 백만 원 하난 냉겨 먹을 테문서, 그래 겨우 둔 만 원야? 엠병헐 자식, ㉠ 내가 엠피*헌테 말 한마디문, 전 어느 지경 갈지 모를 줄 모르구서."

"정종으루 가져와요?"

"내 말 한마디에, 죽을 늄이 살아나구, 살 늄이 죽구 허는 줄은 모르구서. 홍, 이 자식 경 좀 쳐 봐라……. 증종 따근 허게 데와. 날두 산산허구 허니."

새로이 안주가 오고, 따끈한 정종으로 술이 몇 잔 더 오락가락

하고 나서였다.

백 주사는 마침내, **진작부터 벼르던 이야기**를 꺼내었다.

앞부분의 줄거리로부터 우리는 방삼복이 그리 좋은 사람은 아니라는 것을 알아냈습니다. 해방이 되었음에도 외세의 기회에 집중하고 타인에게 무례한 세속적인 면모를 방삼복에게서 읽을 수 있었죠. 그리고 <보기>에서 말한 '진작부터 벼르던 이야기'가 이제 시작된다고 하니 집중해봅시다!

#2 백 주사의 아들 ⓒ 백선봉은, 순사 임명장을 받아 쥐면서부터 시작하여 8·15 그 전날까지 칠 년 동안, 세 곳 주재소와 두 곳 경찰서를 전근하여 다니면서, 이백 석 추수의 토지와, 만 원짜리 저금통장과, 만 원어치가 넘는 옷이며 비단과, 역시 만 원어치가 넘는 여편네의 패물과를 장만하였다.

[A] **남들**은 주린 창자를 졸라맬 때 그의 광에는 옥 같은 정백미가 몇 가마니씩 쌓였고, 반년 일 년을 남들은 구경도 못 하는 고기와 생선이 끼니마다 상에 오르지 않는 날이 없었다.

[B] ××경찰서의 경제계 주임으로 있던 마지막 이 년 동안은 더욱더 호화판이었다. 8·15 그날 밤, **군중**이 그의 집을 습격하였을 때에 쏟아져 나온 물건이 쌀 말고도

광목 여섯 필

고무신 스물세 켤레

지카다비 여덟 켤레

빨랫비누 세 궤짝

양말 오십 타

정종 열세 병

설탕 한 부대

[C] 이렇게 **있었더란다.** 만 원어치 여편네의 패물과, 만 원 어치의 옷감이며 비단과, 만 원짜리 저금통장은 고만두고 말이었다.

물건 하나 없이 죄다 빼앗기고, 집과 세간은 조각도 못 쓰게 산산 다 부수고, 백선봉은 팔이 부러지고, 첩은 머리가 절반이나 뽑히고, 겨우겨우 목숨만 살아, 본집으로 도망해 왔다.

[D] 일변 고을에서는, 백 주사가, 자식이 그런 짓을 해서 산 토지를 가지고, **동네 사람**한테 거만히 굴고, 작인들한테 팔 할 가까운 도지를 받고, 고리대금을 하고 하였대서, 백선봉이 도망해 와 눕는 그날 밤, 그의 본집인 백 주사네 집을 습격하였다.

[E] 집과 세간 죄다 부수고, 백선봉이 보낸 통제 배급 물자 숱한 것 죄다 빼앗기고, **가족들**은 죽을 매를 맞고, 백선봉은 처가로, 백 주사는 서울로 각기 피신하여 목숨만 우선 보전하였다.

백 주사는 비싼 여관 밥을 사 먹으면서, 울적히 거리를 오락가락, 어떻게 하면 이 분풀이를 할까, ⓐ 어떻게 하면 빼앗긴 돈과 물건을 도로 다 찾을까 하고 궁리를 하는 것이나, 아무런 묘책도 없었다.

백 주사의 이야기가 나오고 있습니다. 백 주사의 아들은 일본 순사로 일하며 엄청나게 많은 재산을 광복 전까지 쌓았다고 합니다. [A]를 시작으로 광복하면서 백 주사네 집이 망하는 과정이 나오고 있죠. 특히 [B]는 <보기>에서 말한 세부 항목이 나열되면서 얼마나 백 주사가 많은 재산을 해 먹었는지(?)를 확인할 수 있었습니다. 이러니 독자는 백 주사보다는 고통받은 백성들의 **시각**으로 글을 볼 수밖에 없는 것입니다. 이 작품의 특징은 분명히 글의 **시각**은 백 주사인 부분에서도 독자가 다른 인물들의 시선으로 글을 읽을 수 있게 장치를 짜놓았네요. 이를 <보기>에서 말한 것이었고요! ⓐ를 보니 백 주사는 아직도 정신 못 차리고 재물을 되찾으려 하고 있네요.

그러자 오늘은 우연히 이 미스터 방을 만났다. 종로를 지향 없이 거니는데, 지나가던 자동차가 스르르 멈추면서, 서양 사람과 같이 탔던 신사 양반 하나가 내려서더니, 어쩌다 눈이 마주치자

"아, 백 주사 아니신가요?"

하고 반기는 것이었었다. 자세히 보니, 무어 길바닥에서 신기료장수를 하던 코뻬뚤이 삼복이가 분명하였다.

"자네가, 저, 저, 방, 방……."

"네, 삼복입니다.", "아, 건데, 자네가…….", "허, 살 때가 됐답니다."

그러고는 ⓑ 내 집으루 갑시다, 하고 잡아끄는 대로 끌리어 온 것이었다.

의표하며, 집하며, 식모에 침모에 계집 하인까지 부리면서 사는 것하며, 신수가 훤히 트여 가지고, 말도 제법 의젓하여진 것 같은 것이며, ⓒ 진소위 개천에서 용이 났다고 할 것인지.

옛날의 영화가 꿈이 되고, 일조에 몰락하여 가뜩이나 초상집 개처럼 초라한 자기가, ⓓ 또 한 번 어깨가 옴츠러듦을 느끼지 아니치 못하였다. 그런 데다 이 녀석이, 언제 적 저라고 무엄스럽게 굴어, 심히 불쾌하였고, 그래서 ⓔ 엔간히 자리를 털고 일어설 생각이 몇 번이나 나지 아니한 것도 아니었다. 그러나 참았다.

보아하니 큰 세도를 부리는 것이 분명하였다. 잘만 하면 그 힘을 빌려, 분풀이와, 빼앗긴 재물을 도로 찾을 여망이 있을 듯 싶었다.

자신의 세가를 잃고 어떻게 찾을지 정신 못 차리던 백 주사에게 우연히 찾아온 기회가 바로 이 소설의 제목인 '방삼복'이었던 것이죠. 백 주사는 광복을 하면서 망했지만, 방삼복은 미군 통역 일을 하며 오히려 세가를 키운 것입니다. 길바닥에서 신기료 장수를 하던 것이 백 주사의 기억이니 엄청난 인생 역전을 했네요. 집에 갔더니 방삼복의 세가가 엄청난 것을 눈으로 볼 수 있었는데, 여기서 백 주사의 주관적인 **시각**들이 대거 등장합니다. 방삼복이 돈만 믿고 자신을 무시한다고 생각하지만, 그 와중에 빌어 붙으려고 참는 모습, 참 기회주의적인 면모를 계속해서 확인할 수 있었네요.
눈치 채셨겠지만 이 소설은 여즉 계속해서 나온 일반적 유형이 아닌 **풍자적 유형** 입니다.
백 주사의 기회주의적이고 세속적인 면모가 여러 장면들을 통해 계속해서 강조되죠. 따라서 밑줄 쳐진 것들 중에서도 백 주사나 방삼복의 이러한 면모가 크게 나온 것들이 답으로 나올 것이라는 얘기입니다. 한 번 지금까지 해온 것에서 보다 실전적으로 보여드리도록 하죠.

1. 방삼복에 대한 문항입니다. #1에서는 방삼복의 무례한 면이 강조되어 나왔죠. '우랄질 자식'이라고 하며 눈앞에 없는 사람에게 말하듯 자신과 미국 헌병의 관계를 앞에 있는 백 주사에게 보여주고 있습니다. 앞서서 말한 것처럼 **풍자적 유형**의 출제 기조대로 방삼복의 면모가 나왔네요. 그렇다면 이제 다른 문제들에서는 백 주사의 면모가 나오겠죠. - 답 : ③

2. ㉠과 ㉡은 각각 방삼복은 미국에, 백 주사네는 일본이라는 외세에 빌붙어 자신의 배를 불리는 면모를 보여주고 있습니다. 그러니 이번에는 둘의 공통적인 면모에 대해서 묻고 있죠. **풍자적 유형**은 나오면 알아보기만 하면 거저먹을 수 있을 겁니다. - 답 : ①

3. ⓐ와 ⓔ에서 백 주사의 기회주의적 면모를 확인했었고, ⓑ와 ⓒ를 통해 이번에 백 주사가 빌붙을 존재는 방삼복임을 알 수 있었습니다. 그러나 ⓒ의 말대로 백 주사에게 방삼복은 그저 코삐뚤이에 불과한데 #1에서 자신에게 보이는 과시하는 모습에 ⓓ의 상황을 겪죠. 그 와중에 자신의 돈을 위해 참기까지 하는 진짜 기회주의자의 모습까지요! 답 : ③

4. 무엇보다도 백 주사의 **시각**으로 쓰인 글이지만 독자는 다른 사람의 **시선**에 서서 편을 든다는 것이 <보기>의 핵심이었죠. 그렇다면 이를 반대로 말하는 선지를 찾아볼까요? 혼자 백 주사의 시선이라 우기는 선지가 있네요. 답 : ⑤

컴팩트하게 풀어봤습니다. 이처럼 **풍자적 유형**에서는 무엇보다 '면모'가 중요함을 기억해주세요!!

밤이 깊어지면, 시장 안의 가게들은 하나씩 문을 닫고, 길가에 리어카를 놓고 팔던 상인들은 제각기 과일이나 생선, 채소들을 끌고 다리 위로 올라오는 것이었다.

[A] 그 모양을 이만큼에 서서 흔들리는 버드나무 가지 사이로 바라보면, 리어카마다 켜져 있는 카바이드 불빛이, 마치 난간에 무슨 꽃 등불을 달아 놓은 것처럼 요요하였다.

돈이 없어도 염려가 안 되는 곳.
그 사람들은 대부분 어머니를 알았다.
모르는 사람들도 곧 알게 되었다.

[B] 벽오동집 아주머니.
오동나무 아주머니.

그렇게 어머니를 불렀다.

어느새 나무는 그렇게도 하늘 높이 자라서 저기만큼 걸린 매곡교 다릿목에서도 그 무성한 가지와 잎사귀를 올려다볼 만큼 되었던 것이다.

[C] 거기다가, 우리 집에서 날아간 오동나무 씨앗이 앞뒷집에 떨어져 싹이 나고, 어느 해 바람에 불려 갔는지 그보다 더 먼 건넛집에도, 심지 않은 오동나무가 저절로 자라나게 되었다.

그래서 나는 속으로 우리 동네를 벽오동촌이라고 별명 지었다.

그것은 어쩌면 이 가난한 동네의 한 호사였는지도 모른다.

아버지가 어머니와 혼인하시고, 작천의 친정 어머니를 남겨두신 채, 신행 후에 전주로 돌아와 맨 처음 터를 잡은 곳이 바로 이 **천변**이었다.

[D] 동네 뒤쪽으로는 산줄기가 병풍처럼 둘러쳐져 있고, 앞쪽으로는 흰모래 둥근 자갈밭을 데불은 시냇물이 흐르며 거기다 시장까지 가까운 이곳은, 삼십 년 전 그때만 하여도, 부성 밖의 한적하고 빈한한 동네였을 것이다.

물론 우리도 중간에 **집을 고치고**, 이어 내고, 울타리를 바꾸었으나, 그저 움막처럼 나뭇가지를 얼기설기 얽은 뒤, 풍우나 피하자는 시늉으로 지은 집들도 많았을 것이다.

이 울타리 안에서 해마다 더욱더 무성하게 자라는 오동나무는 유월이면, 아련한 유백색의 비단 무늬 같은 꽃을 피웠다. 그윽한 꽃이었다.

그 나무는 나보다 더 나이가 많았다.

나를 낳으시던 해, 지팡이만 한 나무를 구해다가 앞마당에 심으시며

"기념."

이라고 웃으셨다는 아버지.

"처음에는 저게 자랄까 싶었단다. 그러던 게 이듬해는 키를 넘드라."

해마다 이른 봄이면, 어린아이 손바닥만 하던 잎사귀가 어느 결에 손수건만 해지고, 그러다가 초여름에는 부채처럼 나부낀다.

그리고 가을에는 종이우산만큼이나 넓어지는 것 같았다.

하늘을 덮는 잎사귀, 그 무성한 잎사귀들…….

그 잎사귀 **서걱거리는 소리**가 골목 어귀 천변에까지 들리는 성싶었다.

어머니는 물끄러미 냇물만 바라보고 계시더니, 문득 고개를 돌려,

"영익이 언제 다녀갔지?"

하고 물으셨다.

[E] "사흘 됐나? 그저께 아니었어요?"
어머니는 어둠 속에서 고개를 끄덕이셨다.
어머니의 고개는 무거워 보였다.

"참, 어머니 지금 저기, 불빛 뵈는 저 산마루에 절, 저기가 영익이 있는 데예요?"

나는 동편 산마루의 깜박이는 불빛을 가리키며 무심한 듯 물었다.

"아니다. 그건 승암사라구 중바위산 아니냐. 그 애 공부하는 덴 이 오른쪽이지…… 기린봉 중턱에 있는 절이야. 여기서는 잘 뵈지도 않는구나."

그러면서 어머니는 눈을 들어, 어두운 밤하늘에 뚜렷한 금을 긋고 있는 산줄기를 바라보셨다. 산은 검고 깊었다.

동생 영익이는 벌써 이 년째 그 산속의 절에서 사법 고시 준비를 하고 있었다.

그는 말이 없고 우울한 때가 많았다.

그리고 그저께 집에 내려와, 이사 날짜가 결정되었다는 말을 듣고는 아무 말도 없이 고개를 떨어뜨리더니

"내가…….."

하고 무슨 말을 이으려다 말고 그냥 산으로 올라갔었다.

그때 영익이의 말끝에 맺힌 숨소리는 '흡' 하고 내 가슴에 얹혀 아직도 내려가지 않은 것만 같았다.

우리가 이사하기로 된 집의 **구조**는 지극히 **천박**하였다.

우선 대문이 번화한 도로변으로 나 있는 데다가 오래되고 낡아서 녹이 슨 철제였다. 그것은 잘 닫히지도 않아 비긋하니 틀어진 채 열려 있었다.

그리고 마당은 거의 없다는 편이 옳았다. 그나마 손바닥만 한 것을 시멘트로 빈틈없이 발라 놓았고, 방들은 오밀조밀 붙어있어 개수만 여럿일 뿐, 좁고 어두웠다.

그중에 한 방은 아예 전혀 **채광 통풍조차도** 되지 않았다.

그것도 원래는 **창문**이었는데, 아마 바로 옆에 가게를 이어 내느라고 **막아 버린** 모양이었다. 그 가게란 양품점으로, 레이스가 많이 달린 네글리제와 여자용 속옷, 스타킹 따위를 고무 인형에 입혀 세워 놓은 곳이었다.

뿐만 아니라 그 가게를 중심으로 앞뒤에 같은 양품점들이 늘어서 있고 그 옆에는 양장점, 제과소, 음식점, 식료품 잡화상들이 있었다.

여기저기서 들려오는 **불규칙한 마찰음**, 무엇이 부딪쳐 떨어지는 소리, 어느 악기점에선가 쿵, 쿵, 울려 오는 스피커 소리…… 끼익, 하며 숨넘어가는 자동차 소리.

한마디로 그 집은, 아스팔트의 바둑판, 환락과 유행과

홍정의 경박한 거리에 금방이라도 쏠려 버릴 것처럼 위태해 보였다.

　그리고 우리가 이제 이사 올 집이라고, 그 집 문간에 웅숭그리고 서서 철제 대문 사이로 안을 기웃거리며 들여다보는 **우리들**은 어쩐지 **잘못 날아든 참새들 같**기만 하였다.

- 최명희, 「쓰러지는 빛」 -

1. 윗글에 대한 이해로 가장 적절한 것은?

① '영익'은 가족의 상황을 알고서도 제 생각을 분명히 드러내지 않는다.

② '어머니'는 아들이 출가하여 소식이 끊긴 뒤 그의 근황을 궁금해 한다.

③ '나'는 동생의 말을 듣고서 그가 현재 어디에 머무르고 있는지 알게 된다.

④ '시장 안의 가게들'은 밤늦게 물건을 사기 위해 사람들이 모여 드는 곳이다.

⑤ '천변'은 아버지와 어머니가 결혼할 때부터 사람들이 북적였던 번화한 동네이다.

2. [A]~[E]의 서술 방식에 대한 설명으로 적절하지 <u>않은</u> 것은?

① [A] : '이만큼에 서서'와 '바라보면'을 보면, 서술자가 대상을 지각할 수 있는 위치에서 서술하고 있음을 알 수 있다.

② [B] : 호명하는 말을 각각 하나의 문단에 서술하여, 그 호칭이 두드러져 보이는 효과가 나타난다.

③ [C] : '나'와 '우리' 같은 표현을 사용하여, 서술자가 자기 경험을 바탕으로 하는 이야기를 서술하면서 자신의 내면을 드러낸다.

④ [D] : '동네였을 것이다'를 보면, 서술자가 과거 상황에 대해 확정적으로 진술하지 않고 추측의 의미를 담아 서술하고 있음을 알 수 있다.

⑤ [E] : 누가 한 말인지 명시하지 않은 것을 보면, 대화 상황에서 말하는 이와 서술자가 다르다는 사실을 알 수 있다.

3.. 윗글의 '오동나무'에 대한 이해로 가장 적절한 것은?

① '나'가 계절의 자연스러운 변화와 세월의 흐름을 느끼게 되는 경험적 대상이다.

② 가난한 마을이지만 사람들로 하여금 호사를 누릴 수 있게 하는 경제적 기반이다.

③ '어머니'가 결혼 후에 심고 정성을 다해 키워 내어 무성해진 애착의 결실이다.

④ 동네 사람들이 마을의 특징에 부합한 별명을 자기 마을에 붙일 때 적용한 단서이다.

⑤ '아버지'가 자식을 얻은 기쁨을 이웃과 나눌 생각에 마을 곳곳에 심은 상징적 기념물이다.

4. <보기>를 바탕으로 윗글을 감상한 내용으로 적절하지 <u>않</u>은 것은?

<보 기>

　집에 대한 정서적 반응은 집의 구조, 주변 환경, 거주 기간 등의 요인에 따라 다를 수 있다. 자신이 거주하는 집의 내 외부와 관계를 맺으며 충분한 시간 동안 쌓은 경험들은 현재 살고 있는 집에 대한 정서를 형성하는 데 영향을 주며, 다른 낯선 공간에 대한 정서적 반응에 영향을 주기도 한다. 「쓰러지는 빛」은 이사할 처지에 놓인 한 가족의 이야기를 통해 집에 대한 '나'의 정서적 반응을 보여 준다.

① '나'가 '천변' 집에 살면서 추억을 형성해 온 시간들은, 이사할 처지에 놓인 현재의 상황을 불편하게 여기는 요인이 될 수 있겠군.

② '집을 고치'던 경험을 바탕으로 '구조'가 '천박'한 집의 여건을 살펴보는 것에서, 거주 환경의 변화에 적용하여 낯선 공간에 친숙해지고자 하는 '나'의 생각을 확인할 수 있겠군.

③ '서걱거리는 소리'와 '불규칙한 마찰음'에서 드러나는 집 주변 환경의 차이는, 두 집에 대해 '나'가 느끼는 친밀감의 차이를 유발할 수 있음을 예상할 수 있겠군.

④ '창문'을 '막아 버린' 방은 '채광 통풍조차' 되지 않는 속성으로 인해, 지금 살고 있는 집에 대한 '나'의 정서적 반응과는 다른 정서적 반응을 일으키는 요인이 될 수 있겠군.

⑤ '우리들'의 상황이 '잘못 날아든 참새들 같'다고 한 것은, 변화될 거주 여건을 낯설어하는 심리를 비유적으로 드러낸 것이라 할 수 있겠군.

<보 기>

집에 대한 정서적 반응은 집의 구조, 주변 환경, 거주 기간 등의 요인에 따라 다를 수 있다. 자신이 거주하는 집의 내 외부와 관계를 맺으며 충분한 시간 동안 쌓은 경험들은 현재 살고 있는 집에 대한 정서를 형성하는 데 영향을 주며, 다른 낯선 공간에 대한 정서적 반응에 영향을 주기도 한다. 「쓰러지는 빛」은 이사할 처지에 놓인 한 가족의 이야기를 통해 집에 대한 '나'의 정서적 반응을 보여 준다.

'집'이라는 공간과의 유대감으로 인해 다른 낯선 공간에 대한 반응이 달라진다고 합니다. 따라서, 이 소설에서는 기존의 집과 다른 공간이 나오겠죠. 대놓고 이사할 처지에 놓여있다고 하니 높은 확률로 <보기>에서 말하느 다른 낯선 공간은 새로 이사할 집이지 않을까요? 이에 대해 어떻게 기존의 집과 내 외부적으로 관계를 맺었는지, 새로운 집에 대해서 어떤 반응인지를 확인하자고 작전을 짭시다!

<소설 독해>

#1 밤이 깊어지면, 시장 안의 가게들은 하나씩 문을 닫고, 길가에 리어카를 놓고 팔던 상인들은 제각기 과일이나 생선, 채소들을 끌고 다리 위로 올라오는 것이었다.

[A] 그 모양을 이만큼에 서서 흔들리는 버드나무 가지 사이로 바라보면, 리어카마다 켜져 있는 카바이드 불빛이, 마치 난간에 무슨 꽃 등불을 달아 놓은 것처럼 요요하였다.

돈이 없어도 염려가 안 되는 곳. 그 사람들은 대부분 어머니를 알았다. 모르는 사람들도 곧 알게 되었다.

[B] 벽오동집 아주머니.
오동나무 아주머니.

그렇게 어머니를 불렀다.

어느새 나무는 그렇게도 하늘 높이 자라서 저기만큼 걸린 매곡교 다릿목에서도 그 무성한 가지와 잎사귀를 올려다볼 만큼 되었던 것이다.

[C] 거기다가, 우리 집에서 날아간 오동나무 씨앗이 앞뒷집에 떨어져 싹이 나고, 어느 해 바람에 불려 갔는지 그보다 더 먼 건넛집에도, 심지 않은 오동나무가 저절로 자라나게 되었다.
그래서 나는 속으로 우리 동네를 벽오동촌이라고 별명 지었다.
그것은 어쩌면 이 가난한 동네의 한 호사였는지도 모른다.

장면이 묘사되고 있습니다. 불빛과 버드나무가 어우러지는 곳, 오동나무가 엄청 크게 자라났고 아마도 이를 심은 것은 어머니인가 봅니다. 그래서 오동나무 아주머니라고 부르는 것이죠. 그 하나의 오동나무로부터 퍼져나가 마을 곳곳에 오동나무가 자랐다고 합니다. 이는 '나'에게 대단한 자부심으로 여겨졌기에 마을 이름에 대해 별명을 지어보기도 하고, 동네에게 어머니가 호사였다고 말하는 [C]에서 **주관적 시각**이 나오고 있네요.

이 장면까지 '나'의 **시각**으로 나오고 있고, 어린 시절 마을에 대한 얘기가 나오고 있으므로 <보기>에서 말한 '집'은 이 시절의 집이며 '나'와 깊은 유대적 관계가 맺어지고 있음을 알 수 있습니다. 오동나무는 마을 사람에게 그리고 특히 '나'에게는 어머니를 상징하는 존재였네요.

#2 아버지가 어머니와 혼인하시고, 작천의 친정 어머니를 남겨두신 채, 신행 후에 전주로 돌아와 맨 처음 터를 잡은 곳이 바로 이 **천변**이었다.

[D] 동네 뒤쪽으로는 산줄기가 병풍처럼 둘러쳐져 있고, 앞쪽으로는 흰모래 둥근 자갈밭을 데불은 시냇물이 흐르며 거기다 시장까지 가까운 이곳은, 삼십 년 전 그때만 하여도, 부성 밖의 한적하고 빈한한 동네였을 것이다.

물론 우리도 중간에 **집을 고치고**, 이어 내고, 울타리를 바꾸었으나, 그저 움막처럼 나뭇가지를 얼기설기 얽은 뒤, 풍우나 피하자는 시늉으로 지은 집들도 많았을 것이다.

이 울타리 안에서 해마다 더욱더 무성하게 자라는 오동나무는 유월이면, 아련한 유백색의 비단 무늬 같은 꽃을 피웠다. 그윽한 꽃이었다.

그 나무는 나보다 더 나이가 많았다.

나를 낳으시던 해, 지팡이만 한 나무를 구해다가 앞마당에 심으시며

"기념." 이라고 웃으셨다는 아버지.

"처음에는 저게 자랄까 싶었단다. 그러던 게 이듬해는 키를 넘드라."

해마다 이른 봄이면, 어린아이 손바닥만 하던 잎사귀가 어느 결에 손수건만 해지고, 그러다가 초여름에는 부채처럼 나부낀다.

그리고 가을에는 종이우산만큼이나 넓어지는 것 같았다.

하늘을 덮는 잎사귀, 그 무성한 잎사귀들…….

그 잎사귀 **서걱거리는 소리**가 골목 어귀 천변에까지 들리는 성싶었다.

어머니는 물끄러미 냇물만 바라보고 계시더니, 문득 고개를 돌려,

"영익이 언제 다녀갔지?" 하고 물으셨다.

[E] "사흘 됐나? 그저께 아니었어요?"

어머니는 어둠 속에서 고개를 끄덕이셨다.

어머니의 고개는 무거워 보였다.

"참, 어머니 지금 저기, 불빛 뵈는 저 산마루에 절, 저기가 영익이 있는 데예요?"

나는 동편 산마루의 깜박이는 불빛을 가리키며 무심한 듯 물었다.

"아니다. 그건 승암사라구 중바위산 아니냐. 그 애 공부하는 덴 이 오른쪽이지…… 기린봉 중턱에 있는 절이야. 여기서는 잘 뵈지도 않는구나."

그러면서 어머니는 눈을 들어, 어두운 밤하늘에 뚜렷한 금을 긋고 있는 산줄기를 바라보셨다. 산은 검고 깊었다.

동생 영익이는 벌써 이 년째 그 산속의 절에서 사법 고시 준비를 하고 있었다.

그는 말이 없고 우울한 때가 많았다. 그리고 그저께 집에 내려와, 이사 날짜가 결정되었다는 말을 듣고는 아무 말도 없이 고개를 떨어뜨리더니

"내가……." 하고 무슨 말을 이으려다 말고 그냥 산으로 올라갔었다.

그때 영익이의 말끝에 맺힌 숨소리는 '흡' 하고 내 가슴에 얹혀 아직도 내려가지 않은 것만 같았다.

여기까지 자를 수밖에 없었습니다. 일관되게 오동나무의 기원과 동생 영익에 대한 가족의 걱정이 나오고 있으니까요. 오동나무는 '나'가 태어났을 때부터 심었기에 '나'에게는 '어머니'같으면서도 같이 자란 동지였습니다. 계속 똑같은 장면이 나오고 있으니 쭈욱 읽으면 됩니다.

그리고 회상이 끝납니다. 오동나무에 대한 얘기가 마무리되고 어머니가 고개를 돌리며 나오는 '영익'에 대한 걱정. 절속에서 사법 고시를 준비하며 간간이 집에 내려오곤 했다고 합니다. 괜히 어머니가 너무 무거워 보여 나는 '무심한 듯' 영익이가 있는 곳에 대해 말했습니다. '나'의 어머니를 걱정하는 마음이 나왔으니 체크해야겠죠. '영익'은 이사에 대해 할 말이 많은 듯 해보이나 말을 끝맺지 못했습니다. 이에 대해서도 '나'는 걱정을 내비치고 있으니 여기도 확인했어야 합니다. 넘어가죠.

#3 우리가 이사하기로 된 집의 **구조**는 지극히 **천박**하였다.

우선 대문이 번화한 도로변으로 나 있는 데다가 오래되고 낡아서 녹이 슨 철제였다. 그것은 잘 닫히지도 않아 비

굿하니 틀어진 채 열려 있었다.

　그리고 마당은 거의 없다는 편이 옳았다. 그나마 손바닥만 한 것을 시멘트로 빈틈없이 발라 놓았고, 방들은 오밀
조밀 붙어있어 개수만 여럿일 뿐, 좁고 어두웠다.

　그중에 한 방은 아예 전혀 **채광 통풍조차도** 되지 않았다.

　그것도 원래는 **창문**이었는데, 아마 바로 옆에 가게를 이어 내느라고 **막아 버린** 모양이었다. 그 가게란 양품점으
로, 레이스가 많이 달린 네글리제와 여자용 속옷, 스타킹 따위를 고무 인형에 입혀 세워 놓은 곳이었다.

　뿐만 아니라 그 가게를 중심으로 앞뒤에 같은 양품점들이 늘어서 있고 그 옆에는 양장점, 제과소, 음식점, 식료품
잡화상들이 있었다.

　여기저기서 들려오는 **불규칙한 마찰음**, 무엇이 부딪쳐 떨어지는 소리, 어느 악기점에선가 쿵, 쿵, 울려 오는 스피
커 소리…… 끼익, 하며 숨넘어가는 자동차 소리.

　한마디로 그 집은, 아스팔트의 바둑판, 환락과 유행과 흥정의 경박한 거리에 금방이라도 쓸려 버릴 것처럼 위태
해 보였다.

　그리고 우리가 이제 이사 올 집이라고, 그 집 문간에 웅숭그리고 서서 철제 대문 사이로 안을 기웃거리며 들여다
보는 **우리들**은 어쩐지 **잘못 날아든 참새들 같기만** 하였다.

이제 '이사하기로 된 집'이 나오고 있습니다. 어린 시절부터 살아온 집을 뒤로 하고 새로 이사를 온다면, <보기> 말마따나
계속해서 비교를 할 수밖에 없을 겁니다. 여유로웠던 오동나무가 있던 동네와 다른 새로운 집에 대해 계속해서 '나'는
자신의 **시각**으로 비판하기 시작합니다.
일일이 다 볼 필요는 역시 없습니다. 그저 이사 올 집에 대해 굉장히 마음에 안 들어하구나, 심지어 자연보다는 물질문명에
가까워 온갖 소음도 들린다고 생각하면 됩니다.

이를 화룡점정처럼 표현하는 말이 나오며 지문이 끝납니다. 분명히 곧 살아갈 터전이 되어야 할 집을 보며 '우리'는 '잘못
날아든 참새'마냥 어쩔 줄 모르고 기웃거리기만 했다고 하니 새로운 집에 대한 낯선 느낌, 심지어는 거부감까지 보이고
있네요.

'어린 시절 추억이 담긴 집을 떠나 느끼는 낯설음과 가족 간의 걱정'

크게 두 가지로 정리가 되었네요. 문제 확인해 봅시다.

1. 마치 사실 일치 불일치 문제같지만, 모든 선지 중에서 유난히 **시각**, 현대시에서는 **자아와 세계**라고 말했던 영역이 두드
러지는 선지가 있습니다. '영익'은 사법 고시 준비를 하느라 가족의 걱정을 받는 존재이면서 이사 가는 상황에 대해
할 말이 있었는데 하지 못하는 인물이었습니다. 이러한 '영익'의 **시각**은 이사를 가기 전부터 이사에 대해 부정적인
느낌이 들게 했었죠. 따라서 주제와 직결된 **시각**이 답으로 이어지네요.　답 : ①

　그 외의 다른 선지들 중 ④, ⑤는 주제와 무관하기에 거들떠보아서도 안 되는 선지였고, ②, ③은 어머니와 '나'의
'영익'에 대한 걱정이니 한 번은 확인했어야 하는 선지입니다.
　자잘한 사실에 얽매이지 말고 크게 주제로 풀으라는 얘기 또 다시 말씀드립니다!

2. [A], [D]는 그저 장면 묘사, [B]는 마을사람 → 어머니의 **시각**, [C]는 나 → 어머니의 **시각**, 마지막으로 [E]는 어머니
→ 영일의 **시각**이었습니다.
　따라서 장면 묘사보다는 **시각**부터 선지를 보는 것이 정답을 골라내는 데에 유리하겠죠.
　[B] : 어머니의 별명을 통해 마을사람들의 시각을 효과적으로 묘사했네요. (O)
　[C] : 서술자인 '나'의 시각에 대해 말하고 있네요. (O)

[E] : 말하는 사람은 '나'였죠. '나'가 바라보는 '어머니의 영일에 대한 시각'이었는데, 말하는 이와 서술자 모두 '나'로 동일하니 잘못되었네요. (X) → 답 : ⑤

3. 오동나무는 어머니의 별명에 들어갈 정도로 '나'가 생각하는 어머니의 이미지와 부합하는 존재이며, '나'가 태어날 때부터 같이 자란 친구와도 같은 존재였다고 앞에서 말했었습니다.
   이 두 가지 역할에 대한 공통점은 '나'의 옛날 집에서 살았던 세월 그 자체로 오동나무가 기능하며 이는 기존 집에 대한 안정적인 정서의 과도한 형성으로 새로 이사갈 집에 대한 거부감을 불러일으키게 된다는 것이었죠. 따라서 <보기>를 근거로 했을 때 오동나무의 역할은 화자가 집에서 느낀 그 오랜 세월 동안의 경험이었습니다! → 답 : ①

4. 계속해서 강조하고 있는 이 소설의 주제는 너무 오래 살은 나머지 기존 집에 대한 정감이 강해 새로운 집에 대해 거부감을 느낀다는 것이었죠. 이와 부합하지 않는 선지를 확인해 보면 역시 답이 확 튀어나옵니다.
   '낯선 공간에 친숙해지고자 하는?'으로 인해 잘못된 선지가 나오네요. 답 : ②

계속해서 이렇게 일관된 주제만으로 문제 푸는 연습을 해야 시험 때 문제의 답이 자기가 답이라고 소리 지르는 경험을 하실 수 있을 겁니다. 일관된 기준의 풀이 명심하세요!!!

그런 일이 있은 지 한 달쯤 지나니 내 겨드랑에 생긴 이변의 전모가 대강 드러났다. 파마늘은 어김없이 밤 12시부터 새벽 4시 사이에 솟구친다는 것. 방에 있으면 쑤시고 밖에 나가면 씻은 듯하다는 것. 까닭은 전혀 알 길이 없다는 것 등이었다. 의사는 나에게 전혀 이상이 없다고 잘라 말했다. 그도 그럴 것이 그 시간에는 내 겨드랑은 멀쩡했기 때문이다. 그때부터 나의 괴로움은 비롯되었다. 파마늘은 전혀 불규칙한 사이를 두고 튀어나왔다. 연이틀을 쑤시는가 하면 한 일주일 소식을 끊고 하는 것이었다. 하루 이틀이지 이렇게 줄곧 밖에서 새운다는 것은 못 할 일이었다. 나는 제집이면서 꼭 도적놈처럼 뜰의 어느 구석에 숨어서 밤을 지내야 했기 때문이다. 그런 생활이 두 달째에 접어들었을 때 나는 견디다 못해서 담을 넘어서 밖으로 나가 보았다. 그랬더니 참으로 이상한 일도 다 있었다. 뜰에 나와 있어도 가끔 뜨끔거리고 손을 대 보면 미열이 있던 것이 거리를 거닐게 되면서는 아주 깨끗이 편한 상태가 되었다. 이렇게 되면서 독자들은 곧 짐작이 갔겠지만, 문제가 생겼다. 내가 의료적인 이유로 산책을 강요당하게 되는 시간이 행정상의 통행 제한의 시간과 우연하게도 겹치는 점이었다. 고민했다. 나는 부르주아의 썩은 미덕을 가지고 있었다. 관청에서 정하는 규칙은 따라야 한다는 것이 그것이다. 12시부터 4시까지는 모든 시민은 밖에 나다니지 말기로 되어 있다. 모든 사람이 받아들이는 규칙이니까 페어플레이를 지키는 사람이면 이것은 소형(小型)의 도덕률일 수밖에 없다. 그러나 이 도덕률을 지키는 한 내 겨드랑은 요절이 나고 나는 죽을는지도 모른다.

[중략 부분의 줄거리] '나'는 겨드랑이에 파마늘 같은 것이 돋으면 밤거리를 몰래 산책하곤 한다. '나'는 밤 산책 중 종종 다른 사람들과 마주친다.

오늘은 경관을 만났다. 나는 얼른 몸을 숨겼다. 그는 부산하게 내 앞을 지나갔다. 그 순간 나는 내가 레닌*인 것을, 안중근인 것을, 김구인 것을, 아무튼 그런 인물임을 실감한 것이다. 그가 지나간 다음에도 나는 ㉠ 은신처에서 나오지 않았다. 공화국의 시민이 어찌하여 그런 엄청난 변모를 할 수 있는지 모를 일이다. 나는 정치적으로 백치나 다름없는 감각을 가진 사람이다. 위에서 레닌과 김구를 같은 유(類)에 놓은 것만 가지고도 알 만할 것이다. 그런데 경관이 지나가는 순간에 내가 **혁명가**였다는 것도 분명한 사실이다. 혁명가라고 자꾸 하는 것이 안 좋으면 **간첩**이래도 좋다. 나는 그 순간 분명히 간첩이었던 것이다. 그런데 내가 간첩이 아닌 것은 역시 분명하였다. 도적놈이래도 그렇다. 나는 분명히 도적놈이었으나 분명히 도적놈은 아니었다. 나는 아주 희미하게나마 혁명가, 간첩, 도적놈 그런 사람들의 마음이 알 만해지는 듯싶었다. 이 맛을 못 잊는 것이구나 하고 나는 생각하였다. 나도 물론 처음에는 치료라는 순전히 **공리적인** 이유로 이 산책에 나섰다. 그러나 지금으로서는 반드시 그런 것만은 아니다. 설사 내 겨드랑의 달걀이 영원히 가 버린다 하더라도 이 금지된 산책을 그만둘 수 있을지는 심히 의심스럽다. 나의 산책의 성격은 **변질**되기 시작하였다. **누룩 반죽**처럼.

기적(奇蹟). 기적. 경악. 공포. 웃음. 오늘 세상에도 희한한 일이 내 몸에 일어났다. 한강 근처를 산책하고 있는데 겨드랑이 간질간질해 왔다. 나는 속옷 사이로 더듬어 보았다. 털이 만져졌다. 그런데 닿임새가 심상치 않았다. 털이 괜히 빳빳하고 잘 묶여 있는 느낌이다. 빗자루처럼. 잘 만져 본다. 아무래도 보통이 아니다. 나는 ㉡ 바위틈에 몸을 숨기고 윗옷을 벗었다. 속옷은 벗지 않고 들치는 겨드랑을 들여다보았다. 나는 실소하고 말았다. 내 겨드랑에는 새끼 까마귀의 그것만 한 아주 치사하게 쬐끄만 **날개**가 돋아나 있었다. 다른 쪽 겨드랑을 또 들여다보았다. 나는 쿡 웃어 버렸다. 그쪽에도 장난감 몽당빗자루만 한 것이 달려 있는 것이었다. 날개가 보통 새들의 것과 다른 점이 그 깃털이 곱슬곱슬한 고수머리라는 것뿐이었다. 흠. 이놈이 나오려는 아픔이었구나 하고 나는 생각했다. 나는 그 날개를 움직이려고 해 보았다. **귓바퀴**가 말을 안 듣는 것처럼 그놈도 움직이지 않았다. 나는 참말 부끄러워졌다.

- 최인훈, 크리스마스 캐럴 5 -

*레닌 : 러시아의 혁명가.

1. 윗글의 서술상 특징으로 가장 적절한 것은?

① 시간의 순서를 뒤바꾸어 이야기의 인과 관계를 재구성하고 있다.

② 유사한 사건을 반복해서 제시하며 서술의 초점을 분산시키고 있다.

③ 장면에 따라 서술자를 달리하여 사건의 의미를 입체적으로 조명하고 있다.

④ 공간의 이동에 따른 인물의 경험을 다른 인물의 시선을 통해 서술하고 있다.

⑤ 사건에 대한 중심인물의 내적 반응을 중심인물 자신의 목소리를 통해 제시하고 있다.

2. 윗글에 대한 이해로 적절하지 <u>않은</u> 것은?

① '의사'가 '나'의 증상을 진단하지 못한 것은 '나'의 증상이 '의사' 앞에서는 나타나지 않았기 때문이다.

② '나'는 자신의 집에서 '도적놈'과 비슷한 방식으로 행동하곤 했다.

③ '뜰'에서의 '나'의 고통은 '방'에서보다는 덜하지만 완전히 사라지지는 않는다.

④ '나'는 '시민'이 정한 규칙을 준수해야 하는 '페어플레이'를 지키지 못하게 되어 고민한다.

⑤ '혁명가'와 '간첩'은 '나'가 자신의 행동을 이해하기 위해 자신과 비교해 보는 대상이다

3. ⊙과 ⓒ에 대한 이해로 가장 적절한 것은?

① ⊙은 정신적 안정을, ⓒ은 신체적 회복을 위한 공간이다.

② ⊙은 윤리적인, ⓒ은 정치적인 이유로 몸을 숨기는 공간이다.

③ ⊙은 ⓒ과 달리, 타인의 출현으로 인해 몸을 감춘 공간이다.

④ ⓒ은 ⊙과 달리, 반복적으로 사용하는 공간이다.

⑤ ⊙과 ⓒ은 모두, 과거의 자신을 긍정하는 공간이다.

4. <보기>를 바탕으로 윗글을 감상한 내용으로 적절하지 <u>않은</u> 것은?

< 보   기 >

　'크리스마스 캐럴 5'는 자유가 억압된 시대적 상황에서 자유의 가능성과 한계를 묻는 작품이다. '나'의 겨드랑이에 돋은 정체불명의 파마늘이 주는 통증은 자유에 대한 요구를, 그로 인한 밤 '산책'은 자유를 위한 실천을 의미한다. 작품은 처음에는 명료하지 않고 미약했던 자유를 향한 의지가 밤 산책을 거듭하면서 심화되는 모습과 함께 그 과정에서 생기는 문제점을 드러낸다.

---

① '통행 제한'으로 인해 산책의 자유가 제한된 상황은, 단순히 이동의 자유에 대한 억압만이 아니라 자유가 억압되는 시대적 상황 자체에 대한 문제 제기라고 할 수 있겠군.

② '파마늘'이 돋을 때의 극심한 통증은, 자유가 그만큼 절박하게 요구되었던 상황을 보여 주는 동시에 자유를 얻기 위해 필요한 고통을 암시하기도 하겠군.

③ '공리적인' 목적을 가지고 있었던 산책이 점차 '누룩 반죽'처럼 '변질'되었다는 표현은, 자유의 필요성이 망각되어 자유를 위한 실천의 목적이 훼손되는 문제점에 대한 비판이겠군.

④ 정체불명의 파마늘이 '날개'의 형상으로 바뀐 것은, 처음에는 명료하지 않았던 자유를 향한 의지가 산책을 통해 심화되었다는 것을 의미하겠군.

⑤ '날개'가 '귓바퀴' 같다는 점에 대해 '나'가 느낀 부끄러움은, 여러 차례의 산책에도 불구하고 자유를 의지대로 실현하기 어려웠던 한계에 대한 인식으로 볼 수 있겠군.

> ┌─────────────────── <보　　기> ───────────────────┐
>
> '크리스마스 캐럴 5'는 자유가 억압된 시대적 상황에서 자유의 가능성과
> 한계를 묻는 작품이다. '나'의 겨드랑이에 돋은 정체불명의 파마늘이 주는
> 통증은 자유에 대한 요구를, 그로 인한 밤 '산책'은 자유를 위한 실천을 의
> 미한다. 작품은 처음에는 명료하지 않고 미약했던 자유를 향한 의지가 밤
> 산책을 거듭하면서 심화되는 모습과 함께 그 과정에서 생기는 문제점을 드
> 러낸다.
>
> └──┘

'자유가 억압된 시대적 상황'이라는 배경과 '자유의 가능성과 한계'라는 **주제**가 드러나고 있습니다. 상징도 나오고 있네요. '파마늘이 주는 통증'은 자유에 대한 요구, '산책'은 실천이라네요. 또한, 자유를 향한 의지가 심화되면서 발전만 하는 것이 아니라 **문제점**도 나온다고 하니 어떤 문제점이 발생할지 찾아야 하겠습니다!

<소설 독해>

#1 그런 일이 있은 지 한 달쯤 지나니 내 겨드랑에 생긴 이변의 전모가 대강 드러났다. 파마늘은 어김없이 밤 12시부터 새벽 4시 사이에 솟구친다는 것. 방에 있으면 쑤시고 밖에 나가면 씻은 듯하다는 것. 까닭은 전혀 알 길이 없다는 것 등이었다. 의사는 나에게 전혀 이상이 없다고 잘라 말했다. 그도 그럴 것이 그 시간에는 내 겨드랑은 멀쩡했기 때문이다. 그때부터 나의 괴로움은 비롯되었다. 파마늘은 전혀 불규칙한 사이를 두고 튀어나왔다. 연이틀을 쑤시는가 하면 한 일주일 소식을 끊고 하는 것이었다. 하루 이틀이지 이렇게 줄곧 밖에서 새운다는 것은 못 할 일이었다. 나는 제집이면서 꼭 도적놈처럼 뜰의 어느 구석에 숨어서 밤을 지내야 했기 때문이다. 그런 생활이 두 달째에 접어들었을 때 나는 견디다 못해서 담을 넘어서 밖으로 나가 보았다. 그랬더니 참으로 이상한 일도 다 있었다. 뜰에 나와 있어도 가끔 뜨끔거리고 손을 대 보면 미열이 있던 것이 거리를 거닐게 되면서는 아주 깨끗이 편한 상태가 되었다. 이렇게 되면서 독자들은 곧 짐작이 갔겠지만, 문제가 생겼다. 내가 의료적인 이유로 산책을 강요당하게 되는 시간이 행정상의 통행 제한의 시간과 우연하게도 겹치는 점이었다. 고민했다. 나는 부르주아의 썩은 미덕을 가지고 있었다. 관청에서 정하는 규칙은 따라야 한다는 것이 그것이다. 12시부터 4시까지는 모든 시민은 밖에 나다니지 말기로 되어 있다. 모든 사람이 받아들이는 규칙이니까 페어플레이를 지키는 사람이면 이것은 소형(小型)의 도덕률일 수밖에 없다. 그러나 이 도덕률을 지키는 한 내 겨드랑은 요절이 나고 나는 죽을는지도 모른다.

파마늘에 대한 얘기가 나오고 있습니다. 새벽에 나온 파마늘은 엄청 아프다고 하네요. 그러나 우리는 <보기>를 보았기에 대치시켜서 읽어야 합니다. '자유에 대한 요구'가 정해진 시간에 나온답니다. 그런데 '거리'를 거닐면 통증이 없다고 합니다. 하필 통금 시간인 밤 12시부터 새벽 4시에 아픈 파마늘이 나오는 걸 보면, '자유가 억압된 규율'인 통금을 어겨야 해소되는 '자유에 대한 요구'를 필자가 말하고 싶었음을 알 수 있습니다.

#2 **[중략 부분의 줄거리]** '나'는 겨드랑이에 파마늘 같은 것이 돋으면 밤거리를 몰래 산책하곤 한다. '나'는 밤 산책 중 종종 다른 사람들과 마주친다.

　오늘은 경관을 만났다. 나는 얼른 몸을 숨겼다. 그는 부산하게 내 앞을 지나갔다. 그 순간 나는 내가 레닌*인 것을, 안중근인 것을, 김구인 것을, 아무튼 그런 인물임을 실감한 것이다. 그가 지나간 다음에도 나는 ㉠ 은신처에서 나오지 않았다. 공화국의 시민이 어찌하여 그런 엄청난 변모를 할 수 있었는지 모를 일이다. 나는 정치적으로 백치나 다름없는 감각을 가진 사람이다. 위에서 레닌과 김구를 같은 유(類)에 놓은 것만 가지고도 알 만할 것이다. 그런데 경관이 지나가는 순간에 내가 **혁명가**였다는 것도 분명한 사실이다. 혁명가라고 자꾸 하는 것이 안 좋으면 **간첩**이래도 좋다. 나는 그 순간 분명히 간첩이었던 것이다. 그런데 내가 간첩이 아닌 것은 역시 분명하였다. 도적놈이래도 그렇다. 나는 분명히 도적놈이었으나 분명히 도적놈은 아니었다. 나는 아주 희미하게나마 혁명가, 간첩, 도적놈 그런 사람들의 마음이 알 만해지는 듯싶었다. 이 맛을 못 잊는 것이구나 하고 나는 생각하였다. 나도 물론 처음에는 치료라는 순전히 **공리적인** 이유로 이 산책에 나섰다. 그러나 지금으로서는 반드시 그런 것만은 아니다.

> 설사 내 겨드랑의 달걀이 영원히 가 버린다 하더라도 이 금지된 산책을 그만둘 수 있을지는 심히 의심스럽다. 나의 산책의 성격은 **변질**되기 시작하였다. **누룩 반죽**처럼.

중략 부분은 #1의 연장선이네요. 파마늘의 고통에 결국 산책을 반복합니다.

#2는 경관을 만나며 시작되는데 걸리면 큰일이 나겠죠. 그런데 여기 매우 **주관적인** '나'의 내면이 등장합니다. 앞부분은 계속 똑같은 얘기를 하니 후루룩 읽었어도 이제는 속도를 낮춰야 합니다. 자신이 '공화국의 시민'(규율을 지키는, 억압된 삶을 살던 사람)에서 어떻게 혁명가가 되었는지 성찰하기 시작합니다. 성찰의 결과 '**공리적인 이유**'로 산책을 나섰었는데 지금은 아니라고 합니다. 심지어 '**변질**'되었다고까지 하네요. <보기>에서 예언한 대로 산책 즉, 자유를 위한 저항이 변질되어버렸습니다. 경관이 지나갈 때 자신이 '혁명가'라고 말하며 '이 맛'을 못 잊는다고 하니 이제 공리적이지 않고 '사적'인 이유 즉 저항을 위한 저항으로 산책을 나가고 있음이 나오고 있네요. 자유가 제1 목적이 되어야 하는데 **퇴색**되었고 이를 상징하는 게 '**누런 반죽**'이네요.

더 이상 자유를 위한 저항이 아니라 경관이 지나갈 때 자신이 대단한 존재라도 된 양 도파민 뿜뿜하는 '나'를 찾았다면 #2 독해는 잘 하신 겁니다.

> #3 기적(奇蹟). 기적. 경악. 공포. 웃음. 오늘 세상에도 희한한 일이 내 몸에 일어났다. 한강 근처를 산책하고 있는데 겨드랑이 간질간질해 왔다. 나는 속옷 사이로 더듬어 보았다. 털이 만져졌다. 그런데 닿임새가 심상치 않았다. 털이 괜히 빳빳하고 잘 묶여 있는 느낌이다. 빗자루처럼. 잘 만져 본다. 아무래도 보통이 아니다. 나는 ⓒ 바위틈에 몸을 숨기고 윗옷을 벗었다. 속옷은 벗지 않고 들치고는 겨드랑을 들여다보았다. 나는 실소하고 말았다. 내 겨드랑에는 새끼 까마귀의 그것만 한 아주 치사하게 쬐끄만 **날개**가 돋아나 있었다. 다른 쪽 겨드랑을 또 들여다보았다. 나는 쿡 웃어 버렸다. 그쪽에도 장난감 몽당빗자루만 한 것이 달려 있는 것이었다. 날개가 보통 새들의 것과 다른 점이 그 깃털이 곱슬곱슬한 고수머리라는 것뿐이었다. 흠. 이놈이 나오려는 아픔이었구나 하고 나는 생각했다. 나는 그 날개를 움직이려고 해 보았다. **귓바퀴**가 말을 안 듣는 것처럼 그놈도 움직이지 않았다. 나는 참말 부끄러워졌다.

이제 기적이 일어납니다. 겨드랑이에 날개가 났다고 하네요. 그런데 특징이 있습니다. 날개지만 곱슬이고 말을 안 듣는다고 합니다. <보기>의 의미를 또 더해봅시다!

'자유에 대한 요구'를 상징하던 '파마늘'이 자라 변질되며 자란 '날개'. '날개'는 자유에 대한 요구는 맞지만 내가 원할 때 움직이지는 못하는 매우 수동적인 자유에 대한 요구임을 알 수 있습니다. 부끄럽다는 '나'의 **시각**대로라면, 날개는 자유에 대한 요구를 느끼지만, 이를 스스로 조절할 수 없는 '나'의 상황을 상징하네요. <보기>가 있어서 대응시키기 편했습니다.

'자유를 억압하는 체제에 맞서느라 저항으로 변질되어 버린 자유에 대한 요구'

자유를 위한 저항이 되어야 하는데 <보기>에 나온 것처럼 변질된 것이 중요했습니다!

1. 이 소설은 '나'가 스스로의 상황과 내면을 말하면서 전개되었고 다른 인물들이 직접적으로 드러나지는 않았습니다. 주제 자체가 스스로에 대한 **성찰** 내용이었으니 말이에요.
   그러므로 타인에 대해 언급하는 다른 선지들을 모두 거르면 답이 나오네요. 답 : ⑤

2. 주제와 어긋나려면, 자유를 억압하는 쪽에 '나'가 동조한다고 말하거나 아니면 변질되지 않았다고 말해야겠죠. 주제를 뒤집어 보았을 뿐입니다. 이렇게 말하는 선지가 역시나 하나 있네요. '페어플레이'는 체제에 대한 순종을 뜻했으므로 '나'에 대한 서술로는 적합하지 않음을 알 수 있습니다. 답 : ④

3. ㉠과 ㉡은 모두 몸을 숨기는 장소라는 곳에서 동일합니다. 그러나 <보기>에서 '**심화**'라는 핵심 요소가 나왔으니 이번에도 **지점**을 생각해보아야 합니다. ㉠은 경관의 등장으로 인해 촉발된 화자의 **성찰 시작 지점**입니다. 여기서부터 변질이 일어났죠. ㉡은 화자의 **성찰 종결 지점**입니다. 수동적인 날개가 돋으며 변질 없는 자유 추구가 힘들다는 것을 깨달으며 '부끄럽다'는 **시각**이 드러났습니다. 따라서 둘의 가장 큰 차이는 성찰의 시작과 끝이라는 것입니다. 이에 성찰을 시작하게 한 상황인 경관의 등장과, 성찰의 종료를 알리는 웃옷 벗기를 말하는 선지를 골라주면 되겠습니다. 답 : ③

4. 마찬가지로 주제로 풀면 되겠죠. 2번 문항에서 한 것처럼 주제를 역행하려면 '나'가 자유에 대한 억압에 동조해 자유를 추구하지 않았다고 하거나, 변질 없이 완벽한 자유를 추구했다고 말하면 됩니다. 이렇게 말하는 선지가 역시나 하나 눈에 보이죠. 변질된 것은 맞으나 '나'는 엄연히 자유를 추구했습니다. 움직이지는 못하지만 조그만 날개가 돋았다는 것이 증거이죠. 그러므로 자유의 필요성을 망각했다는 것은 '나'의 날개를 완전히 부정하게 됩니다. 답 : ③

이처럼 **성찰**은 현대소설에서도 단골 소재입니다. 이때 중요한 것은 성찰의 주 내용이 되는 화자의 내면이자 주관적인 **시각**입니다. 이 소설에서도 '자유의 추구가 억압에 대한 저항으로 변질'되었다는 화자의 부끄러운 반성 내용이 계속해서 문제로 나왔습니다. 그 어떤 갈래라도, 성찰이든 소통이든 어느 방법을 통해서라도 **깨달음**이 작품에서 나온다면 반드시 문제로 나온다는 사실을 기억해주시면 좋겠습니다. 전형적인 **일반적 유형**의 소설이었네요. **시각**도 한 번 확인해 주세요!

[앞부분 줄거리] 아버지가 위독하다는 소식을 듣고 귀향한 정일은 용팔에게 재산 상속에 관한 이야기를 듣는다.

아버지가 아직도 지키고 있는 그의 재산을 넘겨다보는 듯한 용팔이가 따지는 산판알이 거침없이 한 자리씩 올라가는 것을 유심히 바라보고 있는 자신을 의식하며 보고 있을 때, 이렇게 대강만 놓아도, 하고 산판을 밀어 놓으며 쳐다보는 용팔의 눈과 마주치게 되자 정일이는 흠칫 놀라게 되는 자신의 얼굴이 붉어지는 것을 깨달았다. ⓐ여기 대한 상속세만 해도 큰돈인데 안 물고 할 수 있는 이것은 제 말씀대로 하시지요. 이렇게 결정적으로 말하는 용팔이는 정일이의 앞에 위임장을 내놓으며 도장을 치라고 하였다.

[A]
정일이는 더욱 불쾌하여졌다. 잠이 부족한 신경 탓도 있겠지만 자기의 눈을 기탄없이 바라보는 용팔이의 얼굴에 발라 놓은 듯한 그 웃음이 말할 수 없이 미웠다. 이 소인 놈! 하는 의분 같은 ㉠심열이 떠오르며, 언제 내가 이런 음모를 하자고 너와 공모를 하였던가? 하고 그의 뺨을 갈기고 싶은 충동을 느끼었다. 그러나 정일이는 금시에 미끄러지는 듯한 웃음이 자기 얼굴에 흐름을 깨달았다. 이러한 심열은 신경 쇠약의 탓이 아닐까? 의분이랄 것도 없고 결벽성도 아니고 그런 것을 공연히 이같이 한순간에 뒤집히는 자기 마음 한 모퉁이에 상식을 농쳐 뿌린 결과가 어떤가? 해 보자 하는 놓치기 쉬운 어떤 힌트같이 번쩍이는 생각을 보자 정일이는 조급히 도장을 뒤져내며, 자 칠 대로 치우, 나는 어디다 치는 것도 모르니까 하였다. 이렇게 지껄이듯이 말하는 정일이는 자기가 실없이 웃기까지 하는 것을 들을 때 내가 지금 더 심한 심열에 떠 있지 않은가? 하는 생각에 갑자기 말과 웃음과 표정까지 없어지고 말았다.

ⓑ도장을 치고 난 용팔이는 공손히 정일이에게 돌리며, 잔금은 제가 장인께 말씀드리겠습니다, 하고 일어선다. 중문으로 들어가는 용팔이의 뒷모양을 바라보던 정일이는 갑자기 불러내고 싶었다. 궁둥이를 들먹하고 부르는 손짓까지 하였으나 탄력없이 벌어진 입에서는 말이 나오지 않았다. 창졸간에 용팔이를 어떻게 불러야 할지 몰라서 주저되는 것같이도 생각되었다. 중문 안으로 들어가는 용팔이의 뒷모양은 마치 심한 장난을 꾸미다가 용기를 못 내는 자기를 남겨 두고 ⓒ그걸 못 해? 내하마 하고 나서는 동무의 모양같이 아슬아슬한 것이었다. 종시 용팔이가 중문 안으로 사라져서 불러낼 기회를 놓치고 말았다고 후회하면서도 내가 정말 후회하는 것이라면 지금이라도 따라가서 붙들 수도 있지 않은가? 이렇게 생각하는 정일이는 용팔이가 이 말을 시작하였을 때부터 자기는 육감으로 벌써 예기하였던지도 모를 일이 지금 일어나리라는 기대가 앞서는 것을 느끼며 ⓓ정일이는 실험의 결과를 기다리는 듯이 숨을 죽이고 귀를 기울이고 있었다. 예사로운 말소리는 들리지 않는 거리이므로 긴장한 정일이의 귀에도 한참 동안은 아무런 말도 들리지 않았다. 아버지도 종시 죽음에 굴복하고 마는가? 이렇게 생각되어 정일이는 긴장하였더니만큼 허전한 실망에 담배를 붙이려고 성냥을 그었을 때 자기의 귀를 때리는 듯한 아버지의 격분한 고함 소리를 들었다.

(중략)

사실 이렇게 되어서까지도 죽기가 싫은가 하고 아버지를 눈 찌푸리고 바라보는 자기는 죽음의 공포를 해탈한 무슨 수양이 있는 것이 아니라 단지 애써 살려는 의지력이 없는 것뿐이다.

ⓔ아버지는 한 번도 자기의 생활을 회의하거나 죽음을 생각할 필요가 없었던 사람이므로 이같이 죽음과 싸울 수 있는 것이 아닐까 생각하였다. 그래서 정일이는 어떤 위대한 의지력을 우러러보는 듯한 마음으로 아버지의 고통을 바라보고 있는 자기를 발견하는 때가 있었다.

[B]
그때 심한 구토를 한 후부터 한 방울 물도 먹지 못하고 혓바닥을 축이는 것만으로도 심한 구역을 하게 된 만수 노인은 물을 보기라도 하겠다고 하였다. 정일이는 요를 돋우어서 병상을 돋우고 아버지가 바라보기 편한 곳에 큰물그릇을 놓아 드렸다. 그러나 그 물그릇을 바라보기에 피곤한 병인은 어디나 눈 가는 곳에는 물이 보이기를 원하였다. 그래서 큰 어항을 병실에 가득 늘어놓고 물을 채워 놓았다. 병인은 이 어항에서 저 어항으로 ㉡서늘한 감각을 시선으로 핥듯이 돌려보다가 그도 만족하지 못하여 시원히 흐르는 물이 보고 싶다고 하였다. 정일이는 아버지가 보기 편한 곳에 큰 물그릇을 놓고 대접으로 물을 떠서는 작은 폭포같이 들이 쏟고 또 떠서는 들이 쏟기를 계속하였다. 만수 노인은 꺼멓게 탄 혀를 벌린 입 밖에 내놓고 황홀한 눈으로 드리우는 물줄기를 바라보고 있었다. 그 눈을 볼 때 정일이는 걷잡을 사이도 없이 자기 눈에 눈물이 솟아오름을 참을 수가 없었다. 정일이는 일찍이 그러한 눈을 본 기억이 없다고 생각하였다. 더욱이 아버지의 얼굴에서! 자기 아버지에게서 저러한 동경에 사무친 황홀한 눈을 보게 되는 것은 의외라고 할밖에 없었다.

- 최명익, 「무성격자」 -

1. 윗글의 서술상의 특징으로 가장 적절한 것은?

① 회상 장면을 병치하여 사건의 흐름을 반전시킨다.
② 사물의 세부를 구체적으로 묘사하여 장면의 현장성을 강화한다.
③ 중심인물의 반복적인 동작을 강조하여 내적 갈등을 표면화한다.
④ 서술자가 풍자적 어조를 활용하여 중심인물에 대한 비판적 입장을 드러낸다.
⑤ 서술자가 중심인물의 시선에 의존하여 사건의 양상을 제한적으로 나타낸다.

2. ⓐ~ⓔ에 대한 이해로 적절하지 <u>않은</u> 것은?

① ⓐ는 정일이 주목하는 용팔의 이해타산적인 태도를 드러낸다.
② ⓑ는 용팔이 정일에게 예의를 갖추어야 하는 위치임을 드러낸다.
③ ⓒ는 용팔의 행위에 대한 정일의 실망스러운 마음을 드러낸다.
④ ⓓ는 아버지와 용팔 간 대화의 결과를 정일이 주시하고 있음을 드러낸다.
⑤ ⓔ는 아버지가 보여 주는 삶의 태도에 대한 정일의 평가를 드러낸다.

3. [A], [B]를 고려하여 ㉠과 ㉡을 이해한 내용으로 가장 적절한 것은?

① ㉠은 용팔의 '웃음'에 대한 정일의 불쾌감으로 인해, ㉡은 아버지가 내비치는 '황홀한 눈'으로 인해 발생한다.
② ㉠은 정일이 갈등 끝에 '도장'을 찍음으로써, ㉡은 아버지가 사무치는 '동경'을 포기함으로써 지속된다.
③ ㉠은 정일의 '신경 쇠약'을 일으키는 원인이고, ㉡은 아버지가 '꺼멓게 탄 혀'의 고통을 줄이기 위한 방편이다.
④ ㉠은 용팔에 대한 미움이 '뺨을 갈기고 싶은 충동'으로 격화되는 정일의 마음을, ㉡은 '물그릇'에서 '어항', '드리우는 물줄기'로 심화되는 아버지의 갈망을 함축한다.
⑤ ㉠은 용팔의 '공모' 요구로 인해 표면화된 정일의 물질 지향적인 태도를, ㉡은 '심한 구역' 이후로 아버지가 '물'에서 얻고자 하는 육체적 안정에 대한 추구를 드러낸다.

4. <보기>를 참고하여 윗글을 감상한 내용으로 적절하지 <u>않</u>은 것은?

> ──────── <보　기> ────────
>
> 「무성격자」의 정일은 자신을 구속하는 속물적 욕망을 경멸하고 현실에서의 적극적인 행동을 주저하는 한편, 자신과 주변에 관심을 집중한다. 그는 주변 대상을 관찰하여 그 의미를 파악하고, 파악한 내용에 반응하며, 그런 자신을 분석하기도 한다. 나아가 관찰과 분석을 수행하는 자신의 내면마저 대상화함으로써 인간 심리의 중층적 구조를 드러낸다.

① 산판알을 놓으며 이익을 따지는 상대를 경멸하면서도 산판알이 올라가는 것을 주목하는 데에서, 자신을 구속하는 속물적 욕망으로부터 자유롭지 못한 모습을 찾을 수 있군.
② 상대의 웃음에서 공모 의사를 읽어 내자 얼굴에 흐르는 미끄러지는 듯한 웃음을 깨닫는 데에서, 상대에 대한 불쾌감을 웃음으로 무마하려는 자신을 의식하는 모습을 찾을 수 있군.
③ 중문 안으로 들어가는 상대를 불러내지는 못하고 자신이 그를 부르지 못한 이유를 생각하는 데에서, 행동을 주저하고 자신에게로 관심을 돌리는 모습을 찾을 수 있군.
④ 상대의 고통을 바라보며 의지력을 우러러보는 듯한 마음이 있는 자신을 발견하는 데에서, 상대와의 차이를 인식하는 스스로의 내면마저 대상화하는 모습을 찾을 수 있군.
⑤ 물줄기를 바라보는 상대로부터 이전에는 한 번도 보지 못한 눈을 확인하는 데에서, 주변 대상을 관찰하여 상대가 내비치는 생에 대한 강렬한 동경을 파악하는 모습을 찾을 수 있군.

<보 기>

「무성격자」의 정일은 자신을 구속하는 속물적 욕망을 경멸하고 현실에서의 적극적인 행동을 주저하는 한편, 자신과 주변에 관심을 집중한다. 그는 주변 대상을 관찰하여 그 의미를 파악하고, 파악한 내용에 반응하며, 그런 자신을 분석하기도 한다. 나아가 관찰과 분석을 수행하는 자신의 내면마저 대상화함으로써 인간 심리의 중층적 구조를 드러낸다.

정일은 속물적 욕망을 속으로만 싫어하는 인물이랍니다. 직접 말은 못하고 자신과 주변을 계속해서 탐색한다고 하네요. 그렇게 속으로 속으로 분석을 하는 인물로, 인간 심리의 중층 구조를 작가는 그리고 싶었다고 합니다. 인물 파악한 결과 결국에 우리는 이 사람의 심리를 가장 최우선적으로 보아야 한다는 것을 알 수 있습니다. 특정 면모가 강조된 것은 아니니 **일반적 유형**으로 우선 간주할게요. 속물적 욕망과 관련한 사건이 벌어질 것 같으니까요. 읽어보겠습니다.

<소설 독해>

[앞부분 줄거리] 아버지가 위독하다는 소식을 듣고 귀향한 정일은 용팔에게 재산 상속에 관한 이야기를 듣는다.

#1 아버지가 아직도 지키고 있는 그의 재산을 넘겨다보는 듯한 용팔이가 따지는 산판알이 거침없이 한 자리씩 올라가는 것을 유심히 바라보고 있는 자신을 의식하며 보고 있을 때, 이렇게 대강만 놓아도, 하고 산판을 밀어 놓으며 쳐다보는 용팔의 눈과 마주치게 되자 정일이는 흠칫 놀라게 되는 자신의 얼굴이 붉어지는 것을 깨달았다. ⓐ 여기 대한 상속세만 해도 큰돈인데 안 물고 할 수 있는 이것은 제 말씀대로 하시지요. 이렇게 결정적으로 말하는 용팔이는 정일이의 앞에 위임장을 내놓으며 도장을 치라고 하였다.

정일의 아버지가 위독한 와중에 재산 상속에 관한 이야기를 듣는다는 앞부분 줄거리. 그렇다면 우리는 <보기>와 연관지었을 때, 아 이제 용팔에게서 엄청나게 속물적인 얘기를 들으며 정일의 심리가 나올 것임을 알 수 있습니다. 그 뒤에 지문 독해를 시작해야 합니다.

용팔의 재산 상속 계산을 자신이 지켜보고 있다고 생각하는 정일의 모습은 역시 <보기>에서 말한 속으로 생각하는 인물상이네요. 그렇지만 대놓고 얘기하지는 못하고 있는데, 용팔은 정일이에게 아버지의 죽음에 대한 얘기보다는 재산 상속 얘기만 계속하며 도장을 요구합니다.

#2 정일이는 더욱 불쾌하여졌다. 잠이 부족한 신경 탓도 있겠지만 자기의 눈을 기탄없이 바라보는 용팔이의 얼굴에 발라 놓은 듯한 그 웃음이 말할 수 없이 미웠다. 이 소인 놈! 하는 의분 같은 ⊙ 심열이 떠오르며, 언제 내가 이런 음모를 하자고 너와 공모를 하였던가? 하고 그의 뺨을 갈기고 싶은 충동을 느끼었다. 그러나 정일이는 금시에 미끄러지는 듯한 웃음이 자기 얼굴에 흐름을 깨달았다. 이러한 심열은 신경 쇠약의 탓이 아닐까? 의분이랄 것도 없고 결벽성도 아니고 그런 것을 공연히 이같이 한순간에 뒤집히는 자기 마음 한 모퉁이에 상식을 놓쳐 뿌린 결과가 어떤가? 해 보자 하는 놓치기 쉬운 어떤 힌트같이 번쩍이는 생각을 보자 정일이는 조급히 도장을 뒤져내며, 자 칠 대로 치우, 나는 어디다 치는 것도 모르니까 하였다. 이렇게 지껄이듯이 말하는 정일이는 자기가 실없이 웃기까지 하는 것을 들을 때 내가 지금 더 심한 심열에 떠 있지 않은가? 하는 생각에 갑자기 말과 웃음과 표정까지 없어지고 말았다.

내면이 드러나고 있습니다. '심열(화남) → 지껄이며 뺨 갈기려는 충동 느낌 → 상속세 줄여준다는 용팔의 얘기에 웃음' 순으로 정서가 드러나는데, 아버지가 위독한 상황에서 돈부터 계산하는 용팔이에게 화가 났다가도 자신도 속물적 욕망에 구속되어 있음을 알아차리며 심각해집니다.

<보기>에 근거해서 심리만 챙겼어요. 크게 힘 쏟을 필요가 없습니다.

#3 ⓑ 도장을 치고 난 용팔이는 공손히 정일이에게 돌리며, 잔금은 제가 장인께 말씀드리겠습니다, 하고 일어선다. 중문으로 들어가는 용팔이의 뒷모양을 바라보던 정일이는 갑자기 불러내고 싶었다. 궁둥이를 들먹하고 부르는 손짓까지 하였으나 탄력없이 벌어진 입에서는 말이 나오지 않았다. 창졸간에 용팔이를 어떻게 불러야 할지 몰라서 주저되는 것같이도 생각되었다. 중문 안으로 들어가는 용팔이의 뒷모양은 마치 심한 장난을 꾸미다가 용기를 못 내는 자기를 남겨 두고 ⓒ 그걸 못 해? 내하마 하고

나서는 동무의 모양같이 아슬아슬한 것이었다. 종시 용팔이가 중문 안으로 사라져서 불러낼 기회를 놓치고 말았다고 후회하면 서도 내가 정말 후회하는 것이라면 지금이라도 따라가서 붙들 수도 있지 않은가? 이렇게 생각하는 정일이는 용팔이가 이 말을 시작하였을 때부터 자기는 육감으로 벌써 예기하였던지도 모를 일이 지금 일어나리라는 기대가 앞서는 것을 느끼며 ⓓ <u>정일이 는 실험의 결과를 기다리는 듯이 숨을 죽이고 귀를 기울이고 있었다.</u> 예사로운 말소리는 들리지 않는 거리이므로 긴장한 정일이 의 귀에도 한참 동안은 아무런 말도 들리지 않았다. 아버지도 종시 죽음에 굴복하고 마는가? 이렇게 생각되어 정일이는 긴장하 였더니만큼 허전한 실망에 담배를 붙이려고 성냥을 그었을 때 자기의 귀를 때리는 듯한 아버지의 격분한 고함 소리를 들었다.

계속해서 내면 심리가 드러납니다. 사실 용팔은 자기 할 일이 돈 계산이라 계산만 하고 나가려고 하는 건데 그걸 보며 정일이가 이런 생각들을 하고 있는 것이지요. 입 밖으로 꺼내지는 않고 속으로만 생각합니다. 진짜 자신이 속물적 욕망이 없으면 아버지가 죽지 않았는데 상속세 계산부터 하는 용팔을 붙잡을 테지만 그렇게 하지 못합니다. 내적 갈등이 계속해 서 나오고 있고, 속물적 욕망을 인지하였지만 이를 이겨내지는 못하네요. 중문 너머에는 #3 첫 줄에 나온 대로 정일의 아버지가 있을 겁니다. 용팔은 이제 위임장을 들고 정일 아버지에게 사인하라고 그러겠죠.

보이지 않지만 둘의 대화가 들리지 않으니 아버지도 진짜 죽음 앞에서 초연해졌구나, 사인하고 있을 아버지를 상상하는 데 어림도 없이 아버지의 고함 소리가 들립니다...!
자신을 죽은 사람 취급하는 용팔과 그에 동조한 아들 정일에 대한 고함이지 않을까요?
소설이라 생각하지 않고 드라마 속 장면이라 생각하면 너무나도 자연스럽습니다. 현대시에서 배운 **상상하기**는 기본적 으로 계속 켜두고 있어야 합니다!!!

(중략)

#4 사실 이렇게 되어서까지도 죽기가 싫은가 하고 아버지를 눈 찌푸리고 바라보는 자기는 죽음의 공포를 해탈한 무슨 수양 이 있는 것이 아니라 단지 애써 살려는 의지력이 없는 것뿐이다.
ⓔ <u>아버지는 한 번도 자기의 생활을 회의하거나 죽음을 생각할 필요가 없었던 사람이므로</u> 이같이 죽음과 싸울 수 있는 것이 아닐까 생각하였다. 그래서 정일이는 어떤 위대한 의지력을 우러러보는 듯한 마음으로 아버지의 고통을 바라보고 있는 자기를 발견하는 때가 있었다.

또다시 심리가 나오고 있습니다. 자신은 죽음의 공포를 짐작도 못할 정도로 삶에 대한 의지가 없다고 돌아봅니다. 살고자 하는 의지가 강할수록 죽음의 공포가 강할 테니까 말이에요.
아버지가 평소에 건강했었는지 죽음을 생각해볼 필요가 없는 사람이며 당당한 삶을 산 것처럼 말합니다. 그러니 죽음 앞에서 계속해서 아버지는 저항하나 봅니다. 고함을 지른 것 자체가 자신은 반드시 살 것이라는 얘기이니까요. 이를 대략 적으로 알게 된 정일은 아버지에 대한 존경심을 느낀다고 하네요. 존경심이라는 심리만 여기서 챙겼으면 됩니다.

#5 그때 심한 구토를 한 후부터 한 방울 물도 먹지 못하고 혓바닥을 축이는 것만으로도 심한 구역을 하게 된 만수 노인은 물을 보기라도 하겠다고 하였다. 정일이는 요를 둑여서 병상을 돋우고 아버지가 바라보기 편한 곳에 큰물그릇을 놓아 드렸다. 그러나 그 물그릇을 바라보기에 피곤한 병인은 어디나 눈 가는 곳에는 물이 보이기를 원하였다. 그래서 큰 어항을 병실에 가득 늘어놓고 물을 채워 놓았다. 병인은 이 어항에서 저 어항으로 ⓒ 서늘한 감각을 시선으로 핥듯이 돌려 보다가 그도 만족하지 못하여 시원히 흐르는 물이 보고 싶다고 하였다. 정일이는 아버지가 보기 편한 곳에 큰 물그릇을 놓고 대접으로 물을 떠서는 작은 폭포같이 들이 쏟고 또 떠서는 들이 쏟기를 계속하였다. 만수 노인은 꺼멓게 탄 혀를 벌린 입 밖에 내놓고 황홀한 눈으로 드리우는 물줄기를 바라보고 있었다. 그 눈을 볼 때 정일이는 걷잡을 사이도 없이 자기 눈에 눈물이 솟아오름을 참을 수가 없었다. 정일이는 일찍이 그러한 눈을 본 기억이 없다고 생각하였다. 더욱이 아버지의 얼굴에서! 자기 아버지에게서 저러한 동경에 사무친 황홀한 눈을 보게 되는 것은 의외라고 할밖에 없었다.

그런데 아버지 상태가 심상치 않습니다. 이제 물도 못 마실 지경에 이르렀다네요. 그래서 물을 보기라도 하고 싶다 하여 정일은 물그릇을 가져옵니다. '서늘한 감각'은 결국 아버지의 감각이겠죠. 그냥 물을 보는 데에 그치지 않고 흐르는 물을 보고 싶다고 합니다.

정일은 이마저도 해주는데 놀라운 것은 살면서 한 번도 보지 못한 황홀한 눈빛으로 그 물을 쳐다보고 있다고 합니다. 장면을 상상해봅시다. 죽음을 앞두고 이제 다시는 물을 마시지 못하는 상황에 처한 사람을요. 그 사람이 흐르는 물을 보고 있습니다. 얼마나 그리운 감각일까요. '서늘한 감각'이 무엇인지 이제 갈피가 잡히나요?

아주 사소한 '물 마시기'이지만, 이마저도 하지 못하게 된 정일의 아버지 만수에게는 '서늘한 감각'으로 다가오는 물은 자신의 삶 자체와도 같겠죠. 너무 당연한 하루하루가 이제는 그에게 없어질 테니까 말이에요. 정확히 이 하루하루 대신 그저 '물'이 역할을 대신한 것뿐입니다. 다시 정일의 심리로 가면 결국 정일은 이런 아버지를 보며 안타까움을 느끼죠. 눈물이라는 단어가 나왔는데도 확인을 안 했으면 반성해야 합니다.

'아버지의 죽음을 앞두고 느끼는 정일의 복잡한 심리(속물적 욕망, 존경심, 안타까움)'

1. 이 소설은 지극히 정일의 주관적인 **시각**으로 전개되었습니다. 심리가 아주 중층적으로 드러났죠. 이를 명확히 언급하는 선지가 있네요. **시각** 이제 지겨울 정도입니다. 답 : ⑤

2. 다섯 개 중 정일의 **시각**이 드러난 것을 찾아볼까요? ⓐ, ⓑ는 정일의 시각으로 본 용팔이에 대한 묘사입니다. ⓓ는 정일의 행동이네요. ⓒ와 ⓔ는 각각 정일의 용팔과 아버지에 대한 **시각**이 제시되고 있습니다. 용팔에게는 속물적이라고 화를 내면서도, 자신과 다르게 속물적인 것을 숨기지 않고 당당히 아버지에게 찾아간 것을 보며 ⓒ라고 생각합니다. 아버지에게는 삶에 대한 강한 집착을 언급하며 의아함에서 존경심 마지막으로 안타까움까지 보여주고 있고요.
   시각이 드러난 선지는 ⓒ와 ⓔ였고, 이 중 ⓒ는 실망스러움이 아닌, 자신과 다른 당당함을 보며 '그래도 쟤는 당당하기라도 하네' 정도의 생각이었습니다. 또 **시각**이네요. 무엇이 중요한지 아시겠죠? 평가원은 항상 가장 중요한 주제를 답으로 낸답니다.

3. ㉠은 엄밀히 말해 타인의 속물적 욕망을 보고 느낀 '화'였습니다. 그러나 후에 자신에게도 욕망이 있음을 알게 되죠. ㉡은 아버지의 삶에 대한 마지막 집착으로 점점 심화되어 흐르는 물을 보고 나타난 '황홀한 눈'까지 갔었습니다. 결국 가장 깔끔하게 언급한 선지가 하나가 남네요. 항상 이런 밑줄은 선지를 보기 전에 자신이 독해 때 의미를 잡아두는 것이 좋습니다. 그렇지 않으면 선지를 보면서 조금씩 섞여 버릴 수가 있어요. 답 : ④

4. 정일의 심리를 복기해볼까요? 용팔의 모습을 보며 화가 났다가, 자신도 모르게 돈 생각에 웃음 지었다가, 화낼 처지가 아님을 깨닫고 정색하며 성찰하죠. 걸어가는 용팔을 붙잡지 못하는 자신을 보며 역시 속물적 욕망이 자신의 내면에 있음을 깨달았습니다. 그래도 용팔은 담담하면서도 당당하게 아버지에게 갔고 이를 보며 아버지는 과연

용팔에 어떻게 반응할까 생각합니다. 놀랍게도 삶에 대한 집착, 죽음에 대한 공포가 여전히 있었습니다. 그런 아버지를 보며 의아함을 느꼈다가 존경심까지 느끼고, 마지막에는 아버지의 황홀한 눈을 보며 안타까움을 느낍니다.

이에 근거해보자면, '웃음'의 의미를 잘못 해석한 선지가 있네요. <보기>의 속물적 욕망이 정일에게도 있다는 말을 보지 않았으면 잘못되었는지 몰랐을 겁니다. 답 : ②

역시나 **일반적 유형의** 소설이었던 만큼 아버지의 죽음을 목전에 둔 상황과 그에 반응하는 용팔과 자신이라는 사건에 대한 인물의 반응이 출제 포인트로 나왔습니다. 원래도 중요하지만 <보기>에서 복잡한 심리가 중요했다고 하였으므로 악착같이 심리에 집중하면서 읽었다면 답을 맞추는 데에는 그리 크게 어려움이 없었을 겁니다. **상상하기는** 현대소설에서도 필요하니, 이렇게 복잡하게 내면 서술이 많은 소설을 읽을 때에는 장면을 상상하세요. 그럼 소설 속 인물의 독백도 이해가 갈 겁니다.

(가)

만년(萬年)을 싸늘한 바위를 안고도
뜨거운 가슴을 어찌하리야

어둠에 창백한 꽃송이마다
깨물어 피터진 입을 맞추어

마지막 한방울 피마저 불어 넣고
해돋는 아침에 죽어가리야

사랑하는 것 사랑하는 모든 것 다 잃고라도
흰뼈가 되는 먼 훗날까지
그 뼈가 부활하여 다시 죽을 날까지

거룩한 일월(日月)의 눈부신 모습
임의 손길 앞에 나는 울어라.

마음 가난하거니 임을 위해서
내 무슨 자랑과 선물을 지니랴

의로운 사람들이 피흘린 곳에
솟아 오른 대나무로 만든 피리뿐

흐느끼는 이 피리의 아픈 가락이
구천(九天)에 사모침을 임은 듣는가.

미워하는 것 미워하는 모든 것 다 잊고라도
붉은 마음이 숯이 되는 날까지
그 숯이 되살아 다시 재 될 때까지

못 잊힐 모습을 어이 하리야
거룩한 이름 부르며 나는 울어라.

　　　　　　　　　　　　- 조지훈, 「맹세」 -

(나)

　저기 저 담벽, 저기 저 라일락, 저기 저 별, 그리고
저기 저 우리 집 개의 똥 하나, 그래 모두 이리 와 ㉠
내 언어 속에 서라. 담벽은 내 언어의 담벽이 되고,
라일락은 내 언어의 꽃이 되고, 별은 반짝이고, 개똥
은 내 언어의 뜰에서 굴러라. ㉡내가 내 언어에게 자
유를 주었으니 너희들도 자유롭게 서고, 앉고, 반짝
이고, 굴러라. 그래 봄이다.

　봄은 자유다. 자 봐라, 꽃피고 싶은 놈 꽃피고, 잎
달고 싶은 놈 잎 달고, 반짝이고 싶은 놈은 반짝이고,
아지랑이고 싶은 놈은 아지랑이가 되었다. ㉢봄의
자유가 아니라면 꽃피는 지옥이라고 하자. 그래 봄은
지옥이다. ㉣이름이 지옥이라고 해서 필 꽃이 안 피
고, 반짝일 게 안 반짝이던가. 내 말이 옳으면 자, ㉤
자유다 마음대로 뛰어라.

　　　　　　　　　　　　- 오규원, 「봄」 -

1. (가), (나)에 대한 설명으로 적절하지 <u>않은</u> 것은?

① (가)는 1연과 6연에서 물음의 형식을 활용하여 화자의
　상황 인식을 보여 준다.
② (가)는 4연과 9연에서 상황을 가정하는 표현을 활용하
　여 화자의 의지를 강조한다.
③ (나)는 반복적인 표현을 제시하면서 쉼표를 사용하여
　리듬감을 형성한다.
④ (가)는 대비되는 시어를 활용하여 대상의 양면성을 드
　러내고, (나)는 반복되는 행위를 제시하여 대상의 효용
　성을 드러낸다.
⑤ (가)는 같은 시구를 5연, 10연의 마지막에서 반복하여
　화자의 정서를 강조하고, (나)는 1연 끝 문장의 시어를
　2연 첫 문장으로 연결하며 그 의미를 드러내고 있다.

2. 아픈 가락 에 대한 이해로 가장 적절한 것은?

① 임에게 자랑스레 내보일 화자의 자부심을 포함한다.
② 의로운 사람들이 보여 준 희생과 설움을 담고 있다.
③ 대나무에 서린 임의 뜻을 잊으려는 화자를 질책한다.
④ 피리의 흐느낌에 호응하여 화자의 억울함을 해소한다.
⑤ 구천에 사무친 원망을 살아남은 사람들에게 전달한다.

3. 다음에 따라 (가), (나)를 감상한 내용으로 적절하지 <u>않</u>은 것은?

> **선생님** : (가)는 부재하는 임을 기다리며 더 나은 세상에 대한 바람을 드러내고, (나)는 봄과 같은 세계에서, 대상들과 함께 자유를 누리려는 바람을 드러냅니다. 그러나 (가)는 대상에게 의미를 부여하는 화자의 시선이 두드러짐에 비해, (나)는 화자가 주목하는 대상들의 모습이 두드러진다는 차이를 보여요. 이 차이가 주변 존재들을 대하는 태도나 바람을 실현하는 방식에 반영되기도 해요.

① (가)의 화자가 바라는 세상은 '해돋는 아침'과 같이 '어둠'을 벗어나 밝음을 회복한 세상일 거야.

② (나)의 화자가 지향하는 세계에서 대상들은 '자유롭게 서고, 앉고, 반짝이고,' 구를 거야.

③ (가)의 화자는 '꽃송이'를 '창백한' 대상으로 바라보고, (나)의 화자는 대상들 각각의 모습에 주목하여 그 개별성을 드러내고 있어.

④ (가)의 화자는 '피마저 불어 넣'는 희생적 태도를 보이고, (나)의 화자는 대상들이 원하는 바를 실현하게 하여 '자유'를 함께 누리려는 태도를 보이고 있어.

⑤ (가)의 화자는 '붉은 마음'을 바쳐 부재하는 '임'을 기다리고, (나)의 화자는 '담벽' 안에서 '봄'과 같은 세계를 대상들과 공유하려 하고 있어.

4. <보기>를 참고하여 ㉠~㉤의 의미를 설명한 것으로 가장 적절한 것은?

> ────── <보　　기> ──────
>
> (나)는 언어의 한계와 가능성에 대한 시인의 탐구를 보여 준다. 언어를 사용함으로써 대상을 파악할 수 있지만 그 결과는 다시 언어에 구속된다는 필연적 한계를 갖는다. 그래서 시인은 기존의 언어 사용 방식을 벗어나려는 시도를 한다. 이를 통해 언어와 대상이 기존의 관습에서 벗어나 자유를 향해 나아갈 수 있는 가능성을 모색한다.

① ㉠은 자신의 언어 속에서도 기존의 언어 사용 방식이 유지된다는 생각을 의미한다.

② ㉡은 대상을 파악하는 행위까지 포기하면서 자유를 얻고자 하는 의도를 나타낸다.

③ ㉢은 새로운 표현을 시도하여 언어와 대상이 자유를 얻을 가능성을 모색하는 과정을 나타낸다.

④ ㉣은 대상들을 구속에서 벗어나게 하기 위해 외부 상황에 변화를 주었음을 의미한다.

⑤ ㉤은 언어의 새로운 가능성을 실현하여 자신이 제한한 의미에 따라 대상들이 움직임을 의미한다.

<보기>부터 읽어봅시다.

> ──────────── <보　기> ────────────
>
> (가)는 부재하는 임을 기다리며 더 나은 세상에 대한 바람을 드러내고, (나)는 봄과 같은 세계에서, 대상들과 함께 자유를 누리려는 바람을 드러냅니다.
> 그러나 (가)는 대상에게 의미를 부여하는 화자의 시선이 두드러짐에 비해, (나)는 화자가 주목하는 대상들의 모습이 두드러진다는 차이를 보여요. 이 차이가 주변 존재들을 대하는 태도나 바람을 실현하는 방식에 반영되기도 해요.

(가)는 임을 기다리는 상황을 더 나은 세상에 대한 바람으로 연결 짓고 있습니다. 대상에게 의미를 부여한다는 것에서 과연 의미는 어떤 의미일까요? 아무래도 더 나은 상황을 이상으로 생각하면 현재 생활은 마냥 좋지는 않은 현실일 겁니다. 따라서 왜 화자가 임을 기다리는지의 이유에 해당할 '현실'과 임이 가져올 '이상'이 무엇인지 찾아야겠네요. 현실과 이상의 괴리에 초점을 맞춰 읽어보면 될 것 같습니다! 읽어보겠습니다.

<시 독해>
(가)
　　만년(萬年)을 싸늘한 바위를 안고도
　　뜨거운 가슴을 어찌하리야

과장해서 자신의 가슴이 뜨거움을 말하고 있습니다. 아무래도 <보기>를 고려할 때 여기서 말하는 뜨거움은 임을 기다리는 자신의 열망 및 열정을 말하는 것이겠죠?

　　어둠에 창백한 꽃송이마다
　　깨물어 피 터진 입을 맞추어
　　마지막 한 방울 피마저 불어 넣고
　　해돋는 아침에 죽어가리야

화자는 자신의 안위보다 자신의 도움이 필요한 이들에게 헌신을 하겠다고 말합니다. 애초에 도움이 필요하다는 것 자체가, 이상이 아닌 현실이라는 의미입니다. 임은 언제 나올까요.

　　사랑하는 것 사랑하는 모든 것 다 잃고라도
　　흰 뼈가 되는 먼 훗날까지
　　그 뼈가 부활하여 다시 죽을 날까지

자신에게 가장 개인적인 소중함인 사랑을 잃는 상황을 통해 강조하고 있습니다. 여기까지만 봐도 주제를 강조하는 데에 여러 상황을 가정하고 있는 표현법이 많이 쓰이네요.

　　거룩한 일월(日月)의 눈부신 모습
　　임의 손길 앞에 나는 울어라.
　　마음 가난하거니 임을 위해서
　　내 무슨 자랑과 선물을 지니랴

이제 드디어 임이 나왔습니다. 임이 올 상황을 가정해 자신의 기다림이 얼마나 간절한 지를 말하고 있습니다. 또한, 임이 자신에 비해 **훨씬** 대단한 존재란 것도 말하고 있습니다.

> 의로운 사람들이 피 흘린 곳에
> 솟아 오른 대나무로 만든 피리뿐
> 흐느끼는 이 피리의 아픈 가락 이
> 구천(九天)에 사모침을 임은 듣는가.

의로운 사람들이 죽었다고 합니다. 그럼에도 현실은 아직 이상에 도달하지 못했죠. 그러나 아무 의미가 없던 것은 아닙니다. 피리가 남았고 그 피리의 가락이 구천에 울려 퍼져 누군가 유지를 이어줄 사람을 찾는 듯합니다. 이를 임에게 전달하고 싶다는 소망을 밝히네요. 사실 구체적으로 잘 읽히지 않더라도 임에게 현실과 이상의 괴리를 토로했다는 것만 확인해도 충분합니다. 이미 큰 주제를 우리는 잡았으니 독해를 간단히 진행해도 문제를 푸는 데에 지장 없습니다.

> 미워하는 것 미워하는 모든 것 다 잊고라도
> 붉은 마음이 숯이 되는 날까지
> 그 숯이 되살아 다시 재 될 때까지

아까는 사랑과 뼈였는데, 이번에는 증오와 숯으로 자신의 간절함을 강조합니다.

> 못 잊힐 모습을 어이 하리야
> 거룩한 이름 부르며 나는 울어라.

끝까지 임을 향한 자신의 마음을 강조하며 시를 마무리합니다. <보기>로부터 잡은 주제가 일관되게 시에서 드러나 문제 풀기에는 그리 어렵지 않을 시였습니다.

'임으로 표상된 현실과 이상의 괴리를 극복하려는 마음'

(나)의 <보기>도 확인해보겠습니다. 우선 위의 <보기>에서 (가)를 제외한 (나)의 설명으로부터 작전을 추출해봅시다. 자유를 누리려는 바람이 (가)와 대비되는 (나)만의 바람입니다. 봄은 어쩌면 화자에게 이상으로 보이고, 시에 등장하는 여러 존재들에 대한 태도 or 바람을 실현하는 방식을 찾아야겠습니다.

> ───── <보 기> ─────
>
> (나)는 언어의 한계와 가능성에 대한 시인의 탐구를 보여 준다. 언어를 사용함으로써 대상을 파악할 수 있지만 그 결과는 다시 언어에 구속된다는 필연적 한계를 갖는다. 그래서 시인은 기존의 언어 사용 방식을 벗어나려는 시도를 한다. 이를 통해 언어와 대상이 기존의 관습에서 벗어나 자유를 향해 나아갈 수 있는 가능성을 모색한다.

또한 (나)는 언어를 탈피하려는 시도를 했다고 합니다. 앞선 <보기>에서 말한 '자유'가 언어와 대상 사이의 구속으로부터의 자유였습니다. 따라서 대상이 언어로 불린다는 일반적인 관습을 이 시에서 어떻게 깨낼지 기대하며 읽어보아야 하겠습니다!

<시 독해>
(나)
저기 저 담벽, 저기 저 라일락, 저기 저 별,
그리고 저기 저 우리 집 개의 똥 하나,
그래 모두 이리 와 ㉠ 내 언어 속에 서라.

여러 대상들을 부르고 있습니다. 우리는 <보기>에서 봤듯이 이제 '언어'와 '대상'을 분리해야 합니다. 설명을 용이하게 하기 위해 진짜 대상을 볼드체로 표시하고, 그 대상을 부르는 이름은 그냥 글씨로 쓰겠습니다. 담벽, 라일락, 별, 개똥을 담벽, 라일락, 별, 개똥이라는 이름으로 부르고 있습니다. '내 언어 속에 서라'라고 함은 '상상하기'를 해보았을 때 이름을 부름으로써 대상들을 말로 구속시킨다는 의미겠네요. <보기>가 없었다면 매우 하기 힘들 생각 같습니다.

담벽은 내 언어의 담벽이 되고, 라일락은 내 언어의 꽃이 되고,
별은 반짝이고, 개똥은 내 언어의 뜰에서 굴러라.
㉡ 내가 내 언어에게 자유를 주었으니 너희들도 자유롭게 서고,
앉고, 반짝이고, 굴러라. 그래 봄이다.

앞에서 말한 것처럼 담벽, 라일락, 별, 개똥이 모두 언어에게 구속됐습니다. 우리는 볼드체라는 임시방편으로 둘을 구분하는 듯 보이지만 일상적으로 대상과 언어는 뗄 레야 뗄 수가 없죠.
그런데 갑자기 '내'가 언어에게 자유를 줍니다. 그러면서 담벽, 라일락, 별, 개똥도 자유를 얻습니다. 이를 화자는 한 단어로 일축합니다. '봄'으로 말이죠. 자유를 어떻게 주는지는 안 나왔지만 만약 자유를 줄 수만 있다면, 언어로부터의 자유가 대상의 자유로 이어진다고 말합니다. 굉장히 철학적인 시네요.

봄은 자유다.
자 봐라, 꽃피고 싶은 놈 꽃피고, 잎 달고 싶은 놈 잎 달고,
반짝이고 싶은 놈은 반짝이고, 아지랑이고 싶은 놈은 아지랑이가 되었다.

역시나 '봄'은 대상이 언어로부터 얻은 자유 그 자체와도 같습니다. 언어로부터 탈출한 대상은 자신이 원하는 모습이 된다고 합니다.

㉢ 봄이 자유가 아니라면 꽃피는 지옥이라고 하자.
그래 봄은 지옥이다. ㉣ 이름이 지옥이라고 해서 필 꽃이 안 피고,
반짝일 게 안 반짝이던가.

화자는 이제 봄을 봄이라고 부르지도 않습니다. '꽃피는 지옥'이라고 부르죠.
'봄 → 꽃피는 지옥'으로 이름이 치환됐지만 봄은 여전히 봄입니다. 그러므로 꽃피는 지옥이 되었어도 꽃으로 불리는 꽃은 피고, 반짝일 것들도 반짝입니다. 이름으로부터 대상이 자유롭네요!
이름이 바뀌었지만 본질은 바뀌지 않았습니다. 주제가 계속 반복되고 있습니다. <보기>에서 말한 주제 말이에요!
내 말이 옳으면 자, ㉤ 자유다 마음대로 뛰어라.

화자가 앞서 말한 내용은 이름이 바뀌어도 대상은 바뀌지 않는다 즉, 본질은 언어로부터 자유롭다고 말한 것이었습니다. 그러므로 자신의 말이 옳으면 대상이 마음대로 뛰어 놀아도 된다는 뜻이겠네요! 그렇게 시가 마무리됐습니다. <보기>의 주제가 너무 명확히 제시되어 있었습니다.

'언어로는 구속되지 않는 대상'

1. 두 작품의 표현상의 특징을 물어보는 문항입니다. 그러나 이런 문제를 풀 때도 주제를 표현한 표현법이 정답 선지로 나오게 됩니다. (가)는 결국 과장된 표현으로 계속 자신의 이상에 대한 열망을 강조했었고, (나)는 여러 사물을 나열하며 가정함으로써 일종의 추론을 했습니다.

④ : (가)는 일편단심인 시인데 양면성..? (나)는 자유에 대한 얘기인데 효용성...? 표현법까지 갈 필요도 없이 주제 선에서 적절하지 않은 선지네요. 항상 주제로 먼저 접근해보는 습관을 들여야 이런 문제들을 비약적으로 빨리 처리할 수 있습니다.

2. 시어 아픈 가락은 피리에서 나오는 소리였습니다. 의로운 사람들의 죽음이 남긴 헌신의 유지였달까요. 이와 가장 부합하는 선지는 눈에 바로 띠는 것 같습니다. → ②가 정답입니다.

3. (가)와 (나)의 주제에 부합하지 않는 선지를 골라봅시다.
   (가)의 주제인 '임으로 표상된 현실과 이상의 괴리를 극복하려는 마음'과 어긋나려면 현실과 이상을 바꿔 서술하거나, 화자의 간절한 마음을 무시하는 선지가 나올 수 있습니다.
   (나)의 주제인 '언어로는 구속되지 않는 대상'과 어긋나려면 언어에 대상이 완전히 구속된다는 선지가 나올 수 있겠네요.

⑤는 (가)에 대한 설명이 임을 기다리는 화자의 헌신적인 마음을 서술하고 있으나, (나)에서는 '담벽 안'이라는 이상한 서술이 나옵니다. '담벽'은 화자가 언어와 관계를 맺는 대상 중 하나의 예시에 불과했었는데 '봄'으로 표상되는 자유로운 세계를 담벽이라는 언어의 안으로 한정한다는 것은 말이 안 됩니다. 따라서 적절하지 않은 선지 즉, 정답입니다.

③을 고른 사람도 많았던 문항인데, (나)에 대한 설명에서 '개별성' 때문에 오답을 학생들이 많이 골랐었습니다. 하지만, 대상들 각각의 개별성을 존중한다는 것이 다른 말로는 자유를 부여한다는 것이기 때문에 이 또한 적절한 선지라고 할 수 있습니다.

4. (나)의 주제와 부합하는 밑줄을 고르라고 합니다. 먼저 각 밑줄의 의미를 정리하겠습니다.
   ⑦ : 대상의 자유를 선언하고 있습니다. 선지에서는 '유지'라고 하므로 틀렸네요.
   ⓒ : 역시나 자유에 대한 선언이죠. 언어가 대상을 파악하는 행위인데, 언어를 쓰지 말자는 게 아니라 언어와 상관없이 대상이 존재한다는 게 화자가 말하는 자유입니다. 따라서 '포기'는 적절치 않아요.
   ⓒ : 이름(언어)을 바꾸었습니다. 그럼으로써 자유를 논증했죠. 아주 적절한 선지입니다. (O)
   ⓔ : 언어로부터 자유로운 대상의 본질을 말합니다. 외부 상황과는 상관없으므로 틀렸네요.
   ⓜ : 역시나 언어로부터의 자유를 말합니다. 화자도 '제한'할 수는 없습니다. 틀렸어요.

(나)는 언어 자체에 대한 시였기에 해석이 어려울 수는 있었습니다. 허나 이미 <보기>에서 이 시는 언어와 대상의 관계로부터의 자유가 주제였다고 말을 해주었기에 이에 근거하면 독해하는 데에 큰 무리가 없었을 겁니다.

이처럼 언어와 대상의 관계에 대한 이론은 독서와 문학의 빈출입니다. 이런 주제를 다룰 때에는 제가 한 것처럼 볼드체 같은 표현을 도입해 실제 대상과, 그 대상을 부르는 언어를 구별해내는 것이 중요합니다. 언어가 대상을 구속하기 때문에 무조건 안 좋은 것은 아닙니다. 언어가 있기에 우리는 개념을 정의내릴 수 있고, 타인과의 소통에 해당 대상을 포함시킬 수도 있죠. 그러나 언어 자체가 대상을 지칭하는 역할을 하기 때문에, 실제 대상과 언어가 평소에는 완전히 일치하는 듯 보입니다. 하지만 둘은 엄연히 다르기에 이를 구분할 줄 안다면 언어와 대상 간의 관계에 대한 글을 읽을 때에 훨씬 수월할 겁니다!

(가)

첩첩산중에도 없는 마을이 여긴 있습니다. 잎 진 사잇
길 저 모랫둑, 그 너머 강기슭에서도 보이진 않습니다. 허
방다리˙ 들어내면 보이는 마을.

갱 속 같은 마을. ⓐ꼴깍, 해가, 노루꼬리 해가 지면 집
집마다 봉당에 불을 켜요. 콩깍지, 콩깍지처럼 후미진
외딴집, 외딴집에도 불빛은 앉아 이슥토록 창문은 모과빛
입니다.

기인 밤입니다. 외딴집 노인은 홀로 잠이 깨어 출출한
나머지 무우를 깎기도 하고 고구마를 깎다, 문득 바람도
없는데 시나브로 풀려 풀려 내리는 짚단, 짚오라기의 설
레임을 듣습니다. 귀를 모으고 듣지요. ⓑ후루룩 후루룩
처마 깃에 나래 묻는 이름 모를 새, 새들의 온기를 생각합
니다. 숨을 죽이고 생각하지요.

참 오래오래, 노인의 자리맡에 밭은기침 소리도 없을
양이면 벽 속에서 겨울 귀뚜라미는 울지요. 떼를 지어 웁
니다, 벽이 무너지라고 웁니다.

어느덧 밖에는 눈발이라도 치는지, 펄펄 함박눈이라도
흩날리는지, 창호지 문살에 돋는 월훈(月暈).

- 박용래, 『월훈』 -

˙ 허방다리 : 짐승 따위를 잡기 위해 풀 등을 덮어 위장
한 구덩이

(나)

내 어린 날!
아슬한 하늘에 뜬 연같이
바람에 깜박이는 연실같이
내 어린 날! 아슴풀하다˙

하늘은 파랗고 끝없고
편편한 연실은 조매롭고˙
오! 흰 연 그새에 높이
ⓒ아실아실˙ 떠 놀다 내 어린 날!

바람 일어 끊어지던 날
엄마 아빠 부르고 울다
ⓓ희끗희끗한 실날이 서러워
아침저녁 나무 밑에 울다

오! 내 어린 날 하얀 옷 입고
외로이 자랐다 하얀 넋 담고
ⓔ조마조마 길가에 붉은 발자욱
자욱마다 눈물이 고이었다

- 김영랑, 『연 1』 -

˙ 아슴풀하다 : '아슴푸레하다'의 방언.
˙ 조매롭고 : '조마롭다'의 방언. 보기에 마음이 초조하
고 불안하다.
˙ 아실아실 : '아슬아슬'의 방언.

(다)

ⓐ신위가 자기 집 이름을 '문의당'이라 하고 ⓑ나에게
편지를 보내 말했다.

"내 천성이 물을 좋아하는데, 도성 안이라 **볼만한 샘이나
못이 없어** 비록 **물을 보는 법**을 알고 있어도 **써 볼 데가
없는** 것이 늘 아쉬웠습니다. 그런데 **천하의 지도를 보고**
깨우친 점이 있었습니다.

넘실거리는 큰 바다 사이로 아홉 개 대륙, 일만 개 나라
가 퍼져 있는데 큰 나라는 범선이 늘어선 듯하고, 작은 나
라는 갈매기와 해오라기가 출몰하는 듯했습니다. 천하만
국에 두루 살고 있는 사람들은 모두 물 가운데 있는 존재
일 뿐입니다. 이것이 제 집의 이름을 **'문의(文漪)'**˙라고
한 까닭입니다. 그대는 저를 위해 이 집의 기문을 지어 주
시기 바랍니다."

나는 편지를 보고 웃으며 말했다.

"세상에는 본래 그 실물은 없으면서도 이름을 차지하는
경우가 있으니, 지금 그대가 집에 이름을 붙인 것이 바로
그 실물이 없는 것이라고 할 수 있겠소. 비록 그러하나 그
대도 이에 대해 할 말이 있을 것이오. 지금 **바다의 섬 가
운데 집을 짓고 사는 사람**이 있다면, 사람들은 반드시 **물
에 산다**고 하지 산에 산다고 하지 않겠지요. 섬사람 중에
는 담장을 두르고, 집을 짓고, 문을 닫고 **들어앉아 사는
사람**도 있게 마련이니, 그가 날마다 파도와 깊은 물을 가
까이 접하지는 않는다고 하여, 물에 사는 게 아니라고 한
다면 옳지 않겠지요. 이와 같은 이치를 **사람들**이 모두 그
렇다고 인정하는데, 어찌 유독 그대의 말에만 의심을 품
겠소?

대지는 하나의 섬이고, 세상 사람들은 섬사람이라오.
비록 배를 집으로 삼아 물 위를 떠다니면서 날마다 **물과
더불어** 살아가는 사람이라 하더라도, 그 형편상 눈을 한
곳에 두고 꼼짝하지 않을 수는 없을 것이고, 잠시 **눈길을
돌려서** 잠깐 동안이나마 물이 있다는 것을 생각하지 못할
때가 반드시 있을 것이오. 이때에는 겨우 반걸음을 움직
인 것이나 천 리를 간 것이나 매한가지라 할 것이오."

- 서영보, 『문의당기』 -

˙ 문의 : 물결무늬.

---

1. (가)~(다)의 공통점으로 가장 적절한 것은?

① 설의적 표현을 사용하여 인물의 정서를 강조하고 있다.
② 묘사의 방식을 활용하여 대상의 특징을 구체화하고 있다.
③ 말을 건네는 방식을 사용하여 주제 의식을 심화하고 있다.
④ 과거의 장면을 회상하여 현재 상황에 대한 원인을 포착하
고 있다.
⑤ 가상의 상황을 설정하여 현실에 대한 긍정적 인식을 이끌
어내고 있다.

2. <보기>를 참고하여 (가)를 감상한 내용으로 적절하지 <u>않은</u> 것은?

<보 기>

(가)는 적막한 산골 마을을 배경으로 그곳에 사는 한 노인의 모습을 관찰하여 들려주는 시이다. 향토적인 정경 속에서 낯설게 느껴지는 일상에 감각적으로 집중하는 노인을 통해 점점 사라져 가는 것들에 대한 관심을 드러내고, 노인의 삶이 마주한 깊은 정적 속 울음소리를 통해 인간의 쓸쓸함을 고조하고 있다. 이러한 노인의 모습은 외딴집 창호지 문살에 비친 달무리의 이미지로 형상화되고 있다

---

① '첩첩산중에도 없는 마을'을 '여긴 있다'고 한 데서, 노인이 살아가는 곳은 쉽게 보기 어려울 것 같은 장소임을 짐작할 수 있겠군.

② '강기슭에서도 보이진 않는' '후미진 외딴집'이라는 배경 설정에서, 적막한 공간의 분위기를 추측할 수 있겠군.

③ '봉당에 불을 켜'는 분위기와 '콩깍지'의 이미지로 나타낸 향토적 정경에서, 사라져 가는 것들에 대한 관심을 유추할 수 있겠군.

④ '짚오라기의 설레임'을 '귀를 모으고 듣'고 '새들의 온기'를 '숨을 죽이고 생각하'는 것은, 일상을 자연스럽게 받아들이는 노인의 감각을 부각한 것으로 볼 수 있겠군.

⑤ '밭은기침 소리도 없'는데 '겨울 귀뚜라미'가 우는 상황과 눈발이 치는 듯한 '밤'의 달무리 이미지가 어우러져, 노인의 고독을 형상화한 것으로 이해할 수 있겠군.

3. (나)에 대한 설명으로 적절하지 <u>않은</u> 것은?

① 1연에서 '연'과 '연실'의 모습에 빗대어 '내 어린 날'의 기억을 '아슴풀하다'라고 표현하고 있다.

② 2연에서 '조매롭고'로 표현된 '연실'의 긴장은 3연에서 연실이 '바람 일어 끊어지던 날'의 정서를 고조하고 있다.

③ 3연에서 '울다'의 반복과 4연에서 '눈물이 고이었었다'를 통해 '내 어린 날'의 상황을 짐작할 수 있게 하고 있다.

④ 4연에서 '외로이 자랐다'와 이어진 '하얀 넋'은 '붉은 발자욱'에 함축된 정서와 상반되는 의미를 이끌어 내고 있다.

⑤ 1연과 4연의 '내 어린 날'은 2연의 '내 어린 날'의 기억을 통해 떠올린 유년 시절을 표상하는 의미를 지니고 있다.

4. ㉠~㉤에 대한 설명으로 적절하지 <u>않은</u> 것은?

① ㉠ : 아주 짧은 순간에 해가 지는 모습을 나타낸 말로, 시간의 변화를 함축하고 있다.

② ㉡ : 소리를 통해 연상되는 새의 모습을 감각적으로 형상화하고 있다.

③ ㉢ : 높이 날아오른 연을 동경하는 심리를 드러내고 있다.

④ ㉣ : 서러움을 느끼게 하는 대상인 실낱의 모습을 표현하고 있다.

⑤ ㉤ : 외롭고 슬픈 어린 시절의 정서를 함께 담아내고 있다.

5. ⓐ, ⓑ에 대한 이해로 적절하지 <u>않은</u> 것은?

① ⓐ는 '볼만한 샘이나 못'이 없는 곳에 산다고 생각하다가, '천하의 지도를 보고' 깨달은 바에 따라 자신이 물 가운데 살고 있는 것이나 다름없다는 발상으로 사고를 전환한다.

② ⓐ가 '자기 집'을 '문의'라고 한 것에 ⓑ가 동의한 이유는 ⓐ의 상황이 '배를 집으로 삼아' 사는 사람의 상황보다 집에 '들어 앉아 사는 사람'의 상황에 가깝다고 생각했기 때문이다.

③ ⓑ는 '바다의 섬'에 '집을 짓고 사는 사람'의 삶에 주목하여, 바라보는 관점을 달리하면 세상 모든 사람들이 섬에 살고 있다는 논리가 성립한다고 생각한다.

④ ⓑ가 ⓐ의 발상이 타당하다고 하는 이유는, '바다의 섬 가운데' 살더라도 그것을 가리켜 '물에 산다고' 보는 것이 ⓑ의 생각만이 아니라 '사람들'의 판단과도 일치하기 때문이다.

⑤ ⓑ는 '물과 더불어' 사는 사람도 '눈길을 돌'리는 순간이 있는 것과 ⓐ가 '물을 보는 법'을 '써 볼 데가 없'다 하는 것은 물을 보지 못할 때가 있다는 점에서 유사하다고 생각한다.

6. <보기>를 바탕으로 (가), (다)를 이해한 내용으로 적절한 것은?

<보 기>

문학 작품 속의 소재들은 연관성 속에서 서로 유사 혹은 대립의 관계를 이룸으로써 의미를 생성하거나 그 특징을 부각하는 효과를 드러낸다.

---

① (가)의 '허방다리 들어내면 보이는 마을', '갱 속 같은 마을'은 얕음과 깊음의 대비를 이루어 숨어 있는 두 공간의 차이를 부각하고 있군.

② (가)의 '무우'와 '고구마'는 차가움과 따뜻함의 대비를 이루어 밤에 출출함을 달래기 위해 먹는 다양한 음식의 속성을 부각하고 있군.

③ (다)의 '아홉 개 대륙'과 '일만 개 나라'는 바다 안의 육지라는 유사성으로 관계를 맺으며 '천하의 지도'라는 새로운 의미를 생성하고 있군.

④ (다)의 '파도'와 '깊은 물'은 바다의 형상이라는 유사성으로 관계를 맺으며 물에 사는 사람이 살면서 만나게 되는 환경이라는 의미를 생성하고 있군.

⑤ (가)의 '창문은 모과빛'과 '기인 밤'은 밝음과 어둠의 대비를, (다)의 '갈매기'와 '해오라기'는 크고 작음의 대비를 이루어 각 소재가 가진 특징을 부각하고 있군.

<보 기>

　　(가)는 적막한 산골 마을을 배경으로 그곳에 사는 한 노인의 모습을 관찰하여 들려주는 시이다. 향토적인 정경 속에서 낯설게 느껴지는 일상에 감각적으로 집중하는 노인을 통해 점점 사라져 가는 것들에 대한 관심을 드러내고, 노인의 삶이 마주한 깊은 정적 속 울음소리를 통해 인간의 쓸쓸함을 고조하고 있다. 이러한 노인의 모습은 외딴집 창호지 문살에 비친 달무리의 이미지로 형상화되고 있다

(가) 시는 적막한 산골 마을을 배경으로 하고 있고, 그 중에서 특히 한 노인의 모습에 초점을 맞추고 있다고 합니다. 산골 마을의 향토적인 정경에서 감각적으로 집중해 사라져 가는 것들에 대한 관심, 인간의 쓸쓸함을 드러내고 있다고 합니다. 이 시에서 아주 핵심적인 **정서**가 나왔습니다. 바로 **쓸쓸함**이죠. 이 정서를 기반으로 시를 해석해줘야 합니다.

<보 기>

　　문학 작품 속의 소재들은 연관성 속에서 서로 유사 혹은 대립의 관계를 이룸으로써 의미를 생성하거나 그 특징을 부각하는 효과를 드러낸다.

또한 (가)와 (다)에서 유사, 대립의 소재가 나온다고 하니 이런 작품은 적극적으로 +/-를 구분하면서 읽는 것도 나쁘지 않겠네요!

<시 독해>
월훈

<보기>에서 말하는 달무리가 제목인 '월훈'입니다. 이것이 노인의 모습을 집약하고 있다고 <보기>에서 말했고, 시인도 아마 그렇게 생각했기에 제목으로 정했다고 추측할 수 있겠습니다. 본문으로 가봅시다.

　　첩첩산중에도 없는 마을이 여긴 있습니다. 잎 진 사잇길 저 모랫둑, 그 너머 강기슭에서도 보이진 않습니다. 허방다리˚ 들어내면 보이는 마을.
　　갱 속 같은 마을. ㉠꼴깍, 해가, 노루꼬리 해가 지면 집집마다 봉당에 불을 켜지요. 콩깍지, 콩깍지처럼 후미진 외딴집, 외딴집에도 불빛은 앉아 이슥토록 창문은 모과빛입니다.

첩첩산중보다도 깊은, 허방다리를 들어내면 그때야 모습을 드러내는 아주 깊은 곳에 위치한 산골마을이 배경입니다. <보기>에서 말하는 적막한 산골 마을을 시에서는 이렇게 풀어내고 있는 것 같습니다. 계속해서 적막한 시어들만 나오니 전부 (-) 즉, 부정적인 표시를 해줍시다.

　　기인 밤입니다. 외딴집 노인은 홀로 잠이 깨어 출출한 나머지 무우를 깎기도 하고 고구마를 깎다, 문득 바람도 없는데 시나브로 풀려 풀려 내리는 짚단, 짚오라기의 설레임을 듣습니다. 귀를 모으고 듣지요. ㉡후루룩 후루룩 처마 깃에 나래 묻는 이름 모를 새, 새들의 온기를 생각합니다. 숨을 죽이고 생각하지요.

아주 긴 밤 속에 우리의 주인공 외딴집 노인이 등장합니다. 그리고, 다시 상기해야하죠. 노인이 느끼고 있는 감정은 쓸쓸함일 것이다. 쓸쓸한 노인은 귀를 모으고 짚오라기의 설레임을 들으며, 새들의 온기를 상상합니다. 이것은 <보기>에 따라 쓸쓸함, 외로움의 정서와 연결지어서 생각해주어야 합니다. 바람도 없는데 왜 소리에 귀를 기울일까요?

누군가 찾아와주기를 기다리고 있는 것이라고 추측할 수 있겠습니다. 하지만, 귀를 모으고 들어도 손님은 없습니다. 이제는 새들의 온기를 상상하기도 합니다. 이것도 결국 **쓸쓸함**을 해소하지는 못할 것이라는 사실을 저희는 <보기>를 통해서 알 수 있습니다. 쓸쓸함을 고조하고 있다고 했으니까요. 그리고 이런 관심은 노인 정도의 쓸쓸함을 가져야 줄 수 있습니다. 그러니까, 관심이 사라져가고 있는 것들로 볼 수도 있겠습니다. 더 나아가서 노인조차도 사라져 가는 것들에 포함시킬 수도 있을 것 같네요. 또, 일상 속에서 언제나 있던 대상들이지만 관심을 기울이기 전까진 몰랐으니 낯설게도 느껴지겠네요. 항상 이렇게 <보기>에 맞춰서 해석을 해주어야 합니다. 이렇게 해석하는 것 말고도 다른 해석이 나올 수 있겠지만, <보기>를 녹여내기 위해서는 이런 식의 해석이 가장 적절할 것 같네요.

> 참 오래오래, 노인의 자리맡에 밭은기침 소리도 없을 양이면 벽 속에서 겨울 귀뚜라미는 울지요. 떼를 지어 웁니다, 벽이 무너지라고 웁니다.
> 어느덧 밖에는 눈발이라도 치는지, 펄펄 함박눈이라도 흩날리는지, 창호지 문살에 돋는 월훈(月暈).

노인의 기침 소리도 들리지 않을 정도로 적막하고 고요해졌습니다. 노인의 쓸쓸함은 더욱 고조되겠죠. 귀뚜라미가 마치 벽을 무너지게 할 정도로 운다고 합니다. 이것은 반드시 화자, 노인의 쓸쓸함이 이입된 대상이겠죠. 귀뚜라미가 정말로 벽을 무너지게 할 정도로 우는 것은 아닐 테니까요. 아까 새들의 온기를 상상하며 쓸쓸함을 달려보려 했지만, 실패한 모양입니다.

마지막으로 눈발이 날리는 가운데 창호지에 달무리가 비춰집니다. 상상해봅시다. 쓸쓸해하고 있는 노인과 닮은 것 같죠? 이렇게 노인의 모습을 형상화하면서 마무리됩니다.

'노인의 모습과 풍경을 시각적으로 표현한 인간의 고독함'

(가) 관련 문항인 2번 문항만 먼저 풀어봅시다.
2. 주제와 맞지 않는 선지를 고르려면, 주제와 반대인 왁자지껄하고 대인 관계가 드러나거나 고독하지 않은 긍정적 서술이 나오면 되겠네요. 유일하게 긍정적인 말이 나오는 선지가 딱 하나 있습니다. 노인은 너무 쓸쓸한 나머지 일상의 것들도 낯설게 느껴집니다. 전혀 자연스럽지 않았죠. 답 : ④

이제 (나)로 넘어갑시다!

(나)는 <보기>가 없으므로 제목에서 최대한 많이 유추해야 합니다. 다른 건 몰라도 시적 대상이 연이므로 연이 어떤 상징과 비유를 이 시에서 갖는지 찾아야겠어요!

> 내 어린 날!
> 아슬한 하늘에 뜬 연같이
> 바람에 깜박이는 연실같이
> 내 어린 날! 아슴풀하다[*]

화자의 어린 날을 두 번이나 언급하고 있습니다. 이 시에서 아주 중요한 포인트로 작용하기 때문에 **반복해서** 말해준 것 같습니다. 제목이 '연'이었고, 화자의 어린 날과 연결했으니 이 시는 화자의 어린 시절에 대한 이야기를 할 것이라는 추측을 할 수 있겠습니다. 화자의 어린 시절은 마치 하늘에 뜬 연처럼 희미하다고 말합니다.

> 하늘은 파랗고 끝없고
> 편편한 연실은 조매롭고[*]
> 오! 흰 연 그새에 높이
> ⓒ 아실아실[*] 떠 놀다 내 어린 날!

1연에서와 마찬가지로 화자의 어린 날은 연처럼 푸른 하늘 위에서 아슬아슬하게 떠다니고 있었다고 말합니다. 그리고, 보기에 마음이 불안하고 초조하다는 주관적 정서가 나왔습니다. 그러므로 **자아와 세계** 관점에 따라 여기 나온 모든 소재는 불안하고 초조한 정서가 지배적일 겁니다.

> 바람 일어 끊어지던 날
> 엄마 아빠 부르고 울다
> ⓔ 희끗희끗한 실낱이 서러워
> 아침저녁 나무 밑에 울다

화자의 어린 시절을 '연, 연실'에 빗대어 표현했는데 그게 어느 날 끊어졌다고 합니다. 구체적으로 어떤 일이었을지는 추측하기 어렵지만, 불안했던 화자의 상황이 극단적으로 끝났음을 알 수 있습니다. 그리고 화자는 이 사건으로 아주 서러워하고 슬퍼했다고 합니다. 역시나 앞에서 잡은 **정서**였던 불안함과 초조함이 지배적으로 강화되고 있음을 알 수 있었습니다.

> 오! 내 어린 날 하얀 옷 입고
> 외로이 자랐다 하얀 넋 담고
> ⓜ 조마조마 길가에 붉은 발자욱
> 자욱마다 눈물이 고이었었다

화자의 외로움을 '하얀 넋'으로 표현하고 있습니다. 그리고 화자가 가는 길에 남은 발자국에는 눈물이 가득했다고 합니다. 전체적으로 화자의 어린 시절을 슬프고, 외롭고, 서러웠다고 표현하고 있음을 파악해주면 되는, 지금껏 우리가 해온 시들에 비하면 매우 간단했던 시였습니다.

'유년 시절의 서러웠던 기억을 연에 빗대어 형상화'

역시나 3번에 단독 문항이 있으니 이부터 풀고 갑시다.
3. 주제와 반대가 되려면 선지에서 '서러운'과 반대되는 긍정적인 정서를 언급해야겠죠. 시가 모두 부정적인 서러운 느낌

이 지배되었었으니 이와 상반되면 모두 틀릴 겁니다. **자아와 세계** 관점 기억하시죠! 선지를 스윽 보니 긍정적인 표현이 딱 하나 있네요. '상반되는'은 통일적이었던 이 시에서 절대 나와서는 안 되는 표현이었습니다. 답 : ④

(가)와 (나)에 대한 문제인 4번도 봅시다.
4. 밑줄이 나오면 밑줄 간의 연관에 대해 생각해보라고 했었습니다. 음성상징어라는 공통점이 있죠. 두 시 모두 일관되게 부정적인 정서가 시를 지배했고, 밑줄들은 각각 (가)와 (나)에서 적막함과 서러움을 강조하는 표현이었습니다. 이에 대해 틀리게 말하려면 밑줄들에 대해 잘못된 정서를 연결해야겠죠. 유일한 긍정적인 표현인 '동경' 때문에 답은 쉽게 보입니다. 답 : ③

통일적인 시들이어서 답 고르기가 유난히 쉬웠네요. 주제로 크게 푸는 사람만이 할 수 있겠죠!

(다)
수필이니 **깨달음**을 얻게 되는 상황이나 논리에 집중해서 읽어야겠습니다. 같은 경험을 하더라도 사람마다 그 경험을 해석하고 느끼는 방식이 다릅니다. 따라서, 특히 이 수필에서 필자가 느낀 점, 차별성을 우리는 파악해 줘야 합니다. 평가원은 이 경험을 적절하게 해석해서 필자와는 다르지만 그럴 듯한 선지를 만들어 낼 것입니다. 이것을 피해가기 위해선 이미 깨달음을 파악해두고 거기에 맞춰 선지들을 해석해 주어야 합니다.

<수필 독해>
　ⓐ <u>신위</u>가 **자기 집** 이름을 '문의당'이라 하고 ⓑ <u>나</u>에게 편지를 보내 말했다.
　"내 천성이 물을 좋아하는데, 도성 안이라 **볼만한 샘이나 못**이 없어 비록 **물을 보는 법**을 알고 있어도 **써 볼 데가 없**는 것이 늘 아쉬웠습니다. 그런데 **천하의 지도**를 보고 깨우친 점이 있었습니다.
　　넘실거리는 큰 바다 사이로 아홉 개 대륙, 일만 개 나라가 퍼져 있는데 큰 나라는 범선이 늘어선 듯하고, 작은 나라는 갈매기와 해오라기가 출몰하는 듯했습니다. 천하만국에 두루 살고 있는 사람들은 모두 물 가운데 있는 존재일 뿐입니다. 이것이 제 집의 이름을 '**문의**(文漪)*'라고 한 까닭입니다. 그대는 저를 위해 이 집의 기문을 지어 주시기 바랍니다."

우선 필자의 **경험**부터 파악해봅시다. 신위라는 사람이 자신의 집 이름을 '문의당'이라고 지은 후 필자에게 편지를 썼나봅니다. 그 안에는 신위가 '모든' 사람들은 물 위에서 살고 있는 것과 다름없다는 생각이 적혀있었습니다. 필자는 이에 **어떤 생각을 했을지** 다음 답장에서 읽어내 봅시다.

　나는 편지를 보고 웃으며 말했다.
　"세상에는 본래 그 실물은 없으면서도 이름을 차지하는 경우가 있으니, 지금 그대가 집에 이름을 붙인 것이 바로 그 실물이 없는 것이라고 할 수 있겠소. 비록 그러나 그대도 이에 대해 할 말이 있을 것이오. 지금 **바다의 섬 가운데 집을 짓고 사는 사람**이 있다면, 사람들은 반드시 **물에 산다고** 하지 산에 산다고 하지 않겠지요. 섬사람 중에는 담장을 두르고, 집을 짓고, 문을 닫고 **들어앉아 사는 사람**도 있게 마련이니, 그가 날마다 파도와 깊은 물을 가까이 접하지는 않는다고 하여, 물에 사는 게 아니라고 한다면 옳지 않겠지요. 이와 같은 이치를 **사람들**이 모두 그렇다고 인정하는데, 어찌 유독 그대의 말에만 의심을 품겠소?

실물이 없는데도 이름을 차지하는 경우가 있다고 하니 집의 이름인 '문의'가 허상의 이름임을 말하고 있습니다. 왜 그런 걸지 어떻게든 찾아야 할 텐데, 일단은 신위에 대해 동의하는 바가 먼저 제시됩니다. 섬에 사는 사람이 아무리 파도를 안 보았다고 해도 신위를 포함한 세상 사람들 대부분이 산 즉, 육지에 사는 사람이라고 하기보다 '물'에 사는 사람이라고 말할 거랍니다. 이 부분에 대해 '나'는 '신위'의 말이 틀리지 않다고 하네요. 또한, <보기>에서 작품에 쓰인 소재가 유사, 대비되는 의미를 생성한다고 하는데 물에 사느냐, 육지에 산다고 생각하는지가 갈리고 있습니다.

대지는 하나의 섬이고, 세상 사람들은 섬사람이라오. 비록 **배를 집으로 삼아** 물 위를 떠다니면서 날마다 **물과 더불어** 살아가는 사람이라 하더라도, 그 형편상 눈을 한곳에 두고 꼼짝하지 않을 수는 없을 것이고, 잠시 **눈길을 돌려서** 잠깐 동안이나마 물이 있다는 것을 생각하지 못할 때가 반드시 있을 것이오. 이때에는 겨우 반걸음을 움직인 것이나 천 리를 간 것이나 매한가지라 할 것이오."

대륙은 결국 하나의 섬이지만 대륙에 사는 모든 사람들은 육지 사람이자 물에 사는 사람이라는 필자의 생각이 직접적으로 드러나고 있습니다. 그리고 여기서 그치지 않고 물 위를 떠다니는 사람도 잠깐 물이 있다는 것을 잊었을 땐, 육지 사람이 될 수도 있다는 이야기를 합니다. 이것을 천 리를 간 것이라고 표현하고 있죠. 종합하면 필자는 사람들이 스스로를 어떤 식으로 인식하냐에 따라서 물 사람이 될 수도 있고, 육지 사람이 될 수도 있다는 이야기를 하는 것 같네요. 그러므로 '신위'가 모든 사람들이 물 가운데 있는 존재라고 말한 것과 달리, '나'는 관점에 따라 육지 사람도, 물에 사는 사람도 될 수 있다며 '신위'의 단정적인 진술을 포괄하고 있습니다. 두 사람의 **깨달음**이 나왔으니 구분해주어야겠습니다.

여기서 그치면 안 되고 결국 이 작품의 제목은 '문의당기'이므로 '나'가 왜 신위에게 '문의'라는 이름이 실물이 없다고 말했는지 이유를 알아내야 합니다. 관점에 따라 달라지니 물도, 육지도 둘 다 맞는 말이면서 둘 다 틀린 말이 되기도 하는데, 이 중 하나만을 단정적으로 표현한 '문의'는 단편적인 이름이 되는 것이네요. 그래서 실물이 없다고 했던 것입니다! 이제 다 독해했네요.

'내가 신위에게 말하길, 관점에 따라 달라지므로 단편적인 '문의'라는 이름은 적합하지 않다'

1. 작품이 세 개가 되는데 공통점을 물어보려면 정말 찾기 쉬운 수미상관이나 계절감 등이 아니라면, 현대시는 모두 맞는 서술들이 자주 정답으로 나옵니다. 비유와 상징, 시각적 심상 등은 없는 현대시가 없습니다. **현대시의 본질**이니 이것들이 없으면 현대시라 할 수 없겠죠. 그래서 '묘사'와 같은 선지는 '시각적 심상'을 말하니 쉽게 답으로 골라주실 수 있어야 합니다. 답 : ②

① 설의적 표현은 (가), (나)에서는 확실히 찾아보기 어렵습니다. (다)에서는 "어찌 유독 그대의 말에만 의심을 품겠소?"와 같은 부분에서 찾을 수 있겠네요.
③ 말을 건네는 방식은 (가), (나)에선 찾을 수 없습니다.
④ 과거 회상은 (나)에서는 어느 정도 인정할 수 있겠으나, (나)에서도 현실 상황에 대한 원인 포착까지는 나아가지 못했습니다.
⑤ (가), (나), (다)와 모두 거리가 먼 선지입니다.

5. 두 사람에 대한 이해로 묻고 있으니 둘의 의견을 섞어서 말하거나 엉뚱한 것을 말하는 선지를 골라내야 하겠습니다. '신위'는 물이 대륙을 다 둘러싸니 모든 사람은 '물' 위에 산다고 생각하고, '나'는 사람의 관점에 따라 사는 곳은 어디로든 달라지며 물에 산다는 신위의 생각도 맞는 말이라고 포괄했었습니다만 둘의 의견 차이가 극명히 드러나는 부분이 있었죠. 바로 '문의'라는 집의 이름이 적합한지이며 사실상 이 글의 소재인 '편지' 자체가 집 이름 지으려고 시작된 것이니 그 부분이 반드시 문제로 나오겠죠. 너무나도 뻔했던 문제라는 것입니다. 답 : ②

6. (가)에서는 부정적인 정서를 기반으로 유사한 소재들이 나왔었고, (다)에서는 신위와 나로부터 상반된 의미가 주로 드러났었습니다. 다만 신위가 사용한 소재인 물과 관련한 소재끼리, '나'가 반박으로 사용한 '섬'에 관한 소재끼리 짝 지으면 유사한 소재겠죠. 따라서 적절하지 않은 선지를 걸러내려면 (가)에서 상반된 의미를 찾거나, (나)에서 편이 잘못 짝지어진 선지들을 주의해서 확인해야겠네요.
①, ②는 주제와 관련 없는 내용이며 대비를 말하고 있으니 가장 적절할 수는 없습니다. (X)
③은 두 소재가 유사성은 맞으나 '천하의 지도'에 '대륙과 나라'가 포함되므로 '새로운 의미를 생성'한다고 볼 수 없어

적절하지 않네요. (X)

④는 같은 편인 물에 관한 소재끼리 쓰였고, 신위와 '나'가 공통적으로 사용한 의미를 말하고 있으니 적절합니다. (O)

⑤도 역시 (가)에서 주제와 상관없는 얘기와 대비를 언급하니 답과 거리가 멀어지며, (다)에 대한 서술에서는 같은 편을 대비라고 언급하므로 적절하지 않겠네요. (X)

수필에서 이렇게 여러 명의 **깨달음**이 나오면 서로 간의 관계를 확실하게 파악해야 합니다. '나'는 '신위'의 깨달음 자체는 인정했습니다. 다만, 사실의 일부에 불과하다고 생각해 그 깨달음만이 사실인 것처럼 단정 짓는 '문의'라는 집의 이름은 반대했었던 것이 이 수필의 핵심이었네요!

몽달 씨 나이가 스물일곱이라니까 나보다 스무 살이나 많지만 우리는 엄연히 친구다. 믿지 않겠지만 내게는 스물일곱짜리 남자 친구가 또 하나 있다. 우리 집 옆, 형제슈퍼의 김 반장이 바로 또 하나의 내 친구인데 그는 원미동 23통 5반의 반장으로 누구보다도 씩씩하고 재미있는 사람이었다. 나는 매일같이 슈퍼 앞의 비치파라솔 의자에 앉아 그와 함께 낄낄거리는 재미로 하루를 보내다시피 하였는데 요즘은 내가 의자에 앉아 있어도 전처럼 웃기는 소리를 해 주거나 쭈쭈바 따위를 건네주는 법 없이 다소 퉁명스러워졌다. ㉠그 까닭도 나는 환히 알고 있지만 모르는 척하는 수밖에. 우리 집 셋째 딸 선옥이 언니가 지난달에 서울 이모 집으로 훌쩍 떠나 버렸기 때문인 것이다. 김 반장이 선옥이 언니랑 좋아지내는 것은 온 동네가 다 아는 일이지만 선옥이 언니 마음이 요새 좀 싱숭생숭하더니 기어이는 이모네가 하는 옷 가게를 도와준다고 서울로 가 버렸다. 선옥이 언니는 얼굴이 아주 예뻤다. 남들 말대로 개천에서 용이 났다고 해도 과언이 아닐 만큼 지지리 궁상인 우리 집에 두고 보기로는 아까운 편인데, 그 지지리 궁상이 지겨워 맨날 뚱하던 언니였다.

(중략)

집으로 가다 말고 문득 형제슈퍼 쪽을 돌아보니 음료수 박스들을 차곡차곡 쟁여 놓는 일에 땀을 뻘뻘 흘리고 있는 몽달 씨가 보였다. ㉡실컷 두들겨 맞고 열흘간이나 누워 있었던 사람이라 안색이 차마 마주보기 어려울 만큼 핼쑥했다. 그런데도 뭐가 좋은지 히죽히죽 웃어 가면서 열심히 박스들을 나르고 있는 게 아닌가. 그것도 김 반장네 가게에서. 아무리 눈을 크게 뜨고 보아도 몽달 씨가 분명했다. 저럴 수가. ㉢어쨌든 제정신이 아닌 작자임이 틀림없었다. 아무리 정신이 좀 헷갈린 사람이래도 그렇지, 그날 밤의 김 반장 행동을 깡그리 잊어버리지 않고서야 저럴 수가 없다는 게 내 생각이었다.

잊었을까. 그날 밤 머리의 어딘가를 세게 다쳐서 김 반장이 자기를 내쫓은 부분만큼만 감쪽같이 지워진 것은 아닐까. 전혀 엉뚱한 이야기만도 아니었다. 텔레비전에서도 보면 기억 상실증인가 뭔가로 자기 아들도 못 알아보는 연속극이 있었다. 그런 쪽의 상상이라면 나를 따라올 만한 아이가 없는 형편이었다. 내 머릿속은 기기괴괴한 온갖 상상들로 늘 모래주머니처럼 빽빽했으니까. 나는 청소부 아버지의 딸이 아니라 사실은 어느 부잣집의 버려진 딸이다, 라는 식의 유치한 상상은 작년도 못 되어 이미 졸업했었다. 요즘의 내 상상이란 외계인 아버지와 지구인 엄마와의 사랑, 뭐 그런 쪽의 의젓한 것이었다. ㉣아무튼 나의 기막힌 상상력으로 인해 몽달 씨는 부분적인 기억 상실증 환자로 결정되었다. 그렇다면 이제는 확인할 일만 남은 셈이었다. 오래 기다릴 필요도 없었다. 나는 김 반장네 가게 일을 거들어 주고 난 뒤 비치파라솔 밑의 의자에 앉아 뭔가를 읽고 있는 몽달 씨에게로 갔다. 보나 마나 주머니 속에 잔뜩 들어 있는 종잇조각 중의 하나일 것이었

다. ㉤멀쩡한 정신도 아닌 주제에 이번엔 기억 상실증이란 병까지 얻어 놓고도 여태 시 따위나 읽고 있는 몽달 씨 꼴이 한심했다.

"ⓐ 이거, 또 시예요?"

"ⓑ 그래. 슬픈 시야. 아주 슬픈…….."

몽달 씨가 핼쑥한 얼굴을 쳐들며 행복하게 웃었다. 슬픈 시라고 해 놓고선 웃다니. 나는 이맛살을 찡그리며 몽달 씨 옆에 앉았다. 그리고 아주 낮은 목소리로 물었다.

"ⓒ 이제 다 나았어요?"

"ⓓ 응. 시를 읽으면서 누워 있었더니 금방 나았지."

금방은 무슨 금방. 열흘이나 되었는데. 또 한 번 나는 몽달 씨의 형편없는 정신 상태에 실망했다.

"그날 밤에 난 여기에 앉아서 다 봤어요."

"무얼?"

"ⓔ 김 반장이 아저씨를 쫓아내는 것…….."

순간 몽달 씨가 정색을 하고 내 얼굴을 쳐다보았다. 예전의 그 풀려 있던 눈동자가 아니었다. 까맣고 반짝이는 눈이었다. 그러나 잠깐이었다. 다시는 내 얼굴을 보지 않을 작정인지 괜스레 팔뚝에 엉겨 붙은 상처 딱지를 떼어 내려고 애쓰는 척했다. 나는 더욱 바싹 다가앉았다.

"ⓕ 김 반장은 나쁜 사람이야. 그렇지요?"

몽달 씨가 팔뚝을 탁 치면서 "아니야"라고 응수했는데도 나는 계속 다그쳤다.

"ⓖ 그렇지요? 맞죠?"

그래도 몽달 씨는 못 들은 척 팔뚝만 문지르고 있었다. 바보같이. 기억 상실도 아니면서……. 나는 자꾸만 약이 올라 견딜 수 없는데도 몽달 씨는 마냥 딴전만 피우고 있었다.

— 양귀자, 『원미동 시인』 —

---

1. 윗글에 대한 이해로 가장 적절한 것은?

① 몽달 씨는 김 반장이 자기를 매정하게 대했으나, 김 반장네 가게 일을 해 주고 있다.

② 김 반장은 선옥을 좋아했으나, 선옥이 서울로 가자 '나'를 통해 선옥과의 관계를 회복해 나갔다.

③ '나'는 김 반장을 좋은 친구라고 생각했으나, 김 반장이 빈둥거리며 실없는 행동을 해서 당황했다.

④ 선옥은 자신의 집안 형편에 대해 부정적으로 생각하고 있지만, '나'는 집안 형편을 그렇게 생각하지 않는다.

⑤ '나'는 몽달 씨를 친구라 여겼으나, 몽달 씨가 김 반장 가게에 다시 나온 것을 보고 그렇게 생각한 것을 후회했다.

2. ⓐ~ⓖ에 대한 이해로 적절하지 <u>않은</u> 것은?

① ⓐ는 상대를 못마땅해하는 발언이지만, ⓒ를 고려하면 상대의 상태에 대한 관심에서 비롯된 것이라고 할 수 있다.

② ⓑ와 ⓓ의 시에 대한 인물의 태도를 고려하면, 인물이 시를 통해 위안을 얻었음을 알 수 있다.

③ ⓔ는 ⓓ를 듣고 실망하여, 상대의 새로운 반응을 기대하며 한 발언이라고 할 수 있다.

④ ⓕ는 ⓔ에 대한 상대의 반응이 예상을 벗어났지만, 상대가 보여 준 판단을 수용하기 위한 질문이라고 할 수 있다.

⑤ ⓖ는 ⓕ의 주장을 확인하는 질문으로, 상대의 태도를 탐탁지 않게 여기는 마음이 반영된 발언이라고 할 수 있다.

3. 형제슈퍼 를 중심으로 확인할 수 있는 인물의 행위에 대한 설명으로 가장 적절한 것은?

① '나'가 '매일같이' 김 반장과 재미있게 낄낄거렸던 행위는 '그날'보다 앞선 시간대에 이루어지며, '그날'의 일을 지켜보기만 한 '나'의 부정적 자기 인식으로 이어지고 있다.

② 김 반장이 '나'를 퉁명스럽게 대하는 행위는 '요즘'보다 앞선 시간대에 이루어지며, '나'에게 반성을 유도하고 있다.

③ 몽달 씨가 '히죽히죽' 웃는 행위는 현재 '여기'에서 '나'에게 속내를 감추는 행위보다 앞선 시간대에 이루어지며, '나'에게 진심을 드러내어 보여 주고 있다.

④ '의자'에서 '뭔가'를 읽는 몽달 씨의 행위는 '여기'에서 환기된 '그날'의 경험보다 앞선 시간대에 이루어지며, '나'가 '그날' 느꼈을 긴박감과 대비되는 이완된 상황을 보여 주고 있다.

⑤ '여기'에서 목격된 '그날' 김 반장의 행위는 '요즘'보다 이후의 시간대에 이루어지며, '나'가 김 반장을 이전과 다르게 평가하는 원인으로 기능하고 있다.

4. <보기>를 바탕으로 ㉠~㉤을 이해한 내용으로 적절하지 <u>않은</u> 것은?

<보 기>

　미성숙한 어린아이 서술자라도 합리적 정보를 제공하면 독자는 서술자를 신뢰하게 된다. 그러나 작가는 때로 합리성이 부족한 어린아이의 특성을 강화하여 독자가 서술자를 의심하게 한다. 이때 독자는 서술자가 제공하는 정보가 틀릴 수 있다고 생각하면서 서술자와 다른 각도에서 작품이 전하려는 의미를 탐색하게 된다. 이 경우에도 독자는 서술자가 제공하는 제한된 정보에 의존할 수밖에 없으므로, 서술적 상황과 작품이 전하려는 의미가 서로 달라져 작품을 더욱 집중해서 읽게 된다.

① ㉠ : 문제적 상황의 원인을 파악하여 이에 대응하고, 인물의 태도 변화를 설명할 수 있는 정보를 제시한다는 점에서 독자가 서술자를 신뢰하도록 유도하고 있군.

② ㉡ : 인물이 처한 부정적 상황을 보여 주고, 인물의 안색과 그 이유에 대해 여러 정보를 제공한다는 점에서 독자가 서술자를 신뢰하도록 유도하고 있군.

③ ㉢ : 논리적 연관을 무시하고, 추측에 근거하여 인물의 의식 상태를 단정하는 모습을 통해 독자가 작품에 더욱 집중하면서, 서술자와 다른 각도로 생각하도록 유도하고 있군.

④ ㉣ : 인물에 대해 적극적으로 탐색하고, 인물의 상태를 스스로 진단하여 그 정보를 제공하는 모습을 통해 독자가 서술자를 신뢰하도록 유도하고 있군.

⑤ ㉤ : 시에 대한 이해가 부족하고, 합당한 이유 없이 인물의 취향을 비난하는 모습을 통해 독자가 작품에 더욱 집중하면서, 서술자와 다른 각도로 생각하도록 유도하고 있군.

<보   기>

미성숙한 어린아이 서술자라도 합리적 정보를 제공하면 독자는 서술자를 신뢰하게 된다. 그러나 작가는 때로 합리성이 부족한 어린아이의 특성을 강화하여 독자가 서술자를 의심하게 한다. 이때 독자는 서술자가 제공하는 정보가 틀릴 수 있다고 생각하면서 서술자와 다른 각도에서 작품이 전하려는 의미를 탐색하게 된다. 이 경우에도 독자는 서술자가 제공하는 제한된 정보에 의존할 수밖에 없으므로, 서술적 상황과 작품이 전하려는 의미가 서로 달라져 작품을 더욱 집중해서 읽게 된다.

서술자에 대한 정보 즉, **형식**이 제시되고 있습니다. 어린아이가 서술자이니 어린아이만의 독창적인 **시각**이 드러날 것이라고 얘기하고 있네요. 그렇게 전혀 다른 각도에서 작품의 의미를 전달하려고 한답니다. 서술적 상황과 작품이 전하려는 의미가 다르다고 했으므로 어린아이의 해석과는 다른 의미가 이 작품의 진짜 의미가 되겠네요. 따라서 서술자가 아이인 것을 고려해 아이의 말로부터는 상황만을 추출하고, 아이의 **주관적인 평가**는 어느 정도 걸러서 들어야 하겠습니다!

<소설 독해>
#1 몽달 씨 나이가 스물일곱이라니까 나보다 스무 살이나 많지만 우리는 엄연히 친구다. 믿지 않겠지만 내게는 스물일곱짜리 남자 친구가 또 하나 있다. 우리 집 옆, 형제슈퍼의 김 반장이 바로 또 하나의 내 친구인데 그는 원미동 23통 5반의 반장으로 누구보다도 씩씩하고 재미있는 사람이었다. 나는 **매일같이** 슈퍼 앞의 비치파라솔 의자에 앉아 그와 함께 낄낄거리는 재미로 하루를 보내다시피 하였는데 **요즘**은 내가 의자에 앉아 있어도 전처럼 웃기는 소리를 해 주거나 쭈쭈바 따위를 건네주는 법 없이 다소 퉁명스러워졌다. ㉠ 그 까닭도 나는 환히 알고 있지만 모르는 척하는 수밖에. 우리 집 셋째 딸 선옥이 언니가 지난달에 서울 이모 집으로 훌쩍 떠나 버렸기 때문인 것이다. 김 반장이 선옥이 언니랑 좋아지내는 것은 온 동네가 다 아는 일이지만 선옥이 언니 마음이 요새 좀 싱숭생숭하더니 기어이는 이모네가 하는 옷 가게를 도와준다고 서울로 가 버렸다. 선옥이 언니는 얼굴이 아주 예뻤다. 남들 말대로 개천에서 용이 났다고 해도 과언이 아닐 만큼 지지리 궁상인 우리 집에 두고 보기로는 아까운 편인데, 그 지지리 궁상이 지겨워 맨날 뚱하던 언니였다.

'나'는 7살 어린아이입니다. '몽달'과 '김 반장'은 서로 동갑인 친구고요. '나'는 이 둘과 친하게 지냈었는데 언제부턴지 김 반장이 기분이 안 좋다고 합니다. 그 이유를 자기 나름 알고 있다는데요. 선옥 언니를 좋아했었는데 그 선옥이가 가버려서 김 반장이 슬픈 것 같다고 하네요. 그런데 <보기>대로 라면 이 추측이 잘못될 수 있음을 염두에 두어야 합니다.

(중략)

#2 집으로 가다 말고 문득 형제슈퍼 쪽을 돌아보니 음료수 박스들을 차곡차곡 쟁여 놓는 일에 땀을 뻘뻘 흘리고 있는 몽달 씨가 보였다. ㉡ 실컷 두들겨 맞고 열흘간이나 누워 있었던 사람이라 안색이 차마 마주보기 어려울 만큼 핼쑥했다. 그런데도 뭐가 좋은지 **히죽히죽** 웃어 가면서 열심히 박스들을 나르고 있는 게 아닌가. 그것도 김 반장네 가게에서. 아무리 눈을 크게 뜨고 보아도 몽달 씨가 분명했다. 저럴 수가. ㉢ 어쨌든 제정신이 아닌 작자임이 틀림없었다. 아무리 정신이 좀 헷갈린 사람이래도 그렇지, 그날 밤의 김 반장 행동을 깡그리 잊어버리지 않고서야 저럴 수가 없다는 게 내 생각이었다.

잊었을까. 그날 밤 머리의 어딘가를 세게 다쳐서 김 반장이 자기를 내쫓은 부분만큼만 감쪽같이 지워진 것은 아닐까. 전혀 엉뚱한 이야기만도 아니었다. 텔레비전에서도 보면 기억 상실증인가 뭔가로 자기 아들도 못 알아보는 연속극이 있었다. 그런 쪽의 상상이라면 나를 따라올 만한 아이가 없는 형편이었다. 내 머릿속은 기기괴괴한 온갖 상상들로 늘 모래주머니처럼 **빽빽했으니까.** 나는 청소부 아버지의 딸이 아니라 사실은 어느 부잣집의 버려진 딸이다, 라는 식의 유치한 상상은 작년도 못 되어 이미 졸업했었다. 요즘의 내 상상이란 외계인 아버지와 지구인 엄마와의 사랑, 뭐 그런 쪽의 의젓한 것이었다.

(중략) 사이에 몽달이가 엄청 맞았다네요. 왜인지 나올지 집중해서 보아야 하겠습니다. 그런데 몽달은 오히려 히죽거리며 웃고 있답니다. 그런데 김 반장의 행동을 잊어야만이 나올 수 있는 행동이라고 말하는 것으로 보아 김 반장이 무언가 몽달에게 좋지 않은 일을 했나 봅니다. 혹시 때린 사람이 김 반장일 수도 있고요. 그래서 도저히 자기 딴에는 이해가 가지 않았는지 유치한 상상을 열거합니다. 기억 상실증이 아닐까 하고요. 그렇지만 자기 자신은 이제 의젓하다고 말하는 '나'가 참 귀엽네요.

#3 ㉣아무튼 나의 기막힌 상상력으로 인해 몽달 씨는 부분적인 기억 상실증 환자로 결정되었다. 그렇다면 이제는 확인할 일만 남은 셈이었다. 오래 기다릴 필요도 없었다. 나는 김 반장네 가게 일을 거들어 주고 난 뒤 비치파라솔 밑의 **의자**에 앉아 **뭔가**를 읽고 있는 몽달 씨에게로 갔다. 보나 마나 주머니 속에 잔뜩 들어 있는 종잇조각 중의 하나일 것이었다. ㉤멀쩡한 정신도 아닌 주제에 이번엔 기억 상실증이란 병까지 얻어 놓고도 여태 시 따위나 읽고 있는 몽달 씨 꼴이 한심했다.

"ⓐ이거, 또 시예요?"

"ⓑ그래. 슬픈 시야. 아주 슬픈……."

몽달 씨가 핼쑥한 얼굴을 쳐들며 행복하게 웃었다. 슬픈 시라고 해 놓고선 웃다니. 나는 이맛살을 찡그리며 몽달 씨 옆에 앉았다. 그리고 아주 낮은 목소리로 물었다.

"ⓒ이제 다 나았어요?"

"ⓓ응. 시를 읽으면서 누워 있었더니 금방 나았지."

금방은 무슨 금방. 열흘이나 되었는데. 또 한 번 나는 몽달 씨의 형편없는 정신 상태에 실망했다.

"그날 밤에 난 **여기**에 앉아서 다 봤어요." "무얼?"

"ⓔ김 반장이 아저씨를 쫓아내는 것……."

순간 몽달 씨가 정색을 하고 내 얼굴을 쳐다보았다. 예전의 그 풀려 있던 눈동자가 아니었다. 까맣고 반짝이는 눈이었다. 그러나 잠깐이었다. 다시는 내 얼굴을 보지 않을 작정인지 괜스레 팔뚝에 엉겨 붙은 상처 딱지를 떼어 내려고 애쓰는 척했다. 나는 더욱 바싹 다가앉았다.

"ⓕ김 반장은 나쁜 사람이야. 그렇지요?"

몽달 씨가 팔뚝을 탁 치면서 "아니야"라고 응수했는데도 나는 계속 다그쳤다.

"ⓖ그렇지요? 맞죠?"

그래도 몽달 씨는 못 들은 척 팔뚝만 문지르고 있었다. 바보같이. 기억 상실도 아니면서……. 나는 자꾸만 약이 올라 견딜 수 없는데도 몽달 씨는 마냥 딴전만 피우고 있었다.

끝내 '나'는 몽달이를 기억 상실증을 간주했습니다. 그렇다면 이 어린 서술자의 시각을 제거해봅시다. 우선 몽달이가 맞은 것은 상처도 있는 걸 보면 맞는 것 같습니다. 김 반장이 한 짓도 꽤나 심했을 것 같습니다. 직접 때린 것은 아니고 쫓아낸 것이라 하더라도 그 행위가 '나' 생각에는 기억 상실증이 아니면 다시는 몽달이 김 반장네에서 일하면 안 될 정도였기 때문이죠. 하지만 어린아이와 달리 어른은 힘든 일을 겪어도 계속해서 일해야 하는 사회적인 책임이 있죠. 몽달은 '나'가 그날 밤을 보았다고 해서 순간 깜짝 놀랍니다. 하지만 아이이니까 일단 모른 척하며 팔뚝을 문지르죠. 아이가 보기에도 딴전을 핀다고 하네요. 이제 이 소설의 제목을 좀만 더 생각해봅시다. '원미동 시인'은 누구를 말하는 걸까요? 몽달이 힘든 일을 겪고 시를 쓰는 걸 '나'는 이해하지 못합니다. 그렇지만 우리는 알죠. **현실과 이상의 괴리**를 '나'가 느끼고 시를 쓰고 있다는 걸요. 어른의 책임감이 어린아이의 시각으로 인해 오히려 부각되네요.

'어린아이는 이해 못하는 어른의 사회적 책임감'

1. 사실 일치 같지만 이런 형식의 문제는 주제 찾기라고 했습니다. 여기서 어른의 사회적 책임감을 아이의 시각으로 보면서 오히려 강하게 느꼈던 장면이 어디였나요?
   엄청 맞고 쫓겨나도, 다 낫지 않은 채 일하러 나온 몽달을 '나'가 한심하다고 하는 부분 아니었나요? 이를 말하고 있는 선지가 명확히 보이네요. 답 : ①

2. 대부분의 몽달과 '나'의 대화는 몽달을 이해하지 못하는 '나'가 몽달을 한심해하는 내용이었습니다. 그 중에서도 특히 '나'는 못 알아챌 몽달의 슬픈 책임감이 드러났던 부분은 이 악물고 어린아이 앞에서 모른 척을 하는 부분이었죠. ⓔ에서 '나'가 보았단 사실에 놀라서 ⓕ와 ⓖ의 '나'의 물음에도 끝까지 딴전을 피며 모른 척 했던 부분이 이 지문의 백미였죠. 그런데 몽달이 '나'의 판단을 수용한다고 말하면 틀린 선지겠네요. 답 : ④

3. '매일같이' '나'는 몽달과 김 반장과 친구처럼 지냈었는데 '요즘' 김 반장은 '나'와 잘 안 놀아준다고 했었죠. 그런데 중략이 지나고 보니 '그날' 밤에 '나'는 '여기'에서 김 반장이 몽달을 쫓아내기까지 하는 것을 목격했죠. 그로 인해 김 반장을 싫어하는데 자신과 달리 싫어하지 못하고 일을 하고 있는 몽달에 대해 한심하다고 말하고 있었습니다. '여기'는 형제슈퍼였죠. '나'가 김 반장과 놀던 곳이자, 김 반장과 몽달 사이의 일이 있었던 곳이자 '나'가 상처도 안 난 몽달을 보며 한심하다고 했던 곳이 모두 여기였습니다. 시간대가 선지에 주요하게 등장하는 것처럼 보이는데 그것에 낚이지 마세요.
   발문을 보면 '인물의 행위'에 대한 설명으로 적절한 것을 묻고 있습니다. 따라서 주제가 가장 잘 드러나던 행위를 생각하면 됩니다. 이 모든 일을 만든 김 반장과 몽달의 사건, 아니면 '나'와 '몽달'의 대화가 주제와 직결되었죠. 그런 선지는 ④와 ⑤밖에 없네요. ④의 경우 시간대가 틀려서 답이 되지 않네요. 답 : ⑤

4. 어린아이가 서술자였기 때문에 이해하지 못하는 몽달의 행동이 계속해서 주제라고 말씀드리고 있습니다. 그런 몽달의 행위를 보며 한심하다고 생각하는 어린아이와 달리 우리는 얼마나 몽달이 대단한지를 이 소설에서 느낄 수 있습니다. 이런 <보기>의 설명과 다르려면 어린아이 말인데도 옳았다고 하면서 주제와 연관이 있도록 몽달이 정말 한심했다고 하는 부분이 사실이었다고 말해야겠죠. 이렇게 말하는 선지가 단 하나 보이네요. 답 : ④

이 소설만의 문학사적 의의로 다 풀었습니다. 어린아이 서술자의 **시각**으로 강조되는 주제였네요.

한참 정이와 별의별 말이 다 오고 가고 하였을 때, '불단집*'에서 마악 설거지를 하고 있던 갑순이 할머니가 뛰어나왔다. 갑득이 어미는, 경우에 따라서는 그들 모녀를 상대하여서도, 할 말에 궁하지는 않다고 은근히 마음에 준비가 있었던 것이나, 뜻밖에도 갑순이 할머니는 자기 딸의 역성을 들려고는 하지 않고,

㉠ "애최에 늬가 말 실수헌 게 잘못이지, 남을 탄해 뭘 허니? 게 모두 모양만 숭업구……, 온, 글쎄, 그만 허구 들어가아. 가 잘못했어. 네 잘못이야."

하고 도리어 딸을 나무라던 것을, 갑득이 어미는 그 당장에는, 귀에 솔깃하여,

"그렇지. 자계가 먼저 말을 냈지. 나야 그저 대꾸헌 죄밖엔 없으니까. 잘했든 잘못했든 자계가 시초를 낸 게니까 ── "

하고, 뽐내도 보았던 것이나, 나중에 깨달으니, 그것은 얼토당토 않은 생각으로, 갑순이 할머니가 그렇게 자기 딸을 꾸짖으며 한사코 집으로 데리고 들어간 것에는,

㉡ "아, 그 배지 못헌 행랑것허구, 쌈이 무슨 쌈이냐?"
"똥이 무서워 피허니? 더러우니까 피허는 게지!"

하고, 그러한 사상이 들어 있었던 것이 분명하였다.

사실, 을득이 녀석이 나중에 보고하는데 들으니까, 저녁때 돌아온 집주름 영감이 그 얘기를 듣고 나자,

"걔두 그만 분별은 있을 아이가, 그래 그런 상것허구 욕지거리를 허구 그러다니……."

,   ,   하고 혀를 차니까, 늙은 마누라는 또 마주 앉아서,

"그렇죠, 그렇구 말구요. 쌈을 허드래두 같은 양반끼리 해야지, 그런 것허구 허는 건, 꼭 하늘 보구 침 뱉기지. 그 욕이 다아 내게 돌아오지, 소용 있나요."

㉢ 그리고 후유우 하고 한숨조차 내쉬는데, 방 안에서 들 그러는 소리가 대문 밖까지 그대로 들리더라 한다.

[중략 부분의 줄거리] 골목 안 아홉 가구가 공동변소처럼 쓰는 불단집 소유의 뒷간에 양 서방이 갇힌다.

그는 아무리 상고하여 보아도 도무지 나갈 도리가 없는 것에 은근히 울화가 올랐다.

'제 집 뒷간두 아니구 남의 집 것을 그렇게 기가 나서 꼭꼭 잠그구 그럴 건 뭐 있누? 늙은이두 제엔장헐…….'

㉣ 인제는 할 수가 없으니, 소리를 한번 질러 볼까? ── ── 하기도 하였으나, 이러한 경우에 있어, 사람들은, 흔히 자기가 꼭 어떠한 수상한 인물인 듯싶게 스스로 느껴지는 경향이 있다. 그래, 그는 생각 끝에,

"아, 누가 문을 잠겄어어어?"
"문 좀 여세요오. 아, 누가……."

하고, 그러한 말을 제법 외치지도 못하고 그저 중얼대며, 한참이나 문을 잡아, 흔들어 자물쇠 소리만 덜거덕거렸던 것이다.

을득이한테 저의 아비가 불단집 뒷간에 가 갇히어 있

다는 말을 듣고, 어인 까닭을 모르는 채 그곳까지 뛰어온 갑득이 어미는, 대강 사정을 알자, 곧 이것은 평소에 자기에게 좋지 않은 생각을 품고 있는 갑순이 할머니가 계획적으로 한 일임에 틀림없다고 혼자 마음에 단정하고,

[A] "아아니, 그래, 애아범이 미우면 으떻게든 뭇 해서, 그 더러운 뒷간 숙에다 글쎄 가둬야만 헌단 말예요? 그래 노인이 심사를 그렇게 부려야 옳단 말예요?"

하고, 혼자 흥분을 하였다. 갑순이 할머니는, 그것은 전혀 예기하지 못하였던 억울한 말이라, 그래, 눈을 둥그렇게 뜨고, 손조차 내저어 가며,

[B] "그건, 괜한 소리유, 괜한 소리야. 이 늙은 사람이 미쳐서 남을 뒷간 속에다 가둬? 모르구 그랬지, 모르구 그랬어. 난 꼭 아무두 없는 줄만 알구서, 그래, 모르구 자물쇨 챘지. 온, 알구야 왜 미쳤다구 잠그겠수?"

발명을 하였으나,

[C] "모르긴 왜 몰라요. 다아 알구서 한 짓이지. 그래 자물쇨 챌 때, 안에서 말하는 소리두 뭇 들었단 말예요? 듣구두 모른 체했지. 듣구두 그냥 잠가 버린 거야."

하고, 갑득이 어미는 덮어놓고 시비만 걸려는 것을, 구경 나온 이웃 사람들이,

"아무러기서루니 갑순이 할머니께서 아시구야 그러셨겠소?"

"노인이 되셔서 귀두 어두시구 그래 몰르셨지!"

하고 말들이 있었고, 정작, 양 서방이 또 머뭇거리다가,

"자물쇨 채실 때, 내가 얼른 소리를 냈어두 아셨을 텐데, 미처 못 그래 그리 된 거야."

하고, 그러한 말을 매우 겸연쩍게 하여, 갑득이 어미는 집주름집 마누라를 좀더 공박할 것을 단념하여 버릴 수밖에 없는 동시에,

㉤ "오오, 그러니까, 채, 무어, 말할 새두 없이 문이 잠겨져서, 그냥 갇힌 채, 누구 오기만 기대린 게로군?"

"그래, 얼마 동안이나 들어가 있었어?"

"뭐어 오래야 갇혔겠수? 동안이야 잠깐이겠지만……."

- 박태원, 「골목 안」 -

* 불단집 : 집 밖에도 전등을 단, 살림이 넉넉한 집.

1. 윗글에 대한 설명으로 가장 적절한 것은?

① 집 안에서의 대화가 이웃에 노출되어 인물의 속내가 드러난다.
② 서로의 말실수에 대한 비난이 인물 간 다툼의 원인임이 드러난다.
③ 이웃의 갈등을 곁에서 지켜보고 있는 인물들의 냉담함이 드러난다.
④ 이웃을 무시하는 인물의 차별적 언행을 함께 견뎌 내려는 사람들의 결연함이 드러난다.
⑤ 곤경에 빠진 가족의 상황을 다른 가족에게 전한 것이 이웃 간 앙금을 씻는 계기가 됨이 드러난다.

2. [A]~[C]에 대한 설명으로 적절하지 <u>않은</u> 것은?

① [A]에서 인물은 상대의 행위가 옳지 않다고 판단하여, 반복적으로 추궁하며 상대가 잘못했음을 분명히 한다.
② [B]에서 인물은 상대의 주장이 사실과 다르다며, 모르고 그랬다는 말을 반복함으로써 자신의 억울함을 알린다.
③ [C]에서 인물은 추측을 바탕으로 상대의 발언이 신뢰하기 어렵다고 반박하고, 상대의 반응에 아랑곳하지 않고 거짓으로 답했다며 몰아붙인다.
④ [A]에서 인물은 상대의 행위와 동기를 함께 비난하고, [B]에서 인물은 상대의 비난을 파악하지 못해 자신의 행위에 대해서만 인정한다.
⑤ [A]에서 인물이 상대에게 화를 내자, [B]에서 인물은 당황하며 자신을 방어하지만, [C]에서 갈등 상황은 지속된다.

3. 집주름 영감과 양 서방에 대한 이해로 가장 적절한 것은?

① 집주름 영감이 딸의 행동을 분별없다고 탓한 이유는 아내가 갑득이 어미 앞에서 딸을 나무란 뒤 남편에게 밝힌 생각과 같다.
② 집주름 영감은 아내와 갑득이 어미의 갈등이 드러나지 않게 하는, 양 서방은 결과적으로 이들의 갈등을 완화하는 역할을 한다.
③ 양 서방이 여러 궁리를 하면서도 뒷간을 빠져나오지 못한 이유는 아내에게 밝힌 사건의 경위와 무관하다.
④ 양 서방은 아내가 갑순이 할머니에게 한 말과 이에 대한 이웃들의 반응을 듣고도 아내에게 무덤덤한 태도를 보이고 있다.
⑤ 양 서방이 자신의 상황을 갑순이 할머니에게 알리지 못했다고 말한 것은 누가 뒷간 문을 잠갔는지에 대한 의문이 풀려서 화가 누그러졌기 때문이다.

4. <보기>를 참고하여 ㉠~㉤을 이해한 내용으로 적절하지 <u>않은</u> 것은?

<보 기>

서술자는 자신의 시선만으로 서술하기도 하고 인물의 시선으로 초점화하여 서술하기도 한다. 그런데 이 작품에서는 두 서술 방식이 겹쳐 나타나는 경우가 있다. 이때 서술자는 인물과 거리를 둠으로써 그들의 말이나 생각, 감정 등에 대한 태도를 드러낸다. 이 밖에도 쉼표의 연이은 사용은 시간의 지연이나 인물의 상황 등을 드러낸다. 이러한 서술 기법은 문맥 속에서 글의 의미를 다양하게 보충한다.

① ㉠ : 말줄임표 이후 쉼표를 연이어 사용한 것은, 인물이 자신의 생각을 감추거나 다른 할 말을 떠올리면서 시간의 지연이 있음을 드러낸 것이겠군.
② ㉡ : 서술자 시선의 서술과 인물의 시선으로 초점화한 서술이 겹쳐 나타난 것은, 상황을 잘못 인지한 채 상대의 생각을 추측하는 인물에게 서술자가 거리를 두고 있음을 드러낸 것이겠군.
③ ㉢ : 말을 전하는 '~라 한다'의 주체가 인물일 수도 있고 서술자일 수도 있게 서술한 것은, 인물의 경험을 전하기만 하고 특정 인물의 편에 서지 않으려는 서술자의 태도를 드러낸 것이겠군.
④ ㉣ : 인물의 생각에 대해 쉼표를 연이어 사용하며 설명한 것은, 인물이 생각을 실행에 옮기지 못하고 망설이는 상황을 드러낸 것이겠군.
⑤ ㉤ : 감탄사 이후 쉼표를 연이어 사용한 것은, 인물이 새로운 정보를 바탕으로 사건을 파악하는 상황을 드러낸 것이겠군.

이전에 보았던 박태원의 소설 '구보 씨의 일일'처럼 이 작품에서도 시선 즉, **시각**이 주요하다고 합니다. 서술자가 인물과 거리를 두며 자신의 태도를 드러낸다고 하니 제3자의 입장에서 주관적인 시각을 보여줄 것으로 기대됩니다. 서술 기법들이 쓰인 곳에서 시간의 지연이나 인물의 상황이 나온다고 하니 이 또한 신경 써서 읽어야겠네요. 또한 제목이 '골목 안'이므로 이 골목 안이 그저 공간적 장소일지 아니면 상징하는 바가 있을 지도 찾아야겠습니다. <보기>의 내용이 대부분 이미 우리가 다 알고 있는 내용이니 바로 독해 시작하도록 하겠습니다.

　　#1 한참 정이와 별의별 말이 다 오고 가고 하였을 때, '불단집*'에서 마악 설거지를 하고 있던 갑순이 할머니가 뛰어나왔다. 갑득이 어미는, 경우에 따라서는 그들 모녀를 상대하여서도, 할 말에 궁하지는 않다고 은근히 마음에 준비가 있었던 것이나, 뜻밖에도 갑순이 할머니는 자기 딸의 역성을 들려고는 하지 않고,
　　　㉠ "애최에 늬가 말 실수헌 게 잘못이지, 남을 탄해 뭘 허니? 게 모두 모양만 숭업구……, 온, 글쎄, 그만 허구 들어가아. 가 잘 못했어. 네 잘못이야."
　　하고 도리어 딸을 나무라던 것을, 갑득이 어미는 그 당장에는, 귀에 솔깃하여,
　　"그렇지. 자계가 먼저 말을 냈지. 나야 그저 대꾸헌 죄밖엔 없으니까. 잘했든 잘못했든 자계가 시초를 낸 게니까 ── "
　　하고, 뽐내도 보았던 것이나,

인물이 꽤나 많이 등장하고 있어서 정리하며 읽어야 했습니다. 그러나 결국 현대소설이기에 중요한 것은 인물의 내면입니다. 따라서 갈등 상황과 인물의 생각에 집중하면서 읽어야겠죠.

정이랑 갑득 어미가 싸우는데, 갑순 할머니가 왔습니다. 갑득 어미 생각에 '그들 모녀'를 상대하며 할 말 다하겠다고 나옵니다. 그러므로 갑순 할머니와 정이가 모녀 관계겠죠. 그런데 의외로 ㉠을 보면 갑순 할머니가 정이한테 뭐라고 합니다. 그래서 어리둥절한 갑득 어미가 '그치 나는 대꾸밖에 안 했어'하면서 갑순 할머니한테 동조하고 있네요.

　　#2 나중에 깨달으니, 그것은 얼토당토 않은 생각으로, 갑순이 할머니가 그렇게 자기 딸을 꾸짖으며 한사코 집으로 데리고 들어간 것에는,
　　　㉡ "아, 그 배지 못헌 행랑것허구, 쌈이 무슨 쌈이냐?"
　　"똥이 무서워 피허니? 더러우니까 피허는 게지!"
　　하고, 그러한 사상이 들어 있었던 것이 분명하였다.
　　사실, 을득이 녀석이 나중에 보고하는데 들으니까, 저녁때 돌아온 집주름 영감이 그 얘기를 듣고 나자,
　　"걔두 그만 분별은 있을 아이가, 그래 그런 상것허구 욕지거리를 허구 그러다니……."
　　　 , 　,　 하고 혀를 차니까, 늙은 마누라는 또 마주 앉아서,
　　"그렇죠, 그렇구 말구요. 쌈을 허드래두 같은 양반끼리 해야지, 그런 것허구 허는 건, 꼭 하늘 보구 침 뱉기지. 그 욕이 다아 내게 돌아오지, 소용 있나요."
　　　㉢ 그리고 후유우 하고 한숨조차 내쉬는데, 방 안에서들 그러는 소리가 대문 밖까지 그대로 들리더라 한다.

그런데 알고 보니까, 정이를 혼낸 것이 갑득 어미 편을 들어준 게 아니었습니다. 왜 상놈이랑 즉, 신분 낮은 사람이랑 그리 말싸움을 하냐는 것이 정이가 혼난 이유였죠. 집에서 그 얘기를 들은 집주름 영감도 같이 혼내는 거 보면 아빠인가 봅니다. 마누라랑 같이 씹고 있네요. 사실 누가 누구인지 몰라도 상관없습니다. 그냥 갑득 어미와 갑순 할머니 사이의 갈등이 생겼

다. 그리고 현재 갑순 할매 편이 더 많다는 것까지만 알면 됩니다. 어차피 중요한 것은 내면이니까요. 갑순 할머니 **시각**에서는 갑득 어미가 신분 낮은 상것이라는 인식이, 갑득 어미 **시각**에서는 신분 믿고 사람 열 받게 하는 갑순 할머니라는 심리를 읽어내면 충분합니다.

이 모든 게 을득이가 전해준 건데, 을득이는 저 집안 구성원도 아닌데 어떻게 알았을까 하여 읽다 보니까 '대문 밖까지 그대로 들리더라'하면서 을득이가 듣고 온 경위를 말해주네요.

사실 갑득 어미가 이 모든 걸 듣지 않았다면 갈등 상황이 생기지 않았을 겁니다. 지금 이 장면에서 가장 중요한 것은 무엇보다도 전달될지 모르고 집안에서 얘기한 것이 을득이 이 녀석 때문에 갑득 어미가 알게 되었다는 겁니다. 그렇게 서로가 서로에게 부정적인 감정이 생겼다는 것이 매우 중요합니다. 그러므로 저 ⓒ은 을득이가 사건을 물고 오게 된 경위로써 이 모든 갈등의 발단이 되는 밑줄이었습니다. 눈여겨 보아야 합니다.

[중략 부분의 줄거리] 골목 안 아홉 가구가 공동변소처럼 쓰는 불단집 소유의 뒷간에 양 서방이 갇힌다.

#3 그는 아무리 상고하여 보아도 도무지 나갈 도리가 없는 것에 은근히 울화가 올랐다.
'제 집 뒷간두 아니구 남의 집 것을 그렇게 기가 나서 꼭꼭 잠그구 그럴 건 뭐 있수? 늙은이두 제엔장헐……'
ⓐ 인제는 할 수가 없으니, 소리를 한번 질러 볼까? —— 하기도 하였으나, 이러한 경우에 있어, 사람들은, 흔히 자기가 꼭 어떠한 수상한 인물인 듯싶게 스스로 느껴지는 경향이 있다. 그래, 그는 생각 끝에,
"아, 누가 문을 잠겄어어어?"
"문 좀 여세요오. 아, 누가……."
하고, 그러한 말을 제법 외치지도 못하고 그저 중얼대며, 한참이나 문을 잡아, 흔들어 자물쇠 소리만 덜거덕거렸던 것이다.

화장실에 양 서방이 갇혔다고 합니다. 그런데 양 서방의 생각을 보니 누가 가둔 것이 분명합니다. 뭘 그리 꼭 잠갔나 늙은이두 … 하는 부분을 보면 말이죠. 인물 파악을 계속해서 해야 합니다. 양 서방이 참 소심하지 않나요, 제법 외치지도 못하고 그냥 덜그럭 거리며 안에 갇혀 있네요.

　　을득이한테 저의 아비가 불단집 뒷간에 가 갇히어 있다는 말을 듣고, 어인 까닭을 모르는 채 그곳까지 뛰어온 갑득이 어미는, 대강 사정을 알자, 곧 이것은 평소에 자기에게 좋지 않은 생각을 품고 있는 갑순이 할머니가 계획적으로 한 일임에 틀림없다고 혼자 마음에 단정하고,

[A] ⌈ "아아니, 그래, 애아범이 미우면 으떻게는 뭇 해서, 그 더러운 뒷간 숙에다 글쎄 가둬야만 헌단 말예요? 그래 노인이 심사
　　⌊ 를 그렇게 부려야 옳단 말예요?"
하고, 혼자 흥분을 하였다. 갑순이 할머니는, 그것은 전혀 예기하지 못하였던 억울한 말이라, 그래, 눈을 둥그렇게 뜨고, 손조차 내저어 가며,

[B] ⌈ "그건, 괜한 소리유, 괜한 소리야. 이 늙은 사람이 미쳐서 남을 뒷간 속에다 가둬? 모르구 그랬지, 모르구 그랬어. 난 꼭 아
　　⌊ 무두 없는 줄만 알구서, 그래, 모르구 자물쇨 챘지. 온, 알구야 왜 미쳤다구 잠그겠수?"
발명을 하였으나,

[C] "모르긴 왜 몰라요. 다아 알구서 한 짓이지. 그래 자물쇨 챌 때, 안에서 말하는 소리두 뭇 들었단 말예요? 듣구두 모른 체
했지. 듣구두 그냥 잠가 버린 거야."
하고, 갑득이 어미는 덮어놓고 시비만 걸려는 것을, 구경 나온 이웃 사람들이,
"아무러기서루니 갑순이 할머니께서 아시구야 그러셨겠소?"
"노인이 되셔서 귀두 어두시구 그래 몰르셨지!"
하고 말들이 있었고, 정작, 양 서방이 또 머뭇거리다가,
"자물쇨 채실 때, 내가 얼른 소리를 냈어두 아셨을 텐데, 미처 못 그래 그리 된 거야."
하고, 그러한 말을 매우 겸연쩍게 하여, 갑득이 어미는 집주름집 마누라를 좀더 공박할 것을 단념하여 버릴 수밖에 없는 동시에,
ⓑ "오오, 그러니까, 채, 무어, 말할 새두 없이 문이 잠겨져서, 그냥 갇힌 채, 누구 오기만 기대린 게로군?"
"그래, 얼마 동안이나 들어가 있었어?"

"뭐어 오래야 갇혔겠수? 동안이야 잠깐이겠지만……."

참 답답하게 상황이 흘러갑니다. 을득이는 동에 번쩍 서에 번쩍하나 봅니다. 또 갑득 어미한테 자기 아빠가 갇혔다고 말을 하죠. 물론 상식적으로 아빠가 갇혔다고 제일 먼저 말한 사람이 갑득 어미이니 갑득 어미가 엄마 아닐까 하는 생각도 가능하지만, 그건 중요하지 않습니다. 고전소설이면 얘기가 다르지만 현대소설이니 인물의 내면에 집중해야 해요. 중요한 것은, 갑득 어미는 갑순 할머니에게 앙금이 있어 갑순 할머니의 소행으로 혼자 단정 짓습니다. 이 모든 게 앞에서 그런 일이 있었기 때문이죠. 여기서도 역시 갑득 어미를 공격하기 위해 양 서방을 가뒀으니 둘이 부부임을 추측할 수는 있습니다.

이제 싸우기 시작합니다. 갑득 어미가 엄청 뭐라고 하죠. 그런데 서술자의 서술이 드러나네요. 아주 중요합니다. <보기>에서 말했으니까요. '그것은 전혀 예기하지 못하였던 억울한 말이라', 우리와 달리 모든 걸 알고 있는 전지적 서술자는 갑순 할머니의 **시각**을 우리에게 알려줍니다. 정말 갑순 할머니가 한 일이라면 이런 일을 예기 못했을까요? 억울하겠죠.

그래서 갑순 할머니는 안에 누가 있는 줄 모르고 잠갔다고 합니다. 아 그러니까 잠근 것은 맞는데 일부러 가둔 것은 아니다 이거네요. 충분히 있을 수 있는 일입니다. 그렇지만 갑득 어미는 이미 단정을 다 내렸습니다. 그래서 계속해서 따지죠. 이거는 일부러 한 거다. 꺼내달라는 소리가 났을 텐데도 듣고도 가둔 거다. 그렇지만 구경 나온 이웃 사람들은 갑순 할머니 편을 듭니다. 그런 와중에 양 서방은 소심해서 그치, 내가 소리를 안 내서 내가 잠긴 거야 하면서 동조해버리죠. 그래서 갑득 어미는 할 말을 잃고 '오오, 그러니까 그냥 너가 가만히 있어서 그런 거구나 하...'하며 자신의 답답한 심정을 돌려서 표현하네요. 그렇다면 왜 마을 사람들은 갑순 할머니 편을 들었을까요? 항상 **시각**에 의거해야 한다고 말씀드렸죠. 이웃 사람들의 **시각**에는 갑순 할머니와 갑득 어미가 싸운 일이 반영되지 않았습니다. 그러니 갑순 할머니가 그랬을 거라고 상상조차 못하는 것이지요. 동기를 모르니까요.

그렇다면 이 소설의 의의는 무엇일가요? 처음 공개되고 참으로 수능 문제에 적합하지 않다고 말을 많이 들은 지문입니다. 하지만 인물 내면에 집중하면 의의를 발견할 수 있죠. 다음입니다.

'누적된 갈등으로 촉발되는 오해 상황'

무엇보다 이 작품은 갈래가 현대소설입니다. 그런데 인물이 많이 나오고 사건 사고가 있다고 해서 고전 소설처럼 인물 가계도 파악에 집중하거나 사건 자체에만 집중하면 독해가 어려워질 수 있습니다. 그러나 중요한 것은, 어찌 되었건 서로에 대한 **시각**, 이를 주관하는 인물의 내면인 것이죠. 문제도 당연히 이에 맞추어서 나올 겁니다. 확인해 봅시다, 일관된 풀이를요.

1. 어떻게 갈등이 누적됐죠? 갑순 할머니의 집에서 한 뒷담이, 을득이에 의해 갑득 어미한테 전달되면서였죠. 윗글에서 중요한 것은 이미 갈등이 있으면 새로운 사건에 대해서도 프레임에 의해 오해를 하기 좋다는 것입니다. 그래서 오해의 원인이 된 바로 그 갈등의 원인. 그것은 바로 을득이의 고자질 아닌 고자질이었던 것이죠. 지뒷 담화가 뒤에서 끝나면 그나마 나은데 이게 수면으로 드러나면 문제가 된다는 '인간에 대한 이해'를 제공하지 않나요. 그게 문학이니까요. 그래서 가장 먼저 눈에 들어오는 선지이자 답은 바로 ①입니다.
   서로 말실수도 없었고, 갈등을 후에 들은 사람이 있지 지켜본 사람은 없으며, 나타난 무시는 집에서 한 뒷담화의 내용이고, 을득이의 고자질은 앙금 생성의 계기네요. 답 : ①

2. [A]는 갑득 어미의 오해, [B]는 오해받은 갑순 할머니의 억울함과 호소, [C]는 갑득 어미의 흥분으로 인한 호소 무시 정도로 요약되겠습니다. 이 모든 상황들이 왜 일어난 것이었죠?

갑순 할머니에 대한 부정적인 앙금이 만들어진 갑득 어미와 하필 그 상황에 연출된 양 서방의 감금이 맞물려서 만들어져 서로가 서로에게 어이없고 화가 나는 미친 상황인 것입니다. 마치 이 문제는 서술 방식에 대한 문제같지만 답은 역시 주제로부터 나옵니다. ④ 선지를 보면 갑순 할머니가 억울한 이유가 갑득 어미가 자기에 대고 증거도 없이 무작정 뭐라고 하기 때문이죠. 그 뭐라고 하게 된 이유는 앙금 때문인데, 어떻게 갑순 할머니가 을득이에 의해 자신의 뒷담화가 퍼졌다고 상상할 수 있을까요. 그저 갑득 어미의 비난이 억울하겠죠. 답 : ④

3. 집주름 영감은 갑순 할머니와 같이 뒷 담화를 하던 인물입니다. 상것이라고 갑득 어미를 사람 취급도 안 했죠. 크게 보면 괜히 갑순 할머니에게 동조하다가 대문 밖으로 소리를 내는 데에 일조한 원인이 되기도 했죠. 반면 양 서방은 감금된 인물로 너무 소심해서 소리 한 번 못 지르며, 갑득 어미와 갑순 할머니가 감금에 대해 싸울 때, 마누라 편도 못 들고 전부 자신의 탓이라고 소심하게 말한 인물로 갈등을 해소시키지는 못했습니다. 갑득 어미 상황에서는 이 상황이 너무 서럽고, 갑순 할머니가 갑득 어미가 상것이라 무작정 자기를 헐뜯는다고 생각했겠죠. 답 : ①

4. ㉠은 갑순 할머니가 갑득 어미 앞에서는 논란이 일지 않도록 정이를 나무라는 모습, ㉡은 알고보니 정이를 나무란 이유가 갑득 어미의 신분 때문이었음이 서술자의 '사상이 들어 있던 것이 분명하였다'라고 확정되는 장면, ㉢은 을득이가 사건을 듣고 전달할 수 있었던 이유, ㉣은 양 서방이라는 인물에 대한 정보를 제공하는 장면, ㉤은 갑득 어미의 자신의 오해가 오해인지 모르고 갖게 된 서러움을 나타냅니다. 이 중 <보기>에서 말한 특이 케이스인 서술자와 인물의 시선이 겹치거나 섞여서 나오는 선지 즉, 중요하다고 할 만한 선지는 ㉡과 ㉢이었습니다. 이 중 선지의 내용이 잘못된 것은 이 모든 갈등의 씨앗인 뒷 담화 부분을 '상황을 잘못 인지한 채 상대의 생각을 추측'했다고 하는 부분이네요. 뒷 담화를 오해라고 하고 있으니 틀렸습니다. 중요한 것은 이 뒷 담화로부터 이어지는 오해인데도 말이죠. 답 : ②

(가)

흰 벽에는 ―

어련히 해들 적마다 나뭇가지가 그림자 되어 떠오를
뿐이었다.

그러한 정밀*이 천년이나 머물렀다 한다.

단청은 연년(年年)이 빛을 잃어 두리기둥에는 틈이 생
기고, 별과 바람이 쓰라리게 스며들었다. 그러나 험상궂
어 가는 것이 서럽지 않았다.

기왓장마다 푸른 이끼가 앉고 세월은 소리없이 쌓였으
나 ⊙문은 상기 닫혀진 채 멀리 지나가는 바람 소리에 귀
를 기울이는 밤이 있었다.

주춧돌 놓인 자리에 가을풀은 우거졌어도 봄이면 돋아
나는 푸른 싹이 살고, 그리고 한 그루 진분홍 꽃이 피는
나무가 자랐다.

유달리도 푸른 높은 하늘을 눈물과 함께 아득히 흘러
간 별들이 총총히 돌아오고 사납던 비바람이 걷힌 낡은
처마 끝에 찬란히 빛이 쏟아지는 새벽, 오래 닫혀진 문은
산천을 울리며 열리었다.

　　―그립던 깃발이 눈뿌리에 사무치는 푸른 하늘이었다.

　　　　　　　　　　　　　　　　　　- 김종길, 「문」 -

*정밀 : 고요하고 편안함.

(나)

이를 테면 수양의 늘어진 ⓒ가지가 담을 넘을 때 그건
수양 가지만의 일은 아니었을 것이다
　얼굴 한번 못 마주친 애먼 뿌리와
　잠시 살 붙였다 적막히 손을 터는 꽃과 잎이
　혼연일체 믿어주지 않았다면
　가지 혼자서는 한없이 떨기만 했을 것이다

한 닷새 내리고 내리던 고집 센 비가 아니었으면
밤새 정분만 쌓던 도리 없는 폭설이 아니었으면
담을 넘는다는 게
가지에게는 그리 신명 나는 일이 아니었을 것이다
무엇보다 가지의 마음을 머뭇 세우고
담 밖을 가둬두는
저 금단의 담이 아니었으면
담의 몸을 가로지르고 담의 정수리를 타 넘어
담을 열 수 있다는 걸
수양의 늘어진 가지는 꿈도 꾸지 못했을 것이다

그러니까 목련 가지라든가 감나무 가지라든가
줄장미 줄기라든가 담쟁이 줄기라든가

가지가 담을 넘을 때 가지에게 담은
무명에 획을 긋는
도박이자 도반*이었을 것이다

　　　　　　　　　　　- 정끝별, 「가지가 담을 넘을 때」 -

*도반 : 함께 도를 닦는 벗.

(다)

나는 이홍에게 이렇게 말했다.

"ⓐ너는 잊는 것이 병이라고 생각하느냐? 잊는 것은
병이 아니다. 너는 잊지 않기를 바라느냐? 잊지 않는 것이
병이 아닌 것은 아니다. ⓑ그렇다면 잊지 않는 것이 병이
되고, 잊는 것이 도리어 병이 아니라는 말은 무슨 근거로
할까? 잊어도 좋을 것을 잊지 못하는 데서 연유한다. 잊어
도 좋을 것을 잊지 못하는 사람에게는 잊는 것이 병이라
고 치자. 그렇다면 잊어서는 안 되는 것을 잊는 사람에게
는 잊는 것이 병이 아니라고 말할 수 있다. ⓒ그 말이 옳
을까?

천하의 걱정거리는 어디에서 나오겠느냐? 잊어도 좋
을 것은 잊지 못하고 잊어서는 안 될 것은 잊는 데서 나온
다. 눈은 아름다움을 잊지 못하고, 귀는 좋은 소리를 잊지
못하며, 입은 맛난 음식을 잊지 못하고, 사는 곳은 크고
화려한 집을 잊지 못한다. 천한 신분인데도 큰 세력을 얻
으려는 생각을 잊지 못하고, 집안이 가난하건만 제물을
잊지 못하며, 고귀한데도 교만한 짓을 잊지 못하고, 부유
한데도 인색한 짓을 잊지 못한다. 의롭지 않은 물건을 취
하려는 마음을 잊지 못하고, 실상과 어긋난 이름을 얻으
려는 마음을 잊지 못한다.

그래서 잊어서는 안 될 것을 잊는 자가 되면, 어버이
에게는 효심을 잊어버리고, 임금에게는 충성심을 잊어버
리며, 부모를 잃고서는 슬픔을 잊어버리고, 제사를 지내
면서 정성스러운 마음을 잊어버린다. 물건을 주고받을 때
의로움을 잊고, 나아가고 물러날 때 예의를 잊으며, 낮은
지위에 있으면서 제 분수를 잊고, 이해의 갈림길에서 지
켜야 할 도리를 잊는다.

ⓓ먼 것을 보고 나면 가까운 것을 잊고, 새것을 보고
나면 옛것을 잊는다. 입에서 말이 나올 때 가릴 줄을 잊
고, 몸에서 행동이 나올 때 본받을 것을 잊는다. 내적인
것을 잊기 때문에 외적인 것을 잊을 수 없게 되고, 외적인
것을 잊을 수 없기 때문에 내적인 것을 더욱 잊는다.

ⓔ그렇기 때문에 하늘이 잊지 못해 벌을 내리기도 하
고, 남들이 잊지 못해 질시의 눈길을 보내며, 귀신이 잊지
못해 재앙을 내린다. 그러므로 잊어도 좋을 것이 무엇인
지를 알고 잊어서는 안 되는 것이 무엇인지를 아는 사람
은 내적인 것과 외적인 것을 서로 바꿀 능력이 있다. 내적
인 것과 외적인 것을 서로 바꾸는 사람은, 다른 사람의 잊
어도 좋을 것은 잊고 자신의 잊어서는 안 될 것은 잊지 않
는다."

　　　　　　　　　　　　　　　　- 유한준, 「잊음을 논함」 -

1. (가)~(다)에 대한 설명으로 가장 적절한 것은?

① (가)는 명시적 청자에게 말을 건네는 방식으로 화자의 감정을 드러낸다.

② (가)는 동일한 색채어를, (나)는 유사한 문장 구조를 반복적으로 제시하며 시상을 전개한다.

③ (가)와 (나)는 모두, 사라져 가는 대상에 대한 화자의 안타까움을 드러낸다.

④ (나)는 사물을 관조함으로써, (다)는 세태를 관망함으로써 주제의식을 부각한다.

⑤ (가), (나), (다)는 모두, 대상과 소통하며 문제 해결 과정을 연쇄적으로 제시한다.

2. <보기>를 참고하여 (가)를 감상한 내용으로 적절하지 않은 것은?

<보 기>

(가)에서 순환하는 자연이 가진 변화의 힘은 인간 역사의 쇠락과 생성에 관여한다. 인간의 역사는 쇠락의 과정에서도 생성의 기반을 잃지 않고, 자연과 어우러지며 자연의 힘을 탐색하거나 수용한다. 이를 통해 '문'은 새로운 역사를 생성할 가능성을 실현하게 되고, 인간의 역사는 '깃발'로 상징되는 이상을 향해 다시 나아갈 수 있게 된다.

① '흰 벽'에 나뭇가지가 그림자로 나타나는 것은, 천년을 쇠락해온 인간의 역사가 자연의 힘을 탐색하는 과정에서 자연의 모습에 영향을 미친 결과를 보여 주는군.

② '두리기둥'의 틈에 볕과 바람이 쓰라리게 스며드는 것을 서럽지 않다고 한 것은, 쇠락해 가는 인간의 역사가 자연이 가진 변화의 힘을 수용함을 드러내는군.

③ '기왓장마다' 이끼와 세월이 덮여 감에도 멀리 있는 바람 소리에 귀를 기울이는 것은, 자연의 영향을 받으면서도 자연이 가진 변화의 힘에서 생성의 가능성을 찾는 모습이겠군.

④ '주춧돌 놓인 자리'에 붙이면 푸른 싹이 돋고 나무가 자라는 것은, 생성의 기반을 잃지 않은 인간의 역사가 자연과 어우러져 생성의 힘을 수용하는 모습이겠군.

⑤ '닫혀진 문'이 별들이 돌아오고 낡은 처마 끝에 빛이 쏟아지는 새벽에 열리는 것은, 순환하는 자연 속에서 인간의 역사를 다시 생성할 가능성이 나타남을 보여 주는군.

3. (나)에 대한 이해로 가장 적절한 것은?

① [A]에서는 '얼굴 한번 못 마주친' 상황과 '손을 터는' 행위가 '한없이' 떠는 가지의 마음으로 인한 것임을 드러낸다.

② [B]에서는 '고집 센'과 '도리 없는'을 통해 가지가 '꿈도 꾸지 못'하게 만든 두 대상의 성격을 부각한다.

③ [B]에서는 '가지의 마음을 머뭇 세우'는 대상을 '신명나는 일'에 연결하여 '정수리를 타 넘'는 행위의 의미를 드러낸다.

④ [A]에서 '가지만의'와 '혼자서는'에 나타난 가지의 상황은, [B]에서 '담 밖'을 가두어 [C]에서 '획'을 긋는 가지의 모습으로 이어진다.

⑤ [A]에서 '않았다면'과 [B]에서 '아니었으면'이 강조하는 대상들의 의미는, [C]에서 '목련'과 '감나무' 사이의 관계에서도 나타난다.

4. ⓐ~ⓔ에 대한 설명으로 적절하지 않은 것은?

① ⓐ : 잊는 것에 대한 '나'의 생각을 전개하기 위한 물음이다.

② ⓑ : 잊음에 대한 '나'의 생각이 어디에서 비롯된 것인지에 대한 답을 제시하기 위해 던지는 물음이다.

③ ⓒ : 잊음에 대해 '나'가 제시한 가정적 상황이 틀리지 않았음을 강조하기 위한 물음이다.

④ ⓓ : 잊지 못하는 것과 잊어버리는 것의 관계를 대비적 표현을 통해 제시하며 잊음에 대한 '나'의 생각을 드러내는 진술이다.

⑤ ⓔ : 잊음의 대상을 제대로 구분하지 못할 때 일어날 수 있는 일을 열거하여 잊음에 대한 '나'의 생각이 옳음을 강조하는 진술이다.

5. ㉠과 ㉡에 대한 이해로 가장 적절한 것은?

① ㉠은 주변 대상의 도움을 받으며 미래로 나아가고, ㉡은 주변 대상에게 도움을 주며 미래를 대비한다.

② ㉠은 자신의 자리를 지켜 내는, ㉡은 자신의 영역을 확장하는 모습을 보인다.

③ ㉠은 주변과 단절된 상황을 극복하려 하고, ㉡은 외부의 간섭을 최소화하려 한다.

④ ㉠과 ㉡은 외면의 변화를 통해 내면의 불안을 감추려 한다.

⑤ ㉠과 ㉡은 과거의 행위에 대해 반성하는 모습을 보인다.

6. <보기>를 참고하여 (나), (다)를 감상한 내용으로 적절하지 <u>않은</u> 것은? [3점]

─────────── <보   기> ───────────

　　(나)와 (다)에는 주체가 대상을 바라보고 사유하여 얻은 인식이 드러난다. 이는 대상에서 발견한 새로운 의미를 보여 주는 방식이나, 대상의 속성에 주목하여 얻은 깨달음을 제시하는 방식으로 나타난다.

① (나)는 '수양'을 부분으로 나눠 살피고 부분들의 관계가 '혼연일체'라는 것을 발견해 수양이 하나의 통합된 대상이라는 인식을 드러내는군.

② (다)는 '잊어도 좋을 것'과 '잊어서는 안 될 것'에 대해 사유하여 타인과 자신의 관계 속에서 지켜야 할 자세에 대한 깨달음을 드러내는군.

③ (다)는 '내적인 것과 외적인 것을 서로 바꾸는 사람'의 특성에 주목해 잊음의 본질에 대한 깨달음이 바람직한 삶의 태도를 이끈다는 인식을 드러내는군.

④ (나)는 '담쟁이 줄기'의 속성에 주목해 담쟁이 줄기가 담을 넘을 수 있다는, (다)는 잊어서는 안 될 것을 잊는 데 주목해 '내적인 것'을 잊으면 '외적인 것'에 매몰된다는 인식을 드러내는군.

⑤ (나)는 담의 의미를 사유하여 담이 '도박이자 도반'이라는, (다)는 '예의'나 '분수'를 잊지 않아야 함에 주목해 '잊지 않는 것이 병이 아닌 것은 아니'라는 깨달음을 드러내는군.

<보　　기>

(가)에서 순환하는 자연이 가진 변화의 힘은 인간 역사의 쇠락과 생성에 관여한
다. 인간의 역사는 쇠락의 과정에서도 생성의 기반을 잃지 않고, 자연과 어우러
지며 자연의 힘을 탐색하거나 수용한다. 이를 통해 '문'은 새로운 역사를 생성할
가능성을 실현하게 되고, 인간의 역사는 '깃발'로 상징되는 이상을 향해 다시 나
아갈 수 있게 된다.

자연과 인간이라는 큰 두 축으로 시가 전개되고 있음을 알려주고 있습니다. '자연 → 인간'의 방향으로 가해지는 힘에
의해 인간 역사는 쇠락과 생성을 거친다고 합니다. 이때 쇠락하면서도 생성이 아예 없어지는 것은 아니라고 하니, 우리는
시를 읽을 때 쇠락의 부분에서도 남아있는 생성의 시어를 찾아야겠다고 생각해야겠네요. 쇠락에서 다시 생성으로 넘어
가기 위해서는 자연의 힘을 탐색 or 수용해야 한다고 / 에 해당하는 내용도 나오고 있네요. 이때 제목에 해당하는 '문'이
다음 역사의 단계로 넘어가는 창구 역할을 하며, '깃발'은 현대시에서 아주 중요한 개념인 이상을 상징한다고 하니 이에
근거하여 독해를 해야 하겠습니다!

<시 독해>
(가)
흰 벽에는 ─
어렴히 해들 적마다 나뭇가지가 그림자 되어 떠오를 뿐이었다.
그러한 정밀*이 천년이나 머물렀다 한다.

흰 벽 앞에 나뭇가지가 있나봅니다. 그래서 해가 뜨면 나뭇가지의 그림자가 벽에 맺히겠네요.
그렇게 정갈한 흰 벽에 나뭇가지의 그림자가 천년 동안 오며가며 했다고 합니다. 이게 무슨 의미인가 싶겠지만 우리는
<보기>를 읽었습니다. 그러므로 억지로라도 당연히 생성과 소멸에 초점을 맞췄어야 해요. 그래서 1연을 보고 자연이
갖는 정밀한 생성과 소멸을 얘기하구나 생각하면 충분합니다. 앞으로 인간의 문명도 나올 거고, 쇠락도 나오고, 생성으로
다시 이끄는 문도 나올 거예요!

　단청은 연년(年年)이 빛을 잃어 두리기둥에는 틈이 생기고,
　별과 바람이 쓰라리게 스며들었다. 그러나 험상궂어 가는 것이 서럽지 않았다.

인간이 만든 문명인 건축물이 쇠락해가고 있네요. 볕과 바람이라는 자연이 쇠락시킨 것처럼 보이지만, 이는 자연의 섭리
이니 그리 서럽지 않다고 합니다. 쇠락해야 또 생성할 수 있으니까요!

　기왓장마다 푸른 이끼가 앉고 세월은 소리없이 쌓였으나
　㉠문은 상기 닫혀진 채 멀리 지나가는 바람 소리에 귀를 기울이는 밤이 있었다.

기왓장도 마찬가지로 인간 문명이며 쇠락하고 있습니다. 드디어 '문'이 나왔네요. 아직 열리지 않은 것을 보니 다음 역사
로 넘어가는 데에 필요한 쇠락이 여전히 진행되고 있습니다. 이 '문'은 인간 문명만의 것이 아니라 자연의 힘을 기반으로
한 생성의 창구입니다. 그러므로 바람 소리에 귀를 기울인다는 모습으로 자연과 문이 서로 친화적임을 보여주고 있네요.

　주춧돌 놓인 자리에 가을풀은 우거졌어도 봄이면 돋아나는 푸른
　싹이 살고, 그리고 한 그루 진분홍 꽃이 피는 나무가 자랐다.

문명의 흔적인 주춧돌 자리에 자연물들이 빈자리를 채우고 있습니다. 단순히 쇠락이라기에는 또 다른 생성이 이루어지고 있음을 보여주고 있습니다. 자연의 힘 즉, 섭리란 그런 것이니까요.

> 유달리도 푸른 높은 하늘을 눈물과 함께 아득히 흘러간 별들이
> 총총히 돌아오고 사납던 비바람이 걷힌 낡은 처마 끝에 찬란히
> 빛이 쏟아지는 새벽, 오래 닫혀진 문은 산천을 울리며 열리었다.

별도 계절에 따라 이동하는 것을 아시나요? 저는 10월이 생일이라 천칭자리인데, 생일 부근이 오면 천칭자리를 보기가 쉬워집니다. 별들도 공전하듯 보이거든요. 그렇게 흘러가버린 별들이 다시 돌아올 정도면 최소 연 단위의 시간이 흘렀을 겁니다. 물론 이 시에서 다루고 있는 시간대를 생각해보면 훨씬 긴 시간이 흘렀음을 알 수 있을 겁니다. 처마가 낡을 정도로 그 사이에 비바람이 불기도 했지만, 이는 또 다른 생성을 불러오는 쇠락입니다. 그렇게 다시 생성의 힘을 불러오기 위해 찬란한 새벽 빛이 하루를 준비합니다. 마침내 문도 산천을 울리며 열리네요. 이제 또 다른 인간 문명이 마치 자연처럼 역사를 시작합니다.

> ─그립던 깃발이 눈뿌리에 사무치는 푸른 하늘이었다.

새로 시작하는 역사인 만큼 깃발이 꽂혔네요. 달 착륙할 때 암스트롱이 성조기를 달에 꽂고 달 탐사의 시작을 알렸던 것처럼, 깃발은 문명의 시작을 상징하기도 하는데, <보기>에 의하면 '이상'까지 상징하겠네요. 푸른 하늘 역시 이상을 상징하기에 마지막 행은 참으로 희망차게 읽힙니다.

결국 자연의 힘에 기반한 쇠락과 생성, 이를 따르는 문명과 이상적 문명의 시작을 예고하는 흐름으로 시가 진행되었습니다. 한 문장으로 정리하면 다음과 같겠네요.

'자연처럼 쇠락과 생성을 거쳐 이상으로 나아가는 인간 문명'

> ─── <보 기> ───
> (나)와 (다)에는 주체가 대상을 바라보고 사유하여 얻은 인식이 드러난다. 이는 대상에서 발견한 새로운 의미를 보여 주는 방식이나, 대상의 속성에 주목하여 얻은 깨달음을 제시하는 방식으로 나타난다.

(나)와 (다)에 대한 <보기>입니다. 읽으면서 대상에 대한 사유가 나오고 그에 따른 인식을 찾아야겠네요. 따라서 대상의 속성에 주목하여 어떤 깨달음인지를 찾으라고 주문하고 있습니다.

(나)
> 이를 테면 수양의 늘어진 ⓒ가지가 담을 넘을 때
> 그건 수양 가지만의 일은 아니었을 것이다

제목이 '가지가 담을 넘을 때'이므로 1연은 시의 배경을 설명하고 있다고 생각할 수 있습니다. 가지가 담을 넘는 것은 가지만의 일이 아니라네요. 그렇다면 또 누구랑 상관 있는 일일까요.

> 얼굴 한번 못 마주친 애먼 뿌리와
> 잠시 살 붙였다 적막히 손을 터는 꽃과 잎이
> 혼연일체 믿어주지 않았다면
> 가지 혼자서는 한없이 떨기만 했을 것이다

가지가 담을 넘으려면 뿌리, 꽃, 잎이 모두 힘을 합쳐야 한다고 합니다. 이를 식물에 한정해서 읽으면 안 돼요. 일반화를 해봅시다! 어떤 개인이 업적을 세웠을 때, 그건 개인만의 일이 아니죠. 마치 수능을 잘 보려면, 가족도 응원해주고, 좋은 선생님도 만나고, 좋은 자료도 만나고, 그리고 나 스스로도 노력해야 하는 것처럼 말이에요. 항상 공감하면서 시를 읽읍시다!

> 한 닷새 내리고 내리던 고집 센 비가 아니었으면
> 밤새 정분만 쌓던 도리 없는 폭설이 아니었으면
> 담을 넘는다는 게
> 가지에게는 그리 신명 나는 일이 아니었을 것이다

비와 눈은 가지한테 고된 일처럼 보입니다. 그런데 오히려 그들이 있었기에 가지가 이룬 업적이 더 가치있다고 말하네요. 9월 모의고사 망치고 수능 잘 보는 짜릿함(?)처럼 말이죠. (그냥 6, 9월, 수능까지 다 잘 보면 마음 편하긴 한데 말이죠... ㅎㅎ,,)

> 무엇보다 가지의 마음을 머뭇 세우고
> 담 밖을 가둬두는
> 저 금단의 담이 아니었으면
> 담의 몸을 가로지르고 담의 정수리를 타 넘어
> 담을 열 수 있다는 걸
> 수양의 늘어진 가지는 꿈도 꾸지 못했을 것이다

담이 있기에 가지에게 너머의 세상은 도전의 대상이 됩니다. 담이 가지를 가둔 것이 아니라 세상을 가둔다고 표현하면서 가지가 세상으로 나아가게끔 유도하는 존재로 '담'을 설명하고 있네요. 심지어 본질적으로 담이라는 장애물이자 가지가 당면한 업적의 대상이 없었다면, 가지는 도전조차 하지 못했을 겁니다. 담은 가지의 인생에 의미를 부여해주는 엄청난 존재였네요!!

> 그러니까 목련 가지라든가 감나무 가지라든가
> 줄장미 줄기라든가 담쟁이 줄기라든가
> 가지가 담을 넘을 때 가지에게 담은
> 무명에 획을 긋는
> 도박이자 도반*이었을 것이다

목련이랑 감나무는 훌쩍 자라서 담 위로 가지를 뻗음으로써 담을 넘지만, 줄장미나 담쟁이 줄기는 담을 타르고 오를 겁니다. 전자보다 후자는 담을 넘기 위해 더욱 고생하는 것처럼 보이기도 하는데, 중요한 것은 누가 됐든 간에 담을 넘는다는 것은 '도전'의 대상이라는 것입니다. '담'이 있기에 실패할 수도, 성공할 수도 있습니다. 그렇기에 가지에게 담은 도박의 대상이기도 합니다. 하지만 가지는 담을 넘음으로써 삶의 의미가 또 하나 생기기도 하기에 도를 닦는 벗인 도반이기도 한 것이었네요. 순탄한 삶이 무작정 좋은 건지 저희로 하여금 다시 생각하게 해주는 시네요.

'담이 있기에 삶의 의미가 추가된 가지'

(다)의 제목은 '잊음을 논함'입니다. 제목으로부터 과연 통상적인 개념과 달리 '잊음'을 필자가 어떻게 생각할지에 초점을 맞춰서 읽어야 할 것입니다. 예전에 수필에 대해 말씀드렸던 것처럼 수필을 읽을 때 가장 중요한 것은 '깨달음'입니다. 어떻게 화자가 자신이 얻은 깨달음을 우리에게도 전달해주려고 하는지 느껴야 합니다. '깨달음을 얻게 된 상황 → 화자의 성찰 → 깨달음'의 순서에 충실하게 반응을 해주기만 하면 빠르게 독해할 수 있음을 기억합시다.

<수필 독해>
나는 이홍에게 이렇게 말했다.

"ⓐ너는 잊는 것이 병이라고 생각하느냐? 잊는 것은 병이 아니다. 너는 잊지 않기를 바라느냐? 잊지 않는 것이 병이 아닌 것은 아니다. ⓑ그렇다면 잊지 않는 것이 병이 되고, 잊는 것이 도리어 병이 아니라는 말은 무슨 근거로 할까? 잊어도 좋을 것을 잊지 못하는 데서 연유한다. 잊어도 좋을 것을 잊지 못하는 사람에게는 잊는 것이 병이라고 치자. 그렇다면 잊어서는 안 되는 것을 잊는 사람에게는 잊는 것이 병이 아니라고 말할 수 있다. ⓒ그 말이 옳을까?

잊음에 대해 묻고 있습니다. 잊음은 병 즉, 안 좋은 걸까요? 잊음보다 잊지 않음이 마치 좋을 것 같은데, 잊어도 좋을 것을 잊지 못하는 것은 병이라고 합니다. 결국 잊바잊(잊음도 다 똑같은 게 아니라 상황에 따라 다르다네요)이므로, 무엇을 잊어도 되고, 잊지 말아야 하는지가 중요하다네요.

천하의 걱정거리는 어디에서 나오겠느냐? 잊어도 좋을 것은 잊지 못하고 잊어서는 안 될 것은 잊는 데서 나온다. 눈은 아름다움을 잊지 못하고, 귀는 좋은 소리를 잊지 못하며, 입은 맛난 음식을 잊지 못하고, 사는 곳은 크고 화려한 집을 잊지 못한다. 천한 신분인데도 큰 세력을 얻으려는 생각을 잊지 못하고, 집안이 가난하건만 재물을 잊지 못하며, 고귀한데도 교만한 짓을 잊지 못하고, 부유한데도 인색한 짓을 잊지 못한다. 의롭지 않은 물건을 취하려는 마음을 잊지 못하고, 실상과 어긋난 이름을 얻으려는 마음을 잊지 못한다.

모든 걱정거리가 올바른 '잊음'을 하지 못해서 나온답니다. 이를 설득하기 위해 여러 상황을 제시하고 있습니다. 이 작품은 다른 수필과 달리 특정 화자가 다른 사람에게 직접 자신의 깨달음을 전하는 상황을 담았습니다. 그래서 자신이 겪은 일로부터 깨달음으로 가는 것이 조금 변형돼, 자신의 깨달음 대로 상대를 설득하기 위해 사용하는 예시로부터 깨달음을 얻으면 되겠습니다. 어차피 이 사람이 다른 사람을 설득하려고 한 말이기에 우리는 자연히 설득당하면 됩니다!

그래서 잊어서는 안 될 것을 잊는 자가 되면, 어버이에게는 효심을 잊어버리고, 임금에게는 충성심을 잊어버리며, 부모를 잃고서는 슬픔을 잊어버리고, 제사를 지내면서 정성스러운 마음을 잊어버린다. 물건을 주고받을 때 의로움을 잊고, 나아가고 물러날 때 예의를 잊으며, 낮은 지위에 있으면서 제 분수를 잊고, 이해의 갈림길에서 지켜야 할 도리를 잊는다.

많은 말이 나오는데 저거에 일일이 매몰되고 반응하면 안 됩니다. 결국 이 사람이 말하고 싶은 것은 잊음에도 올바른 대상이 있다는 것이니 이해했으면 휙휙 넘어가도 됩니다.

ⓓ먼 것을 보고 나면 가까운 것을 잊고, 새것을 보고 나면 옛것을 잊는다. 입에서 말이 나올 때 가릴 줄을 잊고, 몸에서 행동이 나올 때 본받을 것을 잊는다. 내적인 것을 잊기 때문에 외적인 것을 잊을 수 없게 되고, 외적인 것을 잊을 수 없기 때문에 내적인 것을 더더욱 잊는다.

양쪽이 다른 상황에서 반대를 보면 다른 쪽 반대를 잊는 상황이 나오네요. 여러 개 중에서도 내적과 외적인 것들이 눈에 띕니다. 다른 것과 달리 점점 강화되거든요. 대략적으로 정리해보면,

'내적인 걸 망각 → 외적인 걸 망각하지 못함 → 내적인 것의 망각이 더욱 강화됨'

말이 어려우면 대체 단어를 찾아보면 매우 도움이 됩니다. 정신적인 가치를 잊어서, 물질적인 가치만을 좇게 되어, 더욱 정신적인 가치를 잊는다고 하니 대단히 새로운 내용이라기보다 우리가 일상적으로 이미 알고 있던 정신적인 가치의 중요성에 대해 이 작품은 말하고 있는 겁니다...!

ⓔ그렇기 때문에 하늘이 잊지 못해 벌을 내리기도 하고, 남들이 잊지 못해 질시의 눈길을 보내며, 귀신이 잊지 못해 재앙을 내린다. 그러므로 잊어도 좋을 것이 무엇인지를 알고 잊어서는 안 되는 것이 무엇인지를 아는 사람은 내적인 것과 외적인 것을 서로 바꿀 능력이 있다. 내적인 것과 외적인 것을 서로 바꾸는 사람은, 다른 사람의 잊어도 좋을 것은 잊고 자신의 잊어서는 안 될 것은 잊지 않는다."

정신적 가치를 잊어버리고 물질적인 가치만을 좇으면, 세상이 그걸 잊지 않는다고 합니다. 세상 입장에서는 정신적 가치

는 잊어버리면 안 되고 기억해야하기에 이를 거스르는 일을 하면 당연히 세상으로부터 기억되겠죠. 말이 어려워보이지만 결국 똑같은 소리를 합니다. 중요한 건 뭐다, 정신적 가치이니 기억해라! 그렇게 작품이 끝납니다.

'정신적인 가치는 잊으면 안 되고, 물질적인 가치는 잊어야 한다.'

수필은 결국 **깨달음, 논지 찾기 싸움**입니다. 한 번 논지를 잡으면 힘을 쏟을 필요없이 자연스레 쭈욱 읽어나가야 시간도 아끼고, 지문에 과하게 매몰되지 않아 오히려 정답률이 올라갑니다. 이 작품을 읽으면서 고생한 사람들은 깨달음을 얻기 위한 독해를 하지 않고, 한 줄 한 줄 읽는 것에만 과하게 초점을 맞췄을 확률이 크기에 주의해야 합니다.

<보기>에 근거해서 읽었던 (가), 제목으로부터 화자의 논지를 찾았던 (나), 제목과 서론으로부터 찾은 깨달음으로 휙휙 읽어나갔던 (다)까지 모두 읽어보았습니다. 이제 문제를 풀어 봅시다!

1. (가)~(다)의 공통점이 있다면 그 공통점이 답일 겁니다. 딱히 떠오르지 않으면 선지마다 초점을 맞춘 작품들의 주제에 근거하여 판단하면 됩니다. 공통점은 딱히 없으니 선지를 보겠습니다!

   선지들 중 주제와 관련된 것부터 보아야 한다고 일전에 말씀드렸죠? 그러면 유난히 눈에 띄는 선지가 있어야 합니다. 자잘한 색채어 따위를 보면 안 됩니다. 아주 굵직한 선지 보이시나요?

   ④ : '주제의식' → 대놓고 주제를 말하고 있습니다. 이 선지가 정답일 확률이 높으며, 따라서 아니라고 하더라도 가장 먼저 확인해 볼 필요가 있습니다. (나)가 가지가 담을 넘는 모습을 통해 시를 전개하므로 사물을 관조한다고 말하는 것은 부적절하다고 보기 어렵습니다. 하지만 (다)에서 여러 사례가 나오긴 했으나, 화자가 세태(세상의 상태)에 대해 관망했다고 말하려면 세태에 대한 언급이 있어야 하고 그에 대해 화자가 관여하지 않는 모습이 나와야 합니다. 잊음에 대해 말한 것이 세태라고 하더라도 이에 대해 열성적으로 얘기를 했지, 관망했다고 보기는 어려워 아쉽지만 적절한 것의 답은 아니라고 할 수 있겠습니다.

   각 작품을 대표하는 표현법을 한 번에 떠올리기 위해서는 우리가 어떤 표현들로부터 주제를 포착했는지 독해 시에 챙겨두는 것이 좋습니다. 설명을 위해 독해 때 우리가 했던 것들을 뒤돌아 보겠습니다.

   (가) 작품에서 중요한 것은 자연의 힘으로 이상으로 나아가는 문명이었습니다. 이 중 가장 중요한 이상을 나타냈던 표현들은 '푸른' 자연물과 '깃발'이었습니다.
   (나) 작품에서는 '가지'에게 '담'은 '도반'의 존재와도 같다는 것이며 이를 강조하기 위해 '-라면, -했을 것이다'의 반복을 사용했었습니다.
   (다) 작품에서는 '잊음'에도 적절한 대상이 있음을 말하기 위해 여러 '사례'들을 가져왔습니다.

   이 세 가지 중 일부를 적절하게 포함한 정답은 ②입니다.

2. <보기>에 근거하여 주제에 어긋나는 선지를 확인합시다.

   '자연처럼 쇠락과 생성을 거쳐 이상으로 나아가는 인간 문명'

   위의 주제와 어긋나려면, 쇠락과 생성 중 하나만을 속성으로 하거나, 자연이 문명에게 영향을 주었다는 사실을 부정하는 선지여야 할 겁니다.
   ① : 1연이기에 자연의 섭리에 대한 부분이었음에도, '문명 → 자연', 역방향으로 서술하고 있습니다. 따라서 잘못된 선지라고 할 수 있겠네요.

나머지 선지들은 모두 <시 독해>에서 얘기한 것과 부합하므로 설명은 생략하겠습니다.

3. [A]~[C]가 주어진 문제이므로, 각 부분이 나뉜 기준을 알 수 있다면 더욱 빨리 풀 수 있습니다.
   또한, <보기>에서 수필처럼 깨달음을 찾으라고 하였으므로 깨달음을 얻은 지점이 가장 중요합니다.
   [A] : '가지'가 성공하도록 도와준 주변 환경 – 조력자
   [B] : '가지'의 성공이 더욱 빛나게 해준 주변 환경 – 시련, 깨달음을 얻은 지점
   [C] : '가지'에게 '담'이 갖는 본질적인 의미 – 도전의 대상, 깨달음을 강조

   ① : [A]의 조력자가 없을 때의 상황을 가정한 '한없이' 떠는 가지의 모습이므로 적절 X
   ② : 진짜 가지가 꿈도 못 꾸려면 도전의 대상 자체가 없어야 합니다. [C]를 [B]와 섞었네요. 적절 X
   ③ : '담'이 '가지'가 도전할 대상이 되어 삶의 의미를 부여했다고 서술하므로 매우 적절합니다. (O)
   ④ : [A]에서 나타난 조력자가 없는 '가지'의 가정은 뒷내용에 해당하는 사실과 다르므로 적절 X
   ⑤ : '않았다면', '아니었으면'은 '가지'를 도와준 '환경'들을 강조하기 위함입니다. '목련'과 '감나무'는 가지 자체를 말하니 연결이 잘못되었으므로 적절 X

   깨달음을 얻은 지점인 [B]에 대한 선지, 그리고 주제가 명확히 드러난 선지였습니다. 답 : ③

4. ⓐ~ⓔ가 주어졌는데 이 중 가장 주제와 밀접한 게 무엇인지 생각해봅시다.
   ⓐ는 통념을, ⓑ는 반문을, ⓒ는 그릇된 표현이 옳은지를 묻고 있습니다. ⓓ는 화자의 결론을, ⓔ는 ⓓ가 세상에 적용되는 결과를 나타내고 있죠. 이 중 가장 중요한 것이 무엇일까요?

   항상 **수필**은 일반적인 통념과 다른 자신의 생각이 제시됩니다. 그 생각은 보통 특정 사건이나 성찰을 겪으며 얻은 깨달음이죠. 이때 이 깨달음이 자신만의 깨달음이 되지 않고 수필로써 사람들이 공감할 수 있으려면 화자는 항상 **'설득'**해야 합니다. 이 설득의 과정은 자신이 **깨달음을 얻은 상황을 글로 써 간접적인 경험을 하게 해 공감을 유도**할 수 있습니다. 아니면, **논리로 설득하는 경우** 이렇게 두 가지로 크게 정리됩니다. (* 중요)

   이 수필은 두 번째에 가깝습니다. 앞서 살펴보았던 이옥의 담초 같은 경우 자신이 깨달음을 얻었던 꽃밭에서의 경험이 제시되지만, 이 수필은 계속해서 자신의 주장을 펼치기만 하거든요. 이 경우 **논리가 드러나는 지점**이 가장 중요합니다. 결론 자체는 각자의 의견이지만, 그 결론을 뒷받침하는 화자만의 논리 즉, **근거가 수필을 수필로 있게 해준다**는 겁니다.

   인간이 자연에 영향을 받은 것인데 인간의 역사가 자연의 모습에 영향을 끼친다고 반대로 말하고 있습니다. 따라서 여러분은 ⓒ를 우선 보아야 합니다. ⓒ는 그릇된 상황에 대해 옳은가 물으며 이제부터 자신이 정리해주겠다고 던지는 신호입니다. 잊음을 논함이라는 제목처럼 이제부터 잊음에 대한 자신의 생각을 펼치겠다는 것이죠. ⓒ 앞의 예시인 '잊어서 안 되는 것을 잊는 사람에게, 잊는 것이 병이 아닐까?'는 이 수필의 결론에 따르면 잘못된 질문이었죠. 마치 위의 ⓐ와 ⓑ를 따르면 맞는 말 같지만 자신의 논리를 따르면 아님을 지문 전체에서 설득하고 있습니다. 잊어서 안 되는 것은 화자에게 '도리'와 같은 것이었습니다. 이를 잊는다는 것은 '병'이었죠.
   ⓒ에 대해 '나'가 제시한 가정적 상황은 틀렸습니다. 틀린 이유가 이 지문의 전체 내용이었죠. 자잘한 선지같지만 너무나도 주제를 담고 있던 거대한 선지였습니다. 답 : ③

5. ㉠의 '문'은 닫혀진 채로 자연의 힘을 받아들이며 비로소 준비되었을 때 열리는 새로운 역사의 생성 가능성을 뜻하고, ㉡의 '가지'는 '담'을 통해 삶의 의미를 얻는 존재였습니다. 이를 적절하게 설명하는 선지가 보이시나요? 답 : ②

6. 깨달음에 대한 <보기>였습니다. (나)는 담이 도반의 대상으로써 '가지'에게 주는 삶의 의미라는 깨달음, (다)는 잊어서는 안 되는 중요한 도리를 잊으면 그 잊음은 병이라는 깨달음이었습니다.
   ①③④는 깨달음을 얻는 데 필요한 인식을 말하고 있고, ②와 ⑤는 깨달음 자체를 말하고 있습니다. 이 중 잘못된 깨달음을 말한 선지가 있네요. '잊지 않는 것이 2 5 병이 아닌 것은 아니'는 글 초반에 나온 통념에 대한 부분이었습니다. 잊는다는 것 자체가 중요한 게 아니라, 잊지 않아야 할 도리같이 중요한 것들을 잊는 것이 병인 게 중요했죠. 깨달음이 틀려버렸으니 답으로 바로 보였어야 합니다. 다른 선지들은 앞선 설명으로 모두 설명되니 대체합니다. 답 : ⑤   고생하셨습니다. fin.

현대 문학에서 나오는 개념은 계속 반복됩니다.
여러 작품들을 통해 그 안에 담긴 사유들, 그리고 그 사유를 각 갈래들이 어떤 형식으로 담아내고 있는지를 확인할 수 있었습니다.

또한 수능이라는 시험의 출제 의도가 꽤나 합리적이라는 사실도 알 수 있었습니다. 문학 작품이 정말 얘기하고 싶은 주제에 근거해서 정답 선지가 나온다는 것을 확인할 수 있었죠. 우리는 더 이상 자잘한 정오 판단을 하느라 힘을 빼지 않아도 됩니다. 이는 고전 문학도, 독서도 그 어떤 영역에도 해당되는 얘기이니 모든 지문을 국어에서는 한 줄로 요약하며 그 한 줄로 푸는 연습을 하시길 바랍니다.

시인이 독자에게 전달하고 싶었던 장면을 상상해내고, 그에 담긴 사유를 읽어내는 것, 그리고 그 사유에는 무엇이 많이 나오는지 Part 2를 통해 확인했었습니다.

현대소설이라는 갈래의 서술 방식을 알고, 시각에 따른 주관적인 인물의 내면을 장면에 따라 살피는 것을 Part 3를 통해 확인했었습니다.

그리고 이 모든 경향이 옛 경향이나 일부 지문들에만 해당되는 것이 아님을 최근 기출을 풀어보는 Part 4를 통해 확인했죠.

마지막으로

이 모든 걸 가능하게 만든 것은 Part 1이었음을 이 책을 끝낸 지금도 잊지 않으시길 바랍니다.

고생했습니다.

이 책을 끝까지 읽은 여러분께 감사 인사와 수능 대박 기원을 전합니다.

2월 23일 저자 일동 드림